高职高专经济管理类"十三五"规划系列教材

经济学基础

（第四版）

JINGJIXUE JICHU

主　编　高同彪

副主编　张辛雨　余敬德　朱　钰

中国金融出版社

责任编辑：王　君
责任校对：张志文
责任印制：陈晓川

图书在版编目（CIP）数据

经济学基础/高同彪主编．—4 版．—北京：中国金融出版社，2020.8
高职高专经济管理类"十三五"规划系列教材
ISBN 978 - 7 - 5220 - 0636 - 9

Ⅰ.①经…　Ⅱ.①高…　Ⅲ.①经济学—高等职业教育—教材　Ⅳ.①F0

中国版本图书馆 CIP 数据核字（2020）第 087110 号

经济学基础（第四版）
JINGJIXUE JICHU（DI-SI BAN）

出版
发行　中国金融出版社

社址　北京市丰台区益泽路 2 号
市场开发部　（010）66024766，63805472，63439533（传真）
网 上 书 店　www. cfph. cn
　　　　　　（010）66024766，63372837（传真）
读者服务部　（010）66070833，62568380
邮编　100071
经销　新华书店
印刷　河北松源印刷有限公司
尺寸　185 毫米 ×260 毫米
印张　21.75
字数　481 千
版次　2012 年 8 月第 1 版　2015 年 1 月第 2 版
　　　2016 年 8 月第 3 版　2020 年 8 月第 4 版
印次　2024 年 8 月第 7 次印刷
定价　40.00 元
ISBN 978 - 7 - 5220 - 0636 - 9
如出现印装错误本社负责调换　联系电话（010）63263947

经济学是一门使人生幸福的艺术。

——乔治·萧伯纳

主编简介

　　高同彪，男，1974 年 1 月出生，吉林公主岭人，中共党员，经济学教授；经济学博士，工商管理学科博士后；国家二级创业咨询师。国家社科基金项目评审专家，吉林省社会科学研究"十二五""十三五"规划应用经济学学科专家，吉林省社会科学重点项目成果鉴定组专家，吉林省社会科学基金项目评审专家，吉林省高等教育学会专家。"西方经济学"省级优秀课、省级精品课带头人，市场营销省级优秀教学团队带头人，市场营销省级品牌专业群带头人，物流管理专业国家级示范性实习基地负责人，长春金融高等专科学校校学术委员会委员，长春金融高等专科学校校级教学名师。曾任长春金融高等专科学校经济管理学院院长、党总支书记，创业教育学院院长，四平市财政局党组成员、副局长，现任长春金融高等专科学校国际教育学院党总支书记、吉林省金融安全研究中心常务副主任。从教 23 年来，先后主讲"金融思想教育""西方经济学""欧美近代经济学说史""市场营销""市场调研""消费者行为与心理"等 6 门课程。主编《经济学基础》教材 1 部，参编《现代服务业发展概论》、"金融安全系列教材"等合计共 10 部。在《社会科学战线》《东北师大学报》《经济纵横》《工业技术经济》等学术期刊公开发表论文 20 余篇。主持和参加省级以上科研教研课题 40 余项，多项学术成果获得省市级奖励。2018 年度作为带头人的教改项目"融合创新创业教育的高职院校经济学混合式教学改革与实践"被评为省级教学成果二等奖。任创业教育学院院长期间，积极推进创新创业教育改革，所在学校先后获评省级和国家级"创新创业教育改革示范高校"，个人先后被评为长春市师德标兵、吉林省高校优秀共产党员，多次被所在学校评为优秀教师、优秀共产党员、科研工作先进个人，2019 年度在四平市财政局挂职锻炼期间，因工作业绩突出，被四平市委组织部授予个人嘉奖。

第四版前言

　　随着中国参与经济全球化进程的不断加速和中国经济市场化程度的不断提高，经济学基础课程在高等院校经济类和管理类专业中的作用日益重要。为了适应高等院校教学需要，我们以传统西方经济学的基本原理为基础，在教学实践的基础上编写了这本"经济学基础"教材。

　　传统西方经济学是研究现代市场经济运行机制与规律以及分析解决宏观经济问题的一门课程，是发达市场经济国家在经济发展过程中的经验总结和理论概括，具有理论性强、实用性强、学术观点多、涉及范围广等特点，它所揭示的是经济现象、环境变化、世界经济和整个社会的变化趋势。作为一个完整的经济理论体系，其核心内容由微观经济学与宏观经济学两部分组成。微观经济学以资源配置为中心，以价格决定为主线，研究供求理论、消费者行为理论、生产者行为理论、收入分配理论以及微观经济政策；宏观经济学以资源利用为中心，以国民收入的决定和变动为主线，研究均衡国民收入的决定、货币与金融市场、失业与通货膨胀理论以及宏观经济政策。目前，国内外的经济发展表明市场是资源配置的有效方式，伴随着社会主义市场经济的发展，我们必须立足我国国情，借鉴发达市场经济国家的经验。因此，符合中国国情的现代经济学基础课程自然成为我国高职高专财经、管理类专业的必修课。

　　本教材根据教育部《高职高专教育基础课程教学的基本要求》和《高职高专教育专业人才培养目标及规格》的要求，以"理论必需、够用"为原则，结合高职高专的教学特点确立编写内容。宗旨是为高职高专学生提供市场经济的基础知识，满足社会经济发展和经济运行对应用型人才的需求。

　　人才培养理念和模式的不同，决定了高职高专院校对于西方经济学的教学有着不同于本科教学的特殊要求。因此，在教材编写的过程中，我们坚持"以人为本"，本着让学生易读、易懂、易掌握的原则，对流行的经济学教科书体系结构作了改进，并在语言叙述上尽可能做到简练、直白，力求使学生从总体上把握经济理论框架，掌握经济学分析问题的基本原理和方法，帮助学生树立经济学的思维方式。本书的特色是在内容选择、体例安排、案例选用、知识链接和拓展阅读等方面，既体现最新的经济学理论动态，又突出高职高专注重应用能力培养的特点。具体表现为内容体系完整，摆脱了冗长的理论分析，增加并充实了图、表、应用实例的内容；通过大量的生活案例、拓展阅读、知识链接等内容来全方位、多角度地诠释经济学原理，以增强教学的实用性和教材的可读性；对职业岗位所需知识和能力结构进行恰当的设计安排，注重理论联系实际；

强化思维训练，引导学生独立思考经济学问题，培养学生运用经济学原理解决现实问题的能力。本次再版，我们融合创新创业教育元素与课程思想政治元素，重新调整了案例，并以立体化方式呈现了许多辅助学生学习的微课程。

在本书的编写过程中，我们广泛参阅了国内外经典著作，并借鉴相关教材和著作中的研究成果和宝贵资料，在此特作声明，并致以诚挚的谢意。

编　者
2020 年 4 月

目　　录

上　篇　微观经济学

下　篇　宏观经济学

第一章

绪论

XULUN

【教学目的和要求】

本章从整体上概括西方经济学的研究对象和方法、西方经济学的理论体系及分析工具，以及西方经济学的发展简史。目的是使学生对西方经济学的性质和特点有所了解，以正确的态度对待西方经济学。通过本章学习，学生应掌握稀缺性与选择、资源配置与资源利用以及经济学的含义；理解经济学的分析方法；了解现代西方经济学的由来和演变。

自古以来，人类社会就为经济问题所困扰，生存与发展始终是各个社会所关心的热门话题。人类经济问题的根源在于资源的稀缺性。一方面，相对于人类的无穷欲望而言，上帝赋予我们的资源太少；另一方面，由于自然或社会的原因，这些有限的资源往往还得不到充分利用。因此，如何合理地配置、利用和节约有限的资源，就成为人类社会永恒的问题。经济学正是在解决这个问题的过程中产生的。也正因为经济学所要解决的问题如此重要，所以它被称为"社会科学的皇后"。

经济学中的资源包括两类：一类是自由物品（Free Goods），如自然界里的空气、阳光、海水等，它们是无限的，人们几乎不需花费任何代价即可自由取用，其价格等于零。另一类是经济物品（Economic Goods），它是人们必须付出代价方可得到的物品，即必须耗费一定的资源，借助生产工具，通过人类加工劳动生产出来的物品。经济物品在人类生活中占有十分重要的地位，人类欲望或需要在现代社会中，主要依靠经济物品来满足，而它是稀缺的、有限的。为了更好地说明稀缺资源的配置和利用问题，西方经济学家引入了生产可能性曲线这一分析工具。

假定一个社会的资源总量是既定的，技术水平也是既定的，全社会的资源只用来生产两种产品，即代表军用物资的大炮和代表民用物资的黄油，那么，当全社会的资源都得到充分利用时，大炮与黄油的产量如何决定呢？现假定只生产大炮可以生产15万门，只生产黄油可以生产5万吨，在这两种极端的可能性之间，还存在着大炮与黄油不同数量的组合。如果这个社会在决定大炮与黄油的生产时提出了 A、B、C、D、E、F 六种组合方式，则可以作出表1－1。

表1－1　　　　　　　　　　黄油和大炮的生产可能性

可能性	黄油（万吨）	大炮（万门）
A	0	15
B	1	14
C	2	12
D	3	9
E	4	5
F	5	0

根据表 1－1，我们可以作出图 1－1。在图 1－1 中，连接 A、B、C、D、E、F 点的 AF 线是在资源既定的条件下所能达到的大炮与黄油最大产量的组合，称为生产可能性曲线或生产可能性边界。AF 线还表明多生产一单位大炮要放弃多少黄油，或者相反，多生产一单位黄油要放弃多少大炮，因此，又被称为生产转换线。从图 1－1 中还可以看出，AF 线内的任何一点上（如 G 点上），大炮与黄油的组合（6 万门大炮和 2 万吨黄油）也是资源既定条件下所能达到

图 1－1　黄油和大炮的生产可能性曲线

的，但并不是最大的数量组合，即资源没有得到充分利用。AF 线外的任何一点上（如 H 点上），大炮与黄油的组合（12 万门大炮和 4 万吨黄油），是大炮与黄油更大数量的组合，但在现有资源条件下无法实现。

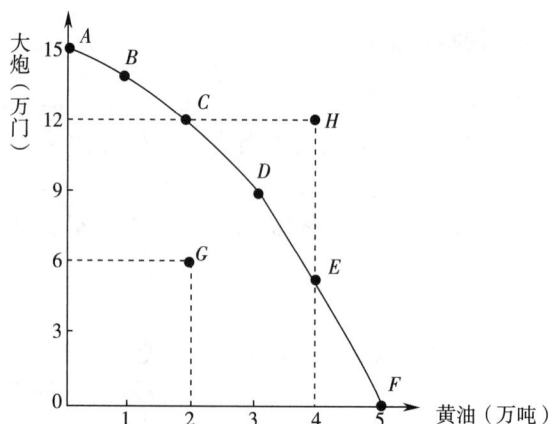

生产可能性曲线向我们提出了这样一些问题：

——为什么社会所能生产的大炮与黄油是有限的？

——社会在生产大炮与黄油的各种可能性中选择哪一种？

——为什么有时社会生产的大炮与黄油的组合达不到 AF 线，而只能在 G 点上？

微课——
生产可能性曲线

——如何使社会生产大炮与黄油的可能性超出 *AF* 线，例如，达到 *H* 点？在这一章中，我们将从这些问题出发来讨论经济学的研究对象与方法。

第一节　经济学的产生及其研究对象

一、经济学产生的根源：资源的稀缺性

相对于人类社会的无穷欲望而言，经济物品，或者说生产这些物品所需要的资源总是不足的，在经济学中这种资源的相对有限性就是稀缺性（Scarcity）。无论对社会还是个人，稀缺性都是普遍存在的。例如，人们需要许多舒适而宽敞的住房，但社会能用于建房的土地、资金、材料、人力总是有限的。每个人都想购买许多物品，但收入却总是有限的。这就说明，任何社会和个人都无时无刻不遇到稀缺性问题。

首先，经济学上所说的稀缺性是指相对稀缺性，即从相对的意义上来谈资源的多寡。也就是说，稀缺性不是指能用于生产大炮与黄油的资源的绝对数量有多少，而是指相对于人类欲望的无限性而言，再多的资源也是不足的。

其次，这种稀缺性的存在又是绝对的。这就是说，它存在于人类历史的各个时期和一切社会。从时间维度来看，稀缺性存在于人类社会的所有时期，无论是早期的原始社会还是当今社会，都存在稀缺性。从空间维度来看，稀缺性存在于世界各地，无论是贫穷的非洲还是富裕的欧美，都存在稀缺性。所以，稀缺性是人类社会永恒的问题，只要有人类社会，就会有稀缺性。

经济学的产生过程也正是人们摆脱稀缺束缚，最大限度满足各种欲望从而实现幸福最大化的过程。因此，经济学的研究对象也就是解决稀缺问题的途径。

【知识链接】　　　　　　　　　**永无止境的欲望**

终日奔波只为饥，方才一饱便思衣。衣食两般皆具足，又想娇容美貌妻。
娶得美妻生下子，恨无田地少根基。买到田园多广阔，出入无船少马骑。
槽头拴了骡和马，叹无官职被人欺。县丞主簿嫌官小，又要朝中挂紫衣。
做了皇帝求仙术，更想登天跨鹤飞。若要世人心里足，除是南柯一梦西。

——摘自清人胡澹庵编辑的《解人颐》

二、经济学的研究对象

既然稀缺是人类社会永恒的难题，那么，面对稀缺的矛盾，我们应该如何去做呢？下面不妨举一个生活中常见的例子来说明：假如某大学生每个月正常的生活费是 500 元，而本月的生活费只有 300 元，他应该如何安排支出，才能顺利地度过本月并在 300 元的预算约束下实现总效用的最大化呢？对于这个问题，人们很容易会想到解决的途径，即首先是节约每一分钱，然后是合理安排各项支出，最后是充分利用既定的货币。对于一个国家而言，要解决资源稀缺的束缚，途径也是一样的，即节约资源、有效配置

资源、充分利用资源。

（一）代际公平与可持续发展：资源节约

如前所述，自人类社会出现以来，人们就不断地向自然索取，与自然斗争，以期生活得更好，人与自然的关系经历了三个阶段：畏惧自然—征服自然—回归自然。

在漫长的原始社会和农业社会中，由于人口数量少，生产力水平低，人类被动地顺应大自然，这一时期人类与自然的关系整体上是和谐的。200多年前，随着世界第一台蒸汽机在英国诞生，轰轰烈烈的工业化革命开始了。在不到200年的时间里，科学技术取得了突飞猛进的发展，生产力得到了极大的提高，人类创造了无与伦比的巨大物质财富，但也带来严重的环境破坏和资源耗竭。这使得人类开始反思发展的结果。一些有识之士开始关注人类的未来问题，代际公平问题日益为人们所重视，人类开始思考应该把一个什么样的地球留给下一代。

面对有限的资源，考虑到人类社会的永续发展，节约无疑是第一位的。因此，节约资源既是经济学的出发点，又是经济学的最终目标。在英语中，"经济"（Economy）一词的本意就是节约。

（二）生产大炮还是黄油：选择与资源配置

人类社会的无穷欲望有轻重缓急之分。以大炮和黄油来说，也许在某一时期内社会更需要大炮，而在另一个时期内更需要黄油。各种资源又有不同的用途，即既可以用于生产大炮，也可以用于生产黄油。这样，在解决稀缺性问题时，人类社会就必须对如何使用资源作出选择。所谓选择就是如何利用既定的资源去生产经济物品，以便更好地满足人类的需求，进一步说，就是在生产可能性曲线上选择哪一点的问题。

"选择"包括这样三个相关的问题：

1. 生产什么物品与生产多少。用大炮与黄油的例子来说，就是生产大炮还是黄油；或者生产多少大炮，多少黄油，即在大炮与黄油的各种可能性组合中选择哪一种。

2. 如何生产，即用什么方法来生产大炮与黄油。生产方法实际就是如何对各种生产要素进行组合，是多用资本，少用劳动，还是少用资本，多用劳动。不同的方法可以达到相同的产量，但在不同的情况下，其经济效率并不相同。

3. 生产出来的产品如何分配，即大炮与黄油按什么原则分配给社会各阶级与各成员。这也就是为谁生产的问题。

为了作出正确选择，实现稀缺资源的最佳配置，经济学中引入了机会成本的概念。

机会成本（Opportunity Cost），是指把某种资源投入到某一特定用途以后所放弃的在其他用途中所能获得的最大收益。例如，某农民有一亩耕地，可用于种植玉米、大豆和棉花，现假设种植玉米可获利500元，种植大豆可获利800元，种植棉花可获利1000元，如果该农民草率地选择了种玉米，则其势必放弃另外两种选择，在这两种选择中，收益最大的是种植棉花的收入1000元，因此该农民种玉米获利500元的机会成本是1000元，即得到500元收入的同时而放弃了1000元，很显然这种选择是不明智的。再比如，一位大学生正在图书馆里读书，如果他很草率地从书架上拿起一本书A，认真地读了一个上午，获得了50个单位的知识（姑且认为"知识"可用单位表达），而他却没有意识到用同样的时间读另一本书 B，可以获得 100 个单位的知识，那么此时我们应该如何评价该大学生这一上午的收获呢？是为其得到 50 个单位的知识感到高兴，还是为其少得到 50 个单位知识而遗憾呢？

经济学中引进机会成本这一概念，就是用它来衡量人们对稀缺资源的配置是否达到最优化。如上例中的农民选择了种玉米很显然没有实现对耕地的最佳配置，大学生选择读第一本书 A 没有实现对时间的最佳配置。

在我们的现实生活中，时时处处都存在选择，都存在机会成本的问题。可以说，只要有选择，就有机会成本。中国人常说"有一得必有一失"，实质就包含了机会成本的概念，告诫人们要全面考虑问题，冷静分析得失，从而作出最佳的抉择。

微课——
机会成本

【知识链接】　　　　为什么一些流行歌星、电影明星和
时装模特选择不去上大学？

为什么一些流行歌星、电影明星和时装模特在年龄较小的时候就踏入娱乐圈，而没有选择先完成大学学业再从事演艺事业呢？这和上大学的机会成本有很大的关系。

你上大学的成本是多少？大多数人都会认为是他们的学费和其他生活费支出。如果你上大学四年八个学期，每学期的学费和生活费为 4000 元，那么你的学习费用总共就是 32000 元。但是这 32000 元并不是你上大学的全部成本，因为如果你不当学生，你可能会找到一份工作并赚取收入。例如，你可能会找到一份全职工作并且每年能够赚到 36000 元。很显然，这 36000 元由于你选择上大学而放弃了。这些就是你上大学的机会成本。

即使上大学的学费对于每个人来说都是相同的或者差不多是相同的，但对于每个人而言，上大学的机会成本也是不一样的。一个 18 岁的歌星如果来上你所在的大学，将会失去什么呢？一个 17 岁的时装模特又会少挣多少钱呢？这些人很少选择先来上大学，即使学费对他们而言算不了什么，他们不上大学是因为机会成本相对较高。他们可能会说他们"上不起大学"，这并不是说他们付不起学费，而是指他们不愿意放弃不上大学所能赚到的高额收入。用经济学语言可以这样说：由于上大学的机会成本达到了足够高的程度，以致上大学反而会得不偿失。

资料来源：张元鹏. 微观经济学教程［M］. 北京：中国发展出版社，2005.

既然稀缺性是人类社会各个时期和各个社会所面临的永恒问题，那么，生产什么（What），如何生产（How）和为谁生产（Who）的问题，也就是人类社会所必须解决的基本问题，这三个问题被称为资源配置问题。

经济学是为解决稀缺性问题而产生的，因此，许多经济学家把经济学定义为"研究稀缺资源在各种可供选择的用途之间进行分配的科学"。

（三）如何生产更多的大炮与黄油：资源利用

人类社会往往面临这样一种矛盾：一方面资源是稀缺的，另一方面稀缺的资源还得不到充分的利用。英国著名经济学家琼·罗宾逊（Joan Robinson）针对20世纪30年代的大危机不无讽刺地说："当经济学家们把经济学定义为研究稀缺资源在各种可供选择的用途之间进行分配的科学时，英国有三百万工人失业，而美国的国民生产总值的统计数字刚下降到原来水平的一半。"这种情况就是产量没有达到生产可能性曲线（例如在图1-1中的G点上），稀缺的资源被浪费了。而且，人类社会为了发展，也不能仅仅满足于达到生产可能性曲线的水平，还要使既定的资源生产出更大的产量（例如达到图1-1中的H点）。这样，资源的稀缺性又引出了另一个问题：资源利用。

所谓资源利用就是人类社会如何更好地利用现有的稀缺资源，使之生产出更多的物品。从人类社会的发展历程来看，人口的数量不断增加，自然资源的数量不断减少，而人们的生活水平却在不断提高，其原因就在于随着人类社会技术水平的不断提高，生产可能性曲线不断向外扩张，这种生产可能性曲线的不断扩张代表了经济学意义上的社会进步。

资源利用包括这样三个相关的问题：

（1）为什么资源得不到充分利用，即大炮与黄油的产量达不到生产可能性曲线上的各点。换句话来说，也就是如何能使稀缺的资源得到充分利用，如何使大炮与黄油的产量达到最大。这就是一般所说的"充分就业"问题。

（2）在资源既定的情况下为什么产量有时高有时低，即尽管资源没变，但大炮与黄油的产量为什么不能始终保持在生产可能性曲线上。与此相关的是，如何用既定的资源生产出更多的大炮与黄油，即实现经济增长。这就是一般所说的"经济波动与经济增长"问题。

（3）现代社会是一个以货币为交换媒介的商品社会，货币购买力的变动对"大炮与黄油的矛盾"所引起的各种问题的解决都影响甚大。这样，解决"大炮与黄油的矛盾"就必然涉及货币购买力的变动问题。这也就是一般所说的"通货膨胀（或通货紧缩）"问题。

综上所述，稀缺性不仅引起了资源节约问题、资源配置问题，而且还引起了资源利用问题。正因为如此，我们认为应该把经济学定义为"研究稀缺资源配置、利用和节约的科学"。从而，资源配置、资源利用和资源节约就构成了经济学的研究对象和任务，其中资源节约是最终目标，资源配置与资源利用是手段。

三、经济制度

尽管各种社会都存在"大炮与黄油的矛盾"，都存在稀缺性，但解决稀缺性的方法并不同。换句话来说，在不同的经济制度下，资源配置与资源利用问题的解决方法是不同的。

当前世界上解决资源配置与资源利用的经济制度基本有两种。一种是市场经济制度，即通过市场上价格的调节来决定生产什么、如何生产与为谁生产。用我们所举的例子就是大炮与黄油哪一种产品的价格高就生产哪一种，用什么方法生产价格低就用什么方法生产，谁在生产中作出的贡献大谁得到的产品就多。资源的最佳配置和充分利用依靠价格的调节与刺激来实现。另一种是计划经济制度，即通过中央计划来决定生产什么，如何生产与为谁生产。也就是说，用既定的资源生产大炮还是生产黄油，用什么方法生产大炮与黄油，生产出来的大炮与黄油分配给谁都由中央计划来安排。资源的充分利用也依靠计划来实现。当然，在现实中许多国家的经济制度都是市场与计划不同程度的结合，经济学家把这种经济制度称为"混合经济"。但市场与计划的结合并不是一半对一半，而是以一种经济制度为主，以另一种经济制度为辅的。现在越来越多的人认识到，市场经济从总体上看比计划经济效率高，更有利于经济发展。因此，许多过去采用计划经济制度的国家纷纷转向市场经济。也就是说，现在世界上绝大多数国家采取的是有国家宏观调控的市场经济制度。

既然稀缺性问题的解决离不开具体的经济制度，所以经济学的定义就应该是研究在一定制度下稀缺资源配置、利用和节约的科学。本书所介绍的西方经济学是研究在市场经济制度下，稀缺资源配置、利用与节约的科学。

第二节 微观经济学与宏观经济学

经济学研究的对象是资源配置与利用，由此形成了研究不同问题的经济学分支。经济学的内容是相当广泛的，其中研究资源配置的微观经济学与研究资源利用的宏观经济学是其基础。本书所要介绍的内容正是微观经济学与宏观经济学的基本原理。在这一节中，我们先对微观经济学与宏观经济学作一点概括性的介绍，以便进一步理解经济学研究的对象，并为学习以后的内容提供一些预备性知识。

一、微观经济学

（一）什么是微观经济学

"微观"的英文为"Micro"，它来源于希腊文，原意是"小"。微观经济学以单个经济单位为研究对象，通过研究单个经济单位的经济行为和相应的经济变量单项数值的决定来说明价格机制如何解决社会的资源配置问题。

在理解微观经济学的定义时，要注意以下几点：

1. 研究的对象是单个经济单位的经济行为。单个经济单位指组成经济的最基本的单位：居民户与厂商。居民户又称家庭，是经济中的消费者。厂商又称企业，是经济中的生产者。在微观经济学的研究中，假设居民户与厂商经济行为的目标是实现个人利益最大化，即消费者（居民户）要实现满足程度（效用）最大化，生产者（厂商）要实现利润最大化。微观经济学研究居民户与厂商的经济行为就是研究居民户如何把有限的收入分配于各种物品的消费，以实现满足程度最大化，以及厂商如何把有限的资源用于各种物品的生产，以实现利润最大化。在西方经济学家给微观经济学所下的定义中特别强调了这一点。例如，美国经济学家亨德逊（J. Henderson）强调："居民户与厂商这种单个单位的最优化行为奠定了微观经济学的基础。"

2. 解决的问题是资源配置。资源配置即前面所说的"生产什么""如何生产"和"为谁生产"的问题。解决资源配置问题就是要使资源配置达到最优化，即在这种资源配置下能给社会带来最大的经济福利。微观经济学从研究单个经济单位的最大化行为入手，来解决社会资源的最优配置问题。因为如果每个经济单位都实现了最大化，那么，整个社会的资源配置也就实现了最优化。

3. 中心理论是价格理论。在市场经济中，居民户和厂商的行为要受价格的支配，生产什么、如何生产和为谁生产都由价格决定。价格像一只"看不见的手"，调节着整个社会的经济活动，通过价格的调节，社会资源的配置实现了最优化。微观经济学正是要说明价格如何使资源配置达到最优化。因此，价格理论是微观经济学的中心，其他内容是围绕这一中心问题展开的。也正因为这样，微观经济学也被称为价格理论。微观经济学的中心理论实际上是解释英国古典经济学家亚当·斯密的"看不见的手"理论的。斯密认为，每个人都在追求自己的个人利益，但在这样做时，受一只"看不见的手"的指引，其结果是增进了社会利益。"看不见的手"就是价格。微观经济学的中心就是要解释价格如何实现资源配置最优化。

4. 研究方法是个量分析。个量分析研究经济变量的单项数值如何决定。例如，某种商品的价格，就是价格这种经济变量的单项数值。微观经济学中所涉及的变量，如某种产品的产量、价格等都属于这一类。微观经济学分析这类个量的决定、变动及其相互间的关系。美国著名经济学家萨缪尔森（P. Smuelson）强调了微观经济学个量分析的特征，即微观经济学是"关于经济中单个因素——诸如一种产品价格的决定或单个消费者或企业的行为的分析。"

（二）微观经济学的基本假设

经济学的研究是以一定的假设条件为前提的。就微观经济学而言，其基本假设条件有以下三点：

1. 市场出清。这就是坚信在价格可以自由而迅速地升降的情况下，市场上一定会实现充分就业的供求均衡状态。具体来说，物品价格的调节使商品市场均衡，利率（资本价格）的调节使金融市场均衡，工资（劳动价格）的调节使劳动市场均衡。在这种均衡的状态下，资源可以得到充分利用，不存在资源闲置或浪费问题。因此，微观经济学就是在假设资源充分利用为常态的情况下，集中研究资源配置问题。

2. 完全理性。在微观经济学中，最优化行为起了关键作用。正因为每个消费者和厂商的行为都是最优的，所以，价格的调节才能使整个社会的资源配置实现最优化。这一最优化的基础就是完全理性的假设。这一假设是指消费者和厂商都是以利己为目的的经济人，他们自觉地按利益最大化的原则行事，既能把最大化作为目标，又知道如何实现最大化。这就是说，他们具有完全的理性。只有在这一假设之下，价格调节实现资源配置最优化才是可能的。

3. 完全信息。消费者和厂商只有具备完备而迅速的市场信息才能及时对价格信号作出反应，以实现其行为的最优化。完全信息假设是指消费者和厂商可以免费而迅速地获得各种市场信息。

只有在以上三个假设条件之下微观经济学关于价格调节实现资源配置最优化，以及由此引出自由放任的经济政策才是正确的。但是，事实上，这三个假设条件并不一定可以实现，现代经济学家正是由这一点出发，对传统微观经济学提出质疑。本书所介绍的微观经济学的主要内容还是传统的，是以这三个假设为前提的。

（三）微观经济学的基本内容

微观经济学包括的内容相当广泛，其中主要有：

1. 均衡价格理论。该理论也称价格理论，研究商品的价格如何决定，以及价格如何调节整个经济的运行。如上所说，这一部分是微观经济学的中心，其他内容都是围绕这一中心而展开的。

2. 消费者行为理论。研究消费者如何把有限的收入分配于各种物品的消费上，以实现效用最大化。这一部分是对决定价格的因素之一"需求"的进一步解释。

3. 生产者行为理论。该理论也称厂商理论，研究生产者如何把有限的资源用于各种物品的生产而实现利润最大化。这一部分包括研究生产要素与产量之间关系的生产理论、研究成本与收益的成本与收益理论，以及研究不同市场条件下厂商行为的市场理论。这一部分是对决定价格的另一个因素"供给"的进一步解释，以及对如何生产的论述。

4. 分配理论。研究产品按什么原则分配给社会各集团与个人，即工资、利息、地租和利润如何决定。这一部分是运用价格理论来说明为谁生产的问题。

5. 一般均衡理论与福利经济学。研究社会资源配置最优化的实现，以及社会经济福利的实现等问题。

6. 市场失灵与微观经济政策。按微观经济学的理论，市场机制能使社会资源得到有效配置。但实际上，市场机制的作用并不是万能的。其原因主要有三点：首先，市场机制发挥作用的前提是完全竞争，但实际上不同程度垄断的存在是一种极为普遍的现象。这样，市场机制往往不能正常发挥作用。其次，市场机制对经济的调节是自发的，其结果不一定符合社会的要求。最后，市场机制不能解决经济中的某些问题。例如，不能提供公共物品，无法解决个体经济活动对社会的不利影响。正因为如此，就需要相应的微观经济政策进行调节。

现代微观经济学还包括了更为广泛的内容。诸如产权经济学、成本—收益分析、时间经济学、家庭经济学、人力资本理论等。这些都是在微观经济学基本理论的基础之上发展起来的。微观经济学还是现代管理科学的基础。在本书中，我们介绍微观经济学最基本的内容：均衡价格理论、消费者行为理论、生产理论、分配理论以及相关的微观经济政策。

二、宏观经济学

（一）什么是宏观经济学

"宏观"的英文为"Macro"，它来源于希腊文，原意是"大"。宏观经济学以整个国民经济为研究对象，通过研究经济中各有关总量的决定及其变化，来说明资源如何才能得到充分利用。

在理解宏观经济学的定义时，要注意这样几点：

1. 研究的对象是国民经济。这就是说，宏观经济学所研究的不是经济中的单个单位，而是由这些单位所组成的整体；不是树木，而是由这些树木所组成的森林。这样，宏观经济学就要研究整个经济的运行方式与规律，从总体上分析经济问题。正如萨缪尔森所说，宏观经济学是"根据产量、收入、价格水平和失业来分析整体经济行为。"美国经济学家夏皮罗（E. Shapiro）则强调了"宏观经济学考察国民经济作为一个整体的功能"。

2. 解决的问题是资源利用。宏观经济学把资源配置作为既定的，研究现有资源未能得到充分利用的原因，达到充分利用的途径，以及如何增长等问题。微观经济学把资源的充分利用作为既定的前提，但20世纪30年代的大危机打破了这个神话。这样，资源利用就被作为经济学的另一个组成部分——宏观经济学所要解决的问题。

3. 中心理论是国民收入决定理论。宏观经济学把国民收入作为最基本的总量，以国民收入的决定为中心来研究资源利用问题，分析整个国民经济的运行。国民收入决定理论被称为宏观经济学的核心。其他理论则是运用这一理论来解释整体经济中的各种问题。宏观经济政策则是这种理论的运用。

4. 研究方法是总量分析。总量是指能反映整个经济运行情况的经济变量。这种总量有两类：一类是个量的总和，例如，国民收入是组成整个经济的各个单位的收入之总和，总投资是各个厂商的投资之和，总消费是各个居民户消费的总和，等等。另一类是平均量，例如，价格水平是各种商品与劳务的平均价格。宏观经济学所涉及的总量很多，其中主要有：国民生产总值、总投资、总消费、价格水平、增长率、利率、国际收支、汇率、货币供给量、货币需求量，等等。总量分析就是分析这些总量的决定、变动及其相互关系，并通过这种分析说明经济的运行状况，决定经济政策。因此，宏观经济学也被称为"总量经济学"。

（二）宏观经济学的基本假设

宏观经济学产生于20世纪30年代，它的基本内容基于两个假设。

1. 市场机制是不完善的。自从市场经济产生以来，市场经济各国的经济就是在繁荣与萧条的交替中发展的，若干年一次的经济危机成为市场经济的必然产物。尤其是20世纪30年代空前严重的大危机，使经济学家认识到，如果只靠市场机制的自发调节，经济就无法克服危机与失业，就会在资源稀缺的同时，又产生资源的浪费。稀缺性不仅要求使资源得到恰当配置，而且还要使资源得到充分利用。要做到这一点，仅仅靠市场机制就不够了。

2. 政府有能力调节经济，纠正市场机制的缺点。人类不是只能顺从市场机制的作用，而且还能在遵从基本经济规律的前提之下，对经济进行调节。进行这种调节的就是政府。政府可以通过观察与研究认识经济运行的规律，并采取适当的手段进行调节。整个宏观经济学正是建立在对政府调节经济能力信任的基础之上的。

总之，宏观经济学的前提是：政府应该调节经济，政府可以调节经济。

（三）宏观经济学的基本内容

宏观经济学的内容相当广泛，包括宏观经济理论、宏观经济政策，以及宏观经济计量模型。本书涉及的主要是宏观经济理论与政策。其中主要有：

1. 国民收入决定理论。国民收入是衡量一国经济资源利用情况和整个国民经济状况的基本指标。国民收入决定理论就是要从总需求和总供给的角度出发，分析国民收入决定及其变动的规律。这是宏观经济学的中心。

2. 失业与通货膨胀理论。失业与通货膨胀是各国经济中最主要的问题。宏观经济学把失业与通货膨胀和国民收入联系起来，分析其原因及其相互关系，以便找出解决这两个问题的途径。

3. 经济周期与经济增长理论。经济周期指国民收入的周期波动，经济增长指国民收入的长期增长趋势。这一理论要分析国民收入短期波动的原因、长期增长的源泉等问题，以期实现经济长期稳定的发展。

4. 开放经济理论。现实的经济都是开放型的经济。开放经济理论既要分析一国国民收入的决定与变动如何影响别国，以及如何受到别国的影响，同时也要分析开放经济下一国经济的调节问题。

5. 宏观经济政策。宏观经济学是为国家干预经济服务的，宏观经济理论要为这种干预提供理论依据，而宏观经济政策则是要为这种干预提供具体的措施。政策问题包括政策目标，即通过宏观经济政策的调节要达到什么目的；政策工具，即用什么具体办法来达到这些目的；政策效应，即宏观经济政策对经济的作用。应该指出的是，不同的经济学家对经济运行进行了不同的分析，对各种宏观经济问题作出了不同的解释，并由此出发提出了不同的政策主张。这就形成了不同的宏观经济学流派。当前最有影响的有三大流派：新古典综合派、货币主义与理性预期学派。以美国经济学家萨缪尔森为首的新古典综合派是凯恩斯主义在当代的代表，主张国家干预经济。以美国经济学家弗里德曼（M. Freidman）和以美国经济学家卢卡斯（R. Lucas）为代表的理性预期学派则主张自由放任。本书所介绍的宏观经济学是以新古典综合派的理论体系为主的。

三、微观经济学与宏观经济学的联系

从以上的分析中可以看出，微观经济学与宏观经济学在研究的对象、解决的问题、中心理论和分析方法上都是不同的。但它们之间又有着密切的联系，具体表现为：

（一）微观经济学是宏观经济学的基础

整体经济是单个经济单位的总和，微观经济学应该成为宏观经济学的基础。但如何把微观经济学作为宏观经济学的基础，不同的经济学家有不同的理解，至今也还没有令人满意的答案。凯恩斯主义用微观经济学中的均衡概念来解释宏观经济问题，新古典综合派也接受了这一基本观点。但理性预期学派经济学家并不同意这一点，他们力图从微观经济学的市场出清与完全理性这两个基本假设出发来解释宏观经济问题，并建立一个统一的经济学体系。他们在这一方面做了许多努力，提出了一些理论，但至今还不能令大多数经济学家所接受。如何使微观经济学成为宏观经济学的基础，仍然是一个有待解决的问题。

（二）微观经济学与宏观经济学都是实证分析

微观经济学与宏观经济学都把社会经济制度作为既定的，不分析社会经济制度变动对经济的影响。也就是说，它们都是把市场经济制度作为一个既定的存在，分析这一制度下的资源配置与利用问题。这种不涉及制度问题，只分析具体问题的方法就是实证分析；从这种意义上看，微观经济学与宏观经济学都属于实证经济学的范围。

（三）微观经济学与宏观经济学是互相补充的

经济学的目的是要实现社会经济福利的最大化。为了达到这一目的，既要实现资源的最优配置，又要实现资源的充分利用。微观经济学在假定资源已实现充分利用的前提下分析如何达到最优配置的问题；宏观经济学在假定资源已实现最优配置的前提下分析如何达到充分利用的问题。它们从不同的角度分析社会经济问题。从这一意义上说，微观经济学与宏观经济学不是互相排斥的，而是互相补充的，它们共同组成经济学的基本原理。

第三节　经济学的研究方法

每门科学都有自己的研究方法，经济学自然也不例外。也就是说，经济学要运用一定的方法来研究"大炮与黄油的矛盾"所引起的资源配置与资源利用问题。具体来说，对这些问题既可以用实证的方法进行分析，也可以用规范的方法进行分析。用实证方法来分析经济问题称为实证经济学，而用规范方法来分析经济问题称为规范经济学。我们就从实证经济学与规范经济学入手来介绍经济学的研究方法。

一、实证经济学与规范经济学

实证经济学（Normative Economics）企图超脱或排斥一切价值判断，只研究经济本身的内在规律，并根据这些规律，分析和预测人们经济行为的效果。它要回答"是什么"的问题。规范经济学（Positive Economics）以一定的价值判断为基础，提出某些标准作为分析处理经济问题的标准，树立经济理论的前提，作为制定经济政策的依据，并研究如何才能符合这些标准。它要回答"应该是什么"的问题。

在理解实证经济学与规范经济学时，应注意这样一些问题：

1. 价值判断的含义。在以上关于实证经济学和规范经济学的定义中都涉及了价值判断这个概念。什么是价值判断呢？《简明帕氏新经济学辞典》的解释是："价值判断可被定义为对所认定的客观效力的赞成或不赞成的判断。"我国著名经济学家陈岱孙教授指出："这地方讲的价值，并不是指商品的价值，而是指经济事物的社会价值。"由此可见，价值判断就是指对经济事物社会价值的判断，即对某一经济事物是好还是坏的判断。价值判断大而言之可以指一种社会经济制度的好坏，小而言之指某一具体事物的好坏。所谓好坏也就是对社会是有积极意义，还是有消极意义。价值判断属于社会伦理学范畴，具有强烈的主观性与阶级性。实证经济学为了使经济学具有客观科学性，就要避开价值判断问题；而规范经济学要判断某一具体经济事物的好坏，则从一定的价值判断出发来研究问题。是否以一定的价值判断为依据，是实证经济学与规范经济学的重要区别之一。

2. 实证经济学与规范经济学要解决的问题不同。实证经济学要解决"是什么"的问题，即要确认事实本身，研究经济本身的客观规律与内在逻辑，分析经济变量之间的关系，并用于进行分析与预测。规范经济学要解决"应该是什么"的问题，即要说明事物本身是好还是坏，是否符合某种价值判断，或者对社会有什么意义。这一点也就决定了实证经济学可以避开价值判断，而规范经济学必须以价值判断为基础。

3. 实证经济学的内容具有客观性，所得出的结论可以根据事实来进行检验，也不会以人们的意志为转移。规范经济学本身则没有客观性，它所得出的结论要受到不同价值观的影响。处于不同阶级地位，具有不同价值判断标准的人，对同一事物的好坏会作出截然相反的评价，谁是谁非没有什么绝对标准，从而也就无法进行检验。

4. 实证经济学与规范经济学尽管有上述三点差异，但它们也并不是绝对互相排斥的。规范经济学要以实证经济学为基础，而实证经济学也离不开规范经济学的指导。一般来说，越是具体的问题，实证的成分越多；而越是高层次、带有决策性的问题，越具有规范性。

可以用大炮与黄油的例子来说明实证经济学与规范经济学。比如，我们研究大炮与黄油的增长问题。从实证经济学的角度，要研究决定大炮与黄油增长的因素是什么，这种增长本身具有什么规律性，等等。由这种研究中所得出的结论是可以验证的。假定我们在分析决定大炮与黄油的增长因素时发现，如果资本量增加1%，劳动量增加1%，则大炮与黄油的产量可以各增加1%。在实际中，我们按这一发现，增加资本量与劳动量各1%，大炮与黄油的产量果然各增加了1%，那就证明了这一发现是真理。这一真理又不以人们关于大炮与黄油对社会的意义看法如何而改变。而从规范经济学的角度，我们研究大炮与黄油的增长到底是一件好事，还是一件坏事。具有不同价值判断标准的人对这一问题会有不同的看法，有人从增长会给社会经济带来福利的增加出发，认为大炮与黄油的增长是一件好事；有人从增长会给社会带来环境污染，收入分配更加不平等出发，认为大炮与黄油的增长是一件坏事。大炮与黄油的增长既会有好的影响，也会有坏的影响，上述两种观点谁是谁非很难讲清楚。在研究如何使大炮与黄油增长时用的是实证分析，但在从经济上决定大炮与黄油的增长率时，首先要从规范的角度说明这种增长究竟有什么社会意义。由于对大炮与黄油增长是好事还是坏事的看法不同，很难得出一致的、具有客观性的结论，所以就要通过中央集权的独裁方式，或民主政治中的投票方式来解决问题。

【知识链接】 　　　　实证经济学与规范经济学

实证经济学与规范经济学所强调的是用不同的方法来研究经济问题。用实证的方法研究则是实证经济学，用规范的方法来研究则是规范经济学。这种划分与强调研究对象的微观经济学与宏观经济学的划分不同。如前所述，微观经济学与宏观经济学都是用实证的方法进行研究，因此，都属于实证经济学。

在西方经济学的发展中，早期强调从规范的角度来分析经济问题。19世纪中期以后，则逐渐强调实证的方法。许多经济学家都认为，经济学的实证化是经济学科学化的唯一途径。只有使经济学实证化，才能使之成为像物理学、化学一样的真正科学。应该说，直至目前为止，实证经济学仍然是西方经济学中的主流。但也有许多经济学家认识到，经济学并不能完全等同于物理学、化学这些自然科学，它也无法完全摆脱规范问题，即无法回避价值判断。因此，应该在经济学中把实证的方法与规范的方法结合起来。这一看法是很有道理的。

二、实证分析方法

经济学中的实证分析法来自哲学上的实证主义方法。实证分析是一种根据事实加以验证的陈述，而这种实证性的陈述则可以简化为某种能根据经验数据加以证明的形式。在运用实证分析法来研究经济问题时，就是要提出用于解释事实（经济现象）的理论，并以此为根据作出预测。这也就是形成经济理论的过程。因此，我们这里就重点介绍如何用实证分析法得出经济理论。

（一）理论的组成

一个完整的理论包括定义、假设、假说和预测。

定义是对经济学所研究的各种变量所规定的明确的含义。变量是一些可以取不同数值的量。在经济分析中常用的变量有内生变量与外生变量，存量与流量。内生变量是"一种理论内所要解释的变量"。外生变量是"一种理论内影响其他变量，但本身由该理论外的因素所决定的变量"。内生变量又称因变量，外生变量又称自变量。存量是指一定时点上存在的变量的数值，其数值大小与时间维度无关。流量指一定时期内发生的变量的数值。其数值大小与时间维度相关。

假设是某一理论所适用的条件。因为任何理论都是有条件的、相对的，所以在理论的形成中假设非常重要。西方经济学家在分析问题时特别重视假设条件，离开了一定的假设条件，分析与结论都是毫无意义的。例如，需求定理是在假设消费者的收入、嗜好、人口量、社会风尚等不变的前提下来分析需求量与价格之间的关系。消费者收入、嗜好、人口量、社会风尚等不变就是需求定理的假设。离开这些假设，需求定理所说明的需求量与价格反方向变动的真理就没有意义。在形成理论时，所假设的某些条件往往并不现实，但没有这些假设就很难得出正确的结论。在假设条件下得出理论，就像自然科学在严格的限定条件下分析自然现象一样。我们要习惯这种以一定假设为前提分析经济问题的方法。

【知识链接】　　　　　　　　经济学中的假设

几位在沙漠上旅行的学者讨论如何打开罐头的问题。物理学家说，给我一个聚光镜，我可以用阳光把罐头打开。化学家说，我可以用几种化学药剂的化学反应来打开罐头。而经济学家则说，假设我有一把开罐刀……这个故事说明了经济学家分析问题时总是从"假设如何如何"开始的。

假说是对两个或更多的经济变量之间关系的阐述，也就是未经证明的理论。在理论形成中提出假说是十分重要的，这种假说往往是对某些现象的经验性概括或总结。但要经过验证才能说明它是否能成为具有普遍意义的理论。因此，假说并不是凭空产生的，它仍然来源于实际。

预测是根据假说对未来进行预期。科学的预测是一种有条件性的说明，其形式一般是"如果……就会……"预测是否正确，是对假说的验证。正确的假说的作用就在于它能正确地预测未来。

（二）理论的形成

图 1-2 说明了在形成一种理论时，首先要对所研究的经济变量确定定义，并提出一些假设条件。然后，根据这些定义与假设提出一种假说。根据这种假说可以提出对未来的预测。最后，用事实来验证这一预测是否正确。如果预测是正确的，这一假说就是正确的理论，如果预测是不正确的，这种假说就是错误的，要被放弃，或进行修改。本书中所讲的许多理论都是用这种方法形成的。这就是实证分析方法。

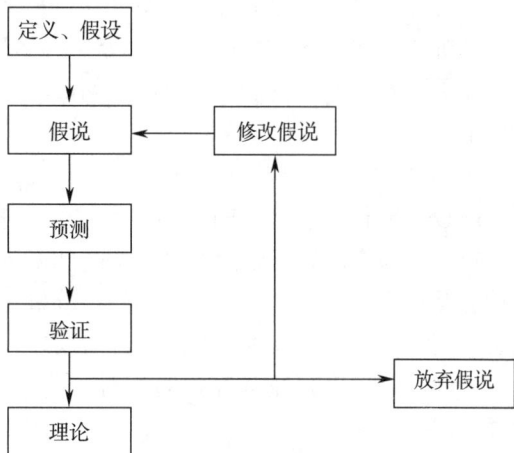

```
定义、假设
   ↓
假说 ←──── 修改假说
   ↓              ↑
预测              │
   ↓              │
验证 ─────────→ 放弃假说
   ↓
理论
```

图 1-2 理论的形成过程

（三）理论的表述方式

运用实证分析所得出的各种理论可以用不同的方法进行表述，也就是说，同样的理论内容可以用不同的方法表述。一般来说，经济理论有四种表述方法：

1. 口述法，或称叙述法。用文字来表述经济理论。
2. 算术表示法，或称列表法。用表格来表述经济理论。
3. 几何等价法，或称图形法。用几何图形来表述经济理论。
4. 代数表达法，或称模型法。用函数关系来表述经济理论。

这四种方法各有其优点，在分析经济问题时得到了广泛的运用。

三、实证分析工具

经济学中运用实证分析法分析经济问题，形成理论时，运用了各种分析工具。实证分析中所涉及的分析工具是很多的，这里仅介绍均衡分析与非均衡分析，静态分析与动态分析，由均衡分析与静态分析和动态分析相结合而形成的静态均衡分析、比较静态均衡分析和动态均衡分析，以及定性分析与定量分析。

（一）均衡分析与非均衡分析

均衡是物理学中的名词。当一物体同时受到方向相反的两个外力的作用，这两种力量恰好相等时，该物体由于受力相等而处于静止状态，这种状态就是均衡。19 世纪末的英国经济学家马歇尔把这一概念引入经济学中，指经济中各种对立的、变动着的力量处于一种力量相当、相对静止、不再变动的状态。均衡分析是分析各种经济变量之间的关系，说明均衡的实现及其变动。均衡分析又可以分为局部均衡分析与一般均衡分析。局部均衡分析考察在其他条件不变时单个市场的均衡的建立与变动。一般均衡分析考察各个市场之间均衡的建立与变动，它是在各个市场的相互关系中来考察一个市场的均衡问题的。同时，经济学中的均衡还有"最佳状态"的含义，如在消费者行为理论中的"消费者均衡"是指在消费者收入既定的情况下实现效用的最大化，生产理论中的生产者均衡是指生产的经济效率最高，即成本既定产量最大或产量既定成本最小。均衡分析偏重于数量分析，非均衡分析则认为经济现象及其变化的原因是多方面的、复杂的，不能单纯用有关变量之间的均衡与不均衡来加以解释，而主张以历史的、制度的、社会的因素作为分析的基本方法，即使是量的分析，非均衡也不是强调各种力量相等时的均衡状态，而是强调各种力量不相等时的非均衡状态。微观经济学与宏观经济学中运用的主要分析工具是均衡分析。

（二）静态分析与动态分析

静态分析和动态分析的基本区别在于，前者不考虑时间因素，而后者考虑时间因素。换句话来说，静态分析考察一定时期内各种变量之间的相互关系，而动态分析考察各种变量在不同时期的变动情况。静态分析主要是一种横断面分析，不涉及时间因素所引起的变动，而动态分析主要是一种时间序列分析，要涉及时间因素所引起的变动。或者说，静态分析研究经济现象的相对静止状态，而动态分析研究经济现象的发展变化过程。

（三）静态均衡分析、比较静态均衡分析、动态均衡分析

把均衡分析与静态分析和动态分析结合在一起就产生了三种分析工具：静态均衡分析、比较静态均衡分析与动态均衡分析。静态均衡分析要说明各种经济变量达到均衡的条件；比较静态均衡分析要说明从一种均衡状态变动到另一种均衡状态的过程，即原有的条件变动时均衡状态发生了什么相应的变化，并把新旧均衡状态进行比较；动态均衡分析则要在引进时间因素的基础上说明均衡的实际变化过程，说明某一时点上经济变量的变动如何影响下一时点上该经济变量的变动，以及这种变动对整个均衡状态变动的影响。在微观经济学与宏观经济学中这三种分析工具都得到了运用。

（四）定性分析与定量分析

定性分析是说明经济现象的性质及其内在规定性与规律性。定量分析则是分析经济现象之间量的关系。许多经济现象是可以用某种标准来衡量的，可以表示为一定的数量，各种经济现象之间量的关系可以更为精确地反映经济运行的内在规律。因此，实证经济分析中特别注意定量分析。这也是经济学中广泛运用了数学工具的重要原因。经济学中数学的运用主要在两个方面：一是运用数学公式、定理来表示或推导、论证经济理论，这就是一般所说的数理经济学。二是根据一定的经济理论，编制数学模型，并将有关经济数值代入这种模型中进行计算，以验证理论或进行经济预测，这就是一般所说的经济计量学。定量分析使经济学更能运用于实际。数学是经济学的重要分析工具，这一点应该十分注意。

四、经济理论与经济政策

经济学具有强烈的实用性，是为现实服务的。经济学既包括理论，又包括政策，是两者的结合。

经济理论是对各种经济问题的分析，力图寻找出经济现象本身的客观规律。经济政策是根据经济规律所制定的，因此，经济理论是经济政策的基础。没有正确的经济理论就难以制定出正确的经济政策。经济政策是经济理论的应用。从这种意义上说，经济理论是基础，这也正是经济理论受到重视的原因。

但是，从实际情况来看，也并不一定是先有经济理论而后有经济政策。常见的情况是，先有了解决某个实际问题的经济政策，而后才有为之服务、对之作出解释的经济理论。例如，在 20 世纪 30 年代的大危机中就是先有国家干预经济的具体政策，而后才有为这种政策进行解释的凯恩斯主义宏观经济理论。然而，这并不意味着否认经济理论的重要意义。尽管政策可能先于理论，并要求理论对之作出解释。但缺乏正确理论基础的政策可能是盲目的、不完善的，只有以正确的理论为依据，政策才会完善。因此，整个政策的制定、发展和验证都离不开理论。同样，理论也只有为政策服务，并通过政策实施的结果来验证才能证明其正确性。正因为如此，我们在研究经济学时既要研究理论，也要研究政策，把两者有机地结合起来。

一般来说，经济政策可以大致分为微观经济政策和宏观经济政策。前者是以微观经济理论为基础，从其中引申出来的，而后者是以宏观经济理论为基础，从其中引申出来的。微观经济理论与微观经济政策的结合就是微观经济学，而宏观经济理论与宏观经济政策的结合就是宏观经济学。本书就是从理论与实际政策结合的角度来介绍西方经济学的基本内容的。

【知识链接】　　　　经济分析方法与最低工资

当我们建立经济模型并用它来回答问题时，我们要记住实证分析与规范分析之间的差别。实证分析关注"是什么"，而规范分析关注"应该是什么"。经济学主要是关于实证分析的，它衡量的是不同行动路线的成本和收益。

我们可以用美国联邦政府的最低工资法来比较实证分析和规范分析。根据这部法律，雇主以低于每小时 12.5 美元的工资雇用工人在 2016 年是非法的。没有最低工资法，有些企业和有些工人就会自愿接受较低的工资。由于有了最低工资法，有些工人在找工作时有困难，而有些企业最终支付的人工费用比它们所愿意支付的要高。对联邦最低工资法进行实证分析，运用经济模型来估算有多少工人因为这部法律而失去了工作，这部法律对经营成本和利润的影响，以及拿最低工资的工人所获得的收益。在经济学家完成这一实证分析后，判断最低工资法是件好事还是坏事是规范性的，取决于人们如何评价所涉及的权衡。这部法律的支持者认为，与没有这部法律相比，取得更高工资的工人所获得的收益，足以抵消雇主以及因为这部法律而失业的工人的损失，且还有剩余。这部法律的反对者则认为损失大于收益。任何个人的评价都部分取决于这个人的价值判断和政治观点。经济学家提供的实证分析在判断中会起作用，但单靠实证分析本身无法作出判断。

资料来源：根据中国经济网 http://jz.docin.com/p-195186832.html 及媒体资料整理所得。

第四节　经济学发展简史

物质资料的生产与消费是人类社会生存与发展的基础。古代许多思想家早就研究了经济问题，并提出了不少至今仍有影响的思想。但是，在资本主义社会建立之前，这些对经济问题的论述与哲学、政治学、法学、伦理学等混杂在一起，作为这些学科的一部分或附属。经济学本身并没有成为一门独立的学科。作为一门独立学科的经济学是与资本主义生产方式的形成同时产生的。在经济学上具有划时代意义的是三位经济学家：亚当·斯密、卡尔·马克思、梅纳德·凯恩斯。18世纪的英国古典经济学家亚当·斯密是经济学史上的第一块里程碑，他的巨著《国民财富的性质和原因的研究》（以下简称《国富论》）标志着现代经济学的诞生。马克思对资本主义的批判开创了与资产阶级经济学相对立的经济学体系——马克思主义经济学。凯恩斯则是现代宏观经济学的创立者。本书以介绍西方经济学为中心，因此，所介绍的是西方经济学的发展史。

对西方经济学的发展阶段有不同的划分方法，我们认为比较恰当的是分为重商主义、古典经济学、新古典经济学，以及现代经济学这样几个时期。

一、重商主义：经济学的早期阶段

重商主义产生于15世纪，终止于17世纪中期。这是资本主义生产方式的形成与确立时期。

重商主义的主要代表人物有英国经济学家约翰·海尔斯、威廉·斯塔福德、托马斯·曼，法国经济学家安·德·孟克列钦、让·巴蒂斯特·柯尔培等人。其代表作是托马斯·曼的《英国得自对外贸易的财富》。他们并没有什么系统的理论，其基本观点是：金银形态的货币是财富的唯一形态，一国的财富来自对外贸易，增加财富的唯一方法就是扩大出口，限制进口。由此出发，这一学派基本的政策主张是国家干预，即用国家的力量来增加出口限制进口。

重商主义的这些观点，反映了原始积累时期资本主义经济发展的要求。马克思称重商主义是"近代生产方式的最早的理论研究"。但重商主义仅限于对流通领域的研究，其内容也只是一些政策主张，并没有形成一个完整的经济学体系，只能说是经济学的早期阶段。真正的经济科学只有在从流通领域进入到生产领域中时才会出现。

二、古典经济学：经济学的形成时期

古典经济学这个词在经济学中有三种不同的含义。第一种是指从17世纪中期到19世纪70年代之前的经济学，即本书中所用的含义。第二种是指从17世纪中期到20世纪30年代之前的经济学，包括本书中所说的古典经济学与新古典经济学。第三种是马克思所用的含义，指从17世纪中期到19世纪初期的资产阶级经济学，具体来说，在英国是从威廉·配第到大卫·李嘉图，在法国是从布阿吉尔贝尔到西斯蒙第。马克思的这种用法肯定了这一时期的经济学有其合理的成分——提出并论述了劳动价值论，以及揭示了资本主义社会中的阶级对立关系。这就有别于以后时期马克思所说的庸俗经济学。

我们这里所说的古典经济学是从17世纪中期开始，到19世纪70年代前为止，其中包括英国经济学家亚当·斯密、大卫·李嘉图、西尼耳、约翰·穆勒、马尔萨斯，法国经济学家让·巴蒂斯特·萨伊等人。古典经济学的最重要代表人物是亚当·斯密，其代表作是1776年出版的《国富论》。

《国富论》的发表被称为经济学史上的第一次革命，即对重商主义的革命。这次革命标志着经济科学的诞生。以斯密为代表的古典经济学的贡献是建立了以自由放任为中心的经济学体系。

古典经济学研究的中心是国民财富如何增长。他们强调了财富是物质产品，增加国民财富的途径是通过增加资本积累和分工来发展生产。围绕这一点，他们研究了经济增长、价值、价格、收入分配等广泛的经济问题。斯密从人是利己的经济人这一假设出发，论述了由价格这只看不见的手来调节经济的运行，可以把个人利己的行为引向增加国民财富和社会福利的行为。因此，由价格调节经济就是一种正常的自然秩序。由此得出了自由放任的政策结论。自由放任是古典经济学的核心，其他问题都是围绕这一问题展开的。

古典经济学自由放任的思想反映了自由竞争资本主义时期经济发展的要求。古典经济学家把经济研究从流通领域转移到生产领域，使经济学真正成为一门有独立体系的科学。

三、新古典经济学：微观经济学的形成与建立时期

新古典经济学从 19 世纪 70 年代的"边际革命"开始，到 20 世纪 30 年代结束。这一时期经济学的中心仍然是自由放任。在这种意义上说，它仍是古典经济学的延续。但是，它又用新的方法，从新的角度来论述自由放任思想，并建立了说明价格如何调节经济的微观经济学体系，所以，在古典经济学前加一"新"字，以示其与古典经济学的不同之处。

19 世纪 70 年代奥国学派经济学家门格尔，英国经济学家杰文斯，瑞士洛桑学派的法国经济学家瓦尔拉斯分别提出了边际效用价值论，引发了经济学上的"边际革命"，从而开创了经济学的一个新时期。

边际效用价值论认为商品的价值取决于人们对商品效用的主观评价。这种主观价值论引入了一种新的分析方法——边际分析法。边际分析是增量分析，即分析自变量变动所引起的因变量的变动。正是这种分析方法使经济学进入了一个新的时期。英国著名经济学家罗尔评论说："边际效用概念不仅被看做是经济'工具箱'的一种重要补充，并且还被看做是经济科学研究方法上的一项极其重要的革新。"因此，边际效用价值论的出现被看做是经济学史上继亚当·斯密革命之后的第二次革命——边际革命。这次革命标志着新古典经济学的开始。1890 年英国剑桥学派经济学家马歇尔出版了《经济学原理》，这本书综合了当时的各种经济理论，被称为新古典经济学的代表作。

新古典经济学同样把自由放任作为最高准则，但已不像古典学派那样只重视对生产的研究，而是转向了消费和需求。他们明确地把资源配置作为经济学研究的中心，论述了价格如何使社会资源配置达到最优化，从而就从理论上证明了以价格为中心的市场机制的完善性。他们把消费、需求分析与生产、供给分析结合在一起，建立了现代微观经济学体系及其基本内容。尽管 20 世纪 30 年代英国经济学家罗宾逊和美国经济学家张伯伦分别提出的垄断竞争理论是对这一微观经济学体系的重要发展，在 50 年代之后美国经济学家贝克尔、莱宾斯坦等人仍对微观经济学作出了重大贡献，但作为一个理论体系，微观经济学是由新古典学派所建立的。

四、现代经济学：宏观经济学的建立与发展

现代经济学是以 20 世纪 30 年代凯恩斯主义的出现为标志的。这一时期，经济学得到全面而深入的发展，无论是研究的内容、方法，还是深度与广度方面，都是过去所无法比拟的。但其中心是宏观经济学的建立与发展。我们还可以把这一时期分为三个阶段。

第一阶段：凯恩斯革命时期。这一阶段从 20 世纪 30 年代到 50 年代之前。新古典经济学论述了市场调节的完善性，但 30 年代的大危机打破了这种神话。传统的经济理论与经济现实发生了尖锐的冲突，经济学面临着它有史以来的第一次危机。这时，英国经济学家凯恩斯在 1936 年发表了《就业、利息和货币通论》（简称《通论》）一书。这本书把产量与就业水平联系起来，从总需求的角度分析国民收入的决定，并用有效需求不足来解释失业存在的原因。在政策上则提出了放弃自由放任，由国家干预经济的主张。凯恩斯的这些观点被认为是经济学史上的第三次革命——凯恩斯革命。这次革命是革了新古典经济学的命。这次革命所产生的凯恩斯主义，提出了以国民收入决定为理论中心，以国家干预为政策基调的现代宏观经济学体系。因此，凯恩斯被称为当之无愧的"现代宏观经济学之父"。

第二阶段：凯恩斯主义发展时期。这一阶段从 20 世纪 50 年代到 60 年代末。战后西方各国都加强了对经济生活的全面干预，凯恩斯主义得到了广泛的传播与发展。美国经济学家萨缪尔森等人把凯恩斯主义的宏观经济学与新古典经济学的微观经济学结合在一起，形成了新古典综合派。新古典综合派全面发展了凯恩斯主义，并把这一理论运用于实践，对各国经济理论与政策都产生了重大影响。可以说，直至今日为止，新古典综合派仍然是经济学的主流。

在英国，以琼·罗宾逊为首的新剑桥学派认为新古典综合派歪曲了凯恩斯主义。他们主张把凯恩斯主义与新古典经济学的联系进一步切断，以分配理论为中心完成凯恩斯革命。他们对分配理论的论述以李嘉图的劳动价值论为基础，并由英国经济学家斯拉伐发展与完善了这种劳动价值论。斯拉伐对劳动价值论的发展，被认为是经济学史上的第四次革命——斯拉伐革命。

新古典综合派与新剑桥学派对凯恩斯主义的解释与发展存在着原则性的分歧。在 20 世纪 50—60 年代，他们之间的争论对经济学的发展产生了相当大的影响。但就经济理论与政策倾向看，新古典综合派的地位是难以动摇的。

第三阶段：自由放任思潮的复兴时期。这一阶段是在 20 世纪 70 年代之后。第二次世界大战后，西方各国对经济生活的全面干预一方面促进了经济的巨大发展，另一方面也引起了许多问题。20 世纪 60 年代末出现在西方国家的滞胀（即经济停滞与通货膨胀并存）引起了凯恩斯主义的危机。这次危机使自由放任思想得以复兴。以美国经济学家弗里德曼为首的货币主义是自由放任的拥护者。货币主义的出现被认为是经济学史上的第五次革命——货币主义革命，或称"对抗凯恩斯革命的革命"。在 20 世纪 70 年代之后，又出现了以美国经济学家卢卡斯为首的理性预期学派。这一派以更为彻底的态度拥护自由放任。理性预期学派的出现被称为经济学史上的第六次革

命——理性预期革命。

这些主张自由放任的经济学家认为滞胀的根源是凯恩斯主义的国家干预。他们从不同的角度论述了市场机制的完善性，提出了减少国家干预，充分发挥市场机制作用的主张。从20世纪70年代末起，西方各国采用了这些主张，实行经济自由化的政策，对经济的复兴起到了一定的作用。

在这一阶段，新古典综合派与货币主义和理性预期学派的争论成为经济学的主旋律。从理论上说，尽管新古典综合派的主流地位仍然没有丧失，但货币主义与理性预期学派对宏观经济学的发展有着重大的影响。他们的许多观点，如货币主义关于货币重要性的论述、理性预期学派的预期概念，已成为现代宏观经济学的重要组成部分。在经济政策上，尽管国家干预经济的基本格调并没有发生根本性变化，但经济政策的自由化已产生了不可低估的影响。应该说，这三个流派之间的争论正是经济学发展的动力。

经济学是为现实服务的，经济学的发展与演变正是现实经济发展的反映。原始积累时期的重商主义，自由竞争时期的古典经济学与新古典经济学，国家垄断资本主义时期的凯恩斯主义，都是现实经济发展的要求在理论上的反映。一部经济学发展史说明了一个平凡的真理：存在决定意识。

【本章小结】

经济学是人类社会发展到一定阶段的产物，其发展主要经历了重商主义时期、古典经济学时期、新古典经济学时期和现代经济学时期四个阶段。经济学产生的根源在于资源的稀缺性，是研究在一定制度下稀缺资源配置、利用和节约的科学。西方经济学是研究在市场经济制度下，稀缺资源配置、利用与节约的科学。经济学的研究对象是资源的稀缺性以及由此产生的经济问题。经济学要解决的是生产什么、怎样生产和为谁生产等基本问题。

西方经济学主要内容包括微观经济学和宏观经济学两个部分。微观经济学运用个量分析法，对单个经济单位的经济行为以及单个市场的经济现象进行分析；宏观经济学运用总量分析法，以整个国民经济为考察对象，研究经济中各有关总量的决定及其变动，以解决失业、通货膨胀、经济周期性波动与经济增长等问题。

实证分析法和规范分析法是西方经济学的主要方法。实证经济学企图超脱或排斥一切价值判断，只研究经济本身的内在规律，并根据这些规律，分析和预测人们经济行为的效果。它要回答"是什么"的问题。规范经济学以一定的价值判断为基础，提出某些标准作为分析处理经济问题的标准，树立经济理论的前提，作为制定经济政策的依据，并研究如何才能符合这些标准。它要回答"应该是什么"的问题。此外，西方经济学的研究运用了多种分析工具，包括均衡分析与非均衡分析，静态分析与动态分析，静态均衡分析、比较静态均衡分析和动态均衡分析，以及定性分析与定量分析。

【复习思考题】

一、名词解释

稀缺　机会成本　生产可能性曲线　边际分析　均衡　局部均衡　一般均衡
静态分析　比较静态分析　动态分析　实证经济学　规范经济学

二、分析讨论题

1. 怎样理解西方经济学的性质？

2. 怎样理解西方经济学是研究在资源稀缺状况下，如何实现资源有效配置的科学？

3. 现代西方经济学试图解决的基本经济问题有哪些？

4. 什么是边际分析法和均衡分析法？

5. 试比较局部均衡与一般均衡。

6. 简述实证经济学与规范经济学的区别和联系。

7. 什么是机会成本？机会成本概念需具备哪些条件？

8. 假设有一亩地，用来种玉米可获收入 500 元，用来种油菜可获收入 1000 元，用来种棉花可获收入 2000 元，试问：（1）用来生产棉花的机会成本是多少？（2）用来生产油菜的机会成本是多少？（3）用来生产玉米的机会成本又是多少？

9. 如果一国实际产量位于生产可能性曲线之内，那么，该国的经济状况是存在失业和资源利用不充分，还是处于通货膨胀和需求过度状况，为什么？

【拓展阅读】

经济学中"看不见的手"
与"看得见的手"

上篇
微观经济学

第二章

供求理论

GONGQIU LILUN

【教学目的和要求】

通过本章的学习，要求学生掌握需求与供给的一般原理，包括需求、供给的概念、影响因素，需求与供给的函数和图像以及需求变动和供给变动，能够运用供求原理分析市场均衡，掌握弹性的一般原理及主要类型，包括需求弹性、供给弹性的含义、影响因素及相关计算，并能够运用弹性原理与供求原理对经济问题进行简单分析。

在市场经济和以市场经济为主的混合经济中，资源配置主要是依靠市场，特别是价格机制的调节作用来解决的，价格理论是微观经济学的核心内容。而价格的决定和变化则是商品的需求和供给相互作用的结果。因此，对需求和供给以及均衡价格的分析，是西方经济学分析市场经济如何运行的起点。本章在阐述需求规律与供给规律的基础上，进一步说明供求如何决定价格、价格的变动将引起供求多大程度的变动等问题。

第一节　需求理论

一、需求

（一）需求的含义

需求（Demand）是指居民（消费者）在某一时期内，在每一价格水平上愿意而且能够购买的商品或劳务的数量。

需求有以下几个特点：

1. 有效性。需求要具备两个条件——购买欲望和购买能力，两者缺一不可。如果仅有购买欲望而无购买能力或者仅有购买能力而无购买欲望，皆不能构成对商品或劳务的有效需求。

2. 流量性。需求是一个流量概念，消费者对商品或劳务的需求，是在一定时期（如每月、每季或每年）内进行计量的。

3. 预期性。需求是一个预期概念，它是指消费者愿意或打算购买的数量，这个量与消费者实际购买的量可能是不同的。

4. 对应性。消费者对商品的需求数量与价格水平相对应，一个价格水平上就会有一个相应的需求数量，价格变化，需求数量也会随之发生变化。

（二）需求的种类

1. 个别需求：单个消费者在每一价格水平下愿意而且有能力购买的某种商品的数量。

2. 市场需求：在每一价格水平下，所有消费者对某种商品的需求量的总和，就是市场需求。

（三）需求的表达方式

1. 叙述法。上文以文字形式阐述需求即叙述法。

2. 列表法。假定人们的爱好、收入、对未来的预期等能影响一种商品市场需求的因素都固定不变，只反映消费者在一定时期内购买某种商品的各种价格和与其相对应的需求数量之间关系的表格就是需求表。

从表 2 – 1 中可以看出，价格越低，需求量越大；价格越高，需求量越小。需求量的变化与价格的变化是反方向的。

表 2 – 1　　　　　　　　　　　　　某商品的需求表

价格（元）	需求量（万件）
6	8
5	10
4	12
3	15
2	20

3. 图形法。在图 2 – 1 中，横轴 OQ 代表需求量，纵轴 OP 代表价格，D 为需求曲线。需求曲线（Demand Curve）就是根据需求表所画出的表示价格与需求量关系的曲线。从图 2 – 1 中可以看出，需求曲线是一条向右下方倾斜的线，因此，它的斜率是负的，这表明价格与需求量之间存在着反方向的变化关系。

4. 模型法。需求还可以用函数关系来表达。我们将影响需求的各种因素（a，b，c，d，…）作为自变量，把需求 D 作为因变量，那么就可以得到表示它们之间关系的函数，这

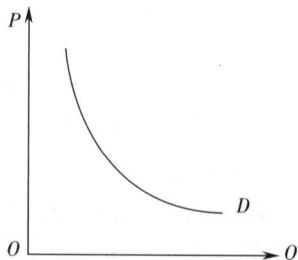

图 2 – 1　需求曲线

种函数被称为广义的需求函数，表示为

$$D = Q_d = f(a,b,c,d,\cdots) \quad 或 \quad Q_d = f(a,b,c,d,\cdots) \tag{2.1}$$

在经济分析时，一般是假定其他条件不变，然后着重研究商品本身价格对于需求量 D 的影响，这种函数被称为狭义的需求函数，即需求价格函数，表示为

$$D = f(P) \quad 或 \quad Q_d = f(P) \tag{2.2}$$

其中，P 表示商品本身价格，D 或 Q_d 表示商品需求数量。

二、影响需求的因素

影响需求的因素很多，主要有以下几种：

1. 商品自身的价格。一般来说，在其他条件不变时，商品的价格越高或提高，人们对该商品的购买量越少或减少；价格越低或价格下降，人们的购买量越多或增加。

2. 相关商品的价格。当一种商品本身的价格保持不变，而和它相关的其他商品的价格发生变化时，这种商品本身的需求量也会发生变化。相关商品包括互补品和替代品。如果两种商品只有结合在一起使用，才能满足人们的某种欲望，那么这两种商品就互称为互补品。其他因素不变时，在两种互补品之间，一种商品的需求数量与另一种商品的价格反方向变化。如果两种商品各自单独使用能够满足人们的同种欲望，那么这两种商品就互称为替代品。其他因素不变时，在两种替代品之间，一种商品的需求数量与另一种商品的价格同方向变化。

3. 消费者收入水平。收入变动对某种商品需求量的变动影响取决于该商品是正常商品还是低档商品。一般来说，在其他条件不变的情况下，随着消费者收入水平的提高，正常商品的需求量与收入同方向变化，即收入增加时，人们对正常商品的需求量就增加；反之，低档商品的需求量与收入负相关，即收入增加时，人们对低档商品的需求量减少。

4. 消费者对未来价格的预期。如果其他因素不变，某种商品的需求量与消费者对该商品的预期价格正相关：当消费者预期某种商品的价格上涨时，现在就会增加对该商品的购买量；反之，现在就会减少对该商品的购买量。

5. 消费者偏好。消费者偏好就是消费者对于商品的偏爱和喜好程度。某种商品的需求量与消费者对该商品的偏好程度正相关：如果其他因素不变，对某种商品的偏好程度越高，消费者对该商品的需求量就越多。

6. 人口的数量与结构。一般来说，其他因素既定，某种商品的市场需求量与人口正相关。社会人口数量的增加会引起商品需求数量的增加，人口数量的减少会使需求数量减少。

社会人口结构通常会影响需求的构成，其变动必然引起某些商品需求的变动。比如，一个社会人口老龄化严重，会增加对各种保健品的需求，而婴幼儿的增多，又引起对儿童食品、服装、教育等需求的增加。

7. 政府政策。一国政府通常要根据本国的实际经济形势制定相应的经济政策调节经济。当经济萧条、需求不足时，政府采取鼓励消费和投资的政策，会刺激消费和投资，从而刺激人们对消费品和投资品的需求。相反，当经济过度膨胀时，政府实行抑制消费

和投资的政策，从而在一定程度上减少居民消费和厂商的投资，最终使需求减少。

影响商品需求量的还有其他因素，比如历史传统、风俗习惯、社会时尚、文化、气候条件等方面的因素。

三、需求规律

1. 需求规律的内容。在影响需求的其他给定因素不变的条件下，一种商品的需求量与其价格之间存在着反方向变化的关系，即价格高或提高，需求量少或减少；价格低或下降，需求量多或增加，这就是西方经济学所说的需求规律（Law of Demand）。

2. 需求规律的原因。引起商品价格和需求量反方向变化是替代效应和收入效应共同作用的结果。替代效应（Substitute Effect）即一些商品在使用上存在着彼此替代的关系。当一种商品的价格相对下降时，由于该商品可以被用来替代其他商品，消费者必然增加对这种商品的购买，从而增加对这种商品的需求。相反，当该种商品价格相对上升时，消费者将用其替代品来代替该商品，从而减少该商品的购买。收入效应（Income Effect）即当某消费者名义收入不变时，某种商品价格下降，意味着消费者实际收入增加，从而可以增加对该种商品的购买量。相反，当某种商品价格上升时，意味着消费者实际收入减少，从而减少该种商品的购买。

3. 需求规律的例外。需求规律的例外情况包括三种：第一，吉芬商品。该商品因英国经济学家吉芬而得名的。在特定条件下当该商品价格下跌时，需求量会减少；而价格上涨时，需求量反而增加。第二，某些炫耀性消费品。这类商品如珠宝、文物、名画、名车等的价格已成为消费者地位和身份的象征。价格越高，越显示拥有者的地位，需求量也越大；反之，当价格下跌，不能再显示拥有者的地位时，需求量反而下降。第三，投机性商品。某些商品的价格小幅度升降时，需求量按正常情况变动；大幅度升降时，人们会因不同的预期而采取不同的行动，引起需求量的不规则变化，如在证券、黄金市场常有这种情况发生。

四、需求量的变动与需求的变动

需求量的变动和需求的变动都是需求数量的变动，它们的区别在于引起这两种变动的因素是不同的，而且，这两种变动在几何图形中的表示也是不同的。

需求量的变动是指在其他条件不变时，由商品的价格变动所引起的该商品的需求数量的变动。在几何图形中，需求量的变动表现为商品的价格与需求数量组合点沿着同一条既定的需求曲线的运动。如图 2 - 2 所示，随着商品价格变动所引起的需求数量的变动，B 点沿着同一条既定的需求曲线运动到 A 点。

需求的变动是指在某商品价格不变的条件下，由于其他因素变动所引起的该商品的需求数量的变动。这种变化意味着，与原来任一价格水平相对应的购买量都发生了变化。如果对应于原来的每一价格，消费者都愿意并能够购买较多的数量，就称为

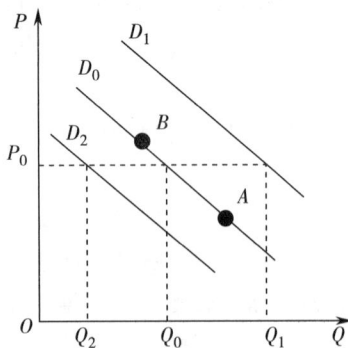

图 2 - 2　需求量的变动与
需求的变动

需求的增加；对应于原来的每一价格，消费者只愿意并能够购买较少的数量，就称为需求的减少。在几何图形中，需求的变动表现为需求曲线的位置发生水平移动，表示整体需求情况的变化。如图 2 - 2 所示，随着非商品价格因素的变动所引起的需求数量的变动，需求曲线 D_0 水平向右移动到 D_1 表示需求增加，需求曲线 D_0 水平向左移动到 D_2 表示需求减少。

第二节　供给理论

一、供给

（一）供给的含义

供给（Supply）是指厂商（生产者）在某一时期内，在每一价格水平上愿意而且能够出卖的商品数量。它有以下几个特点：

1. 有效性。作为供给必须具备两个条件：有出售愿望和供应能力，二者缺一不可，二者共存才能形成有效供给。

2. 流量性。供给是一个流量概念，是在一定时期内进行计量的。

3. 预期性。供给是一个预期概念，它是指生产者愿意出售的数量，这个量与实际出售数量可能是不同的。

4. 对应性。在可能的每一个价格水平上都会有一个相应的供给数量，价格变化，供给数量也会随之发生变化。

（二）供给的种类

1. 个别供给：个别供给是指单个厂商对某种产品的供给。

2. 市场供给：市场上所有厂商对某种产品供给的总和称为市场供给。在每一价格水平上将各厂商对某种产品的供给相加，就可以得到市场供给。

（三）供给的表达方式

1. 叙述法。上文以文字形式阐述供给，即叙述法。

2. 列表法。商品的供给表是表示某种商品的各种价格和与各种价格相对应的该商品的供给数量之间关系的数字序列表。它表示一定时期内生产者在某商品可能的、不同的价格水平条件下的供给量。

从表 2 - 2 中可以看出：商品价格越高，供给量越大；价格越低，供给量越小，即供给量与价格同方向变化。

表 2 - 2　　　　　　　　　某商品的供给表

价格（元）	供给量（吨）
10	5
20	15
30	45
40	70

3. 图形法。在图 2 - 3 中，横轴 OQ 代表供给量，纵轴 OP 代表价格，S 即为供给曲线。供给曲线就是根据供给表所画出来的表示价格与供给量关系的曲线。从图中可以看出，供给曲线是一条从左下方向右上方倾斜的曲线，具有正斜率，它表明价格和供给量这两个变量之间存在同方向的变化关系。

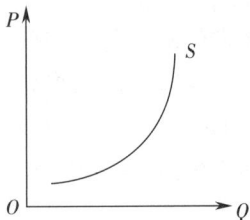

图 2 - 3 供给曲线

4. 模型法。供给函数是用来表示一定时期内供给与影响供给的因素之间依存关系的函数。我们将影响供给的各种因素（a，b，c，d，…）作为自变量，把供给 S 作为因变量，那么，广义的供给函数可以表示为

$$S = f(a,b,c,d,\cdots) \text{ 或 } Q_S = f(a,b,c,d,\cdots) \tag{2.3}$$

通常情况下，假定其他条件不变，着重研究商品本身价格 P 对供给 S 的影响，得到的狭义供给函数表示为

$$S = f(P) \text{ 或 } Q_S = f(P) \tag{2.4}$$

其中，P 表示商品本身价格，S 或 Q_S 表示商品供给数量。

二、供给的影响因素

1. 商品自身的价格。如果其他因素不变，一般情况下，商品的供给量与其价格正相关。

2. 要素价格。要素价格越低，单位产品的成本就越低，供给量就越多。

3. 相关商品的价格。假若某种商品的价格不变而其他商品的价格变化了，它们的相对价格及相对利润也随之改变，结果社会资源重新配置，这种商品的供给将受到影响。

4. 生产者从事生产的目标。经济分析中一般假定厂商的目标是利润最大化。但是，假如厂商的目标是使得销售的产量或销售金额为最大，则厂商的供给很可能与以利润最大化为目标的厂商供给有所不同。

5. 生产技术和管理水平。在其他因素不变的情况下，生产的技术和管理水平越高，生产效率越高，单位生产要素生产的产品数量越大，因此，厂商的供给增加。

6. 厂商对价格的预期。商品的供给量与厂商的预期价格负相关：当厂商预期某产品的未来价格上涨时，就会囤积这种商品，从而减少这种商品的当前供给量；当厂商预期某产品的未来价格将下降时，必然大量抛售，增加这种商品的当前供给量。

7. 自然条件。很多农产品的供给量还受自然条件的制约，在不同的年份（丰年和歉年），它们的供给都会有所不同。

8. 厂商数量。市场上出售同一产品的厂商数量越多，市场供给也就越多。

9. 政府政策。政府实行鼓励政策，则供给增加；政府实行抑制政策，则供给减少。

【知识链接】 　　　　　　　国家频出政策提振汽车消费

2009 年为应对因金融危机带来的车市增长压力，中央政府实行了"以旧换新"与"购置税优惠"双重汽车消费刺激政策，结果 2009 年与 2010 年两年的车市分别同比增长 46% 与 32%。还有以 2015 年那次"救市"为例，对 1.6 升及以下排量乘用车实施减半征收车辆购置税的优惠政策。这些政策大大刺激了车市增长，但同时政策退市后随之而来的是市场低迷。汽车消费刺激政策，犹如一剂"灵丹妙药"，对带动消费、拉动经济，起到了立竿见影的作用。但同时，简单粗暴的刺激政策在提前释放消费需求的同时也透支了未来的一部分需求，因此政策退出后我国汽车销量增速也迅速减缓，甚至出现了连续两年下滑。

进入 2019 年，我国汽车产销量正在逐月下降，7 月我国汽车产销量分别完成 180 万辆和 180.8 万辆，比 6 月分别下降 5% 和 12.1%，比 2018 年同期分别下降 11.9% 和 4.3%。不仅是汽油车销量下降，新能源汽车销售也出现了同比下降，其中动力电池产量共计 5.7GWh，环比下降 10.4%；动力电池装车量共计 4.7GWh，同比增长 40.6%，环比下降 29.1%。

眼下国家层面促消费、稳经济意愿强烈，促进汽车消费被看成是"最强抓手"。除了各地政策层面鼓励汽车消费外，国家政策也在频频发力，十天内三次发文促消费措施，均重点提到对汽车的优惠与扶持。

2020 年 3 月 13 日，国家发展改革委、公安部、财政部等 23 个部门联合发布了《关于促进消费扩容提质　加快形成强大国内市场的实施意见》，意见中提出：促进汽车限购向引导使用政策转变，鼓励汽车限购地区适当增加汽车号牌限额。2020 年 3 月 17 日，国家发展改革委和司法部联合印发《关于加快建立绿色生产和消费法规政策体系的意见》，其中涉及汽车领域的内容主要有三个方面：首先，建立新能源汽车推广机制；完善机动车报废更新政策；研究制定氢能发展的标准规范和支持政策，明确了 2021 年完成研究制定氢能、海洋能等新能源发展的标准规范和支持政策。2020 年 3 月 23 日，商务部办公厅、国家发展改革委办公厅、国家卫生健康委办公厅联合发布《关于支持商贸流通企业复工营业的通知》，其中提出：稳住汽车消费，各地商务主管部门要积极推动出台新车购置补贴、汽车"以旧换新"补贴、取消皮卡进城限制、促进二手车便利交易等措施，组织开展汽车促销活动，实施汽车限购措施地区的商务主管部门要积极推动优化汽车限购措施，稳定和扩大汽车消费。

本轮汽车消费刺激政策并不是"简单粗暴"地直接用政策干涉车市，而是以"市场在资源配置中起决定作用"为基础，地方政府将占主导，因地制宜开展"救市"计划。相比以往的车市消费刺激政策，此轮"救市"政策将更加稳健、更加保守。如果限牌限购的一线、二线城市能"增加传统汽车限购指标"的话，受制于"摇不到号"或"拍不到牌"的消费者的"刚需"就能释放，拉动车市销量的回升。另外以"促进新能源汽车消费"为例，北京如今符合购车指标的消费者，申领新能源牌照已排队到 2029 年，如果放开"排队"限制，将会诞生45万辆（目前北京申请新能源购车的有效编码）的新能源汽车销量，这无疑会大大缓解车市低迷的状况。

资料来源：国家和地方频出政策提振汽车消费［EB/OL］.［2020－03－27］. http：//finance. east-money. com/a/202003271434919957. html.

三、供给规律

1. 供给规律的内容。在其他条件不变的情况下，某商品的供给量与价格之间呈同方向变动，即供给量随着商品本身价格的上升而增加，随商品本身价格的下降而减少，这就是西方经济学中所说的供给规律（Law of Supply）。

2. 供给规律的原因。供给量之所以同价格呈同方向的变化关系，原因在于卖者的唯一目的是获得利润，如果其商品价格上升，他就愿意或可能将更多的生产资源用来生产这种商品，使其供给量增加。

3. 供给规律的例外。第一，劳动的供给。当工资增加到一定程度时，如果继续增加，则劳动的供给量不仅不会增加，反而会减少。

第二，不可复制品的供给。如土地、文物等，由于受各种条件限制，其供给量是固定的，无论价格如何上升，其供给量也无法增加。劳动和不可复制品的供给曲线如图 2 -4、图 2 -5 所示。

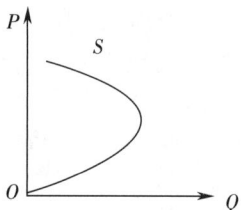

图 2 -4　劳动的供给曲线

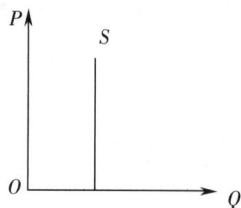

图 2 -5　不可复制品的供给曲线

四、供给量的变动和供给的变动

1. 供给量变动的含义及其表现。供给量变动是指其他因素不变，由某种商品价格的变动引起的厂商对这种商品供给数量的变动。在图中，供给量的变动表现为在同一条供给曲线上点的移动。如图 2 -6 所示，随着商品价格变动所引起的供给数量的变动，B 点沿着同一条既定的供给曲线运动到 A 点。

2. 供给变动的含义及其表现。供给变动是指某种商品的价格不变，由其他因素变动引起的供给数量的变动。在几何图形中，供给的变动表现为供给曲线的位置发生水平移动，表示整体供给情况的变化。如图 2 -6所示，在既定的价格水平上，其他因素不变，

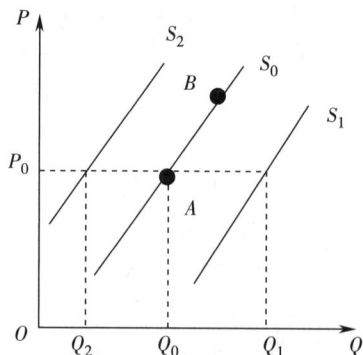

图 2 -6　供给量的变动和
供给的变动

如果商品的生产成本降低，对该商品的供给量就会增加，供给曲线向右移动，S_0 水平向右移动到 S_1 表示供给增加。反之，则向左移动，S_0 水平向左移动到 S_2 表示供给减少。

第三节　均衡价格的决定

一、均衡价格

（一）均衡价格的含义

均衡价格（Equilibrium Price）是指一种商品供给与需求相等时的价格，在均衡价格下的交易量称为均衡数量（Equilibrium Quantity）。

（二）均衡价格的形成

在市场经济中，价格是由需求和供给两种力量的相互作用决定的。下面将某种商品的需求表和供给表结合在一起说明均衡价格的形成。在表 2 - 3 中，当价格低于 30 时，在每一价格水平上，需求量大于供给量，产品短缺，因而价格必然上涨；当价格高于 30 时，在每一价格水平上，需求量小于供给量，产品过剩，因而价格必然下降；只有当价格等于 30 时，需求量才等于供给量，产品既不过剩，也不短缺，从而实现均衡。此时，均衡价格为 30，均衡数量为 40。

表 2 - 3　　　　　　　　　　　均衡价格的形成

价格	需求量	供给量
10	110	10
20	80	25
30	40	40
40	20	50
50	10	60

均衡价格的形成还可以用图形来说明。在图 2 - 7 中，横轴 OQ 代表数量，纵轴 OP 代表价格，D 代表需求曲线，S 代表供给曲线，D 与 S 相交于 E 点。如图 2 - 7（a）所示，当市场价格为 OP_1，需求量为 OQ_1，供给量为 OQ_2，需求量小于供给量，出现超额供给，价格必然下降；如图 2 - 7（b）所示，当市场价格为 OP_2，需求量为 OQ_2，供给量为 OQ_1，需求量大于供给量，出现超额需求，价格必然上升；这两种情况下市场都不

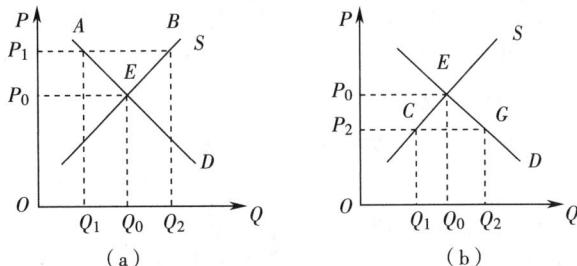

图 2 - 7　均衡价格的形成

能处于均衡状态，只有当需求等于供给，价格为 OP_0，数量为 OQ_0 时，市场中的供求达到平衡状态，此时，均衡价格为 OP_0，均衡数量为 OQ_0。

【知识链接】　　　　　　"看不见的手"原理
　　　　　　　　　　　　——市场均衡价格

亚当·斯密在《国富论》一书中提出，"每个人都在力图应用他的资本，来使其生产品能得到最大的价值。一般地说，他并不企图增进公共福利，也不知道所增进的公共福利为多少。他所追求的仅仅是他个人的安乐，仅仅是他个人的利益。在这样做时，有一只看不见的手引导他去促进一种目标，而这种目标绝不是他所追求的东西。由于追逐自己的利益，他经常促进了社会利益，其效果要比他真正想促进社会利益时所得到的效果还要大。"

自由市场表面看似混乱而毫无拘束，实际上却是由一双被称为"看不见的手"所指引，将会引导市场生产出正确的产品数量和种类。举例而言，如果产品发生短缺，产品的价格便会高涨，生产这种产品所能得到的利润便会刺激其他人也加入生产，最后便消除了短缺。如果许多产品进入了市场，生产者之间的竞争将会增加，供给的增加会将产品的价格降至接近产品的生产成本。即使产品的利润接近于零，生产产品和服务的利润刺激也不会消失，因为产品的所有成本也包括了生产者的薪水在内。如果价格降至零利润后仍继续下跌，生产者将会脱离市场；如果价格高于零利润，生产者将会进入市场。斯密认为，人的动机都是自私而贪婪的，自由市场的竞争将能利用这样的人性来降低价格，进而造福整个社会，而提供更多产品和服务仍具有利润的刺激。

二、供求规律

均衡价格与均衡数量是由需求与供给这两种力量共同决定的，需求和供给的任何变动都会引起均衡的变动，从而形成新的均衡。在其他条件不变的情况下，需求和供给的变化对均衡价格的影响可以分为以下三种情况。

（一）供给不变，需求变化对均衡的影响

在供给不变的情况下，需求变化使需求曲线发生向左或向右的水平移动。如图 2-8 所示，供给曲线为 S，需求曲线为 D_0，均衡价格和均衡数量分别为 P_0 和 Q_0，当需求增加时，需求曲线向右平移至 D_1，均衡价格和均衡数量分别为 P_1 和 Q_1。反之，当需求减少时，需求曲线左移至 D_2，均衡价格和均衡数量分别为 P_2 和 Q_2。

因此，供给不变，需求增加，则均衡价格提高，均衡数量增加；供给不变，需求减少，则均衡价格下降，均衡数量减少。

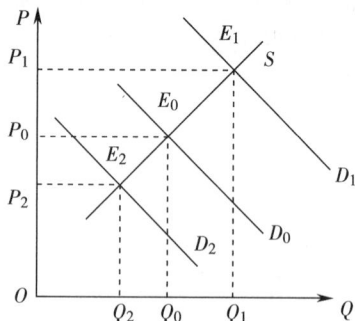

图 2-8　需求变化对均衡的影响

【知识链接】 洛阳纸贵

——供求影响均衡价格

中国西晋有一位著名的文学家叫左思，他羡慕汉朝大辞赋家班固、张衡的成就，可是对他们的名作《两都赋》《两京赋》又不服气，于是花了十年的工夫写了一篇《三都赋》。写成之后，人们都惊叹它不亚于班、张之作，一时间竞相传抄。而当时的纸张供给量比较小而且比较固定，所以，当人们都需要用纸来抄写《三都赋》时，纸张就供不应求了。一时间，纸张的价格飞涨。这就是著名的"洛阳纸贵"的故事。

——摘自《晋书·文苑·左思传》

（二）需求不变，供给变化对均衡的影响

在需求不变的情况下，供给变化使供给曲线发生向左或向右的水平移动。如图 2 - 9 所示，供给曲线为 S_0，需求曲线为 D，均衡价格和均衡数量分别为 P_0 和 Q_0，当供给增加时，供给曲线向右平移至 S_1，均衡价格和均衡数量分别为 P_1 和 Q_1，均衡价格下降，均衡数量增加。反之，当供给减少时，供给曲线左移至 S_2，均衡价格和均衡数量分别为 P_2 和 Q_2，均衡价格上升，均衡数量减少。

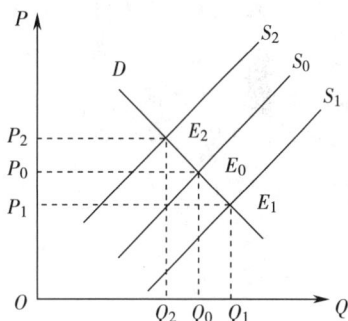

因此，需求不变，供给增加，均衡价格下降，均衡数量增加；需求不变，供给减少，均衡价格上升，均衡数量减少。

图 2 - 9 供给变化对均衡的影响

（三）需求和供给同时变化对均衡的影响

需求和供给同时变动对均衡的影响取决于二者的变化方向和变化幅度。

1. 需求和供给同时同向变动。需求和供给同时同向变动时，均衡数量与供求同向变化，均衡价格的变化取决于需求和供给的增加幅度。

当需求与供给同时增加时，均衡数量增加，但均衡价格不定。在需求增加幅度大于供给增加幅度时，均衡价格提高，在需求增加幅度小于供给增加幅度时，均衡价格下降；如果二者增加幅度一样，均衡价格不变。

当需求与供给同时减少时，均衡数量减少，但均衡价格不定。在需求减少幅度大于供给减少幅度时，均衡价格下降；在需求减少幅度小于供给减少幅度时，均衡价格提高；如果二者减少幅度一样，均衡价格不变。

2. 需求和供给同时反向变动。

（1）需求增加，供给减少。当需求增加，供给减少时，均衡价格上升，但均衡数量不定。如果需求增加幅度较大，则均衡数量增加；如果供给减少幅度较大，则均衡数量将减少；如果二者变动幅度一样，则均衡数量不变。

（2）需求减少，供给增加。当需求减少，供给增加时，均衡价格下降，但均衡数量不定。如果需求减少幅度较大，则均衡数量减少；如果供给增加幅度较大，则均衡数量增加；如果二者变动幅度一样，则均衡数量不变。

由此可以得出：在其他条件不变的情况下，需求变动分别引起均衡价格与均衡数量同方向变动；供给变动引起均衡价格反方向变动，均衡数量同方向变动。这就是西方经济学中的供求规律（Law of Supply – Demand）。

【知识链接】   **逆流的白圭**

——供求影响价格

司马迁在《史记》中记载了白圭的事迹，赞扬了白圭"人弃我取，人取我予"的经营手段。战国时代，有位商人名叫白圭。白圭的经营方法与众不同，总是逆潮流而行。有一次，别的商人都在一窝蜂地抛售棉花，拼命地大减价。白圭却拼命地买进棉花，甚至花钱租地方存放棉花。卖完棉花，别的商人都抢着购进皮毛，白圭却打开仓库，把库存的皮毛一下子卖得精光。没有几天，有消息说今年棉花严重歉收，商人们心急火燎地到处寻找棉花。白圭高价卖出全部库存棉花，发了一笔大财。又过了一段时间，由于某种原因，满街的皮毛突然卖不出去了，价格降得越来越低，其他商人后悔不迭、血本无归。

三、价格政策

根据价格理论，由市场供求关系所决定的价格调节着生产与消费，使资源得到最优配置。但价格调节是在市场上自发进行的，有其盲目性，所以在现实中，有时由供求所决定的价格对经济并不一定是最有利的。这就是说，由价格机制进行调节所得出的结果，并不一定符合整个社会的长远利益，因此，政府往往要借助经济政策进行干预。支持价格政策和限制价格政策就是政府干预均衡价格的典型实例。

1. 支持价格政策（Support Price）。所谓支持价格政策是指政府为了扶植某一行业的生产而规定的该行业产品高于市场均衡价格的最低价格，即最低限价。如图 2 – 10 所示，P_1 即为支持价格。

如果政府认为由市场供求力量自发决定的某种产品的价格太低，不利于该行业的发展，政府就可以对该产品实行支持价格。支持价格总是高于市场均衡价格。这一价格政策主要应用在基本农产品生产领域。农产品生产周期比较长，而且其需求的价格弹性比较小。过低的农产品价格会降低农户的收益，挫伤农民的积极性，造成谷贱伤农的状况。因此，许多国家的政府对农产品实行支持价格。

在高于均衡价格的支持价格下，必然出现产品的超额供给。为了维持支持价格，政府必须负担这部分过剩产品。政府可以通过收购过剩商品，出口、援助、储备、开发新用途，对该产品生产实行产量限制等多种方式实现支持价格政策。

该政策的实施能够提高该行业生产积极性，促进弱势产业的发展，平衡社会经济结构。但由于政府需要负担因超额供给而产生的过剩商品，因此，支持价格政策给政府财政增加了负担。

2. 限制价格政策（Ceiling Price）。限制价格政策是指政府为了限制某些物品价格上涨或抑制某些产品的生产而规定的低于市场均衡价格的最高价格。如图 2 – 11 所示，P_1 即为限制价格。

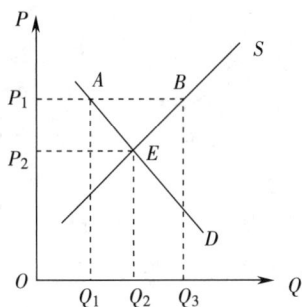

图 2 – 10　支持价格　　　　　　　图 2 – 11　限制价格

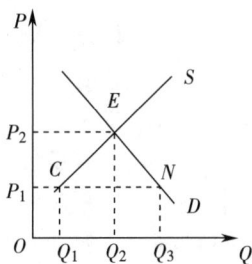

限制价格政策经常在战争或自然灾害时期作为政府平抑物价的手段出现，或者作为收入再分配手段。比如政府为了保证消费者的基本生产和生活需要，在自来水、煤气、居民用电等方面采取价格限制。在战争时期或通货膨胀时期，政府也会对房价、利息等进行价格限制。

在低于均衡价格的限制价格下，必然出现产品的超额需求。政府通常会采用配给制和排队的方式来解决。配给制是由政府专门设置某一个配给机构或发放定量的票证，或者按某种条件进行配给。但由于超额需求的存在，不可避免会出现黑市交易、抢购、走后门、投机等现象。长期实行限制价格，会抑制生产者的生产积极性，阻碍社会经济发展。

第四节　弹性理论

前面介绍了需求、供给以及由二者共同决定的均衡价格，并且通过分析得出了供求对于均衡的影响。但是，不同商品的需求量（或供给量）对某一影响因素（如价格）变动的反应程度是不同的。弹性理论能够从定量的角度说明影响需求（或供给）的某因素发生变化以后，需求量（或供给量）作出的反应程度的大小。弹性理论最早由 19 世纪法国经济学家古诺提出，以后由马歇尔发展成为一个完整的理论。20 世纪以后，这一理论被运用于实际，通过对某些商品弹性分析来指导经济行为。

"弹性"（Elasticity）是一个物理学名词，是指物体对外部力量的反应程度。引入经济学的弹性指在经济变量之间存在函数关系时，因变量对自变量变化的反应程度，其大小可以用两个变量变化的百分比之比来表示。

【知识链接】 　　　　　引入弹性的经济学家——马歇尔

阿尔弗雷德·马歇尔（Alfred Marshall，1842—1924），英国经济学家，新古典经济学派（或称剑桥学派）的创始人，生于英格兰一个银行职员的家庭，自幼喜爱数学，1865年剑桥大学数学系毕业后对经济学产生兴趣。

马歇尔是19世纪末20世纪初最有影响的经济学家。他于1890年发表了《经济学原理》，用折中主义方法，综合19世纪以来经济学发展的各方面成果，建立起新古典经济学理论体系。他在研究方法上强调"连续原理"，运用心理因素解释经济现象，使用边际增量分析法和其他数学方法，还引入力学中的均衡概念。他阐述了均衡价格论，把传统的生产费用论、供求论同边际效用论结合在一起，提出需求价格、需求规律、需求曲线、供给价格、供给规律、供给曲线、消费者剩余等概念，分析了均衡价格的短期均衡和长期均衡。在均衡价格论基础上，他建立起分配理论，说明了地租、利息、工资、利润等的决定。他还研究了货币和贸易理论。他主张自由放任的原则，认为资本主义制度可以通过市场力量的调节达到充分就业的均衡。马歇尔的理论为现代西方微观经济学奠定了基础，并在20世纪30年代以前一直居于经济学领域中的支配和主导地位。马歇尔主要著有《经济学原理》《工业与贸易》《货币、信用和商业》等。

根据影响需求的因素不同，通常把需求弹性分为需求的价格弹性、需求的收入弹性和需求的交叉价格弹性。

一、需求价格弹性

（一）含义

需求价格弹性（Price Elasticity of Demand）是指在其他条件不变的情况下，需求量对于商品自身价格变动作出的反应程度，常称为需求弹性，通常用需求价格弹性系数 E_d 表示其大小。需求价格弹性系数等于需求量变动比率与价格变动比率的比值。其公式为

$$E_d = \frac{\dfrac{\Delta Q_d}{Q_d}}{\dfrac{\Delta P}{P}} = \frac{\Delta Q_d}{\Delta P} \cdot \frac{P}{Q_d} \tag{2.5}$$

在公式（2.5）里，E_d 代表需求价格弹性系数，它是有方向的。由于价格和需求量的变化方向是相反的，所以需求价格弹性系数一般为负值。但是，经济学分析中通常考虑弹性变动程度大小，因此，我们常运用需求价格弹性系数的绝对值来讨论问题。

【知识链接】 　商品的需求价格弹性在经济决策中的重要意义

为了提高生产者收入，往往对农产品采取提价办法，而对一些高档消费品采取降价办法。同样，在给出口物资定价时，若出口目的主要是增加外汇收入，则要对需求价格弹性大的物资规定较低价格，对需求价格弹性小的物资规定较高价格。

（二）分类

需求价格弹性的分类就是将商品按照弹性的大小不同加以分类，以说明不同商品对于价格反应程度的不同。习惯上，我们按需求弹性的绝对值大小把需求弹性划分为五类：

1. 缺乏弹性。$0 < |E_d| < 1$，表示价格变动 1% 时，需求量的变动幅度小于 1%。此时，需求量的变动幅度小于价格变动幅度，即 $|\Delta Q/Q| < |\Delta P/P|$，这种情况称为需求缺乏弹性。生活必需品的需求一般是缺乏弹性的，因为无论生活必需品的价格上升或下降，人们都要消费它，因此，它的需求量对于价格变动的反应是比较小的。

2. 富有弹性。$|E_d| > 1$，表示价格变动 1% 时，需求量的变动幅度大于 1%。此时，需求量的变动幅度大于价格变动幅度，即 $|\Delta Q/Q| > |\Delta P/P|$，这种情况被称为需求富有弹性。一般来说，奢侈品的需求是富有弹性的。

3. 单位弹性。$|E_d| = 1$，表示价格变动幅度等于需求量的变动幅度。这就是说，价格每提高 1% 或降低 1%，需求量会相应地减少或增加 1%，这种情况称为需求单元弹性或单位弹性，其需求曲线是一条正双曲线。这种弹性的商品在实际生活中很难找到，但某些商品在某一价格上为单元弹性的情况是存在的。

4. 完全有弹性。$|E_d| \to \infty$，这表示当价格不变的时候，需求量可以无穷大。也就是在既定价格水平下，需求量是无限的。其需求曲线表现为一条平行于横轴的水平线。这是一种罕见的极端现象。

5. 完全无弹性。$|E_d| = 0$，表示不管价格如何变动，需求量始终不变。这种情况称为需求完全无弹性。其需求曲线是与纵轴平行的一条垂线。这种弹性的商品种类较少。

图 2-12 为需求价格弹性的几种情况。

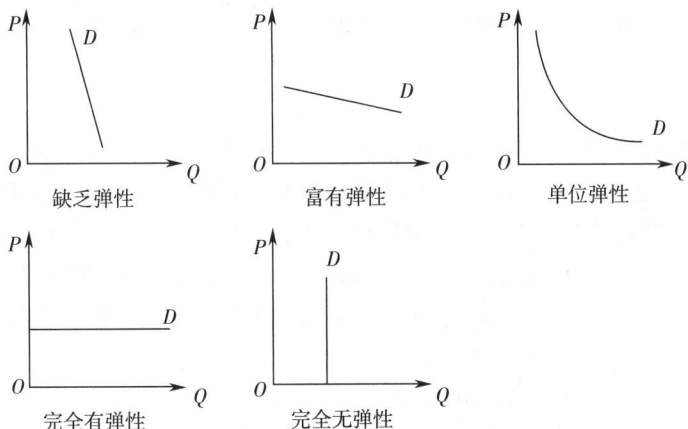

图 2-12　需求价格弹性的分类

（三）影响需求价格弹性的因素

决定一种商品需求价格弹性的因素有很多，主要的有以下几种：

1. 可替代程度。包括这种商品的替代品数量和其与替代品间相互替代的程度。如果某种商品有许多替代品，且替代程度较高，那么它的需求价格弹性就比较大。反之，如果某种商品的替代品很少，且替代程度较低，甚至没有，则该商品的需求价格弹性就比较小。

2. 商品用途的多寡。某种商品如果用途广泛，该商品的需求价格弹性就较大。反之，用途单一的商品，需求价格弹性就较小。

3. 商品的必需程度。一般生活必需品，因为每个人每天都有一定的消费量，所以其价格的变化对需求量的变化影响不会太大，因此，需求价格弹性较小，像食盐、面粉等；相反地，奢侈品和耐用消费品，如高级香水、金银首饰、电视机、空调等，其需求价格弹性就较大。

4. 商品购买在消费者消费支出中所占的比重。一般来讲，消费支出比重大的商品的需求价格弹性大。在消费支出中比重小的商品需求价格弹性就小。

5. 商品的耐用程度。越是耐用的商品的需求价格弹性越大；反之，则越小。

6. 时间的长短。需求价格弹性系数是根据需求计算的，而需求限定了时间维度。一般来说，时间越长，需求越有弹性。因为时间越长，消费者和厂商越容易找到替代品。

【知识链接】 需求价格弹性与时间的关系

从时间角度来说，产品的弹性可分为短期和长期弹性。

对于许多产品来说，长期性的需求价格弹性远比短期性的弹性要大，如汽油。对于有些产品，长期性需求价格弹性则比短期要小，如彩电、汽车等。

影响需求价格弹性大小的各种因素，有的是相互促进的，有的则是相互抵消的。一种商品需求弹性的大小是各种影响因素综合作用的结果，判断一种商品需求弹性的大小，不能只考虑一个因素，应该把所有可能的影响因素结合起来进行考虑，根据具体情况作全面分析。

（四）计算

根据分析问题的需要，在不同的情况下，会对需求价格弹性系数的计算公式进行适当的变化。除定义公式外，还可以用弧弹性、点弹性和几何公式对弹性进行计算。

1. 弧弹性。利用定义式来计算需求价格弹性，有时会产生一定的缺陷。

假设某种商品的需求曲线方程为 $Q_d = 70 - 10P$。当价格从 5 元下降到 3 元时，需求量就从 20 单位增加到 40 单位。此时根据定义式计算的该商品的需求价格弹性值为

$$E_d = \frac{\Delta Q_d}{\Delta P} \cdot \frac{P}{Q_d} = \frac{20}{-2} \cdot \frac{5}{20} = -2.5$$

上式表示该商品的价格变动 1% 时，需求量反方向变动的幅度为 2.5%，即需求量的变动是价格变动的 2.5 倍。

当价格从 3 元上升到 5 元，需求量就从 40 单位减少到 20 单位。此时根据定义式计算的该商品的需求价格弹性值为

$$E_d = \frac{\Delta Q_d}{\Delta P} \cdot \frac{P}{Q_d} = \frac{-20}{2} \cdot \frac{3}{40} = -\frac{3}{4}$$

上式表示该商品的价格变动1%时，需求反方向变动的幅度为0.75%，即需求量的变动是价格变动的$\dfrac{3}{4}$。

在前后两种场合，商品的需求曲线相同，价格与需求量变动的绝对量相同，但仅仅由于价格与需求量变动的起始点不同，导致了需求价格弹性值的不同。

为了消除两点不同取值上的差别，在计算弹性时，采取折中的办法，其公式为

$$E_d = \frac{\dfrac{\Delta Q_d}{\dfrac{Q_{d1} + Q_{d2}}{2}}}{\dfrac{\Delta P}{\dfrac{P_1 + P_2}{2}}} = \frac{\Delta Q_d}{\Delta P} \cdot \frac{P_1 + P_2}{Q_{d1} + Q_{d2}} \qquad (2.6)$$

这就是需求弹性的弧弹性计算公式，也被叫做"中点"弹性计算公式，常用来计算价格与数量变动较大时的弹性值，即需求曲线上距离较大的两点之间的弧的弹性。

如果利用弧弹性公式计算，上例出现的这种缺陷就可以弥补，无论价格上升或下降，其弹性均为

$$E_d = \frac{\Delta Q_d}{\Delta P} \cdot \frac{P_1 + P_2}{Q_{d1} + Q_{d2}} = -\frac{20}{2} \cdot \frac{5 + 3}{20 + 40} = -\frac{20}{2} \cdot \frac{3 + 5}{40 + 20} = -\frac{4}{3}$$

2. 点弹性。当价格与需求量的变动量很微小时，可以采用点弹性计算公式来计算需求价格弹性。其公式为

$$E_d = \lim_{\Delta P \to 0} \frac{\Delta Q_d}{\Delta P} \cdot \frac{P}{Q_d} = \frac{dQ_d}{dP} \cdot \frac{P}{Q_d} \qquad (2.7)$$

上例中，在点（$P = 5$，$Q = 20$）处的需求价格弹性值为

$$E_d = \frac{dQ_d}{dP} \cdot \frac{P}{Q_d} = -10 \cdot \frac{5}{20} = -2.5$$

微课——
弧弹性与点弹性

【知识链接】 需求弹性与需求曲线斜率的关系

需求弹性和需求曲线的斜率是两个紧密联系却又不同的概念，必须严格区分。需求曲线的斜率表示的是需求曲线在某一点或某一段弧上的倾斜程度。就需求弹性的计算而言，需求弹性等于需求曲线斜率的倒数值和相应的价格与需求量的比值的乘积。

3. 几何法求弹性。在需求曲线上，一点 C 的弹性可以借助几何法进行计算，如图 2 – 13 所示。

如果用横坐标表示需求量，纵坐标表示价格，则 dQ/dP 实际上表示需求曲线上任一点切线的斜率的倒数，而 P/Q 中的 P 与 Q 之值实际上表示需求曲线上某一点的位置。如图 2 – 13（a）所示，根据点弹性的定义，线性需求曲线上的任意一点 C 处的弹性可表示为

$$E_d = dQ/dP \cdot P/Q = GB/CG \cdot OF/OG = GB/OG = BC/AC = OF/AF$$

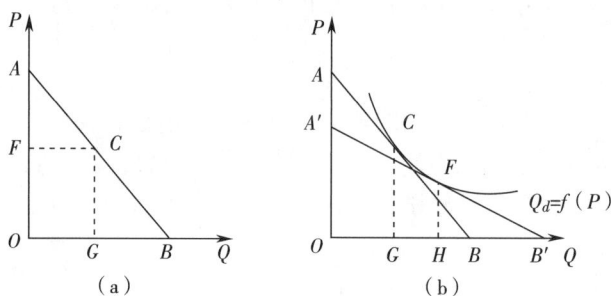

图 2 - 13 几何法求弹性

通过上述推导可得出结论，若需求曲线是直线，因其上的每一点的位置不同，则 E_d 之值也将是不同的。当 C 点位于中点位置时，其弹性系数的绝对值为 1，在 C 点左上方区域，弹性系数的绝对值大于 1，在 C 点的右下方区域，弹性系数的绝对值小于 1。

对于非线性需求曲线上的某一点的点弹性，可以用类似的方法估算出其弹性系数的大小。如图 2 - 13（b）所示，设非线性需求曲线为 $Q_d = f(P)$，如果要判断该曲线上 C 点与 F 点的点弹性的大小，可以过 C、F 点作切线 AB、$A'B'$，并将 AB、$A'B'$ 延长与横轴和纵轴相交。这样就可以根据前面所述的线性需求曲线上点弹性的方法估算出非线性需求曲线上任意点的点弹性大小。其中，C 点的弹性系数为 $E_d = GB/OG$，F 点的弹性系数为 $E_d = HB'/OH$。

需要强调指出，弧弹性表示需求曲线上一段弧中的平均弹性；点弹性仅是曲线上一点及其邻近范围的弹性。

二、需求收入弹性

（一）定义

需求的收入弹性（Income Elasticity of Demand）指某种商品的需求量的变动率与消费者收入的变动率之比，它用来衡量某种商品的需求量对消费者收入变动的反应程度。

【知识链接】　　　需求收入弹性在政策制定中发挥作用

各种商品的需求收入弹性也是经济决策时要认真考虑的因素之一。在规划各经济部门发展速度时，需求收入弹性大的行业，由于需求量增长要快于国民收入增长，因此发展速度应快些，而需求收入弹性小的行业，发展速度应当慢些。

（二）需求收入弹性的计算公式

用 E_Y 表示需求收入弹性系数，其公式为

$$E_Y = \frac{\frac{\Delta Q_d}{Q_d}}{\frac{\Delta Y}{Y}} = \frac{\Delta Q_d}{\Delta Y} \cdot \frac{Y}{Q_d} \tag{2.8}$$

（三）分类

根据收入变化对于需求量变动的影响程度，可以将各种产品分为两大类：

1. 正常品（Normal Goods）。正常品是需求量与收入呈正向变动的商品。又可以分为奢侈品（Luxury Goods）和必需品（Necessities）。奢侈品的 $E_Y>1$，说明收入发生相对变动时，需求量变动更大，如金银首饰、名牌服装等。必需品的 $0<E_Y<1$，说明收入发生相对变动时，需求量变动较小，如油、盐、酱、醋等。

2. 劣等品（Inferior Goods）。劣等品就是需求量随收入增加而减少的产品，其 $E_Y<0$。

【知识链接】　　食物支出的收入弹性与恩格尔系数

如果具体研究消费者收入量的变动和用于购买食物的支出量的变动之间的关系，则可以得到食物支出的收入弹性，表示为

食物支出的收入弹性＝食物数量的变动率/消费者收入量的变动率

19世纪德国的经济学家和统计学家恩斯特·恩格尔（Ernst Engel，1821—1896）根据经验统计数据分析发现：在一个家庭或国家中，食物支出在收入中所占的比例随着收入的增加而减少。食品支出占预算的比例被称为恩格尔系数，即

恩格尔系数＝食物总支出/家庭消费总支出

他由此得出结论，一个国家（或地区）的食品开支在收入中所占比重的大小可以表示这个国家（或地区）的富裕程度。国际上常常用恩格尔系数来衡量一个国家和地区人民生活水平的状况。根据联合国粮农组织提出的标准，恩格尔系数在59%以上为贫困，50%～59%为温饱，40%～50%为小康，30%～40%为富裕，低于30%为最富裕。恩格尔定律是根据经验数据提出的，从方法论上看，恩格尔定律是第一次借统计资料来建立重要的计量法则。

资料来源：百度百科［EB/OL］. http：//baike. baidu. com/view/28093. htm.

三、需求交叉价格弹性

（一）定义

需求交叉价格弹性（Cross – Price Elasticity of Demand）指在影响商品 X 需求量的各因素给定不变的条件下，商品 Y 的价格（P_Y）的变动引起的 X 的需求量（Q_X）变动的反应程度。

（二）需求交叉价格弹性的计算公式

$$E_{XY} = \frac{\dfrac{\Delta Q_{dX}}{Q_{dX}}}{\dfrac{\Delta P_Y}{P_Y}} \tag{2.9}$$

其中，E_{XY} 表示需求的交叉价格弹性，Q_{dX} 表示 X 商品的需求量，ΔQ_{dX} 表示 X 商品的需求量的变动量，P_Y 表示 Y 商品的价格，ΔP_Y 表示 Y 商品价格的变动量。

（三）分类

根据商品的需求交叉价格弹性的大小可以判断两种商品间的关系。依据商品相互之间的关系不同，可以将其分为替代品、互补品和独立品。

如果需求交叉弹性为负值，即 $E_{XY} < 0$，表示 X 和 Y 商品之间存在互补关系；如果需求交叉弹性为正值，即 $E_{XY} > 0$，表示 X 和 Y 之间存在替代关系；如果需求交叉弹性为零，即 $E_{XY} = 0$，表示 X 和 Y 互不影响，各自独立。

四、供给弹性

（一）含义

供给弹性（Elasticity of Supply）一般指供给的价格弹性，即用来衡量价格变动比率所引起的供给量变动的比率，或者说衡量供给量对价格变动的反应程度。供给量变动的比率与价格变动比率的比值就是供给弹性的弹性系数，其公式为

$$E_s = \frac{\dfrac{\Delta Q_s}{Q_s}}{\dfrac{\Delta P}{P}} = \frac{\Delta Q_s}{\Delta P} \cdot \frac{P}{Q_s} \tag{2.10}$$

在这个公式里，E_s 代表供给弹性系数。由于价格和供给量的变化方向一般是相同的，所以供给弹性系数一般为正值。

（二）分类

如图 2-14 所示，按照供给弹性的大小，可以把供给弹性划分为五类：

1. 缺乏弹性。$0 < E_s < 1$，称为供给缺乏弹性。供给量的变动百分比小于价格变动的百分比，即价格变动 1% 时，供给量的变动幅度小于 1%。

2. 富有弹性。$E_s > 1$，称为供给富有弹性。表示价格变动 1% 时，供给量的变动幅度大于 1%。此时，供给量的变动幅度大于价格变动幅度。

3. 单位弹性。$E_s = 1$，称为供给单位弹性。表示价格变动幅度等于供给量的变动幅度。这就是说，价格每提高 1% 或降低 1%，供给量会相应地增加或减少 1%。

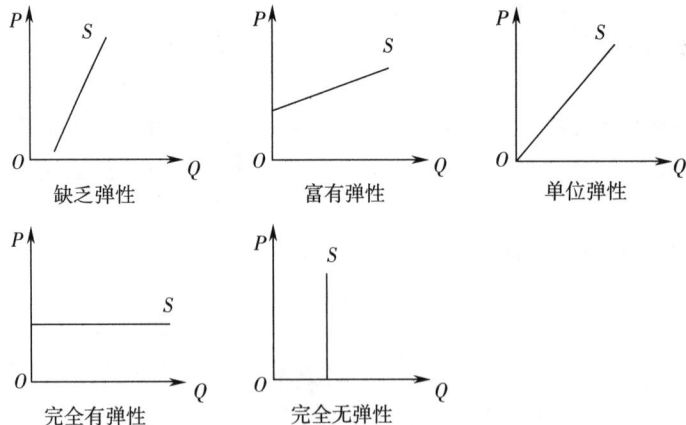

图 2-14 供给弹性分类

4. 完全有弹性。$E_s \to \infty$，称为供给完全有弹性，这表示在某一既定的价格下，供给者可以无限地提供该产品。

5. 完全无弹性。$E_s = 0$，称为供给完全无弹性。它表示无论价格怎样变化，供给量都固定不变。无法复制的商品的供给属于这种类型。

（三）影响供给价格弹性的因素

影响供给价格弹性的因素主要有以下几种：

1. 价格变动后经历的时间长短。在一个很短的时期内，由于厂商来不及立即调整供给量，因此不管价格如何变动，供给量都是不变的，即供给为完全无弹性。在价格上升后的短时期内，企业也许来不及增加固定要素投入，只能通过增加劳动和原材料等可变要素投入来少量地增加供给，此时供给价格弹性可能比较小；随着时间的推移，企业可以增加固定要素投入，建造新的厂房，大量地扩大供给，供给价格弹性就会变大。因此，价格变动后经历的时间的长短与供给价格弹性同方向变化。

2. 自然因素。生产受到自然环境影响，如工业和农业。

3. 生产周期。生产周期长短不同使得调整供给难易不同。就产品的生产周期而言，生产周期较短的商品，价格变动后易于调整供给量，供给弹性较大；反之，生产周期较长的商品，价格变动后不易于调整供给量，供给弹性较小。

4. 生产成本。当产品成本随产量的增加而迅速上升时，供给将缺乏弹性，反之，当产品的成本随产量的增加而慢慢地上升，而产品价格的上升又大于成本上升的情况时，供给将趋于富有弹性。

5. 固定资产在生产中所占比重的大小。固定资产在生产中所占比重大，调整产量的难度就大，因此，产品的供给弹性就小。反之，供给弹性就大。

【知识链接】　　　　　供给弹性与时间的关系

极短时间内，供给量无法增加或减少的，为供给完全无弹性；较短时间内，供给量不会有太大变动，为供给缺乏弹性；很长时间内，供给量可以有大幅度变动，为供给富有弹性。

（四）计算

供给弹性同需求弹性一样，根据不同的情况，可以对供给弹性公式进行变化。除了定义公式外，供给弹性还可以有弧弹性、点弹性和几何法求弹性。

1. 弧弹性计算公式。

$$E_s = \frac{\dfrac{\Delta Q_s}{\dfrac{Q_{s1} + Q_{s2}}{2}}}{\dfrac{\Delta P}{\dfrac{P_1 + P_2}{2}}} = \frac{\Delta Q_s}{\Delta P} \cdot \frac{P_1 + P_2}{Q_{s1} + Q_{s2}} \tag{2.11}$$

2. 点弹性计算公式。

$$E_s = \lim_{\Delta P \to 0} \frac{\Delta Q_s}{\Delta P} \cdot \frac{P}{Q_s} = \frac{\mathrm{d}Q_s}{\mathrm{d}P} \cdot \frac{P}{Q_s} \tag{2.12}$$

3. 几何法求弹性。几何法计算供给弹性与几何法计算需求弹性是相似的，线性供给曲线上某点的供给弹性等于该点沿着供给曲线到横轴的线段长与该点沿着供给曲线到纵轴的线段长之比。

第五节　弹性的应用

弹性理论在解释经济现象、解决经济问题等方面有广泛的应用。本节将要运用弹性理论来说明商品需求弹性对厂商总收益的影响、弹性对赋税分担的影响、谷贱伤农以及蛛网理论。

一、需求价格弹性与总收益

（一）总收益

在日常生活中，人们通常认为商品价格提高会使销售者的收入增加。是否真的是所有商品价格提高销售者的收入都会增加呢？要回答这一问题，首先需要弄清楚商品的总收益与需求价格弹性的关系。

总收益（Total Revenue）是指厂商销售一定量产品所得到的收入总和，等于某种商品的销售量与其价格的乘积。以 TR 代表总收益，Q 为销售量，P 为价格，则有

$$TR = Q \cdot P \tag{2.13}$$

特别要指出的是，总收益不是利润，而是出售商品赚到的货币收入总和。总收益中包括了成本与利润。只有扣除成本之后的净收益才是利润。我们这里所要分析的是需求弹性对包括成本与利润在内的总收益的影响，而不是对扣除成本之后净收益即利润的影响。由于有成本变动的关系，总收益增加并不一定是净收益（利润）增加，总收益减少也不一定是净收益（利润）减少。

此外，厂商（生产者）的总收益也就是居民（消费者）的总支出。这就是说，从全体厂商的角度来看，总收益是出售一定量商品的收入总和；从全体居民户来看，这恰恰是为购买一定量商品而付出的支出总和。所以，分析需求弹性对厂商总收益的影响实际上也就是分析需求弹性对居民户总支出的影响。

（二）需求弹性对总收益的影响

某种商品的价格变动时，它的需求弹性的大小与出售该商品所能得到的总收益是密切相关的。总收益等于价格乘以销售量，所以，总收益取决于商品的销售量与价格两个因素，且与它们均同方向变化。为了简便分析过程，我们假设需求量等于实际销售量，这样，价格的变动也就引起了销售量的变动。由于需求曲线向右下方倾斜，销售量与价格反方向变化：当价格下降时，需求量会增加；反之，价格上升时，需求量会减少。不同商品的需求弹性不同，价格变动引起的销售量的变动不同，从而总收益的变动也就不同。价格变动时，厂商的总收益到底是增加还是减少，取决于商品需求价格弹性的

大小。

下面，我们举例分析需求缺乏弹性的商品与需求富有弹性的商品其需求弹性与总收益之间的关系。

1. 需求缺乏弹性。需求缺乏弹性的商品，总收益与价格同方向变化：需求缺乏弹性的商品价格上升时，厂商的总收益将增加；商品价格下降时，厂商的总收益将减少。因为需求量的变化幅度小于价格的变化幅度，使得需求量变化所导致的总收益的变化小于因价格的反向变化而引起的总收益的反向变化，二者综合作用的结果是使总收益与价格同方向变化，下面举例说明。

假设某种商品的需求价格弹性 $|E_d| = 0.5$，初始的价格为 $P_1 = 1000$ 元，与此对应的需求量为 $Q_1 = 100$。此时厂商的总收益为

$$TR_1 = Q_1 \cdot P_1 = 1000 \times 100 = 100000$$

现在价格提高 10%，新的价格 $P_2 = 1000 + 1000 \times 10\% = 1100$，则需求量将减少 $10\% \times 0.5 = 5\%$，新的需求量为 $Q_2 = 100 - 100 \times 5\% = 95$。此时厂商的总收益为

$$TR_2 = Q_2 \cdot P_2 = 1100 \times 95 = 104500$$

显然，总收益在提高价格以后增加了。

现在价格下降 10%，新的价格 $P_3 = 1000 - 1000 \times 10\% = 900$，则需求量将增加 $10\% \times 0.5 = 5\%$，新的需求量为 $Q_3 = 100 + 100 \times 5\% = 105$。此时厂商的总收益为

$$TR_3 = Q_3 \cdot P_3 = 900 \times 105 = 94500$$

显然，总收益在价格下降以后减少了。

2. 需求富有弹性。需求富有弹性的商品，总收益与价格反方向变化：需求富有弹性的商品价格下降时，厂商的总收益增加；价格上升时，厂商的总收益减少。因为需求富有弹性的商品需求量的变化幅度大于价格的变化幅度，使得价格变化所导致的总收益的变化小于因需求量的反向变化带来的总收益的反向变化，二者综合作用的结果是使总收益与价格反方向变化，下面举例说明。

设某种商品的需求价格弹性 $|E_d| = 2$，初始的价格为 $P_1 = 1000$ 元，与此对应的需求量为 $Q_1 = 100$。此时厂商的总收益为

$$TR_1 = Q_1 \cdot P_1 = 1000 \times 100 = 100000$$

现在价格下降 10%，新的价格 $P_2 = 1000 - 1000 \times 10\% = 900$，则需求量将增加 $10\% \times 2 = 20\%$，新的需求量 $Q_2 = 100 + 100 \times 20\% = 120$。此时厂商的总收益为

$$TR_2 = Q_2 \cdot P_2 = 900 \times 120 = 108000$$

显然，总收益在价格降低以后增加了。

现在价格提高 10%，新的价格 $P_3 = 1000 + 1000 \times 10\% = 1100$，则需求量将减少 $10\% \times 2 = 20\%$，新的需求量为 $Q_3 = 100 - 100 \times 20\% = 80$。此时厂商的总收益为

$$TR_3 = Q_3 \cdot P_3 = 1100 \times 80 = 88000$$

显然，总收益在价格提高以后减少了。

因此，对于厂商而言，如果想增加收益，富有弹性的商品应该适当降价，缺乏弹性的商品则应该适当提价。

弹性对厂商总收益的影响可以用数学证明。

设初始的总收益为 $TR = P \cdot Q$；现在令价格有微小的变动 ΔP，相应的需求量的变动量为 ΔQ，变动以后的总收益 $TR' = (P + \Delta P)(Q + \Delta Q) = PQ + P\Delta Q + \Delta PQ + \Delta P\Delta Q$

总收益的变动量为

$$\Delta TR = TR' - TR = P\Delta Q + \Delta PQ + \Delta P\Delta Q \approx P\Delta Q + \Delta PQ = \Delta PQ\left(1 + \frac{\Delta Q}{\Delta P} \cdot \frac{P}{Q}\right)$$

即总收益的变动量 $\Delta TR \approx \Delta PQ(1 - |E_d|)$

若 $|E_d| > 1$，则 $(1 - |E_d|) < 0$。当价格下降，$\Delta P < 0$，从而 $\Delta PQ < 0$ 时，$\Delta TR > 0$，意味着总收益随着价格的下降而增加；当价格上升，$\Delta P > 0$，从而 $\Delta PQ > 0$ 时，$\Delta TR < 0$，意味着总收益随着价格的上升而减少。

同理，若 $|E_d| < 1$，则 $(1 - |E_d|) > 0$。当价格下降，$\Delta P < 0$，从而 $\Delta PQ < 0$ 时，$\Delta TR < 0$，意味着总收益随着价格的下降而减少；当价格上升，$\Delta P > 0$，从而 $\Delta PQ > 0$ 时，$\Delta TR > 0$，意味着总收益随着价格的上升而增加。

二、弹性对赋税分担的影响

政府对货物交易征税（销售税），如果是根据商品的销售数量征税，称做从量税；如果是根据商品的销售收入征税，称做从价税。无论是从量税还是从价税，只是征税时计算的方法不同而已，对经济活动的影响是相似的。如果政府决定对某种产品征税，这项税额究竟是由生产者负担，还是由消费者负担，或者说这项税额在买者与卖者之间的分摊比例，取决于这种产品的供求弹性。

假定政府是向生产者征税，生产者将把这项税额列入产品成本，因此，在其他条件不变的情况下，生产者的销售价格要比不征这项税时高，生产者会把税收加到出售的每一单位产品所愿接受的最低价格（供给价格）上，这样，就使生产者的供给曲线垂直向上移动，如图 2 - 15 所示。D_0、S_0、E_0、P_0、Q_0 分别为征税前的需求曲线、供给曲线、均衡点、均衡价格和均衡数量。当政府征收税额 T 以后，生产者的生产成本增加 T 元，供给价格相应上涨 T 元，即供给曲线垂直上移到 S_1，均衡点就为 E_1，均衡价格上升为 OP_1。可见，税后价格比原均衡价格要高，但价格的上升量 P_0P_1 小于 T，这说明，消费者分担了一部分税额，分担的部分等于 $(OP_1 - OP_0)$ 即 P_0P_1 元。而对于生产者来说，单位产品的税后收入为 $OP_1 - T = OP_2$，比税前减少 P_2P_0 元，即生产者分担的税额为 P_2P_0 元。

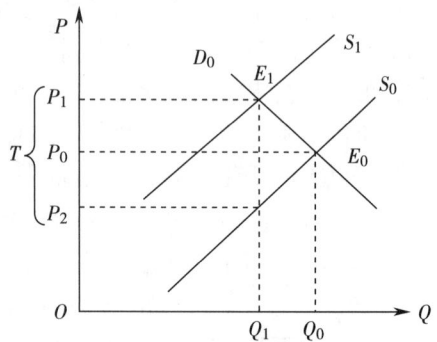

图 2 - 15 赋税分担

从图 2 - 15 中可以看出，税额在生产者与消费者之间分摊的比例与供求曲线的倾斜程度有关，即与商品的供求弹性有关。下面我们将分几种不同情况来考察商品供需弹性对赋税分担的影响。

1. 需求完全无弹性时的赋税分担。如图 2-16 所示，商品的需求完全无弹性时，$E_d = O$，需求曲线 D 垂直于横轴，与供给曲线 SS 相交于 E_0 点，该商品的税前均衡价格为 P_0，均衡数量为 Q_0。政府如果对生产者征收数额为 T 的税，供给曲线会因此上移至 $S'S'$，图中 $P_1 - P_0 = T$，即商品价格上升的数额正好等于政府对单位商品征税的数额。此时，供给曲线与需求曲线相交于 E_1，税后商品的均衡价格上升至 P_1，而均衡数量仍为 Q_0，表明消费者对商品价格的变动没有作出反应。所以，在商品的需求完全无弹性的情况下，消费者承担全部税收负担。

2. 需求完全有弹性时的赋税分担。如图 2-17 所示，商品的需求完全有弹性时，$E_d \to \infty$，需求曲线 DD 平行于横轴，与供给曲线 SS 相交于 E_0 点，该商品征税前均衡价格为 P_1，均衡数量为 Q_0。政府如果对生产者征收数额为 T 的税，供给曲线会因此向上移至 $S'S'$，图 2-17 中 $P_1 - P_0 = T$，即政府对该商品征税的数额，也是生产者遭受的损失。此时，供给曲线与需求曲线交于 E_1，税后商品的均衡数量为 Q_1，而均衡价格不变仍为 P_1，这表明消费者对商品价格变动的反应极为强烈，价格稍有上升，消费者就会停止购买这种商品，转而寻求替代品。图 2-17 中 P_0 是政府课税以后商品供应者实际得到的价格，所以，在商品的需求完全有弹性的情况下生产者承担全部税负。

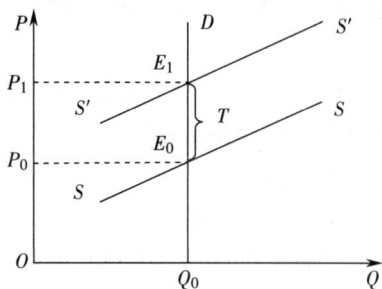

图 2-16 需求完全无弹性时的赋税分担

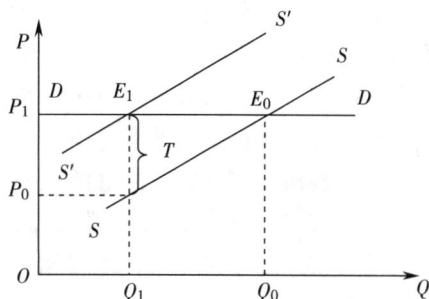

图 2-17 需求完全有弹性时的赋税分担

3. 供给完全无弹性时的赋税分担。如图 2-18 所示，商品的供给完全无弹性时，$Es = 0$，供给曲线 SS 垂直于横轴，与需求曲线 DD 相交于 E_0 点，该商品的税前均衡价格为 P_1，均衡数量为 Q_0。政府如果对生产者征收数额为 T 的税，由于商品的供给完全无弹性，税后需求曲线和供给曲线都没有发生位移，税后商品的供求均衡点仍为 E_0，均衡价格仍为 P_1，均衡数量还是 Q_0。这表明生产者对商品价格的变动没有任何反应，无论政府是否征税，商品供需量都不会发生变化。图 2-18 中 P_0 为政府课税以后商品供给者实际得到的价格，$P_0 - P_1 = T$，表明在商品的供给完全无弹性的情况下，生产者承担全部税负。

4. 供给完全有弹性时的赋税分担。如图 2-19 所示，商品的供给完全有弹性时，$E_s \to \infty$，供给曲线 SS 平行于横轴，与需求曲线 DD 相交于 E_0，该商品的税前均衡价格为 P_1，均衡数量为 Q_0。政府如果对生产者征收数额为 T 的税，供给曲线会因此上移至

$S'S'$，与需求曲线 DD 相交于 E_1，税后商品的均衡价格升至 P_0，而均衡数量降至 Q_1，图 2-19 中 $P_0 - P_1 = T$，即商品价格上升的数额，正好等于政府对单位商品征税的数额。所以，在商品的供给完全有弹性的情况下，生产者可以将税收负担全部转嫁给消费者。

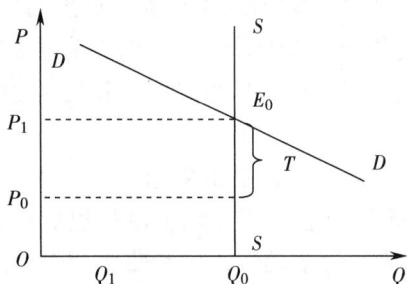

图 2-18 供给完全无弹性时的赋税分担　　　图 2-19 供给完全有弹性时的赋税分担

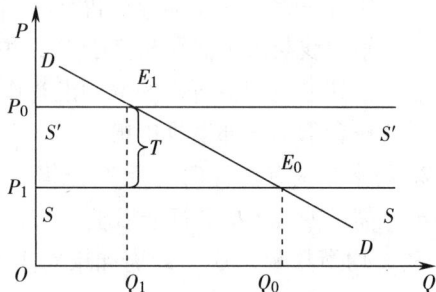

从需求方面来看，需求弹性越大，消费者分担的比例越小，需求为完全有弹性时，消费者的税收负担为零；需求弹性越小，消费者分担的比例越大，需求完全无弹性时，税额全部由消费者承担。

从供给方面来看，供给越富有弹性，则生产者分担比例越小，供给完全有弹性，则生产者负担为零，税收完全由消费者承担；供给越缺乏弹性，则生产者分担比例越大，供给完全无弹性，则生产者负担全部税收，消费者不承担。

由此可见，供求双方各自所承担的赋税份额与相应的供求弹性呈反方向变动关系。在供求双方都有一定弹性的条件下，弹性小的一方承担的赋税相对较多。

三、谷贱伤农——农业的好消息不一定是农民的好消息

自古就有"谷贱伤农"的说法，它描述的是这样一种经济现象：在农业丰收的年份，农民的收入反而减少了，即"增产不增收"。这种看似奇怪的现象可以用经济学中的弹性原理加以解释。

农产品供给具有周期性，当农业丰收时，由于农产品的产量增加，如图 2-20 所示，农产品的供给曲线从 S_0 向右移动到 S_1 的位置，根据供求规律，产品价格会大幅下跌，居民对农产品的需求量会增加。但农产品需求缺乏弹性，其市场需求曲线比较陡峭，农产品价格会大幅度下降，其需求却增幅不大，即农产品均衡价格的下降幅度大于农产品均衡数量的增加幅度，因此，农民收入相应减少，总收入的减少量相当于矩形 $OP_0E_0Q_0$ 和 $OP_1E_1Q_1$ 的面积之差。增产不增收的现象会挫伤农民生产的积极

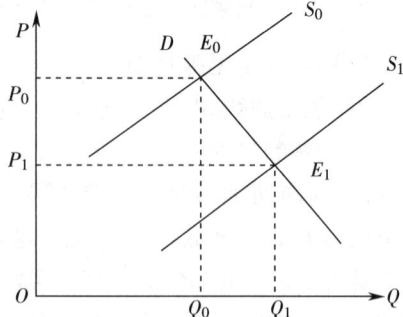

图 2-20 谷贱伤农

性，导致农民在下一年里减少农产品的种植，从而引起农产品生产与供应的不稳定。

需要指出的是，"谷贱伤农"中的农是指全体农民，损害的利益是全体农民的整体收益，而不是某一个农户的收益。

四、蛛网理论

蛛网理论是在 20 世纪 30 年代分别由美国经济学家舒尔茨、意大利经济学家里西 (U. Ricci) 和荷兰经济学家丁伯根 (J. Tinbergen) 各自独立提出的。古典经济学理论认为，如果供给量和价格的均衡被打破，经过竞争，均衡状态会自动恢复。蛛网理论运用需求弹性与供给弹性的概念来分析价格波动对产量的影响却证明：按照古典经济学静态下完全竞争的假设，均衡一旦被打破，经济系统并不一定自动恢复均衡。蛛网理论是一种动态均衡分析，它将时间因素融入均衡分析之中，描述市场价格从非均衡状态走向均衡状态的动态调整过程。因此，蛛网模型常用来说明生产周期较长的产品其价格周期性波动的原因。由于价格和产量的连续变动在图形中看似蛛网，英国的卡尔多 (N. Kaldor) 于 1934 年将这种理论命名为蛛网理论。

（一）假设条件

蛛网理论有四个假设前提：

1. 处于完全竞争市场。没有其他力量干预生产决策，每个生产者都认为当前的市场价格会继续下去，自己改变生产计划不会影响市场。

2. 生产者非理性决策。产品价格由当期供给量决定，当期供给量由上期的市场价格决定。每个生产者都是根据上一生产周期的产品价格决定本周期的产量。假定本期供给（用 S_t 表示）是上期价格（用 P_{t-1} 表示）的函数，即供给函数为：$S_t = S(P_{t-1})$ 蛛网模型中的生产者是非理性的，他总是完全根据过去的价格来预期未来的价格，并相应决定未来的产量，而丝毫不考虑其他生产者的生产决策。

3. 生产周期较长。蛛网理论所研究的商品具有这样一种特点，即它们开始生产之后，要经过一段时间产品才能生产出来，在此期间，产量很难有较大变更，产品的供给量变动存在时滞。

4. 产品为非耐用品。产品本身不易储存，须尽快出售。

以上这些假设表明，蛛网理论主要适用于分析农产品。

（二）蛛网模型

根据商品的供给弹性和需求弹性（供给曲线的斜率与需求曲线的斜率）的相对大小，可以将蛛网模型分成三种情况：

第一，收敛式蛛网模型。供给弹性小于需求弹性（供给曲线的斜率大于需求曲线的斜率的绝对值）时，价格变动引起的需求量的变动大于价格变动引起的供给量的变动，价格和产量的波动会逐渐减弱，均衡价格在动态上是稳定的，形成一个向内收缩的蛛网，最后又恢复价格和产量的均衡。任何冲击导致的实际价格对均衡价格的偏离，在市场机制的作用之下会随着时间的延伸逐渐消失，使得实际价格最终趋于均衡价格。因此，供给弹性小于需求弹性被称为"蛛网稳定条件"，这种蛛网为收敛型蛛网。

在图 2-21 中，市场需求曲线 D 和市场供给曲线 S 的交点所决定的均衡价格为 P_e，均衡数量为 Q_e。假定受某种因素如恶劣气候的冲击，第一期的实际产量为 Q_1，低于均衡产量。根据需求曲线 D，在 Q_1 需求量上，消费者愿意支付的价格为 P_1。于是，第一期的

实际价格就是 P_1，高于均衡价格。

生产者根据第一期的较高的价格水平 P_1 所决定的第二期的产量为 Q_2，高于均衡产量。消费者为购买 Q_2 产量所愿意支付的最高价格为 P_2。于是，第二期的实际价格就是 P_2，低于均衡价格。生产者根据第二期的较低的价格水平 P_2 决定第三期的产量为 Q_3，低于均衡产量。在 Q_3 需求量上，消费者愿意支付的价格为 P_3，高于均衡价格。而实际价格也就是 P_3。根据第三期较高的价格水平 P_3，厂商又将第四期的产量增加为 Q_4。价格和产量的决定按上述决定原则不断推演下去，实际产量和实际价格围绕均衡产量和均衡价格的波动幅度越来越小，最后会趋于均衡水平，价格随时间的变化如图 2－21 右图所示。

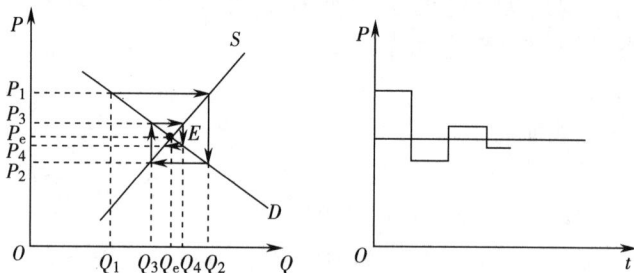

图 2－21 收敛式蛛网模型

第二，发散式蛛网模型。供给弹性大于需求弹性（供给曲线的斜率小于需求曲线的斜率的绝对值）时，价格对供给量的影响大于对需求量的影响，价格和产量波动的幅度逐渐加剧，均衡价格在动态上是不稳定的，任何冲击导致的实际价格对均衡价格的偏离，在市场机制的作用之下随着时间的延伸会越来越大，使得实际价格越来越背离均衡值，这样就形成了一个向外扩张的蛛网，永远无法自发恢复均衡。因此，供给弹性大于需求弹性称为"蛛网的不稳定条件"，这种蛛网称为发散型蛛网。农产品市场通常属于这种情况，如图 2－22 所示。

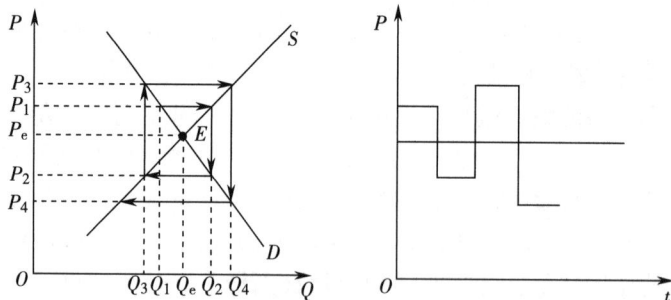

图 2－22 发散式蛛网模型

第三，封闭式蛛网模型。供给弹性等于需求弹性（供给曲线的斜率等于需求曲线的斜率的绝对值）时，价格变动对供给量的影响与对需求量的影响相同，均衡价格在动态上也是不稳定的。任何冲击导致的实际价格对均衡价格的偏离，在市场机制的作用之下，都将表现为环绕其均衡值永无休止、循环往复地上下波动，波动的幅度既不扩大也不缩小。因此，供给弹性等于需求弹性称为"蛛网的中立条件"，这种蛛网称为封闭型蛛网，如图 2 – 23 所示。

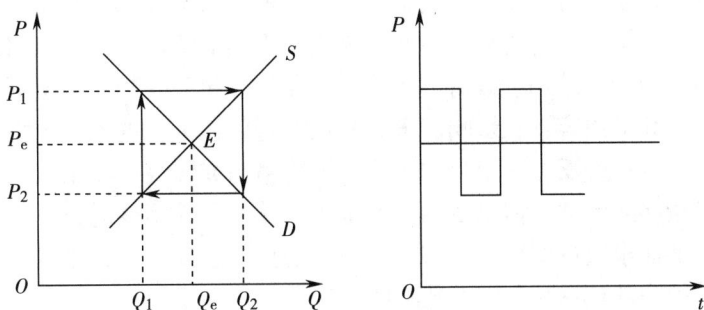

图 2 – 23　封闭式蛛网模型

（三）期货市场与农产品市场蛛网波动的消除

蛛网理论说明了在市场机制自发调节的情况下，农产品市场上必然发生蛛网型周期波动，从而影响农业生产与农民收入的稳定。一般而言，农产品的供给对价格变动的反应大，但需求较为稳定，对价格变动的反应小。这就是说，一般而言，农产品的供给弹性大于需求弹性。因此，现实中存在最广泛的是发散型蛛网波动。这正是农业生产不稳定的重要原因。

为了减弱或消除农产品市场上的这种波动，一般有两种方法：一是由政府运用有关政策（如支持价格政策）对农产品市场进行干预；二是利用市场本身的调节机制。这种机制就是期货市场上的交易活动。

期货市场是进行标准化期货合约交易的市场。在这个市场上所买卖的期货合约是在未来交货（或通过合约买卖对冲而结束交易）的。这就是说在期货市场上买卖的是未来的农产品。这样，在这种未来农产品的买卖竞争过程中就可以发现未来的价格。这就是说，在期货市场上从事买卖的每一个交易者都力图根据对未来农产品市场供求的预测来发现未来的价格。他们对未来价格的预测越准确，就越能从期货交易中获利。正是在他们的这种竞争活动中，期货市场发现了未来价格。换言之，发现未来价格是期货市场的重要功能之一。用这种未来价格来指导生产就可以避免由价格波动而引起的产量波动，从而减缓或消除农产品现货市场上的蛛网波动。这正是期货市场最早产生于农产品交易的原因。许多经济学家认为，美国之所以有稳定的农业，其原因有两个：一是美国政府始终关心农业，采取了支持价格这类保护农业的政策；二是美国有世界上最发达、最完善的农产品期货市场。

期货市场交易是一种市场行为，同样按市场经济规律运行，由市场机制自发调节。但它的自发调节却有利于农产品市场稳定。这说明，市场机制本身有引起不稳定的因素，但同时也产生了消除这种不稳定的因素。这一点值得我们思考。

【本章小结】

　　需求是指居民（消费者）在某一时期内，在每一价格水平上愿意而且能够购买的商品或劳务的数量。需求还可以用列表法、图形法、模型法来表达。影响需求的因素包括商品自身的价格、相关商品的价格、消费者收入水平、消费者对未来价格的预期、消费者的偏好、人口的数量与结构、政府政策、历史传统、风俗习惯、社会时尚、文化、气候条件等。需求规律的内容：在影响需求的其他给定因素不变的条件下，一种商品的需求量与其价格之间存在着反方向变化的关系，即价格高或提高，需求量少或减少；价格低或下降，需求量多或增加。需求量的变动是指在其他条件不变时，由商品的价格变动所引起的该商品的需求数量的变动。需求的变动是指在某商品价格不变的条件下，由于其他因素变动所引起的该商品的需求数量的变动。

　　供给是指厂商（生产者）在某一时期内，在每一价格水平上愿意而且能够出卖的商品数量。供给还可以用列表法、图形法、模型法来表达。供给的影响因素包括商品自身的价格、生产要素价格、相关商品的价格、生产者从事生产的目标、生产技术和管理水平、厂商对价格的预期、自然条件、厂商数量、政府政策等。供给规律的内容：在其他条件不变的情况下，某商品的供给量与价格之间呈同方向变动，即供给量随着商品本身价格的上升而增加，随商品本身价格的下降而减少。供给量变动是指其他因素不变，由某种商品价格的变动引起的厂商对这种商品供给数量的变动。供给变动是指某种商品的价格不变，由其他因素变动引起的供给数量的变动。

　　均衡价格就是指一种商品供给与需求相等时的价格，在均衡价格下的交易量称为均衡数量。均衡价格是由需求和供给两种力量的相互作用决定的。供求规律的内容：在其他条件不变的情况下，需求变动分别引起均衡价格与均衡数量同方向变动；供给变动引起均衡价格反方向变动，均衡数量同方向变动。支持价格是指政府为了扶植某一行业的生产而规定的该行业产品的高于市场均衡价格的最低价格，即最低限价。限制价格是指政府为了限制某些物品价格上涨或抑制某些产品的生产而规定的低于市场均衡价格的最高价格。

　　需求价格弹性是指在其他条件不变的情况下，需求量对于商品自身价格变动作出的反应程度。按需求弹性的绝对值大小把需求弹性划分为五类：缺乏弹性、富有弹性、单位弹性、完全有弹性、完全无弹性。根据需要，可运用定义公式、弧弹性公式、点弹性公式和几何法求弹性公式求解需求弹性。需求的收入弹性是指某种商品的需求量的变动率与消费者收入的变动率之比，它用来衡量某种商品的需求量对消费者收入变动的反应程度。需求交叉价格弹性是指在影响商品 X 需求量的各因素给定不变的条件下，商品 Y 的价格（P_Y）的变动引起的 X 的需求量（Q_X）变动的反应程度。

　　供给弹性一般指供给的价格弹性，即用来衡量价格变动比率所引起的供给量变动的比率，或者说衡量供给量对价格变动的反应程度。按供给弹性的大小把需求弹性划分为五类：缺乏弹性、富有弹性、单位弹性、完全有弹性、完全无弹性。根据需要，可运用定义公式、弧弹性公式、点弹性公式和几何法求解供给弹性。

需求弹性可以用来指导厂商定价，需求富有弹性的商品适当降价可以增加收益，需求缺乏弹性的商品适当提价可以增加收益。弹性还会影响赋税分担，供求双方各自所承担的赋税份额与相应的供求弹性呈反方向变动关系。在供求双方都有一定弹性的条件下，弹性小的一方承担的赋税相对较多。

【复习思考题】

一、名词解释

需求　供给　均衡价格　需求弹性　供给弹性　支持价格　限制价格

二、分析讨论题

1. 需求量的变动与需求的变动有什么区别？

2. 影响商品需求和供给的因素主要有哪些？

3. 供给量的变动与供给的变动有什么区别？

4. 均衡价格是如何形成的？

5. 什么是供求定理？结合现实经济生活的实例予以说明。

6. 说明需求弹性与销售收入之间的关系。

7. 决定价格波动收敛或发散的原因是什么？

8. 粮食价格提高对猪肉的供给曲线有何影响？猪肉价格提高对猪肉销售量和猪肉供给曲线是否会产生影响？

9. 指出发生下列几种情况时某种蘑菇的需求曲线的移动方向，左移、右移还是不变？为什么？（1）卫生组织发出一份报告，称这种蘑菇会致癌；（2）另一种蘑菇的价格上升了；（3）消费者的收入增加了；（4）培育蘑菇的工人工资增加了。

10. 下列事件对产品 X 的供给有何影响？（1）生产 X 的技术有重大革新；（2）在 X 产品的行业内，企业数目减少了；（3）生产 X 的人工和原料价格上涨了；（4）预计产品 X 的价格会下降。

11. 画图说明为什么石油输出国组织不能保持石油的高价格。

12. 薄利多销的经营方式是否适合所有商品，请结合经济学原理进行说明。

三、计算题

1. 已知某一时期内某商品的需求函数为 $Q_d = 50 - 5P$，供给函数为 $Q_s = -10 + 5P$，求均衡价格 P_e 和均衡数量 Q_e。

2. 某人对消费品 X 的需求函数为 $P = 100 - \sqrt{Q}$，分别计算价格 $P = 60$ 和 $P = 40$ 时的需求价格弹性系数。

3. 已知某产品的需求函数为 $Q_d = 60 - 2P$，供给函数为 $Q_s = -30 + 3P$。求均衡点的需求弹性和供给弹性。

【案例分析】

案训1　经济学家萨缪尔森讲过一个故事：有一年寒冷的冬季冻死了害虫，适于播种的春季早早到来，春雨滋润了成长中的秧苗，阳光灿烂的秋季使得农作物收割顺利，并运往市场。这一年，农业获得了大丰收。可是到了年终，当农民琼斯一家高高兴兴地计算一年的收入时，结果让他们大吃一惊：好年景和大丰收反而降低了他们家的收入。

案训 2 近年来，国家通过最低保护价格收购、免缴农业税、粮补、直补等一系列惠农政策，减轻了农民的负担，提高了农民种粮积极性。粮食丰产，价格必然下降，国家又推行支持价格政策，成立于 2000 年的大型国有企业中国储备粮管理公司（简称中储粮），一举收购了全国小麦总产量的 40%，使小麦成功地实现了顺价拍卖。

问题：（1）请用经济学原理解释谷贱伤农现象。

（2）用模型分析这种现象的原因。

（3）什么是支持价格？结合案例谈谈你对支持价格政策的理解？

【拓展阅读】

猪肉价格疯涨！
哪些因素推动？

第三章

消费者行为理论

XIAOFEIZHE XINGWEI LILUN

【教学目的和要求】

本章讲述需求曲线背后的消费者行为，先后运用边际效用分析和无差异曲线分析两种分析方法，探讨消费者选择行为背后的基本原理，解释现代市场经济条件下的市场需求模式。通过本章的学习，学生应掌握边际效用分析法和无差异曲线分析法，了解消费者剩余的含义，注重边际效用递减规律的应用，掌握消费者均衡的内容。

上一章供求理论中我们论述了需求与供给如何决定价格，但并没有说明需求与供给本身是如何决定的。那么，需求和供给又是由什么来决定的呢？经济学认为，需求来自消费者（居民户），是由消费者行为决定的，供给来自生产者（厂商），是由生产者行为决定的。因此，要更深入地了解需求与供给，必须了解消费者行为与生产者行为是如何决定的。从这种意义上说，本章的分析与后面的生产者行为理论是供求理论的继续与发展。

消费者行为理论也称效用理论，它是研究在一定收入和价格条件下，消费者为获得最大满足对各种商品作出的选择方式。考察消费者行为，可以采用两种分析方法：一种是以基数效用论为基础的边际效用分析；另一种是以序数效用论为基础的无差异曲线分析。

第一节 消费者行为理论概述

消费者又称居民户，指经济中能作出统一消费决策的单位，它可以是个人，也可以是由若干人组成的家庭。消费者通过向厂商提供生产要素，如劳动、资本等，获得相应的收入并把收入用于消费。消费者进行消费的目的是为了获得幸福，那什么是幸福呢？不同的人有不同的回答，经济学的回答可以用美国经济学家萨缪尔森提出的"幸福方程式"来概括，即

$$幸福 = \frac{效用}{欲望}$$

由此可见，幸福与效用成正比，与欲望成反比。消费者实现最大幸福的行为就是在欲望既定的前提下实现效用的最大化的过程。这一问题通常也被称为消费者均衡问题。因此，消费者行为理论的核心内容就是从欲望与效用这两个概念出发，分别介绍基数效用学派与序数效用学派对消费者均衡问题的研究，从而进一步揭示需求规律背后的原因。

一、欲望与效用

1. 欲望。消费者为何对各种商品和劳务有所需求呢？消费者的行为取决于其购买动机，这种动机主要来自他的某种欲望。欲望（Wants）也称需要（Needs），是指一种缺乏的感觉和求得满足的愿望。该种欲望或从肉体产生，或从精神产生。从经济学角度来看，消费是人满足这些欲望的一种合乎逻辑的行为。

西方行为主义心理学家亚伯拉罕·马斯洛（A. H. Maslow）认为，人可以有各种各样、不同层次的欲望满足，既包括物质的满足，也有精神的需求。根据由低到高、由简单到复杂的顺序，可划分为生存的需要、安全的需要、归属和爱的需要、尊重的需要和自我价值实现的需要。但是，人们的欲望不可能得到无限的满足。这是因为：第一，任何社会的资源都是有限的，因而提供的产品也有限；第二，一个人的生命有限，不可能满足所有的欲望，只能满足部分欲望；第三，欲望或需要的满足必须依靠他人的劳动来提供，而任何人所提供的劳动都有限，正因为资源、产品和时间有限，人们就必须在资源、产品和时间中加以最优选择，这样才能实现消费者行为的理想境界。

2. 效用。支配消费者行为的潜在力量是商品和劳务所提供的效用。效用（Utility）是指物品能满足人们欲望的能力，它是人们所需要的一切商品和劳务所共有的一种特性。例如，面包可以满足人们充饥的欲望，衣服可以满足人们御寒和装饰的欲望。

西方经济学家认为，效用是消费者的一种主观心理感觉，它取决于消费者对商品和劳务的主观评价，因此效用会因人、因时、因地而异。对不同的人而言，同样的物品所带来的效用是不同的，甚至对同一个人而言，同一物品在不同的时间和地点，效用也不同。比如，一杯水对一个住在泉边的人来说，可能没有什么效用，但对于一个在沙漠中旅行的人来说，则效用很大；冰块在夏季对人们具有较大的效用，但在冬季对于人们就可能没有什么效用。因此，除非给出特殊的假定，否则，效用是不能在不同的人之间进行比较的，但就某一个确定的消费者而言，可以判定某种商品对他的效用的大小。

这里，我们要注意效用与使用价值的区别。使用价值是物品本身所具有的属性，是客观存在的，不以人的意志为转移；而效用则强调了消费者对某种物品带来的满足程度的主观感受。另外，效用虽然是消费者的一种主观心理感觉，但它本身并不包括是非的

价值判断。也就是说，一种商品或劳务效用的大小，仅仅看它能满足人们多少欲望或需要，而不考虑这一需要或欲望本身的好坏。例如，吸毒从伦理上看是坏欲望，但毒品能满足这种欲望，因而它就具有效用。

二、基数效用论与序数效用论

消费者行为理论要研究效用最大化实现的条件，其首要任务就是对效用大小的比较和评价。基于对效用大小和评价问题，西方经济学家先后提出了基数效用论和序数效用论。

基数效用论认为，效用如同长度、重量等概念，可以衡量、比较大小并加总求和。我们可以用基数，如1、2、3、4来表示效用的大小并加总求和，表示效用大小的计量单位被称做效用单位。例如，对某个人来说看一场足球赛的效用是20个效用单位，吃一顿丰盛晚餐的效用是10个效用单位，那么这两种消费的效用之和为30个效用单位，而且前者的效用是后者效用的2倍。基数效用论采用边际效用分析方法分析消费者均衡的实现。

序数效用理论认为，效用是一种主观心理感觉，不可以计量并加总求和，只能表示出满足程度的高低与顺序。因此，效用只能用序数（第一、第二、第三……）来表示。如上面的例子，消费者要选择的是偏好哪一种消费，即哪一种消费效用是第一，哪一种消费效用是第二。或者说要回答的是愿意看一场足球赛，还是更愿意吃一顿丰盛的晚餐。序数效用论采用无差异曲线分析方法来分析消费者均衡的实现。

现代经济学家通常假设效用以序数表示，而不以基数表示；多数采用无差异曲线分析方法，而不是边际效用分析方法。但是，这并不意味着两种效用论完全不相容。事实上，这两种理论得出的结论是一致的。

【知识链接】　　　　　　　　**效用理论的历史**

现代效用理论来源于功利主义。功利主义是最近两个世纪以来西方理性主义思潮的一大主流。1700年数理概率学的基本理论开始发展后不久，效用这一概念便产生了。瑞士数学家丹尼尔贝·努利（Daniel Bernoulli）在1738年观察到，人们似乎是在按下列方式行动：在一场公平的赌博中，他们认为赢到1美元的价值小于他们所输掉1美元的价值。这就意味着：人们厌恶风险，并且，相继增加的新的财富给他们带来的是越来越少的真实效用。

早期将效用概念引入社会科学的是英国的哲学家吉米·边沁（Jeremy Bentham，1748—1832）。在研究了法律理论并受到亚当·斯密学说的影响之后，他转入研究制定社会立法所必需的法则。他建议社会应该按"效用原则"（Principle of Utility）组织起来，并把效用定义为：任何客体所具有的可以产生满足、好处或幸福，或者可以防止……痛苦、邪恶或不幸……的性质。根据边沁的理论，所有立法都应该按照功利主义原则来制定，从而促进"最大多数人的最大利益"。在他的其他立法建设中，也有关于犯罪和处罚的带有相当现代意味的思想，他建议通过严厉的处罚来加大犯罪者的痛苦，这样可以阻止犯罪活动。

边沁关于效用的观点对今天的许多人来说似乎是简单的，但是在200年以前，这些观点却颇具革命性，因为它们强调社会和经济政策的制定应能取得一定的实际效果，而在此之前，制定政策的正当理由和根据却是基于传统、君主的意志或宗教教义。今天，许多政治思想家正是以什么东西会使最大多数人的境况变好的功利主义观念为基础，来为他们提出的立法建议作辩护。

在效用理论的发展过程中，接下来的一步是新兴古典经济学家——如威廉·斯坦利·杰文斯（William Stanley Jevons，1835—1882）——推广边沁的效用概念，用以解释消费者的行为。杰文斯认为经济理论是一种"愉快与痛苦的计算"，他说明理性的人们应以每一物所能增添的或称边际的效用为基础来作出他们的消费决策。19世纪的许多功利主义者都相信效用是一种心理上的实际存在——可直接地以基数加以衡量，像长度和温度一样。他们通过反观自己的感觉和情绪来断定边际效用递减规律的成立。

今天的经济学家一般都拒绝接受基数效用概念，其衡量单位直接派生于人们对普通物品的消费。现代需求理论所注重的是序数效用理论。根据这种学说，我们只考察消费者对商品组合的偏好顺序，而不关心效用的具体数量的衡量与大小问题。

资料来源：张元鹏. 微观经济学教程［M］. 北京：中国发展出版社，2005.

第二节　边际效用分析

一、总效用和边际效用

1. 总效用（Total Utility）。总效用是指某个消费者在某一特定时间内消费一定数量的某种商品所获得的满足程度的总和。总效用函数可以表示为

$$TU = U(X) + U(Y) \tag{3.1}$$

$$TU = U(X,Y) \tag{3.2}$$

式（3.1）表示，总效用为 X、Y 这两种商品各自的效用之和。这意味着 X 的效用与 Y 的效用彼此无关。式（3.2）则表示，X 和 Y 的效用会相互影响。

2. 边际效用（Marginal Utility）。边际效用就是从商品或劳务每增加一个单位中所得到的效用的增加量。也就是每种物品的消费量每增加一个单位而增加的效用。用 MU 表示边际效用，则

$$MU = \frac{\Delta TU}{\Delta X} \tag{3.3}$$

如果消费量可以无限分割，总效用函数为连续函数时

$$MU = \lim_{\Delta X \to 0} \frac{\Delta TU}{\Delta X} = \frac{\mathrm{d}TU}{\mathrm{d}X} \tag{3.4}$$

3. 总效用与边际效用的关系。现举例说明总效用、边际效用以及两者之间的关系。假如某人在一定时期内（如一天）吃巧克力，巧克力的消费数量及巧克力所产生的总效用和边际效用如表3－1所示。

表 3 - 1 总效用与边际效用

巧克力的消费量	总效用	边际效用
0	0	0
1	30	30
2	50	20
3	60	10
4	60	0
5	50	- 10

根据表 3 - 1 可以作出总效用曲线和边际效用曲线，如图 3 - 1 所示。

图 3 - 1（a）中，横轴 OQ 代表巧克力的消费量，纵轴 OTU 代表总效用，TU 为总效用曲线。图 3 - 1（b）中，横轴仍然代表巧克力的消费量，纵轴 OMU 代表边际效用，MU 为边际效用曲线。

从表 3 - 1 和图 3 - 1 中可以看出，当消费 1 单位巧克力时，总效用为 30 效用单位。巧克力的消费量由 0 增加到 1，即消费量增加 1 单位时，效用增加了 30 效用单位，所以第一块巧克力的边际效用为 30 效用单位。当消费者消费 2 块巧克力时，总效用为 50 效用单位，边际效用为 20 效用单位，依此类推，当消费 5 块巧克力时，总效用为 50 单位，而边际效用为 - 10 效用单位，即增加第 5 块巧克力的消费所带来的是负效用。

根据表 3 - 1 和图 3 - 1 我们可以探讨总效用与边际效用之间的关系：

（1）边际效用为总效用函数的导数，总效用为边际效用函数的积分。一定消费量的边际效用，可以用总效用曲线在该消费量的斜率表示；而该消费量的总效用，可用其边际效用曲线与两轴所包围的面积表示。设消费量为 n，则数学表达式为

$$TU_n = \int_0^n MU_X \mathrm{d}X \qquad (3.5)$$

（2）当边际效用为正时，总效用处于递增状态；当边际效用为 0 时，总效用达到最大；当边际效用为负时，总效用处于递减状态。

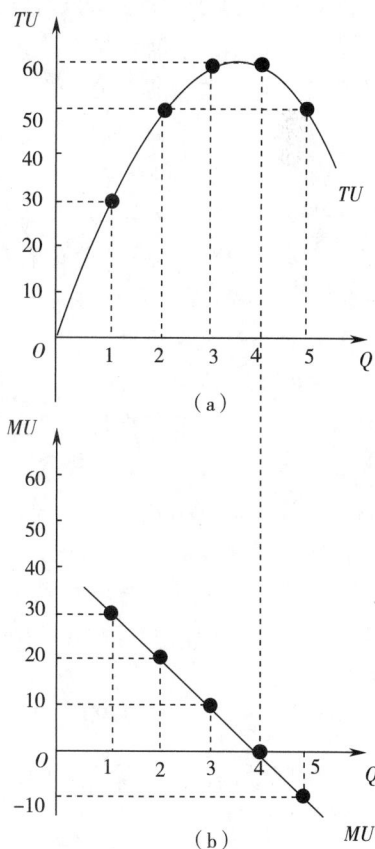

图 3 - 1 总效用曲线与
边际效用曲线

二、边际效用递减规律与货币的边际效用

（一）边际效用递减规律

1. 边际效用递减规律的内容。从表 3 - 1 可以看出，消费者每吃一块巧克力，其总

效用在一定范围内会增加，但边际效用却是递减的，这种现象被称之为"边际效用递减规律"。德国经济学家戈森首先对这种现象进行了描述，所以又被称为"戈森第一定律"。

边际效用递减规律（Law of Diminishing Marginal Utility）是指一定时间内，在其他商品的消费数量保持不变的条件下，随着消费者对某种商品消费量的增加，消费者从该商品连续增加的每一消费单位中所得到的效用增量即边际效用是递减的。边际效用递减规律是人们消费时的一个普遍规律，也是微观经济学的一个重要假设。

【知识链接】 　　　　　从春晚看边际效用递减规律

大约从 20 世纪 80 年代初期开始，我国老百姓在过春节的年夜饭中增添了一套诱人的内容，那就是春节联欢晚会。记得 1982 年第一届春晚的出台，在当时娱乐事业尚不发达的我国引起了极大的轰动。晚会的节目成为全国老百姓在街头巷尾和茶余饭后津津乐道的题材。

晚会年复一年地办下来了，投入的人力物力越来越大，技术效果越来越先进，场面设计越来越宏大，节目种类也越来越丰富。但不知从哪一年起，人们对春节联欢晚会的评价却越来越差了，原先在街头巷尾和茶余饭后的赞美之词变成了一片骂声，春节联欢晚会成了一道众口难调的大菜，晚会也陷入了"年年办，年年骂；年年骂，年年办"的怪圈。

春晚本不该代人受过，问题其实与边际效用递减规律有关。在其他条件不变的前提下，当一个人在消费某种物品时，随着消费量的连续增加，他（她）从中得到的效用增量即边际效用是越来越少的，这种现象普遍存在，就被视为一种规律。第一届春节联欢晚会让我们欢呼雀跃，但举办次数多了，由于刺激反应弱化，尽管节目本身的质量在整体提升，但人们对晚会节目的感觉却越来越差了。

边际效用递减规律时时在支配着我们的生活，尽管有时我们没有明确地意识到。在大多数情况下，边际效用递减规律决定了第一次最重要。这也是为什么经济学家用边际效用递减规律解释"初恋总是美好的"的重要原因。

资料来源：人大经济论坛。

---

2. 边际效用递减规律存在的原因。关于边际效用递减的原因有多种解释，这里介绍有代表性的两种：

（1）由于生理或心理的原因。来自人的欲望本身，戈森提出了欲望的两条规律：一是欲望强度递减规律，即在一定时期内，一个人对某种物品的欲望强度随着物品数量的增加而减少；二是享受递减规律，即随着欲望的满足，人们得到的满足是递减的。这说明消费者消费某一物品的数量越多，他的满足或对重复刺激的反应能力越弱。

微课——
边际效用递减

（2）物品本身的用途多种多样。一种物品具有多种用途，不同的用途其重要性也不同。消费者总是把物品先用于最重要的用途，因而其边际效用最大。

然后再用于次重要用途，边际效用会减小。依此类推，由于用途越来越不重要，边际效用就越来越小。例如，假设消费者有三杯水，他会把第一杯水用于止渴，满足基本的生理需求；第二杯水可能会给朋友，满足爱的需求；第三杯水可能用于施舍，满足自我价值的需求。因为三杯水用途的重要性依次递减，所以每杯水的边际效用也是递减的。

【知识链接】　　　边际效用递减规律给经营者的启示

边际效用递减原理告诉我们，消费者连续消费一种产品的边际效用是递减的，消费者愿意支付的价格也会随之降低。因此企业要不断进行创新，生产不同的产品满足消费者需求，减少和阻碍边际效用递减。根据效用理论，消费者购买物品是为了实现效用最大化，企业在生产决策时首先要分析消费者心理，满足消费者偏好。一个企业要成功，不仅要了解当前的消费时尚，还要善于发现未来的消费时尚，并及时开发出能满足这种偏好的产品。同时消费时尚也受广告的影响，一个成功的广告会引导着一种新的消费时尚，影响消费者的偏好。

（二）货币的边际效用

基数效用理论认为，货币和其他商品一样也具有效用。货币的效用大小取决于货币持有者的满足程度。货币的边际效用也是递减的，即收入越高，持有货币数量越多，每增加一单位货币给货币持有者带来的满足程度越小。显然，同样数量的货币收入，对穷人和富人来讲，其边际效用存在很大差别，富人的货币边际效用要小于穷人。经济学家保罗·萨缪尔森曾说过："富人所失去的永远小于穷人所得到的。"这也是有些经济学家建议对富人征收较高税收，然后将其分配给穷人，以提高整个国家福利水平（主观满足感）的原因。

但是，在对消费者行为分析时，我们通常假设货币的边际效用不变，是一个常数。经济学假定货币的边际效用不变，是由于购买某种商品所支出的货币只占货币总量的微小部分，当消费者购买的商品量发生少量变化时，货币的边际效用的变化非常微小，可以忽略不计。只要有关商品在消费者收入中只占很小比例，货币的边际效用不变的假设被认为是合理的。

【知识链接】　　　富翁和乞丐：1 元钱意味着什么？

谁能从额外的 1 元钱中获得更多的效用？是穷人还是百万富翁？绝大多数人会说穷人获得的效用更多，因为穷人的钱比富翁少得多。"对一个百万富翁来说，额外的 1 元钱算得了什么？"他们会这样问。然后他们会说："这算不了什么。富翁那么有钱，再多 1 元也没意义。"

有人认为边际效用递减规律能够说明，富翁从额外的 1 元中获得的效用要比穷人少，然而不幸的是，这是对边际效用递减规律的误解。在这个例子中，边际效用递减规律所说明的是，对富翁来讲，额外的 1 元的价值低于先前的 1 元；对穷人而言，额外的 1 元的价值也低于他先前拥有的 1 元。我们假设富翁有 200 万元，而穷人只有 1000 元。现在我们再给他们每个人 1 元。边际效用递减规律所说明的是，这额外的 1 元的价值对于富翁而言低于他的第 200 万元；同样这额外的 1 元的价值对于穷人来说也低于他的第 1000 元。这是边际效用递减规律能够说明的。我们不知道，也不可能知道，这额外的 1 元对富翁来讲是不是比对穷人来讲更有价值，或者更没有价值。总而言之，边际效用递减规律只能说明富翁和穷人各自的情况（对他们而言，最后 1 元同样没有先前的 1 元来的值钱），但是它不能用来说明富翁的效用和穷人相比会怎么样。

资料来源：张元鹏. 微观经济学教程 [M]. 北京：中国发展出版社，2005.

三、消费者均衡分析

（一）消费者均衡的含义

1. 消费者均衡（Consumer Equilibrium）。所谓消费者均衡是指消费者在货币收入和商品价格既定的前提下，通过理性地购买和消费各种商品实现总效用最大化的过程。这里的均衡是指消费者实现最大效用时，既不想再增加也不想再减少任何商品的购买数量的一种相对静止状态。

2. 消费者均衡的假设。

（1）消费者的偏好是既定的，对各种商品的效用和边际效用是已知的，不会发生变动。

（2）消费者的收入是既定的且全部用于购买商品和劳务。

（3）消费者购买的商品和劳务的价格是已知的。

（4）每单位货币的边际效用对消费者都相同。

3. 消费者均衡的条件。在上述假定条件下，西方经济学家指出，消费者均衡的条件是：消费者用单位货币所购买的各种商品的边际效用都相等，即消费者所购买的各种商品的边际效用之比等于它们的价格之比。或者说，消费者应使自己花费在各种商品购买上的最后一元钱所带来的边际效用相等，即货币的边际效用相等。

假设 λ 为不变的货币的边际效用，消费者用既定收入 I 购买 n 种商品，P_1，P_2，$\cdots$，P_n 分别为 n 种商品的既定价格，X_1，X_2，$\cdots$，X_n 分别为 n 种商品的数量，MU_1，MU_2，$\cdots$，MU_n 分别为 n 种商品的边际效用，则上述消费者均衡条件可以用公式表示为

$$P_1X_1 + P_2X_2 + \cdots + P_nX_n = I \tag{3.6}$$

$$\frac{MU_1}{P_1} = \frac{MU_2}{P_2} = \cdots = \frac{MU_n}{P_n} = \lambda \tag{3.7}$$

式（3.6）为限制条件，消费者获得了最大效用并不是指消费者的欲望得到完全满足，而是指在货币收入和商品价格为一定的条件下，即在约束条件下达到效用的最大化。

式（3.7）为约束条件下的消费者均衡原则。其基本思想是消费者用每 1 单位货币购买的各种商品的边际效用相等时，即货币边际效用 λ 相等，消费者就从购买的消费品中获得最大满足或者说效用。

上述消费者均衡条件即效用最大化原则，又称为"戈森第二定律"。这里需要注意的是，花在每种商品上的每一单位货币所带来的边际效用相等，并不是指消费者在各种商品上花费总额相等，而是指消费者购买时商品的边际效用与商品价格比相等。

（二）消费者均衡的边际效用分析

基数效用论用边际效用分析法来说明消费者均衡。下面我们以消费者购买两种商品为例，进一步说明。根据上面公式，在只购买两种商品的情况下，实现消费者均衡条件为

$$P_1 X_1 + P_2 X_2 = I$$
$$\frac{MU_1}{P_1} = \frac{MU_2}{P_2} = \lambda$$

为什么达到上述条件就实现了消费者均衡？西方经济学利用边际效用递减规律加以解释。如果 $MU_1/P_1 > MU_2/P_2$，这就表示用每 1 元钱购买商品 1 的边际效用大于购买商品 2 的边际效用。这时，理性的消费者就要调整两种商品购买数量，即要增加对商品 1 的购买量，减少对商品 2 的购买量。根据边际效用递减规律，商品 1 的边际效用会随其购买量的不断增加而递减，商品 2 的边际效用会随其购买量的不断减少而递增，最终会达到 $MU_1/P_1 = MU_2/P_2$。

反之，如果 $MU_1/P_1 < MU_2/P_2$，理性购买者就要增加对商品 2 的购买量，减少对商品 1 的购买量。在边际效用递减规律作用下，最终仍会达到 $MU_1/P_1 = MU_2/P_2$。此时，消费者既不想再增加也不想再减少任何商品的购买数量，处于一种相对静止状态。

对于上述抽象的公式，可以用表 3 – 2 来进一步说明。

表 3 – 2 　　　　　　　　　　某消费者的边际效用

商品数量（X）	1	2	3	4	5	6	7	8
商品 1 的边际效用 MU_1	11	10	8	6	5	4	3	2
商品 2 的边际效用 MU_2	20	18	14	13	12	10	8	6

在表 3 – 2 中，假设某消费者在某一时期内将 8 元钱全部用于商品 1 和商品 2 的购买，且货币的边际效用 λ 不变，两种商品的价格分别为 $P_1 = 1$ 元和 $P_2 = 1$ 元，则他应该对商品 1 和商品 2 各购买多少时才能使他得到最大的总效用呢？

在边际效用递减规律的作用下，消费者只有使每 1 元钱所带来的边际效用最大，才能使最后的总效用最大。具体地看，根据表 3 – 2，理性的消费者肯定会用第一元钱购买第一单位的商品 2，由此得到 20 个效用单位，因为如果他用第一元钱去购买第一单位的商品 1，只能得到 11 个效用单位。依此类推，他将用第二、第三、第四和第五元钱去购买第二、第三、第四和第五单位的商品 2，分别获得 18 个、14 个、13 个和 12 个效用单

位。再用第六元钱去购买第一单位的商品1，获得11个效用单位。最后，用第七、第八元钱去购买第二单位的商品1和第六单位的商品2，这时，分别花费在这两种商品上的最后一元钱所带来的边际效用 λ 是相等的，都是 $\lambda = 10$ 个效用单位。至此，该消费者的全部收入8元钱都用完了，并以最优购买组合 $X_1 = 2$、$X_2 = 6$ 实现了效用最大化的均衡条件。以公式进行验证，即

$$约束条件 \quad P_1 X_1 + P_2 X_2 = 1 \times 2 + 1 \times 6 = 8 = I$$

$$均衡条件 \quad \frac{MU_1}{P_1} = \frac{MU_2}{P_2} = \lambda = \frac{10}{1}$$

此时，消费者获得了最大的总效用，最大总效用为 $TU = 20 + 18 + 14 + 13 + 12 + 10 + 11 + 10 = 108$ 个效用单位。

综上所述，消费者均衡是一种效用最大化状态。在这种状态下，消费者的货币分配比例达到最佳。消费者均衡是在消费者对货币资源的配置进行反复调整中实现的。这种调整过程可能表现在人们对商品效用的内省、对物品价格的比较、对购买计划的推敲上，表现在购买商品时的思考、询问和犹豫不决中。

【知识链接】 　　　　　　消费者均衡的数学证明

设效用函数为 $TU = f(X, Y)$，约束条件为 $M = P_X \cdot X + P_Y \cdot Y$。为了保证 TU 在既定约束条件下的极大，要求 $Z = f(X, Y) + \lambda(M - P_X \cdot X - P_Y \cdot Y)$。

令 X、Y 的一阶偏导数等于零，即 $Z_X = \dfrac{\partial f(X, Y)}{X} - \lambda P_X = 0 \Rightarrow MU_X = \lambda P_X$；$Z_Y = \dfrac{\partial f(X, Y)}{\partial Y} - \lambda P_Y = 0 \Rightarrow MU_Y = \lambda P_Y$；从而有 $\dfrac{MU_X}{MU_Y} = \dfrac{P_X}{P_Y}$。

四、需求规律与边际效用递减规律

需求规律的内容是在其他因素不变的条件下，商品的需求量与商品自身价格呈反方向变动。基数效用论运用边际效用递减规律和消费者均衡条件来解释需求规律。

根据消费者均衡条件：

$$\frac{MU_1}{P_1} = \frac{MU_2}{P_2} = \lambda$$

对任一消费者来说货币的边际效用 λ 在一定时期内都是稳定不变的，因此，MU_1 必然和 P_1 同方向变化。根据边际效用递减规律，当消费者购买商品1的数量增加时，商品1的边际效用 MU_1 必然递减，此时，为维持 λ 不变，MU_1 必然和 P_1 同方向变化，因而该商品价格 P_1 也要相应递减。也就是说，商品购买量越多，价格必须越低，才能保证 λ 不变。由此得出结论，商品的需求量与商品自身价格呈反方向变动，并进一步推导出每一消费者向右下方倾斜的需求曲线。

运用边际效用递减规律解释需求规律，还可以用表3-3来说明。

表 3 – 3   边际效用和需求价格

商品数量	商品的边际效用	货币的边际效用	需求价格
1	10	2	5
2	8	2	4
3	6	2	3
4	4	2	2
5	2	2	1

在表 3 – 3 中，当商品的边际效用为 10 个效用单位时，消费者愿意支付的价格为 5，按此价格他可能买 1 单位商品。当边际效用降为 8 时，消费者愿意支付价格 4，按此价格他可能把购买量增加到 2 单位。依此类推，当边际效用降为 2 时，消费者只愿意支付价格 1，按此价格他把购买量增加到 5 单位。很明显，随着边际效用递减，消费者愿意支付的价格也下降，但他可能购买的数量却在增加。因此，消费者对商品的需求量与价格呈反方向变动的规律根源在于边际效用递减规律。

由此可见，一个消费者的实际需求价格反映了该商品的边际效用，而边际效用是随商品购买数量的增加而减少的，于是价格也就随着需求量的增加而降低，或者需求量随价格的降低而增加。因此，需求曲线的本质就是边际效用曲线。显然，消费者追求总效用最大化的理性行为与边际效用递减规律共同决定了需求曲线的向右下方倾斜。需求曲线上任一点所对应的需求量，均是在既定的约束条件下能使消费者获得最大效用的购买量。

第三节　无差异曲线分析

一、消费者偏好的性质

序数效用论认为，商品的效用是无法具体衡量的，只能用顺序或等级来表示。他们提出消费者偏好的概念，取代基数效用论的关于效用的大小可以用"效用单位"表示的说法。序数效用理论在讨论消费者行为时，通常对消费者偏好的性质作如下假定：

1. 确定性假定。给定消费空间里任何一对消费组合 X 和 Y，下列三者关系之一必定成立：或者 $X > Y$，或者 $Y > X$，或者 $X = Y$。首先，一个理性的人应该有能力判断、比较任何一对消费组合。其次，消费者能够对任何可能的消费组合进行比较。

2. 传递性假定。给定三组消费组合 X、Y 和 Z，$X > Y$ 且 $Y > Z$ 蕴含 $X > Z$。又 $X = Y$ 且 $Y = Z$ 蕴含 $X = Z$。传递性也是理性选择必不可少的。

3. 非饱和性假定。该假定即多比少好，在大多数的消费问题里，商品总是越多越好。即在其他状况都一样的条件下，某商品数量越多，消费者就感到越满意。

二、无差异曲线

1. 无差异曲线的含义。在上述三个假设条件下，我们可以用无差异曲线来描述消费者偏好。无差异曲线（Indifference Curve）也称等效用线，它表示对消费者来说具有相等效用的两种或两组不同商品组合的曲线。无差异曲线符合这样一个要求：如果听任消费者对曲线上的点作选择，那么，所有的点对他都是同样可取的，因为任一点所代表的组合给他所带来的满足都是无差异的。

如果两种商品不仅可以相互替代，并且能够无限可分，则消费者可以通过两种商品的此消彼长的不同组合来达到同等的满足程度。假定某个消费者按既定的价格购买两种商品 X 和 Y，他购买 2 单位商品 X 和 6 单位商品 Y 或者 3 单位商品 X 和 4 单位商品 Y 所带来的满足是相同的，那么，这两种配合中任一种对这个消费者来说，都是无差异的。事实上，这个消费者在购买 X 和 Y 两种商品的过程中，会产生一系列无差异组合，形成无差异表。X 和 Y 两种商品的各种组合如表 3-4 所示。

表 3-4　　　　　　　　　　两种商品的无差异组合

商品组合	X	Y
A	1	10
B	2	6
C	3	4
D	4	2.5

将表 3-4 中的各种不同组合在坐标系内用对应的各个点表示，连接这些点就得到一条无差异曲线，如图 3-2 所示。

无差异曲线表明，曲线上的任何一点所代表的两种商品的不同组合所提供的总效用或总满足水平都是相等的，因此，消费者愿意选择其中任何一种组合。

2. 无差异曲线的特征。第一，无差异曲线是一条从左上方向右下方倾斜的曲线，其斜率为负值。这表明消费者为了获得同样的满足程度，增加一种商品的数量就必须减少另一种商品的数量，两种商品不可能同时增加或减少。

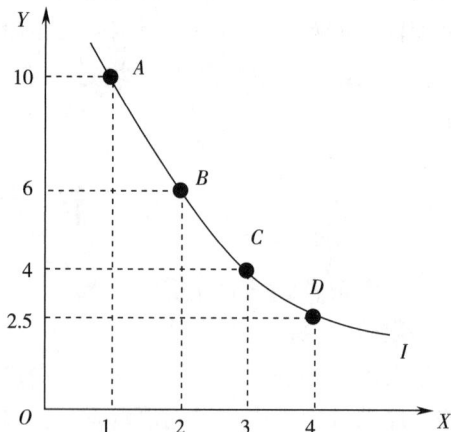

图 3-2　无差异曲线

第二，在同一平面图上，任意两条无差异曲线绝不能相交。假设两条无差异曲线相交，如图 3-3 所示。M、E 在同一条无差异曲线 I_1 上，代表相同的效用水平，M、N 在同一条无差异曲线 I_2 上，M、N 代表相同的效用水平，因此，N、E 两点的效用水平也应该是相同的。但是，在 N 点，X、Y 两种商品的数量都要多于 E 点，所以，N 点 X 和 Y 的组合提供的效用水平大于 E 点 X 和 Y 的组合提供的效用水平，即 N、E 两点的效用水平不能相等。所以在同一平面图上任意两条无差异曲线不能相交。

第三，在同一平面上存在一组无差异曲线群（Indifference Map），如图 3-4 所示。

在无差异曲线群中，同一条无差异曲线代表同样的满足程度，不同的无差异曲线代表不同的满足程度。离原点越远的无差异曲线代表的满足程度越高，即 $I_3 > I_2 > I_1$。

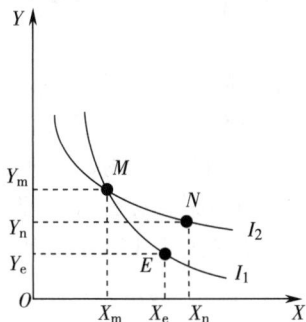

图 3 – 3　同一平面两条无差异曲线不能相交　　图 3 – 4　无差异曲线图效用的高低

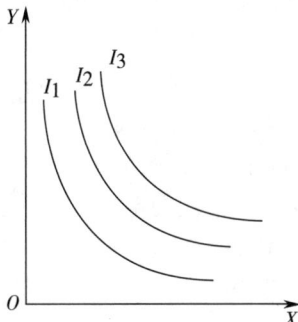

第四，一般情况下无差异曲线是凸向原点的，这一点可以用商品的边际替代率来说明。

3. 边际替代率（Marginal Rate of Substitution）。所谓边际替代率是指消费者为了保持相同的效用水平，要增加 1 单位 X 物品就必须放弃一定数量的 Y 物品，这二者之间的比率即 X 对 Y 的边际替代率。如果用 MRS_{XY} 代表 X 对 Y 的边际替代率，则边际替代率的公式为

$$MRS_{XY} = -\frac{\Delta Y}{\Delta X} \tag{3.8}$$

例如，某消费者购买 X、Y 两种商品，增加 1 个单位的商品 X 和放弃 2 个单位的商品 Y 给消费者带来的满足是相同的，那么 X 对 Y 的边际替代率 $MRS_{XY} = -2$。应该注意的是，在保持满足程度即总效用不变时，增加一种商品的消费量就要减少另一种商品的消费量，因此，边际替代率从理论上来说应该是负值。为了使商品的边际替代率取正值以便于比较，所以在公式中加了一个负号。

假定商品数量的变化趋于无穷小时，即当 $\Delta X \rightarrow 0$ 时，则商品的边际替代率公式为

$$MRS_{XY} = \lim_{\Delta X \rightarrow 0} -\frac{\Delta Y}{\Delta X} = -\frac{\mathrm{d}Y}{\mathrm{d}X} \quad (3.9)$$

显然，无差异曲线上任一点的边际替代率等于无差异曲线在该点的斜率的绝对值。我们用图 3 – 5 表示商品的边际替代率，横轴为商品 X 数量，纵轴为商品 Y 数量，I 为无差异曲线。X 对 Y 的边际替代率，为 X 的增加数与 Y 的减少数之比。

在图 3 – 5 中可以看到，该消费者等量的增加商品 X 的购买，消费者为得到商品 X 而愿意放弃的商品 Y 的数量越来越少。这一规

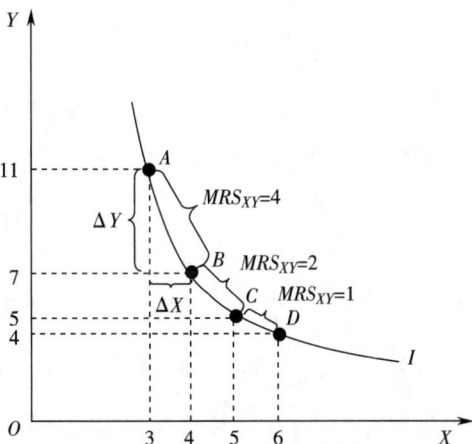

图 3 – 5　边际替代率递减规律

律被经济学家总结为边际替代率递减规律。

边际替代率递减规律（Diminishing Marginal Rate of Substitution）是指在维持效用水平不变的前提下，随着一种商品消费数量的连续增加，消费者为得到每一单位的这种商品所需要放弃的另一种商品的消费数量是递减的。

边际替代率递减的原因在于我们前面分析过的边际效用递减规律，二者之间是一致的。

当商品 X 的消费量不断增加时，增加的商品 X 的边际效用不断降低，因此商品 X 对商品 Y 的替代能力将下降。下面我们用数学表达式来分析边际替代率与边际效用之间的关系。

根据无差异曲线的定义，同一条无差异曲线上的不同商品组合，带给消费者相等的效用。如果用商品 X 代替商品 Y，那么增加 X 所增加的效用必须等于减少 Y 所减少的效用，否则总效用就会改变。数学表达式为

$$\Delta X \cdot MU_X = -\Delta Y \cdot MU_Y,\text{进一步整理得}$$

$$-\frac{\Delta Y}{\Delta X} = \frac{MU_X}{MU_Y} \qquad (3.10)$$

因此，边际替代率就等于两种商品的边际效用之比，即

$$MRS_{XY} = \frac{MU_X}{MU_Y} \qquad (3.11)$$

随着商品 X 的购买量增加，MU_X 是递减的，而 MU_Y 随着商品 Y 购买量减少而递增，因此，MRS_{XY} 递减。这说明，边际效用递减规律是边际替代率递减规律的根源。

从几何意义上讲，商品的边际替代率递减表示无差异曲线的斜率的绝对值是递减的。商品的边际替代率递减规律决定了无差异曲线凸向原点。

【知识链接】　　　　　　　**两种特殊的无差异曲线**

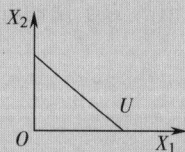

完全替代品的无差异曲线　　　完全互补品的无差异曲线

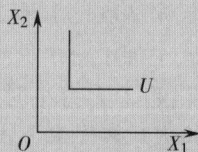

★ 完全替代品　如果对于消费者来说两种商品是完全替代品，那么，相应的无差异曲线为一条斜率不变的直线，商品的边际替代 MRS_{XY} 为一个常数。例如，消费者认为一瓶菠萝汁与一瓶芒果汁可以完全替代，则菠萝汁与芒果汁的相互替代比例固定不变，为1:1。

★ 完全互补品　如果对于消费者来说两种商品是完全互补，那么，相应的无差异曲线呈现直角形状，与横轴平行的无差异曲线部分的商品的边际替代率 $MRS_{XY}=0$，与纵轴平行的无差异曲线部分的商品的边际替代率 $MRS_{XY}=\infty$。例如总是要按一副眼镜架和两片眼镜片的比例配合在一起，眼镜才能够使用。

三、预算线及其移动

1. 预算线（Budget Line）。预算线又称消费可能线、消费约束线或等支出线，它表示消费者在收入和商品价格既定的条件下所能购买到的各种商品与劳务数量的最大组合。作为理性消费者，都希望能够达到最高的无差异曲线，或者说实现效用最大化，但是消费者必须考虑自身收入和商品价格等限制因素，预算线就是消费者选择一定效用水平上的商品与劳务组合的限定条件。无差异曲线表示的是消费者的主观愿望，而预算线则是表示消费者实际消费的最大可能。

为了分析的简便，我们假定消费者只购买两种商品 X 和 Y，他每周的收入是 60 美元，他需要购买 X 和 Y 两种商品，商品 X 的价格为 15 美元，商品 Y 的价格为 10 美元。如果消费者将其全部收入购买商品 X，可得 4 单位的 X 商品，如全部收入购买商品 Y，可得 6 单位的 Y 商品，如图3－6中的 B、A 两点。我们将 A、B 两点连接成线，便可得到预算线 AB。预算线 AB 上任何一点都是在收入和商品价格既定时，消费者所能购买的两种商品的最大组

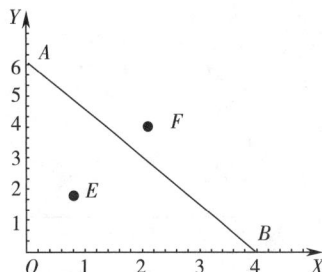

图3－6　预算线

合。预算线里面的任一点（如 E 点）虽然是在现有条件下能够实现购买的组合，但并不是最大的数量组合；预算线外的任一点（如 F 点）超过了既定收入，是现有条件下无法实现的数量组合。

如果我们用 M 表示消费者的货币收入，X、Y 表示消费者购买两种商品的数量，P_X、P_Y 分别表示商品 X 和 Y 的价格，则预算线可以用下列方程来表示：

$$P_X \cdot X + P_Y \cdot Y = M \text{ 或 } Y = \frac{M}{P_Y} - \frac{P_X}{P_Y} \cdot X \qquad (3.12)$$

式（3.12）表明，消费者的全部收入 M 等于他购买商品 X 的支出与购买商品 Y 支出的总和。如果消费者全部收入购买商品 X 的数量为 $\frac{M}{P_X}$，它是预算线在横轴的截距，即为图3－6中的 OB 段。消费者全部收入购买商品 Y 的数量为 $\frac{M}{P_Y}$，它是预算线在纵轴的截距，即为图3－6中的 OA 段。消费者预算线向右下方倾斜，斜率为负，其斜率可表示为

$$\frac{OA}{OB} = -\frac{\dfrac{M}{P_Y}}{\dfrac{M}{P_X}} = -\frac{P_X}{P_Y} \qquad (3.13)$$

2. 预算线的移动。无论商品价格变动还是消费者的货币收入变动，都会影响消费者的购买数量，从而导致预算线的移动。

（1）商品价格既定，消费者的货币收入变动。由于商品价格未变，预算线的斜率相同。如果货币收入增加，消费者可以购买更多的商品，预算线向右上方平行移动，由 A_1B_1 平移至 A_2B_2；如果货币收入减少，预算线向左下方平行移动，由 A_1B_1 平移至 A_3B_3。

图 3-7 表明了这种情况。

（2）货币收入既定，商品价格变动。由于商品价格发生了变动，预算线斜率发生了改变，不再平行移动，如果商品价格下降，预算线向外旋转。如果商品价格上升，预算线向内旋转。如图 3-8 所示，假定商品 Y 的价格不变，如果商品 X 的价格 P_X 下降，则

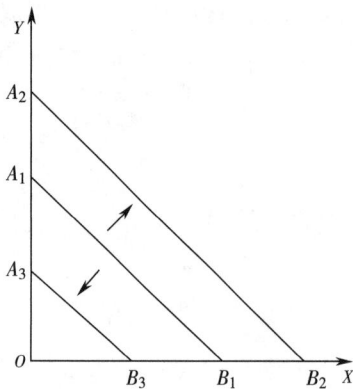

图 3-7　收入变化与预算线的移动

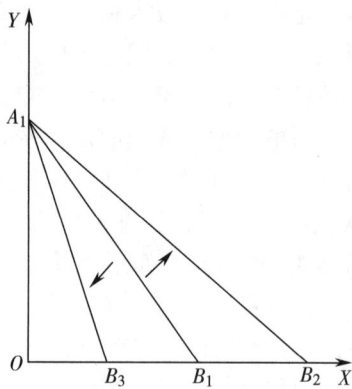

图 3-8　商品 X 价格变化与预算线的移动

购买商品 X 的数量增加，预算线由 A_1B_1 向外移动至 A_1B_2；如果商品 X 的价格 P_X 上升，则购买商品 X 的数量减少，预算线由 A_1B_1 向内移动至 A_1B_3。图 3-9 表示商品 X 的价格既定，商品 Y 的价格变动所引起的预算线的移动。

四、消费者均衡分析

从上面的分析中，我们知道，从主观方面讲，消费者可作出多种多样的选择以得到满足，这种选择由无差异曲线表示出来；从客观方面讲，消费者又必然受到货币收入和价格的限制，这种限制由预算线表示出来。如何把客观限制和主观选择结合起来以求得消费的最大满足，或者说，如何以有限的货币收入在可

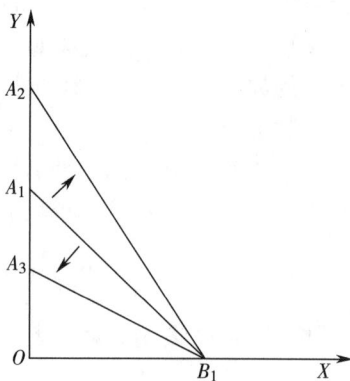

图 3-9　商品 Y 价格变化与
预算线的移动

买到的商品间作合理的配置以求得最大效用，使消费行为达到最佳境界，消费行为的最佳境界称为消费者均衡（Consumer Equilibrium）。

序数效用论将无差异曲线和预算线相结合来说明消费者均衡，对效用最大化原则重新表述。消费者的偏好决定了消费者的无差异曲线，一个消费者关于任何两种商品的无差异曲线有无数条；消费者的收入和商品价格决定了消费者的预算线，在收入和商品价格既定的条件下，一个消费者关于两种商品的预算线只有一条。只有既定的预算线与其中一条无差异曲线的相切点，才是消费者均衡点。在切点上所代表的两种商品的数量就是消费者用一定的货币收入所获得的效用最大化的最优购买量组合，如图 3-10 所示。

在图 3-10 中预算线 MN 与一条尽可能高的无差异曲线 I_2 的切点 E 就是消费者的均衡点，在 E 点，消费者既用尽了既定的货币收入，又得到了最大的效用。当然，在图3-10

中无差异曲线 I_3 代表的效用水平更高，但受消费者的货币收入和现行商品价格的影响，这是不能实现的；I_1 与预算线 MN 虽然有 C、D 两个交点，但 I_1 给消费者提供的满足水平要小于 I_2 所提供的满足水平，因而是不可取的。只有在无差异曲线 I_2 与预算线 MN 的切点 E 才是消费者行为的最佳境界。在这一点，预算线与无差异曲线的斜率正好相等。预算线的斜率绝对值是两种商品的价格之比，即 P_X/P_Y，无差异曲线的斜率绝对值是商品的边际替代率 $MRS_{XY} = -\mathrm{d}Y/\mathrm{d}X = MU_X/MU_Y$。因此，可以得出结论：消费者达到最大效用的均衡条件是，两种商品的边际替代率或边际效用之比等于两种商品的价格之比，即

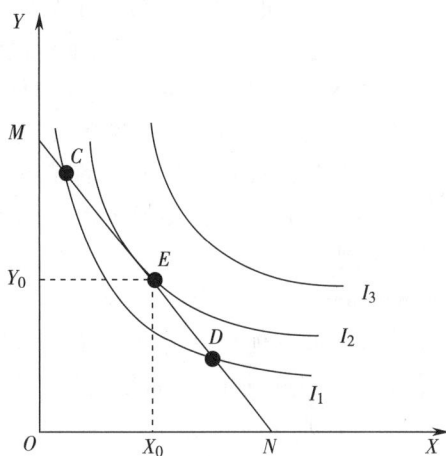

图 3-10 消费者均衡

$$-\frac{\Delta Y}{\Delta X} = \frac{MU_X}{MU_Y} = \frac{P_X}{P_Y}$$

调整得

$$\frac{MU_X}{P_X} = \frac{MU_Y}{P_Y} \tag{3.14}$$

采用本章第二节消费者均衡的求解方法，我们同样可以用数学的方法证明这一结论（证明过程在这里略去）。很显然，这个结果同我们前面运用边际效用的分析方法得出的结论是一致的，即消费者均衡的条件是：单位货币所购买的两种商品的边际效用相等。或者说它购买的两种商品的边际效用之比正好等于它们的价格之比。

【知识链接】　　　　　　　　　　**最佳购买量的决定**

消费者的无差异曲线说明不同偏好下的各种选择，而消费者的预算线则说明在收入和价格为一定的条件下，他能消费多少数量的商品。把两者结合在一起，可以确定消费者购买行为的最佳境界——消费者满足程度的最大化，这就是经济学家所说的消费者均衡。

例如，你带 1000 元去逛商场，准备购买一件上衣和一条裤子，你看上了一套名牌服装，这件服装虽然你很喜欢但价格超出了 1000 元，也就是说给你带来效用虽然大，但超出了你的支付能力。卖服装的售货员又给你推荐了另外一套价格为 1000 元的服装，但你觉得不值，经过货比三家，在充分选择的基础上你终于选到了喜欢的服装，也恰好是 1000 元。女同志爱逛商场，无非就是要挑选自己最满意的服装，在对一种商品要决策"买不买"时，会把效用与价格进行比较。当你对自己购买的服装最满意的时候，也就是花钱最少，得到的效用最大。当然"萝卜青菜，各有所爱"，效用的大小完全是主观的感觉。

资料来源：平狄克、鲁宾费尔德著，王世磊等译.微观经济学（第 6 版）[M].北京：中国人民大学出版社，2006.

五、价格—消费曲线 PCC 和需求曲线

在消费者货币收入和其他商品价格不变时，某种商品的价格发生变动，必然引起预算线斜率的改变，使预算线与新的无差异曲线相切，形成新的均衡点。把该种商品不同价格水平下的消费者均衡点连接起来就可以得到一条平滑的曲线。这就是价格—消费曲线（Price - Consumption Curve）。因此价格—消费曲线 PCC 就是在收入和其他商品价格不变时，某种商品价格变动所引起的消费者均衡点移动的轨迹，如图 3 - 11 所示。

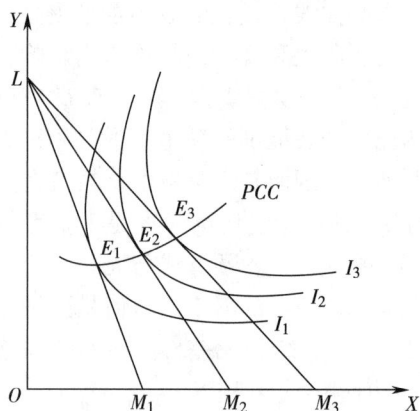

图 3 - 11　价格—消费曲线

在图 3 - 11 中，横轴表示商品 X 的消费量，纵轴表示商品 Y 的消费量，当预算线为 LM_1 时，与无差异曲线 I_1 相切，均衡点为 E_1。如果商品 X 的价格不断下降，预算线就会以 L 为轴点，向外旋转到 M_2、M_3，分别与较高的无差异曲线 I_2、I_3 相切，形成新的均衡点 E_2、E_3。把 E_1、E_2、E_3 连接起来，就得到价格—消费曲线。从价格—消费曲线可以推导出需求曲线。

基数效用理论的分析表明：需求曲线向右下方倾斜是由边际效用递减规律和购买物品的效用最大化原则决定的。以序数效用理论为基础的解释方法有所不同，按照它的分析，在消费者偏好和货币收入为一定的条件下，无差异曲线和预算线随之确定，消费者为了获得最大满足而购买的物品数量也随之确定，如图 3 - 12 所示。

在图 3 - 12 中，如果商品 X 价格下降，预算线将绕着它与纵轴的交点向外移动，形成新的均衡点，也就确定了消费者对商品 X 的最佳消费量。一定价格下的最佳消费量，也就是消费者心目中最符合愿望的需求量，所以把图 3 - 12（a）中不同价格水平下的均衡购买量在图 3 - 12（b）中表示出来，就得到需求曲线，它向右下方倾斜。序数效用理论的分析同样表明：购买物品的最大效用原则是导致需求曲线向右下方倾斜的原因。

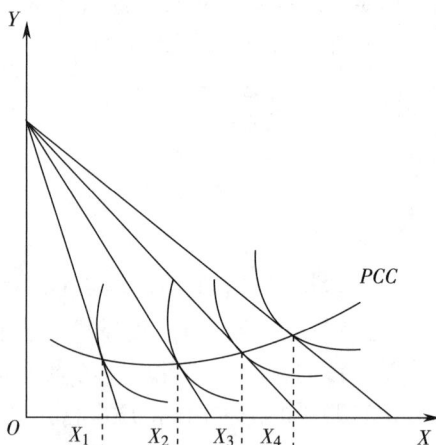

（a）

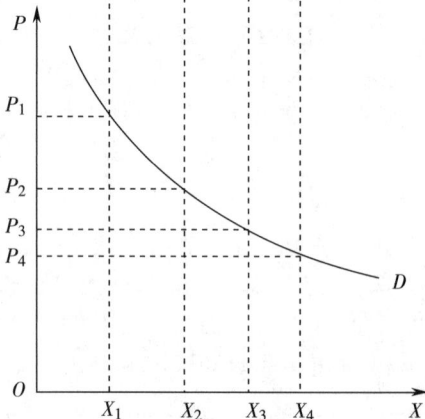

（b）

图 3 - 12　从价格—消费曲线推导需求曲线

六、收入—消费曲线 ICC 和恩格尔曲线

如前所述，在价格不变的情况，消费者收入的任何变动都会引起预算线的平行移动。预算线的每一次移动总会与新的无差异曲线相切，形成新的消费者均衡点。如果把不同收入水平下的消费均衡点连接起来，就可以得到一条平滑的曲线，这就是收入—消费曲线（Income—Consumption Curve）。收入—消费曲线 ICC 就是在商品价格不变时，消费者的货币收入变化所引起的消费者均衡点移动的轨迹。它反映了消费者在不同的收入下对两种商品消费量的变化，如图 3－13 所示。

从收入—消费曲线可以直接推导出某一种商品的收入需求曲线，它反映货币收入变动同某种商品的均衡购买量（或需求量）之间的关系。由于它是由 19 世纪德国统计学家恩格尔（E. Engel）提出来的，所以通常称之为恩格尔曲线。恩格尔曲线有不同的形状。形状不同，表示的商品性质也不同，下面是几种不同形状的恩格尔曲线。

如图 3－14 所示，横轴表示商品 X 的数量，纵轴表示货币收入 M，E_M 表示商品的收入弹性。图 3－14（a）中的恩格尔曲线向右上方延伸，表示货币收入增加，引起商品 X 的大量增加，即图 3－14（a）中的恩格尔曲线表示商品 X 的购买量随着货币收入的变化而发生显著的变化，因此，商品 X 收入弹性 $E_M > 1$，该商品为奢侈品。图 3－14（b）中所示的恩格尔曲线向右上倾斜，表示货币收入增加，对 X 商品的需求量也增加，但增加的速度越来越小，商品 X 的收入弹性 $0 < E_M < 1$，该商品为必需品。图 3－14（c）中恩格尔曲线凹向原点，表示随货币收入增加，商品 X 的需求量反而少，$E_M < 0$，该商品为低档品。图 3－14（d）所示的是变化的恩格尔曲线，表示随着收入的增加，商品 X 依次经历了奢侈品、必需品和低档品三个阶段。

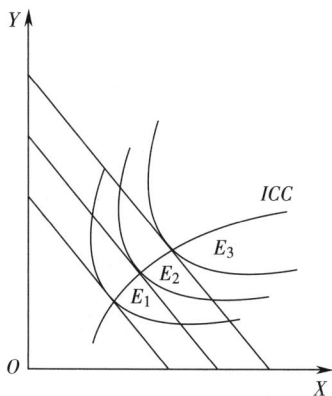

图 3－13　收入—消费曲线

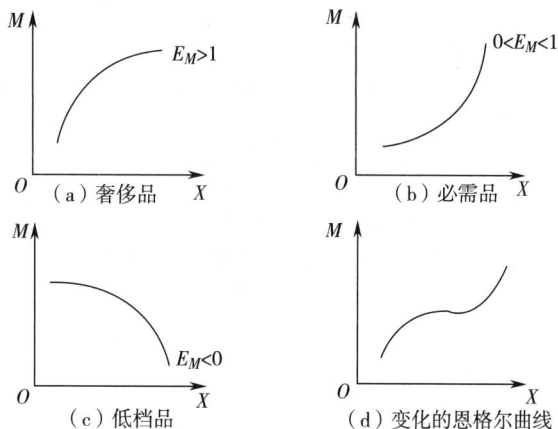

图 3－14　不同商品的恩格尔曲线

第四节　消费者行为理论的运用

一、消费者剩余

消费者剩余（Consumer's Surplus）是指消费者购买某种商品时，所愿支付的价格与

实际支付的价格之间的差额。在西方经济学中，这一概念是马歇尔提出来的，他在《经济学原理》中为消费者剩余下了这样的定义："一个人对一物所付的价格，绝不会超过，而且也很少达到他宁愿支付而不愿得不到此物的价格；因此，他从购买此物所得的满足，通常超过他因付出此物的代价而放弃的满足；这样，他就从这种购买中得到一种满足的剩余。他宁愿付出而不愿得不到此物的价格，超过他实际付出的价格的部分，是这种剩余满足的经济衡量。这个部分可以称为消费者剩余。"

消费者剩余的存在是因为消费者购买某种商品所愿支付的价格取决于边际效用，而实际付出的价格取决于市场上的供求状况，即市场价格。下面，我们以茶叶的需求为例，说明消费者剩余。如果茶叶价格为每磅 20 先令，某个消费者只愿买 1 磅；如果价格再下降为 14 先令时，他将买 2 磅；如价格再下降为 10 先令时，他将买 3 磅。价格继续下降，这个消费者的购买量也继续增加，价格为 6 先令，他买 4 磅；价格为 4 先令，他买 6 磅；价格为 2 先令，他买 7 磅，2 先令是他实际支付的价格。在茶叶价格为每磅 20 先令时，他恰好买 1 磅，这表明，他从购买 1 磅茶叶中所得到的和把 20 先令用于购买其他商品所得到的满足是相等的。当茶叶价格从 20 先令下降为 14 先令时，他买了 2 磅茶叶，在他看来。他花了 28 先令（14 + 14）至少得到了 34 先令（20 + 14）的满足，他的消费者剩余是 6 先令（34 − 28）。当价格为 10 先令时，他买 3 磅，这就是说，这个消费者用 30 先令购买了 3 磅茶叶，在他看来，其中第一磅茶叶值 20 先令，第二磅茶叶值 14 先令，第三磅茶叶值 10 先令。3 磅的总效用为 44 先令（20 + 14 + 10），而他只花了 30 先令。这时他的消费者剩余为 14 先令。依此类推，当价格最后降为 2 先令时：他买 7 磅，这 7 磅茶叶共值 59 先令（20 + 14 + 10 + 6 + 4 + 3 + 2）为他的效用总额。这个总数超过他实际支付的货币额 45 先令（59 − 14），就是他的消费者剩余。

消费者剩余的概念可用图 3 − 15 来说明。在图 3 − 15中，横轴表示商品数量，纵轴代表价格，XD 是消费的需求曲线，表明商品量少时，消费者愿付出的价格高，随着商品数量的增加，消费者愿付出的价格越来越低。消费者对每单位商品所愿付出的价格是不同的，当他购买 OM 的商品时，愿付出的货币总额为 $OMYX$。但是，这时市场价格为 OP_0，所以他购买 OM 商品实际支付的货币总额为 $OMYP_0$。他愿支付的货币减去他实际支付的货币的差额，在图上表示为 $OMYX - OMYP_0 = P_0YX$，即为

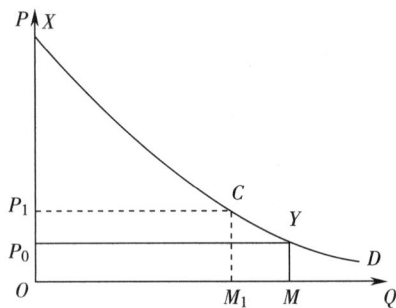

图 3 − 15　消费者剩余

消费者剩余。当商品价格上涨为 OP_1 时，购买的商品量为 OM_1，这时消费者愿付出的货币总额为 OM_1CX，实际付出的货币总额为 OM_1CP_1，消费者剩余为 P_1CX。这表示，当商品价格提高，需求量下降时，消费者剩余减少。

消费者剩余是衡量消费者福利的一个非常重要的概念，它代表了消费者以低价购买商品所获得的利益，即我们所得到的大于我们所支付的主观心理感受。因此，消费者剩余的多寡提供了判断经济制度和经济政策效率的福利标准。不仅如此，从图 3 − 15 可以

看出，消费者剩余与市场价格成反比。我们知道，社会和技术进步促使生产效率提高，生产成本降低，市场价格也越低，消费者剩余就越多，社会福利水平随之提高。

事实上，无论人们是否意识到，在现实的买卖行为中都存在两种价格。一种是由收入和偏好决定的消费者价格，另一种则是由市场供求关系决定的市场价格。前者遵循边际效用递减规律，而后者则遵循着供求规律。消费者价格与市场价格之差，就是体现消费者满足感或福利感的"消费者剩余"。理解消费者价格和市场价格之间的关系后，我们就可以解释虚假广告和不法商家雇佣"托儿"来害人的原理——通过夸大商品的效用或人为制造紧缺感，提高消费者价格，从而增加购买者的"消费剩余感"，诱发人们的购买行为。

二、价值悖论

边际效用理论还可以解释经济学中著名的"价值悖论"（Paradox of Value）。价值悖论又称价值之谜，指有些东西效用很大，但价格很低（如水）；有些东西效用很小，但价格却很高（如钻石）。这种现象与传统的价格理论不一致。

价值悖论是亚当·斯密200多年前在《国富论》中提出的，早期的经济学家一直没能解释钻石与水这一难题，直到边际效用理论提出后才有了一个令人满意的答案。解释这一问题的关键是区分总效用和边际效用。水给我们带来的总效用是巨大的，没有水，我们无法生存。但我们对某种物品消费的越多，其最后一个单位的边际效用也就越小。我们用的水是很多的，因此最后一单位水所带来的边际效用就微不足道了。相反，相对于水而言，钻石的总效用并不大，但由于钻石的数量极少，所以，它的边际效用很大。根据边际效用理论"等边际原则"，消费者分配收入的方式是使一切商品的每1元支付的边际效用相等。人们也是根据这一原则来把收入分配于水和钻石上的，以数学公式表示如下：

$$\frac{MU_{钻石}}{P_{钻石}} = \frac{MU_{水}}{P_{水}} = \lambda \tag{3.15}$$

根据等边际原则公式，钻石的边际效用高，水的边际效用低，只有用钻石的高价格除以其高边际效用，用水的低价格除以其低边际效用，用于钻石和水的每元支付的边际效用才能相等。所以，钻石价格高，水的价格低是合理的。或者说，人们愿为边际效用高的钻石支付高价格，为边际效用低的水支付低价格是一种理性的行为。

综上所述，水是生命的源泉，它的确能创造比钻石更高的总效用。然而，商品的价格——不是由总效用——而是由边际效用决定的。根据边际效用递减规律，水的边际效用很低，因而价格也低；钻石由于稀缺，边际效用很高，因而价格也高。可见，稀缺提高了商品的边际效用和价格。

三、替代效应和收入效应

一种商品价格的变化会引起该商品的需求量的变化，这种变化可以分解为替代效应和收入效应两个部分。接下来我们分别讨论正常物品、低档物品和吉芬物品的替代效应与收入效应，并以此进一步说明三类物品的需求曲线的形状特征。

1. 替代效应和收入效应的概念。当一种商品价格发生变化时，会对消费者产生两种影响：一是使消费者的实际收入水平发生变化，这里的实际收入水平的变化被定义为效用水平的变化；二是使商品的相对价格发生变化。这两种变化都会改变消费者对该商品的需求量。其中，由商品的价格变动所引起的实际收入水平的变动，进而由实际收入水平变动所引起的商品需求量的变动为收入效应（Income Effect）。收入效应表示消费者的效用水平发生变化。由一种商品的价格变动所引起的其他商品相对价格的变动，进而由商品的相对价格变动所引起的商品需求量的变动为替代效应（Substitution Effect）。替代效应不改变消费者的效用水平。

2. 不同类别商品的替代效应和收入效应。对于所有商品而言，替代效应与价格都是呈反方向变动。即商品的需求量随着商品价格的上升而减少，随着商品价格的下降而增加。替代效应不引起消费者效用水平变动，而收入效应改变消费者效用水平，所以我们要讨论不同类别商品的收入效应。

商品可以分为正常物品和低档物品两大类。正常物品和低档物品的区别是：正常物品的需求量与消费者的收入水平呈同方向变动，而低档物品的需求量与消费者的收入水平呈反方向变动。因此，正常物品和低档物品对它们各自的收入效应产生不同影响。正常物品的收入效应与价格呈反方向变动，低档物品的收入效应与价格呈同方向变动。

由此可见，对于正常物品来说，替代效应与价格呈反方向的变动，收入效应也与价格呈反方向的变动，在它们的共同作用下，总效应必定与价格呈反方向的变动。正因为如此，正常物品的需求曲线是向右下方倾斜的。对于低档物品而言，替代效应与价格呈反方向变动，收入效应与价格呈同方向变动，总效应大小取决于两种效应作用力的比较。

在大多数的场合，低档物品收入效应的作用小于替代效应的作用，所以，总效应与价格呈反方向变动，相应的需求曲线是向右下方倾斜的。但是，在少数的场合，某些低档物品的收入效应的作用会大于替代效应的作用，于是，就会出现违反需求曲线向右下方倾斜的现象。这类特殊的低档物品，被称之为吉芬物品。吉芬物品的特殊性就在于：它的收入效应的作用很大，超过了替代效应的作用，从而使得总效应与价格呈同方向的变动。这也就是吉芬物品的需求曲线呈现出向右上方倾斜的特殊形状的原因。

正常物品、低档物品和吉芬物品的替代效应和收入效应总结如表3－5所示。

表3－5 　　　　正常物品、低档物品和吉芬物品的替代效应和收入效应总结

商品类别	替代效应与价格的关系	收入效应与价格的关系	总效应与价格的关系	需求曲线的形状
正常物品	反方向变动	反方向变动	反方向变动	向右下方倾斜
低档物品	反方向变动	同方向变动	反方向变动	向右下方倾斜
吉芬物品	反方向变动	同方向变动	同方向变动	向右上方倾斜

【本章小结】

本章消费者行为理论的核心是消费者均衡及其实现的问题。基数效用学派和序数效用学派分别采用了边际效用分析方法和无差异曲线分析方法，最后得出了相同的结论，

即等边际原理，同时用不同的分析工具解释了需求规律。

基数效用论将效用区分为总效用和边际效用，并提出了边际效用递减规律。总效用是指消费者在一定时间内，消费一定量某种物品所获得的总满足程度。边际效用指某物品的消费量每增加一个单位时总效用的增加量。随着消费量的增加，总效用曲线是一条从原点出发，先向右上方递增，当总效用达到最高点时，又向右下方倾斜的曲线；边际效用曲线是向右下方倾斜的曲线。当边际效用为正数时，总效用是增加的；当边际效用为零时，总效用达到最大；当边际效用为负数时，总效用减少。假定消费者对其他商品的消费保持不变，则消费者从连续消费某一特定商品中所得到的满足程度将随着消费量的增加而递减，这就是边际效用递减规律。

基数效用论认为，消费者实现效用最大化的均衡条件是：在消费者的收入和价格既定的情况下，消费者应使自己花费在各种商品购买上的最后 1 元钱所带来的边际效用相等。

序数效用论用无差异曲线分析方法来说明消费者均衡的实现。无差异曲线是用来表示消费者偏好相同的两种商品的所有组合的曲线。预算线，又称为消费可能线，表示在消费者的收入和商品的价格给定的条件下，消费者的全部收入所能购买到的两种商品的各种组合的曲线。序数效用论认为消费者均衡就是无差异曲线同预算线相切的那一点的商品消费组合，均衡的条件是两种商品的边际替代率等于两种商品的价格比率。

边际替代率表示的是消费者在保持相同的满足程度时，增加一种商品的消费不得不放弃的另一种商品的消费数量。边际替代率是递减的，因此无差异曲线凸向原点。边际替代率递减是边际效用递减规律作用的结果。

当代西方需求理论带有强烈的实用色彩，它对消费领域的许多经济现象作出描述，同时对具体经济问题进行分析。在这些研究中所采用的某些概念、方法、技术具有一定的科学性，已被用来考察我们的经济问题。

【复习思考题】

一、名词解释

效用 总效用 边际效用 基数效用论 序数效用论 边际效用递减规律
消费者均衡 消费者剩余 无差异曲线 预算线 价格—消费曲线
收入—消费曲线 替代效应 恩格尔曲线 收入效应 恩格尔定律

二、分析讨论题

1. 钻石用处极小而价格昂贵，生命必不可少的水却非常之便宜。请用边际效用的概念解释价值悖论。

2. 免费发给消费者一定量实物与发给消费者按市场价格计算的这些实物折算的现金，哪种方法给消费者带来更高的效用？为什么？试用无差异曲线来说明。

3. 画图说明无差异曲线的含义和特征。

4. 基数效用与序数效用各自是怎样说明需求曲线向右下方倾斜的？

5. 什么是消费者均衡，消费者均衡是如何实现的？

三、计算题

1. 假设打一次电话的费用为 0.4 元，寄一封信的费用为 0.8 元，消费者既打电话又写信，而且它们都能做到效用最大化。试问：（1）我们能否根据以上的基本假设求出某一个人打电话对寄信的边际替代率？（2）如果现在电话价格做了调整，每打一次电话需付 0.6 元，而寄信的费用则不变，情况又如何？

2. 甲的效用函数为 $U = (X+2) \cdot (Y+6)$，其中 X 是蛋糕的块数，Y 是牛奶的杯数。问：（1）甲原有 4 块蛋糕、6 杯牛奶。现甲得给乙 3 块蛋糕，乙将给甲 9 杯牛奶，进行这项交易，甲的商品组合是什么？若甲拒绝交换，这一决策明智吗？（2）若 $MRS_{XY} = -2$，甲愿意为 3 杯牛奶而放弃 1 块蛋糕吗？为什么？

3. 已知某君每月收入为 120 元，全部花费于 X 和 Y 两种商品。他的效用函数为 $U = XY$，$P_X = 2$ 元，$P_Y = 3$ 元。求：（1）为使效用最大，他购买的 X 和 Y 各为多少？（2）货币的边际效用和该消费的总效用各为多少？（3）假如 P_X 提高 44%，P_Y 不变，为使他保持原有的效用水平，收入必须增加多少？

4. 假定某消费者的效用函数为 $U = X^{0.4} \cdot Y^{0.6}$，且 $P_X = 2$ 美元，$P_Y = 3$ 美元。求：

（1）X 与 Y 的均衡消费量；（2）效用等于 9 时的最小支出。

【案例分析】

消费者行为理论不仅可用于两种商品的配置上，而且还可用于分析一个人如何把他有限的时间配置到工作和闲暇两方面。

约翰是一名电脑软件工程师，现在面临工作和闲暇的选择。工作能为其带来收入，这些钱可用于消费；闲暇能为其带来休息和享受。以下是约翰的决策：当每小时工资为 40 美元时，他每天要工作 9 小时；当每小时工资为 50 美元时，他每天要工作 10 小时；当他每小时工资上升为 60 美元时，他决定每天减少工作 2 个小时，将更多的时间用于休息和陪伴家人上。如何解释约翰对工资上升的反应呢？

问题：（1）约翰的反应符合劳动供给规律吗？试根据上例画出他的劳动供给曲线。

（2）试用消费者行为理论（序数效用论）对上述情形进行分析。

【拓展阅读】

经济学史上的
边际革命

第四章

生产理论

SHENGCHAN LILUN

【教学目的和要求】

本章从技术角度考察生产者行为，旨在使学生掌握供给曲线背后的生产者行为，即厂商为实现利润最大化，如何选择生产的合理投入区和最优的生产要素投入组合，并确定厂商最佳生产规模的问题。通过本章学习，应重点掌握一种可变要素的生产中各种产量变化的规律与相互关系，分析生产要素的合理投入区域。同时，掌握实现两种可变要素生产的最佳组合的均衡条件，并能结合所学理论分析如何确定适度生产规模等现实问题。

生产理论研究的是生产者的行为。生产者也称为厂商或企业，是指能作出统一生产决策的单个经济单位。在研究生产者的行为时，我们假定生产者都是完全的理性人，他们生产的目的是实现利润最大化。生产者利润最大化的实现涉及三个问题：

第一，投入的生产要素与产量的关系，即如何在生产要素既定时使产量最大，或者在产量既定时使总成本最小，也就是研究如何投入使用各种生产要素。

第二，成本与收益的关系。要使利润最大化，就是要使扣除成本后的收益达到最大化，这就要进行成本—收益的分析，并确定一个利润最大化的原则。

第三，市场均衡问题。市场有各种结构，其竞争与垄断的程度都不同。市场均衡问题探讨当厂商处于不同的市场结构中时，应该如何确定自己产品的最佳产量与价格。

我们分三章内容来阐述以上问题。本章的生产理论要说明如何合理地投入生产要素，并从中得出若干生产规律。

第一节　生产与生产函数

一、厂商及其经营目标

生产一般是由生产者进行的。生产者（Producer）也称厂商（Firm），是指能作出统一生产决策的单个经济单位。厂商的组织形式就是企业。企业作为一个独立的经济实体，是通过一定的财产制度组织起来的，企业的财产组织制度也就是企业的资本组织形式。从法律角度对企业资本组织形式界定，可以分为三种类型：业主制、合伙制、公司制。

（1）业主制。业主制即个体业主制，指单个人独资经营的厂商组织。业主制企业利润、风险独自分享承担，对企业债务负无限责任。一般规模较小，但数量极多。

（2）合伙制。合伙制指两个或两个以上的投资者合伙共同组建的企业，收益由合伙人分享，责任和风险也由其承担。相对于个人企业，合伙制企业的规模较大，资金较多，也易于管理。但是，合伙制企业在整个经济总量中占的比例很小，主要原因是合伙制对所欠的债务负有无限责任。

（3）公司制。公司制企业是指按《公司法》建立和经营的具有法人资格的厂商组织，是最重要的一种企业组织形式。公司的所有权属于掌握公司股票的所有人。公司可以通过发行股票或债券从投资者和债权人手中筹集大量的资金，股东承担有限责任。股东按照他们所拥有的股份分取红利。公司的经理和董事会拥有制定公司决策的合法权利，他们决定生产什么和怎样生产。公司制在市场经济中之所以能够占主导地位主要因为它能够有效地从事经济活动；同时拥有雄厚的资金，有利于实现规模生产，其组织形式也很稳定，有利于长期发展。

公司制企业按所承担的责任情况分成多种类型，其中主要的是有限责任公司和股份有限公司。有限责任公司是指由一定人数的股东组成，股东以出资额为限对公司承担责任，公司只以其全部资产对公司债务承担责任。股份有限公司是指由一定人数股东组成，公司全部资本分为等额股份，股东以其所认股份对公司承担责任，公司以其全部资产对公司债务承担责任。目前，股份有限公司是公司制最重要的组织形式。

企业作为生产经营性组织，总要以盈利为目标。追求利润最大化，是传统经济学对企业目标的一个基本假定。对于业主制和合伙制企业来说，这一目标非常明显。但是，在公司制条件下，由于"企业所有权与经营权分离"，企业所有者与经理人之间形成了"委托—代理"关系。所有者毫无疑问追求利润最大化，而作为日常经营管理者的经理阶层，其目标可能会偏离利润最大化。他们直接关心的是如何把企业规模做大，实现产品市场销售额最大化，品牌的市场占有率最大化或者追求个人效用最大化等，这种情况常被称为"内部人控制"。

然而应当指出的是，这些多元化的目标从根本上说与利润最大化目标并不是矛盾的，相反，会受到利润最大化目标制约。从长期来看，大多数企业还是以利润最大化为其经营的基本目标。因此，利润最大化仍然是企业经营目标的一个合理假设，也是基本符合现实的情况。我们在下面的分析中，假定生产者都是完全的理性人，他们生产的目的是实现利润最大化。

【知识链接】　　企业的经营目标与社会责任

企业经营目标是在分析企业外部环境和内部条件的基础上确定的企业各项活动的发展方向和奋斗目标，是企业经营思想或宗旨的具体化，它是企业经济行为的核心。传统经济学认为，企业经营的目标是追求利润最大化。

在现代经济学中，利润最大化的目标受到了各方面的质疑。有人认为，现代企业往往追求经济效益、社会效益、生态效益等多种目标，而不是单一利润目标。有人认为，利润只是企业配置资源有效性的一种检验，是企业存续的一个条件，而不能成为企业经营目标。也有人认为，在所有权与经营权分离的条件下，企业被内部人控制，不会去追逐利润最大化。还有人认为，由于受到信息不完全、产业政策、税收政策、价格管制、反托拉斯法、环境保护法等约束，企业也不可能实现利润最大化。为此，有些学者提出种种非利润最大化的企业经营目标。

销售额最大化经营目标。在所有权与经营权分离的情况下，销售额对经理人员的地位、声望和收入的影响远大于利润。

满意化经营目标。根据过去的经验和未来的不确定性，企业对自己所追求的各种指标都设定一个满意化水平。当某个水平可以毫无困难地达到时，便将满意化水平提高，否则将其降低。

创造顾客经营目标。以稳定并不断壮大的顾客群体作为企业经营的目标，是近年来西方企业的新观点。管理学家德鲁克提出，企业目标唯一有效的定义就是"创造顾客"。所谓"创造顾客"，意味着企业应着眼于有效地调动资源，满足顾客对企业的不同要求，取得他们的支持和理解，才能实现长期稳定和发展。

品牌的广泛市场占有率。有人曾问国内一些知名企业的老总，企业经营的目标是什么？答案是：品牌的广泛市场占有率。可以说，未来国际市场竞争的主要形式将是品牌的竞争，品牌战略优劣将成为企业在市场竞争中出奇制胜的法宝。事实上，许多世界知名企业往往都是把品牌发展看成是企业开拓国际市场的优先战略。如可口可乐、百事可乐等都是创立属于自己的名牌产品，并把它作为一种开拓市场的手段，最终占领市场。而且由于名牌的综合带动作用十分巨大，外向度也相当高，所以往往是一个产品的牌子创立后，逐渐形成一个系列并带动相关配套产业的发展。

综上所述，尽管利润最大化目标不是企业的唯一目标，但它毕竟能在某种程度上解释和预测企业的经济行为，因此我们仍将利润最大化作为企业经营的首要目标和基本目标。

目前，企业经营目标已融入了社会责任的内容，比如环境保护、公益事业等。但企业作为个体追求利润最大化的行为可能与社会整体利益发生一定的矛盾。例如，某些化工企业在生产过程中会产生许多有毒的液体或气体污染环境；企业削减员工会造成一些人失业，这些都与社会所要求的整体目标不相一致。但不能由此得出结论，企业的经营目标不应该是利润最大化，或者说企业的经营目标应该因企业性质的不同而有所不同。不可否认，企业将利润最大化作为自己的经营目标，它不会自觉地去实现社会的目标，而社会确实需要企业的经营目标要尽可能地与社会整体的目标相一致，但这不是由企业自觉去实现的，而是由代表整体利益的国家用宏观经济政策对企业的经济活动进行引导，用法律法规等措施对其进行管理来实现的。

二、生产与生产要素

在西方经济学中，生产是指提供给人们产品或劳务的行为，因此，它既包括有形的物品的产出，也包括运输、金融、商业等各种劳务。所谓生产就是把投入（Input）转化为产出（Output）的过程，从经济学角度看就是一切能够创造或增加效用的人类活动。

生产离不开生产要素，生产要素（Factor of Production）是指在生产中投入的各种经济资源。传统的生产三要素包括：土地、劳动、资本。土地 N（Nature）包括耕地、山川河流、森林、矿藏等一切自然资源。劳动 L（Labor）是人类为了进行生产所提供的体力和智力的付出。资本 K（Capital）是指用于更有效地生产其他物品的所有物品，包括机器设备、厂房、工具、原材料等。后来英国经济学家马歇尔（A. Marshall）在《经济学原理》中又增加了一种生产要素即企业家才能 E（Entrepreneurship），这就是四要素说，企业家才能是把前三种要素组织起来进行生产、创新和承担风险的要素，企业家才能投入到生产过程中体现为管理活动。现代西方经济学又把信息等列为生产要素加以研究。

为便于分析和说明生产过程，西方经济学还假定所有生产要素都可分为不变生产要素和可变生产要素。所谓不变生产要素是指在考察期内数量不变的生产要素，企业的厂房设备常被划入这类生产要素，所谓可变生产要素是指在考察期内数量可变的生产要素，如原材料、燃料等。

优秀企业家
缘何频频早逝

三、生产函数

生产函数（Production Function）是描述在一定技术条件下，生产要素的使用量（或投入量）与产品的最大产出量之间的依存关系。生产函数可以用列表、几何图形或数学方程式表示，通常记为

$$Q = f(x_1, x_2, x_3, \cdots, x_n) \tag{4.1}$$

式（4.1）中，x_1，x_2，x_3，$\cdots$，x_n 表示各种要素的投入量，Q 表示产品的最大产出。生产函数所反映的投入产出关系是以一切投入要素的使用都非常有效为假设的。生产函数表达的是投入与产出的物质数量关系而不是货币价值关系。值得注意的是，生产函数以技术水平既定为前提，一旦生产技术水平变化，原有生产函数就会变化，从而形成新的生产函数。不同的生产函数代表不同的生产方法和技术水平。在经济分析中，土地（N）常被看做是不变的，而企业家才能（E）现在很难估算，因此我们假定生产中只变化资本（K）和劳动（L）两种要素，则生产函数表示为

$$Q = f(L, K) \tag{4.2}$$

任何一个企业都有其生产函数，生产函数所表示的投入和产出之间的依存关系普遍存在于各种生产过程中。生产函数不仅对经济理论研究有重要意义，而且对生产实践活动也有重要的实际意义。

四、技术系数

在生产不同产品时，各种要素的配置比例称为技术系数（Technological Coefficient）。如果这个比例是不可改变的，就是固定技术系数，它表明各种生产要素之间不能替代，例如，汽车运输行业，一辆汽车配一名司机，两辆汽车配两名司机，这种固定技术系数的生产函数称为固定比例的生产函数。如果配合比例是可以改变的，则是可变技术系数，它表明生产要素间可相互替代，如果多用某种生产要素，就可少用另一种生产要素。例如，某农场进行农业生产，可以多用劳动力少用机械，也可以少用劳动力多用机械，这种可变技术系数的生产函数就是可变比例的生产函数。大多数产品的生产要素的组合比例在一定限度内是可以改变的，如农业生产中多用劳动少用机械称为劳动密集型农业，少用劳动多用机械称为资本密集型农业。

五、短期与长期

在分析厂商的生产函数时必须区分长期与短期。这里讲的长期与短期不是指一个具体的时间跨度，而是指能否使厂商来得及调整生产规模（如厂房、大型设备等生产要素和生产能力）所需要的时间长度。短期（Short Run）是指时间短到厂商来不及调整规模以调整产量，只能在原有厂房、设备条件下扩大或缩减产量，如某产品市场需求量突然扩大时，厂商利用原有厂房设备加班加点增加产量以满足需求，这就是短期调整产量水平的问题。

长期（Long Run）是指所有生产要素都可变动的一个时期，如果市场对某种产品的需求由于人们的偏好变强而普遍增加，则厂商不仅可以增加人员，而且可以增加设备来满足市场需求，这就是厂商长期调整生产规模的问题。可见，在长期中，一切生产要素都是可以变动的，不存在固定生产要素。而在短期内，一些要素是不变的，如机器、设备、厂房、高级管理人才等。

【知识链接】　　　　　经济学中的短期与长期

在经济学的分析方法中，时间是一个很重要的因素。早期新古典经济学家阿尔弗雷德·马歇尔（Alfred Marshall，1842—1924）在微观经济学中引入了短期和长期均衡的观点。马歇尔在其《经济学原理》中曾说："时间的因素——这差不多是每一经济问题的主要困难之中心——本身是绝对连续的：大自然没有时间绝对地分为长期和短期；但由于不知不觉的程度上的差别，这两者是互相结合的，对一个问题来说是短期，而对另一个问题却是长期了……时间因素是经济学上许多最大困难的根源。"因此，从马歇尔之后在经济学的分析方法中开始区分长期分析与短期分析，这已经成为现代经济学研究的一个特点。

本章生产理论中短期与长期的划分并非按照具体的时间长短，而是看企业能否调整生产规模。这是由于不同的产品生产时间是不同的。例如，变动一个大型炼油厂的规模可能需要五年，则其短期与长期的划分以五年为界，而变动一个小食店的规模可能只需要一个月，则其短期与长期的划分仅为一个月。

另外，生产论中还有两个与短期和长期相关的概念，即特短期（Very Short Run）与特长期（Very Long Run），前者是指时间很短，使得厂商来不及调整产量，只能根据市场需求变化，调整存货；后者是指时间很长，使得厂商不仅能调整全部生产要素，而且技术状况也会发生变化。

六、技术效率与经济效率

为了达到一个既定的产量，企业可以选择多种生产方法，采用何种方法组织生产要研究企业的效率问题。所谓生产有效率是指达到给定的产量花费最小的投入。它有两种衡量方式，一是技术效率（Technological Efficiency），是以物质数量比较企业的投入—产出；另一种方式是经济效率（Economical Efficiency），是以货币价值进行衡量的投入—产出。经济效率与技术效率通常是统一的，经济效率取决于技术效率和价格。

第二节　边际收益递减规律与一种可变要素的生产

短期内至少有一种生产投入要素不能改变，假定其他投入要素不变，只有一种要素如劳动的投入量可变，我们分析这一种要素的投入与产出的关系，就属于一种可变要素的最优利用问题。为了探讨这个问题，我们需要从总产量、平均产量和边际产量的相互关系去分析。

一、总产量、平均产量与边际产量

前面分析中，我们假定只有一种可变要素劳动（L），则短期生产函数为 $Q = f(L)$，产量将随着劳动者人数的变化而变化。我们引入总产量、平均产量、边际产量三个概念来说明产量与劳动的关系。

总产量（Total Product，TP），是指每投入一定量的生产要素（如劳动）与特定的其他要素相结合，在给定时期内所生产的产品数量总和。如果其他要素不变，总产量将随可变要素的增加而变化。如果用 L 表示生产要素劳动投入量，那么

$$TP_L = Q = f(L) \tag{4.3}$$

平均产量（Average Product，AP），是指每一单位可变要素所提供的产品量。如果用 L 表示生产要素劳动投入量，那么

$$AP_L = \frac{TP_L}{L} = \frac{Q}{L} \tag{4.4}$$

边际产量（Marginal Product，MP），是指在其他要素的投入量不变的条件下，每增

加或减少 1 单位某种可变要素的投入量所引起的总产量的增加或减少量,如果用 ΔL 表示要素的增减量,ΔTP_L表示总产量的增减量,那么

$$MP_L = \frac{\Delta TP_L}{\Delta L} \tag{4.5}$$

假如该生产函数是连续函数,则劳动的边际产量为

$$MP_L = \frac{\mathrm{d}TP_L}{\mathrm{d}L} \tag{4.6}$$

为了进一步说明三者之间的关系,我们假设某生产函数为

$$Q = f(L) = 27L + 12L^2 - L^3$$

则

$$TP_L = 27L + 12L^2 - L^3$$
$$AP_L = TP_L/L = 27 + 12L - L^2$$
$$MP_L = \mathrm{d}TP_L/\mathrm{d}L = 27 + 24L - 3L^2$$

根据以上计算公式,可用表 4-1 表示三个变量之间的关系。

表 4-1 　　　　　　　　总产量、平均产量、边际产量之间的关系

劳动量（L）	总产量（TP_L）	平均产量（$AP_L = TP_L/L$）	边际产量（$MP_L = \mathrm{d}TP_L/\mathrm{d}L$）
0	0	27	27
1	38	38	48
2	94	47	63
3	162	54	72
4	236	59	75
5	310	62	72
6	378	63	63
7	434	62	48
8	472	59	27
9	486	54	0
10	470	47	-33
⋮	⋮	⋮	⋮

根据表 4-1 的数据,可以画出总产量、平均产量和边际产量曲线,如图 4-1 所示。

从图 4-1 可以看出,随着劳动 L 投入量的增加,最初总产量、平均产量和边际产量都是递增的,但各自增加到一定程度后就分别递减。从图上看,总产量曲线、平均产量曲线和边际产量曲线都是先上升后下降。总产量、平均产量都与边际产量有关。

第一,总产量与边际产量的关系:TP_L曲线上每一点的斜率 $\mathrm{d}Q/\mathrm{d}L = MP_L$ 代表的是边际产量。当 $MP_L > 0$ 时,TP_L上升;当 $MP_L < 0$ 时,TP_L下降;当 $MP_L = 0$ 时,TP_L最大。

第二，平均产量与边际产量的关系：当 $MP_L > AP_L$ 时，AP_L 上升；当 $MP_L < AP_L$ 时，AP_L 下降；当 $MP_L = AP_L$ 时，AP_L 最大。

第三，总产量与平均产量的关系：由 $AP_L = TP_L/L$ 得，在某一劳动使用量上的 AP_L 之值等于从原点出发向总产量曲线上对应点所引的连线的斜率值。

二、边际收益递减规律

如前所述，在短期生产中，使用一种可变要素与其他固定要素相结合生产一种产品，随着该可变要素数量的增加，可变要素的边际产量一般经历两个阶段，先递增，后递减。

第一阶段，可变要素的边际产量随要素数量增加出现递增现象。因为此时要素配合比例不当，不变要素太多，可变要素太少，增加可变要素可以提高不变要素的利用效率。所以在一定限度内可变要素的边际产量递增。

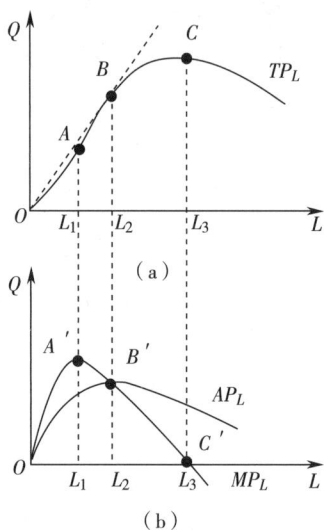

图 4-1 总产量曲线、平均产量曲线和边际产量曲线

第二阶段，可变要素的边际产量随要素数量的增加出现递减现象，因为此时可变要素数量太多，而不变要素相对不足，其效率就会下降，此时继续增加可变要素虽然可以使总产量上升，但总产量的增加出现递减现象，并且可变要素继续增加到一定限度后再继续增加可变要素，总产量会减少。

综上所述，我们得出一条规律：在一定技术水平条件下，若其他生产要素数量不变，连续地增加某种要素的投入量，在达到某一点后，总产量的增量即边际产量将会出现递减趋势，这种现象就是生产要素报酬递减规律，通常称为边际收益递减规律（Law of Diminishing Marginal Return）。

边际收益递减规律也称边际报酬递减规律或边际产量递减规律，理解边际收益递减规律应该注意以下几点。

1. 边际收益递减规律以技术水平不变为前提。如果技术进步了，显然可使生产要素报酬递减现象延后出现。或者说技术进步不能取消边际收益递减规律，但能抵消该规律产生的负面效应。图 4-2 说明了这种情况。

如图 4-2 所示，即使存在着劳动的边际收益递减，如果技术改进，劳动生产率也可能会提高。起初，总产量曲线为 TP_1，但技术改进后，曲线上移，先至 TP_2，后至 TP_3，产出将从 A 到 B 到 C。在从 A 到 C 的移动中，劳动投入增加，产出也增加，似乎不存在着边际收益递减

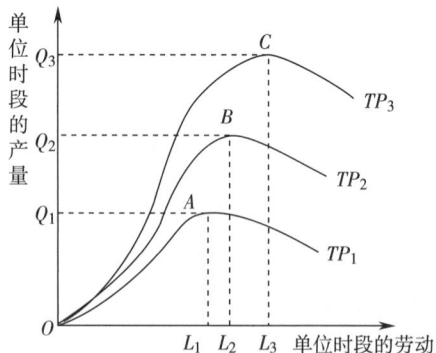

图 4-2 技术改进的效应

问题。但在每一条产量曲线上都呈现收益递减现象，只是技术进步延缓了边际收益递减。

2. 技术系数可变。边际收益递减规律是以其他生产要素固定不变为前提，来考察一种可变要素发生变化时，其边际产量的变化情况。如果各种要素投入量按原比例同时增加时，边际收益不一定递减，也就是说不适合研究长期生产理论。

3. 所增加的生产要素具有相同的效率。如果增加的第二个单位要素比第一单位要素更为有效，则边际收益不一定递减。

4. 它是现实生活中的一个经验总结。现实生活中的绝大多数生产函数符合这一规律，农业尤为突出。

边际收益递减规律成立的原因是：在任何产品的生产过程中，各可变要素投入量和不变要素投入量之间存在着一个最佳的组合比例。例如，某新建立的工厂，由于厂房、设备等的投入，需要引入劳动力的投入才能运转，当开始引入劳动力后，厂房、设备的闲置状态得以解决，生产功能逐渐得到发挥。随着引入劳动力数量的不断增加，厂房、设备等固定投入在不变的情况下，从闲置到充分利用到超负荷运转，此时，再增加劳动力的数量不但不能获得最佳投入量组合，甚至会逐渐偏离最佳组合状态。于是，劳动的边际收益便出现递减趋势。

【知识链接】　　有用的经济学：边际收益递减

边际收益递减规律在经济学中意义重大。以农业生产为例，1958年"大跃进"是一个不讲理性的年代，当时时髦的口号是"人有多大胆，地有多高产"。于是一些地方把传统的两季稻改为三季稻，结果总产量反而减少了。在农业生产仍采用传统生产技术的情况下，土地、设备、水利资源、肥料等都是固定生产要素。两季稻改为三季稻并没有改变这些固定生产要素，只是增加了可变生产要素劳动与种子。两季稻是农民长期生产经验的总结，它行之有效，说明在传统农业技术条件下，固定生产要素已经得到了充分利用。改为三季稻之后，土地过度利用引起肥力下降，设备、肥料、水利资源等由两次使用改为三次使用，每次使用的数量都不足。这样，三季稻时的总产量就低于两季稻了。四川省把三季稻改为两季稻之后，全省粮食产量反而增加了。江苏省邗江县1980年的试验结果表明，两季稻每亩总产量达2014斤，而三季稻只有1510斤。群众总结的经验是"三三见九，不如二五一十"。

我们也可以使用学习中的例子来说明边际收益递减规律。你也许会发现一天工作中的第一个小时的收效最大——你学习新的定律和数据，增长新的见识和体会。第二个小时中你可能会稍微有些走神，效率有所减少了。而在第三个小时中，边际收益递减规律出现，使你在第二天根本想不起第三个小时中所学到的任何东西。因此，我们要依据边际收益递减规律原理来合理调配学习时间。

资料来源：梁小民. 微观经济学纵横谈 [M]. 北京：新知三联出版社，2006.

三、厂商对生产阶段的理性选择

在边际收益递减的情况下，厂商应如何合理地选择他的要素投入进行生产呢？现代西方经济学中，通常根据总产量线、边际产量线和平均产量曲线，把产量的变化分为三个阶段，如图 4 - 3 所示，第一阶段平均产量递增，第二阶段平均产量递减，第三阶段边际产量为负。

第一阶段，可变要素 L 投入增加会使平均产量 AP_L 递增，因为在第一阶段 $MP_L > AP_L$，这表明不变要素太多，可变要素太少，增加劳动投入对厂商有利，可使产量以递增的速度增加，任何理性的厂商通常都不会把可变要素的投入限制在这一区域内，而是继续扩大产量。

图 4 - 3　生产要素的合理投入区

第二阶段，$MP_L < AP_L$，但 $MP_L > 0$，从平均产量最高点开始，随着劳动投入增加，边际产量虽然递减但仍大于 0，故总产量仍递增，直到达到总产量最大为止。

第三阶段，$MP_L < 0$，从总产量达到最高点以后，随着劳动投入增加，边际产量成为负值，总产量递减，这表明与固定投入要素相比，可变要素太多，显然，理性的厂商也不会在此阶段生产。

综上分析，一个理性的厂商必然要选择在第二阶段生产，这一区域称为生产要素的合理投入区域。但是，在第二阶段的生产中，有许多可选择的产量，生产者究竟投入多少可变要素，或者说选择其中的哪一产量，还无法解决。因为这不仅取决于生产函数，还取决于成本函数。

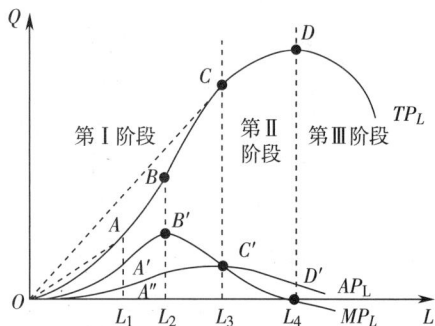

第三节　生产要素的最优组合

上一节分析的是短期中只有一种要素可变的情况下要素投入的选择原则，本节承接上一节分析厂商使用两种以上可变要素时，生产要素的最优组合问题。为了简化，我们假设厂商只使用两种可变要素：资本和劳动。

一、等产量曲线

1. 等产量表。等产量表是用来表示生产同等产量的两种可变要素的各种可能组合的表格。假设生产某种产品只使用两种可变要素，即资本与劳动，生产函数是 $Q = f(L, K) = \sqrt{KL}$，当产量 $Q = 6$ 时，可以采用的生产方法，即劳动与资本的组合可以有许多方式，如表 4 - 2 所示。

从表 4 - 2 中可以看出，生产 6 个单位的产量，劳动与资本可以有 7 种组合方式，也就是 7 种方式提供同等产量。

表 4 - 2   等产量表

组合方式	劳动（L）	资本（K）	L 对 K 的边际技术替代率 $\left|\dfrac{\Delta K}{\Delta L}\right|$
a	2	18	
b	3	12	6.00
c	4	9	3.00
d	6	6	1.50
e	9	4	0.67
f	12	3	0.33
g	18	2	0.17

2. 等产量曲线的含义与特点。等产量曲线（Isoquant Curves）是在技术水平不变的条件下，生产同一产量的两种生产要素投入量的各种不同组合的轨迹。在这条曲线上的各点代表投入要素的各种组合比例，其中的每一种组合比例所能生产的产量都是相等的。

将表 4 - 2 的数据描绘在坐标图上，即可以得出生产函数为 $Q = \sqrt{KL} = 6$ 时的等产量线，如图 4 - 4 所示，图中横坐标表示劳动 L 的数量，纵坐标表示资本 K 的数量，曲线 I 即是一条产量为 6 的等产量线。I 曲线上的 A 点表示劳动与资本的组合比例是 2L:18K，B 点是 3L:12K，C 点是 4L:9K，D 点是 6L:6K。因而，等产量曲线上的各点代表相同的产量，反映着各种生产要素之间的依赖关系和互相替代关系。

根据给定的生产函数，理论上可以在同一坐标图上画出无数条等产量线，每一条等产量线表示 Q 的任一给定值。如图 4 - 4 所示，I 曲线表示 Q = 6 的等产量线；II 曲线表示 Q = 10 的等产量线。这种描述一个给定生产函数的无数条等产量线的坐标图称为等产量线图（Isoquant Map）。

等产量曲线与无差异曲线的几何性质与经济分析是相似的。唯一的区别是，无差异曲线表达的是消费者对两种消费品效用大小的主观评价，等产量曲线表达的是投入品数量与产出量之间的纯技术关系，它表示要生产出一定数量的产品，等产量线上每一点所代表的两种要素数量组合都是有效率的。

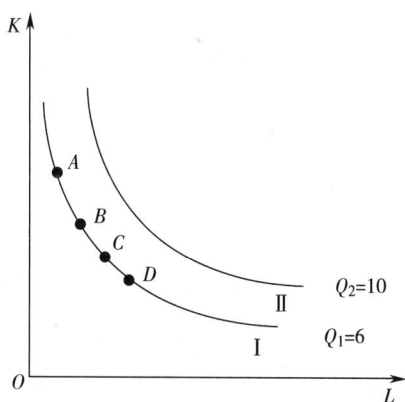

图 4 - 4 等产量线图

等产量线具有以下的特点：

第一，等产量曲线是一条向右下方倾斜的线，其斜率为负值。这就表明，在生产资源与要素价格既定的条件下，为了达到相同的产量，在增加一种生产要素时，必须减少另一种生产要素。

第二，在同一平面图上，可以有无数条等产量曲线。同一条等产量曲线代表相同的产量，离原点越远的等产量曲线所代表的产量水平越高。

第三，在同一平面图上，任意两条等产量曲线不能相交。因为在交点上两条等产量曲线代表了相同的产量水平，与第二个特征相矛盾。

第四，等产量曲线凸向原点。这是由边际技术替代率递减所决定的。

3. 边际技术替代率（Marginal Rate of Technical Substitution，MRTS）。边际技术替代率是指在维持产量不变的条件下，增加一单位某种生产要素时所减少的另一种要素的投入量。边际技术替代率与前面介绍的等产量曲线是密切联系的。等产量曲线表示的就是两种要素在既定产量下的相互替代关系。例如，为生产 100 单位某产品，生产者可以使用较多的资本和较少的劳动，或者使用较多的劳动和较少的资本。前面是资本对劳动的代替，后面是劳动对资本的代替。我们用 ΔK 和 ΔL 分别表示资本的减少量和劳动的增加量。$MRTS_{LK}$ 代表劳动代替资本的边际技术替代率，则公式为

$$MRTS_{LK} = -\frac{\Delta K}{\Delta L} \tag{4.7}$$

如果要素 L 投入量变化为无穷小，则上式变为

$$MRTS_{LK} = \lim_{\Delta L \to 0} -\frac{\Delta K}{\Delta L} = -\frac{\mathrm{d}K}{\mathrm{d}L} \tag{4.8}$$

上面式子加负号是为了使 $MRTS_{LK}$ 值为正。从式（4.8）我们看到，等产量线上某一点的边际技术替代率就是等产量曲线在该点切线斜率的绝对值。

由于边际技术替代率是建立在等产量基础上的，对给定的一条等产量线，我们用劳动投入去代替资本投入时，因为产量不变，那么增加劳动投入带来的总产量的增加量和由减少资本所带来的总产量的减少量必定相等，即

$$\Delta L \cdot MP_L = -\Delta K \cdot MP_K$$

进一步整理得

$$-\frac{\Delta K}{\Delta L} = \frac{MP_L}{MP_K}$$

结合边际技术替代率公式得

$$MRTS_{LK} = -\frac{\Delta K}{\Delta L} = \frac{MP_L}{MP_K} \tag{4.9}$$

因此，边际技术替代率既可以表示为等产量曲线的斜率绝对值，又可以表示为两种投入要素的边际产量之比。根据等产量曲线的特点以及边际技术替代率公式，我们发现存在这样一种现象：在产量不变的条件下，当一种生产要素的投入量不断增加时，每一单位该要素所能代替的另一种生产要素的数量是递减的，这种现象称为边际技术替代率递减规律。

边际技术替代率递减主要是因为边际收益递减规律在起作用。任何一种产品的生产技术都要求各要素投入之间有适当的比例，这表明要素之间的替代是有限制的。在同一条等产量线上，随着劳动对资本的不断替代，劳动的边际产量会逐渐递减，而资本的边际产量则会逐渐上升，最终导致边际技术替代率递减。

等产量曲线凸向原点，正是由于要素的边际技术替代率是递减的。如果两种要素为完全替代品，等产量曲线则为一条直线，两种要素彼此越容易替代，等产量曲线越接近

于直线。如果两种生产要素完全不能替代，则等产量曲线为直角折线。

4. 脊线和生产的经济区域。通过对等产量线的分析可知，达到既定的产量，可以用两种要素的不同组合，要素之间可以替代，但是替代到一定程度后会发生技术上的困难。假定只用资本和劳动两种要素，可以增加资本减少劳动，也可以增加劳动减少资本，维持总产量不变。但是大多数情况下，劳动不能完全替代资本，资本也不能完全替代劳动，如图 4-5 所示，在等产量曲线 Q_0 上，A 点的斜率为无穷大，B 点的斜率等于零，A 点表示生产 Q_0 数量的产品最少劳动投入 L_0 与一定资本相结合，B 点表示生产 Q_0 数量的产品，最少资本投入 K_0 与一定劳动相结合，在 A 点与 B 点之间，等产量线的斜率为负，表示资本与劳动两种要素互相替代。A、B 两点以外的等产量曲线，其斜率为正，表示两种要素必须同时增加才能维持总产量 Q_0 不变。A 点以后的等产量曲线上，资本的边际产量 MP_K 为负，B 点以外的等产量线上，劳动的边际产量 MP_L 为负。

从等产量曲线的特点我们知道，一个等产量曲线图的坐标平面上有无数条等产量线，每条等产量线上都有类似的 A 点和 B 点，我们分别把所有等产量曲线上切线斜率为无穷大和斜率为零的点一起连接起来（如图 4-6 所示），这样形成的两条连线称为"脊线"（Ridge Line）。超过脊线以外的范围，必须同时增加两种要素的数量才能保持总产量不变。"脊线"表明了生产要素替代的有效范围，厂商只能在脊线的范围之内从事生产，实现不同要素的组合，所以，通常把两条"脊线"围成的区域称生产的"经济区域"（Economic Region）。

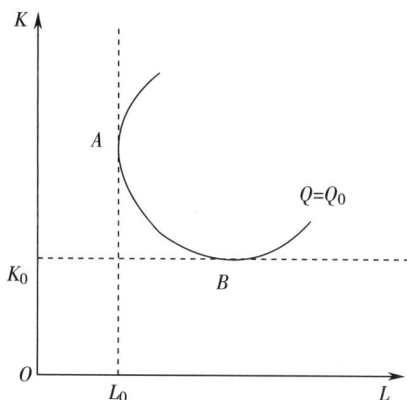

图 4-5　等产量曲线两种要素的替代关系

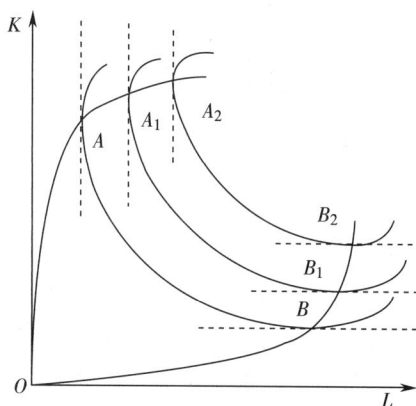

图 4-6　脊线与生产的经济区域

二、等成本线

等产量曲线仅表示投入要素数量与产出量之间的技术关系，等产量曲线上每一点的要素数量组合都是有效率的。那么，厂商将选择哪一种要素组合？这取决于生产这些产量的总成本，因而依存于每单位劳动和资本的价格。为此引入等成本线这个概念。

所谓等成本线（Isocost Curve）是指在既定的成本和既定的生产要素价格条件下，生产者可以购买到的两种生产要素的各种不同数量组合的轨迹。等成本线又称企业预算线，它表明了厂商进行生产的限制条件。假设既定的成本为 C，劳动的价格为 P_L，资本

的价格为 P_K，我们可以得到等成本方程为

$$P_L \cdot L + P_K \cdot K = C \quad 或 \quad K = -\frac{P_L}{P_K} \cdot L + \frac{C}{P_K} \qquad (4.10)$$

据此我们可以得到等成本曲线，如图 4 - 7 所示。由于成本方程式是线性的，所以等成本线是一条直线。图 4 - 7 中横轴上的点 B 表示既定的全部成本都购买劳动时的数量 $\frac{C}{P_L}$，纵轴上的点 A 表示既定的全部成本都购买资本时的数量 $\frac{C}{P_K}$，连接这两点的线段就是等成本线 AB。它表示既定的全部成本所能购买到劳动和资本的各种数量组合。等成本线向右下方倾斜，其斜率为 $-\frac{P_L}{P_K}$，即为两种生产要素的价格之比的负值。等成本线以内区域中的

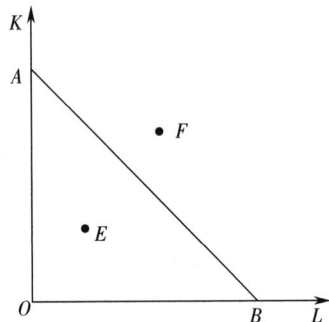

图 4 - 7　等成本线

任何一点（如 E 点），表示既定的全部成本都用来购买该点的劳动和资本的组合以后还有剩余。等成本线以外区域中的任何一点（如 F 点），表示用既定的全部成本购买该点的劳动和资本的组合都不够。唯有等成本线上的任何一点，才表示用既定的全部成本刚好能购买到的劳动和资本的组合。

【知识链接】

有时我们也习惯用工资率 w 表示劳动的价格，用利息率 r 表示资本的价格，则等成本方程变为：$C = w \cdot L + r \cdot K$。

由于既定的成本和价格决定了一条等成本线，所以，只要成本和要素价格发生变动，都会使等成本线发生移动。

（1）当要素价格不变时，只是成本变动，引起等成本线平行移动。当成本增加时，等成本曲线会向右上方平移至 $K_2 L_2$，意味着资本和劳动投入增加；当成本减少时，等成本线会向左下方平移至 $K_3 L_3$，意味着资本和劳动投入减少。如图 4 - 8 所示。

（2）当成本保持不变，只有一种要素价格变化时，等成本线会发生旋转。例如，成本和资本价格既定，如果劳动的价格 P_L 上升，则购买劳动数量减少，等成本线向内旋转，由 $K_1 L_1$ 变为 $K_1 L_2$；如果劳动的价格 P_L 下降，则购买劳动数量增加，等成本线向外旋转，由 $K_1 L_1$ 变为 $K_1 L_3$。如图 4 - 9 （a）所示。成本和劳动价格既定，资本的价格 P_K

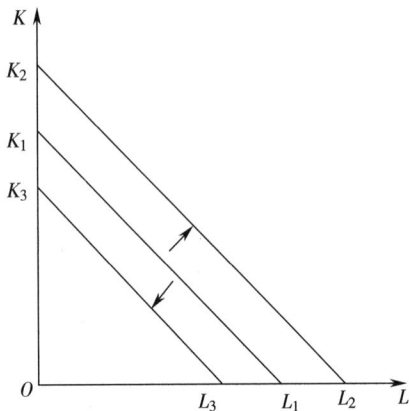

图 4 - 8　等成本线的平行移动

变动所引起等成本线的移动，如图4-9（b）所示。

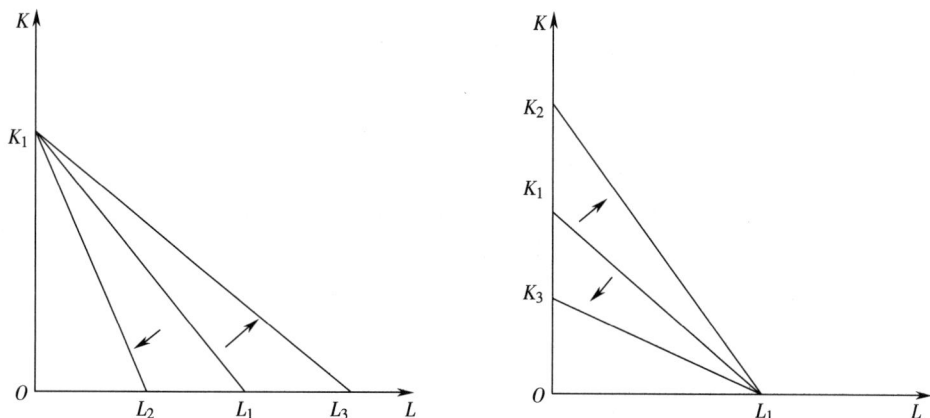

图4-9（a） 劳动价格变化引起等成本线变动　图4-9（b） 资本价格变化引起等成本线变动

三、最佳要素组合：生产者均衡

前面讨论了生产者的生产区域和生产经济区域，这些都只表明理性生产者对生产投入的可选择范围，并没有解决最佳选择问题。接下来，我们将等产量线和等成本线结合起来说明厂商的最佳要素组合是如何确定的。

最佳要素组合（Optimum Factor Combination）是指产量既定时成本最小的要素组合，或者是成本既定时产量最大的要素组合。它在图形上表现为等产量线与等成本线的相切点。如图4-10和图4-11所示，图4-10把等产量线放在等成本线图中，有且只有一条等成本线与等产量线相切于 E 点，E 点的要素组合为最佳组合；图4-11把等成本线放到等产量线图中，而且只有一条等产量线与等成本线相切于 E 点，E 点的要素组合为最佳组合。

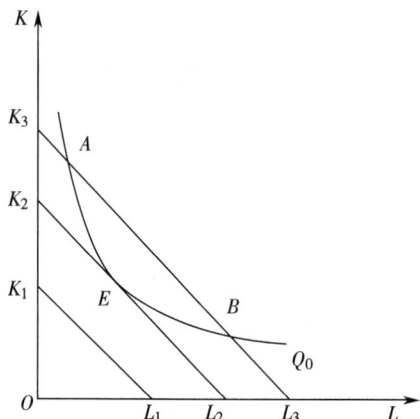

图4-10　产量既定成本最小的组合　　图4-11　成本既定产量最大的组合

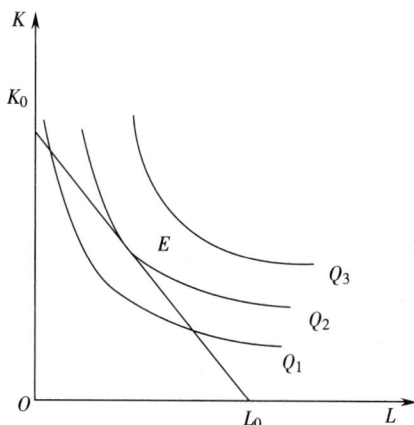

为什么等产量线与等成本线的切点为最佳组合呢？我们以图4-10为例说明，等成本线 K_2L_2 与等产量线 Q_0 相相切于 E 点，E 点表示达到 Q_0 的产量成本最低的要素组合，

凡是比 K_2L_2 成本水平低的等成本线（如 K_1L_1）与 Q_0 都没有交点，不可能生产出 Q_0 数量的产品，凡是 Q_0 上 E 点以外的点如（A 点、B 点）都能生产出 Q_0 数量的产品，但是它们所处的等成本线 K_3L_3 高于 K_2L_2，不是成本最低的组合，只有 Q_0 与 K_2L_2 的切点 E 点成本最小。

需要说明的是，如果等产量曲线不是一条匀称的曲线，切点就可能不止一个，因此最佳要素组合可能有几个或多个组合。

从以上分析可以看出实现要素最佳组合的条件是等产量线与等成本线相切，切点处斜率相等，即等产量线的斜率与等成本线的斜率相等。等产量线的斜率绝对值等于边际技术替代率，等成本线的斜率绝对值等于两种要素的价格之比，即条件为

$$MRTS_{LK} = -\frac{\Delta K}{\Delta L} = \frac{MP_L}{MP_K} = \frac{P_L}{P_K}$$

把上述条件变为

$$\frac{MP_L}{P_L} = \frac{MP_K}{P_K} \qquad (4.11)$$

也就是说，实现两种要素最佳组合的条件是两种要素的边际产量之比必须等于其价格之比。对于每一种生产要素而言，厂商支出（最后的）1 单位货币所得到的边际产量必须相等，这一条件也称要素置代原理。

如果 $\frac{MP_L}{P_L} > \frac{MP_K}{P_K}$，这就意味着多花 1 元钱买进劳动所能增加的产量，大于少花 1 元钱买进资本所减少的产量，也就是说，为了补偿少花 1 元钱买进资本所损失的产量，需增加使用的劳动花费将小于 1 元钱，因而增加劳动使用量而同时减少资本使用量可使总成本减少。这时厂商将以劳动来替代资本，直到花费每 1 元钱所购买的劳动与资本的边际产量相等时为止。这时，两种生产要素之间的组合为最佳要素组合，生产既定产量所费成本最低。

同理，如果 $\frac{MP_L}{P_L} < \frac{MP_K}{P_K}$，要维持产量不变，减少劳动使用量，而增加资本使用量，即以资本替代劳动也可使所费总成本减少，达到要素最佳组合。

上面关于最佳要素组合的分析，是以要素价格既定为前提条件。如果要素的价格发生变动，厂商以前的均衡就会被破坏，厂商就要根据要素价格变动的情况，调整要素的配合比例，直到重新恢复最低成本的均衡为止。

四、生产扩展线

在其他条件不变的情况下，当生产的产量或成本发生变化时，厂商会重新选择最优的生产要素组合，在变化了的产量条件下实现最小成本，或在变化了的成本条件下实现最大产量。这些不同的等产量线与不同的等成本线都会有各自的新的切点，我们把这些切点的连线称做生产扩展线。

所谓扩展线（Expansion Path）是指在生产要素价格、技术和其他条件不变时，由于生产成本或产量发生变化所引起的生产均衡点变动的轨迹。可见，扩展线上所有的生产均衡点处边际技术替代率都相等，扩展线一定是一条等斜线。如图 4－12 所示，有三条

等产量曲线 Q_1、Q_2 和 Q_3，它们分别有三条切线 T_1、T_2 和 T_3，而且这三条切线是相互平行的。这意味着，这三条等产量曲线各自在切点 A、B 和 C 三点上的两种要素的边际技术替代率 $MRTS_{LK}$ 是相等的。连接这些点的曲线 OS 被称为等斜线，等斜线（Isocline Line）即一组等产量曲线上，两要素的边际技术替代率相等的点的轨迹。

厂商必然会沿着扩展线来选择最优的生产要素组合，从而实现生产的均衡。如图 4–13 所示，K_1L_1、K_2L_2、K_3L_3 是三条不同的等成本线，E_1、E_2、E_3 分别是当产量为 Q_1、Q_2、Q_3 时的最佳投入组合，连接这些均衡点的曲线 ON 就是一条生产扩展线。

生产扩展线的经济学含义是：在企业不断增加成本或不断提高产量，即不断扩大生产规模的过程中，只要将生产要素沿着生产扩展线进行组合，总能保证在产量既定的条件下实现成本最小，或在成本既定的条件下实现产量最大。

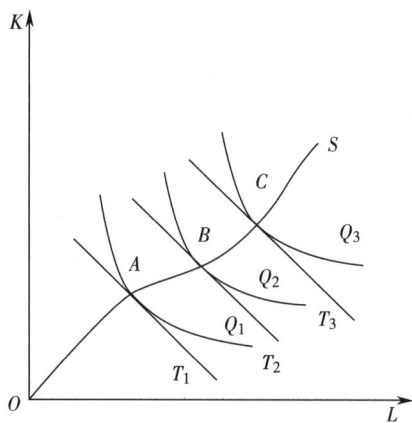

图 4–12　等斜线

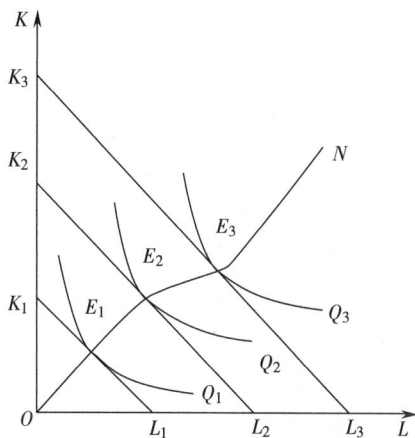

图 4–13　生产扩展线

【知识链接】

生产扩展线有三种形状，即上凹型、下凹型和直线型。如果扩展线上凹，表明资本的比重增加，生产扩展走的是资本密集型的道路；如果扩展线下凹，表明劳动的比重增加，生产扩展走的是劳动密集型的道路；如果扩展线是直线型，表明劳动和资本的比例不变。同时随着科学技术的迅速发展，还有一种技术密集型。扩展线为厂商的生产决策提供了依据，厂商只要沿着扩展线的路径扩大生产，均能实现要素的最优组合。

第四节　规模报酬原理

一、规模报酬的含义

所谓规模报酬（Return to Scale）也称规模收益，探讨的是这样一种投入—产出的数量关系：当各种要素同时增加或减少一定比例时，生产规模变动所引起产量的变化情况。简单地说，就是在技术水平和要素价格不变的条件下，分析企业规模变动与产量变动的关系，显然，这里考察的是企业长期生产的问题。

规模报酬原理考察的是一个企业的规模本身发生变化，相应的产量是不变、递增还是递减。前面讨论边际收益规律分析的是要素报酬，属于短期生产函数，这里讨论的是各种要素同时变化，是规模报酬问题，属于长期生产函数。

二、规模报酬的变动

随着生产要素投入量同比例增加，所引起的规模报酬的变动有三种情况。

1. 规模报酬递增（Increasing Returns to Scale）。规模报酬递增是指产量的变化（增加）比例大于投入要素的变化（增加）比例，即要素投入增加 1 倍，产量的增加大于 1 倍。引起规模报酬递增的原因主要是生产专业化程度提高以后，使劳动效率提高，管理效率提高。

2. 规模报酬不变（Constant Returns to Scale）。规模报酬不变是指产量的变化比例与要素投入变化的比例相等，即要素投入增加 1 倍，产量增加 1 倍，也就是当整个经营规模扩大时，每一要素的边际产量和平均产量维持不变。原因在于规模递增的因素吸收完后，要素已达到最大效率，要素组合的调整受到技术限制，这时产量和投入只能同比例变化，使规模报酬成为常数状态。

3. 规模报酬递减（Decreasing Returns to Scale）。规模报酬递减是指产量增加的百分比小于所有要素投入增加的百分比。它是规模不经济的结果，如由于规模过大引起管理效率下降等，使得规模报酬的增加小于规模的增加。

以上规模报酬的三种情况，可以用图 4 – 14 表示。当企业从最初很小的生产规模开始逐步扩大时，面临的是规模报酬递增阶段。在企业得到了由生产规模扩大所带来的产量递增的全部好处后，一般会继续扩大生产规模，将生产保持在规模报酬不变阶段。规模报酬不变阶段可能会比较长。此后，企业若继续扩大生产规模，将进入规模报酬递减阶段。

一般认为，一个企业规模扩张过程中，往往依次经历规模报酬递增、规模报酬不变、规模报酬递减三个阶段。每个厂商、行业或地区都有一个适度规模的问题，但不同行业中，规模经济的意义是不同的。

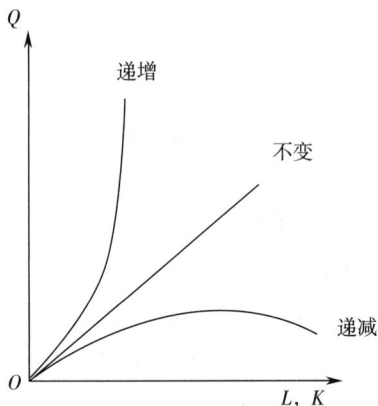

图 4 – 14　规模报酬情况

三、规模报酬的判断

我们可以用生产函数的代数式来判定该生产函数规模收益的类型。在进行经济分析时，通常用齐次生产函数来描述规模报酬关系。对于一种生产函数，如果投入的所有生产要素都变化 λ 倍，产量也同方向变化 λ^n 倍，这类生产函数即为齐次生产函数（或称均匀生产函数）。

根据以上分析，可以得出判定某生产函数规模收益类型的一般方法。

假定 $Q = f(X, Y, Z)$，令所有的投入要素的使用量都按 λ 的比例增加，即所有投入要素的使用量都乘以常数 λ（即都增加 λ 倍），然后把 λ 作为公因子分解出来，得

$$hQ = f(\lambda X, \lambda Y, \lambda Z) = \lambda^n f(X, Y, Z)$$

其中，n 这个指数可以用来判定规模收益的类型。$n>1$，说明规模收益递增。$n=1$，说明规模收益不变。$n<1$，说明规模收益递减。

我们以"柯布—道格拉斯"生产函数为例，令 $Q = AL^\alpha K^\beta$，当 L 和 K 同时增加 λ 倍时，产量变为 Q_1，即

$$Q_1 = A(\lambda L)^\alpha (\lambda K)^\beta = A\lambda^{\alpha+\beta} L^\alpha K^\beta = \lambda^{\alpha+\beta} Q$$

当 $\alpha+\beta>1$ 时，$Q_1 > \lambda Q$，规模报酬递增；当 $\alpha+\beta=1$ 时，$Q_1 = \lambda Q$，规模报酬不变；当 $\alpha+\beta<1$ 时，$Q_1 < \lambda Q$，规模报酬递减。

【知识链接】 柯布—道格拉斯生产函数

20 世纪 30 年代初，美国数学家柯布（C. W. Cobb）与经济学家道格拉斯（Paul. H. Douglas）根据美国 1899—1922 年的工业生产统计资料，计算出这一期间美国的生产函数为

$$Q = AL^\alpha K^\beta$$

这就是经济学中著名的"柯布—道格拉斯生产函数"。在这个生产函数中，A 与 α、β 是常数，其中 $1>\alpha$，$\beta>0$ 且 $\alpha+\beta=1$。α 表示劳动在总产量中的贡献份额，β 表示资本在总产量中的贡献份额。柯布与道格拉斯计算出，该时期美国的工业生产中，A 为 1.01，α 为 0.75，β 为 0.25，所以柯布—道格拉斯生产函数可以具体写成：

$$Q = 1.01 L^{0.75} K^{0.25}$$

从上式可以看出，柯布—道格拉斯生产函数是齐次生产函数。在总产量中劳动的贡献为 75%，资本的贡献为 25%。若要增加产量，应该按 3:1 的比例增加劳动投入和资本投入。

【本章小结】

在本章生产理论的讨论中，有一个基本假设，即企业以追求最大利润为基本目标。生产体现了一定技术条件下的投入和产出关系，这种关系通常要用生产函数来表示。生产函数是指在一定时期内，在技术水平不变的条件下，生产中所使用的各种生产要素的数量与所能生产的最大产量之间的关系。生产理论分为短期生产理论和长期生产理论。所谓短期是指厂商来不及调整全部生产要素的数量，即至少有一种生产要素的数量是固定不变的时间周期。长期是指厂商可以调整全部生产要素的数量的时间周期。

短期一种可变要素投入重点考察各产量曲线的关系。总产量（TP）、平均产量（AP）和边际产量（MP）三条曲线都是先上升而后下降。边际产量曲线与平均产量曲线相交于平均产量曲线的最高点。当边际产量为零时，总产量达到最大。为确定一种生产要素的合理投入量，可将产量的变化划分为三个区域，而第Ⅱ阶段是单一生产要素的合理投入区间。短期存在边际报酬递减规律，即是指在其他条件不变时，连续将某一生产

要素的投入量增加到一定的数量之后，总产量的增量即边际产量将会出现递减现象。

生产理论所采用的分析方法中最具有特殊意义的是等产量曲线、等成本曲线，这些分析工具是无差异曲线分析法在生产领域研究中的具体运用。生产者实现最佳要素组合的条件为：等产量曲线和等成本线相切，即两种要素的边际技术替代率（两种要素的边际产量的比率）与两种要素价格比率相等。在生产要素价格不变条件下，与不同总成本支出相对应的最优要素投入组合点的轨迹形成了一条扩展线。扩展线为厂商的生产决策提供了依据，厂商只要沿着扩展线的路径扩大生产，均能实现要素的最优组合。

长期生产中存在规模报酬递减规律。规模报酬是指在其他条件不变的情况下，企业内部各种生产要素按相同比例变化时所带来的产量变化，分为规模报酬递增、规模报酬不变、规模报酬递减三种。

等产量线、等成本线、边际分析、边际技术替代率的运用，作为微观经济的分析工具，对于企业加强经济核算、选择合理的生产方案，有一定实用价值。最佳要素组合的分析、经济投入区间的选择、最优生产规模分析等对提高企业效率、优化要素组合，评估企业效益有一定帮助，具有很强的现实意义。

【复习思考题】

一、名词解释

生产函数　边际产量　边际收益递减规律　等产量线　等成本线　边际技术替代率
生产扩展线　规模报酬

二、分析讨论题

1. 画图说明生产的三个阶段是如何划分的？为什么厂商的理性决策应在第二区域？

2. 说明短期生产的 TP_L 曲线、AP_L 曲线、MP_L 曲线的特征以及相互之间的关系。

3. 等产量线的含义及特征？

4. 画图说明厂商在既定成本条件下是如何实现最大产量的最优要素组合的？

三、计算题

1. 已知生产函数 $Q=f(K, L)=K \cdot L-0 \cdot 5L^2-0.32K^2$，令 $K=10$。（1）写出劳动的平均产量和边际产量函数。（2）分别计算：总产量、平均产量和边际产量达到最大时雇用的劳动量。（3）证明：当平均产量最大时，平均产量 = 边际产量 =2。

2. 已知生产函数 $Q=20L+50K-6L^2-2K^2$，劳动价格为 15 元，资本价格为 30 元，厂商总投入资本为 660 元，求成本既定时的最优要素组合？

3. 证明：柯布—道格拉斯生产函数是规模报酬不变的生产函数（$Q=1.01K^{0.25}L^{0.75}$）。

【案例分析】

马尔萨斯人口论与边际报酬递减规律

经济学家马尔萨斯（Thomas Robert Malthus，1766—1834）于 1798 年创立了关于人

口增加与食物增加速度相对比的一种人口理论，其主要论点和结论为：物质生活资料按算术级数增加，而人口是按几何级数增长的，因此生活资料的增加赶不上人口的增长是自然的、永恒的规律。只有通过饥饿、繁重的劳动、限制结婚以及战争等手段来消灭社会下层，才能削弱这个规律的作用。

马尔萨斯人口论的一个主要依据是边际报酬递减规律。他认为，随着人口的膨胀，越来越多的劳动力耕种土地，地球上有限的土地将无法提供足够的食物，最终劳动的边际产出与平均产出下降，但又有更多的人需要食物，因而会产生大的饥荒。这就是著名的"马尔萨斯陷阱"。幸运的是，人类的历史并没有按照马尔萨斯的预言发展（尽管他正确地指出了劳动边际报酬递减）。

在 20 世纪，技术发展突飞猛进，改变了许多国家（包括发展中国家，如印度）的食物的生产方式，劳动的平均产出因而上升。这些进步包括高产抗病的良种，更高效的化肥，更先进的收割机械。在第二次世界大战结束后，世界上总的食物生产的增幅总是或多或少地高于同期人口的增长。

粮食产量增长的源泉之一是农用土地的增加。例如，1961—1975 年，非洲农业用地所占的百分比从 32% 上升至 33.3%，拉丁美洲则从 19.6% 上升至 22.4%，在远东地区，该比值则从 21.9% 上升至 22.6%。但同时，北美的农业用地则从 26.1% 降至 25.5%，西欧由 46.3% 降至 43.7%。显然，粮食产量的增加更大程度上是由于技术的改进，而不是农业用地的增加。

在一些地区，如非洲的撒哈拉，饥荒仍是个严重的问题。劳动生产率低下是原因之一。虽然其他一些国家存在着农业剩余，但由于食物从生产率高的地区向生产率低的地区再分配困难和生产率低的地区收入也低的缘故，饥荒仍然威胁着部分人群。

资料来源：平狄克、鲁宾费尔德著，王世磊等译. 微观经济学（第六版）[M]. 北京：中国人民大学出版社，2006.

问题：（1）什么是边际报酬递减规律？其发生作用的条件如何？

（2）人类历史为什么没有按照马尔萨斯的预言发展？

（3）既然马尔萨斯的预言失败，你认为边际报酬递减规律还起作用吗？

（4）请你谈谈"中国人口太多，将来需要世界来养活中国"的观点。

【拓展阅读】

科斯：企业
为什么存在？

第五章

成本与收益理论

CHENGBEN YU SHOUYI LILUN

【教学目的和要求】

本章围绕着如何以最小的成本支出，以取得最大利润这一中心理论，要求学生掌握成本概念、成本函数以及各种短期成本曲线和长期成本曲线，能够解释短期、长期成本曲线与短期、长期生产规律之间的对应关系。本章通过分析生产者的行为，分析了成本与收益的关系，并且从产量变动到成本变动的相互关系中，使学生了解厂商收益变动的特点，分析利润最大化问题，并掌握厂商实现利润最大化的条件的基本原理和运用。

上一章从生产要素投入与产出的物质技术关系方面讨论了生产者行为理论，说明了在生产要素价格不变的前提下，生产要素的最优组合问题。本章将把生产要素的价格作为内生变量来研究，从价值即货币形态的角度分析，对应产量变化所消耗的一定数量的生产要素的变动情况。

第一节　成本理论概述

一、成本的概念

成本（Cost）指以货币价值来衡量的从事某项经济活动所必须支付的代价。应注意的是，西方经济学的成本概念与会计中的成本概念并不完全相同，很多西方经济学家认为经济分析中的成本概念要比会计中的成本概念的内涵和外延宽泛得多。西方经济学有一句名言："世上没有免费的午餐"，也就是说，做任何事情都要付出代价。经济学的最基本的含义就是要把这个代价降至最低。

成本是企业为获取所需的各项资源而付出的代价。从不同的角度出发，成本有着不同的含义。

二、成本的种类

成本的种类多种多样，我们主要从会计成本和经济成本的比较过程中介绍经济成本。

（一）会计成本与机会成本

会计成本（Accounting Cost）是指厂商在生产过程中，按市场价格购买各种生产要素的货币支出，它能在会计账目上反映出来。而经济学中的成本则不然，需要从机会成本的角度来衡量厂商的生产成本。

机会成本（Opportunity Cost）是作出某项经济决策时所放弃的其他可供选择的最好用途所带来的最大收益。西方经济学是从稀缺资源配置的角度来研究生产一定数量某种产品所必须支付的代价。这一概念在前面第一章中已有说明，如果一种生产要素既能用来生产大炮又能用来生产黄油，那么，一旦该要素被用来生产大炮，他就无法用于生产黄油，也就损失了因生产黄油而可能取得的潜在的收益，这笔潜在的收益就构成了生产大炮的机会成本。这意味着，当一定量的经济资源投入商品 A 的生产中时，生产的成本不仅包括一定量稀缺资源的耗费，还包括用这些稀缺资源如果生产 B 可能带来的收益。因此，如果这些资源生产 A 得到的收益少于生产 B 得到的收益，资源就要从生产 A 转移到生产 B。

关于机会成本的概念要注意以下几个问题：

1. 该项稀缺资源可能有多种投资途径，并且投资方面不受限制。

2. 机会成本是作出一种选择时所放弃的其他选择中最好的一种。例如，某人有 100 万元资本，可以选择以下几个投资方向：开网吧、开饭店和储蓄。经过估算，开网吧年获利 20 万元，开饭店年获利 10 万元，储蓄可以得到利息 4 万元，于是他选择开网吧年收益 20 万元的投资方式，那么，开网吧的机会成本就是开饭店有可能赚的 10 万元钱。

3. 机会成本不等于实际成本，它只是一种观念上的成本或损失，而不是作出某项选择时，实际支付的费用。

4. 有时他人的选择也可能给个人带来机会成本。

机会成本的概念比较抽象，但它却是人们在决策时必须考虑的一个重要因素。在西方经济学中，企业的生产成本应从机会成本的角度来理解，所以，机会成本是经济分析中非常重要的概念。而且除了经济领域，它还可以被推广到任何有关人类行为决策的过程中去。例如，业余时间你选择了学习外语，那就意味着你可能放弃了休息或与朋友聊天或娱乐。因此学习外语的机会成本就是休息、聊天或娱乐。

（二）显性成本与隐性成本

经济成本和会计成本的不同还表现在显明成本和隐含成本的区别上。

显性成本（Explicit Cost），又称显明成本或显成本，是厂商在市场中直接购买生产要素的货币支出，是会计账目上作为成本项目记入账上的各项费用支出，因为在会计账目上一目了然，所以被称为显明成本。如利息、原材料、折旧、广告费、保险费、工资等项目都属于显明成本。

隐性成本（Implicit Cost），又称隐含成本或隐成本，是厂商自己提供的资源（包括资金、土地、厂房和劳动等）所应支付的费用。这部分成本是厂商支付给自己的利息、工资、租金等报酬，因无法在厂商的会计账目上反映出来，所以被称为隐含成本。若这些要素在本企业所得到的收益低于其他用途，厂商就会把这些要素转移到能够获得更多收益的用途中，实现资源的重新配置。

显性成本与隐性成本的区别强调了经济学家与会计师分析经营活动之间的不同。经济学家关心的是研究企业如何作出生产和定价决策。由于这些决策既根据显性成本又根据隐性成本，因此经济学家在衡量企业的成本时就包括了这两种成本。与此同时，会计师的工作是记录流入和流出企业的货币，结果他们衡量显性成本（也称为会计成本），但往往忽略了隐性成本。

【知识链接】 　　　　学会忽略无关的沉没成本

假设你去年花 20000 元买了一辆旧汽车，当年为各种修理支付了 6000 元的费用，现在汽车又出了毛病，不能正常使用了。一位你认识且值得信赖的修理工告诉你汽车需要大修，这又需要花费 10000 元。同时这位修理工又告诉你有人在以 9000 元的价格卖同样款式的汽车，且该车没有故障。你应该怎么做？

一些人面对这样的选择将会选择修理汽车。理由在于：汽车的成本为 26000 元（20000 元的购买费加上 6000 元的修理费），所以再花 10000 元修理该车是值得的。但是，这是一个错误的理由，因为以前支付的 26000 元是一种沉没成本。

沉没成本（Sunk Cost）是一种过去支付的成本，不管你目前的决策是什么，该成本都不会变化。在制定目前的决策时应该忽略沉没成本。

为什么忽略沉没成本？因为它属于你目前决策的机会成本。记住，机会成本是选择某种行为时必须放弃的事项。沉没成本属于已经放弃的事项，所以它们不是你决策的一部分。在汽车的例子中，无论你是购买另一辆车，还是让人修你的车，你已经支付了26000 元。唯一相关的成本是那些随你的决策发生变化的成本。由于你的车要大修的费用为 10000 元，但是买一辆相当的车只需 9000 元，因此，放弃你的车，重新买一辆可使你的境况变得更好。

在许多个人决策中，沉没成本总是在背后捣鬼，使人错误地计算成本并作出糟糕的选择。比如，你已经完成了两年的经济学课程，却发现你更想当一名律师而不是经济学家。由于已经在经济学课程上花费了大量的金钱和时间，所以你可能会选择继续留在学校读完经济学课程。但是，那些已经支付的成本是沉没成本，不应该与你目前的决策相关。唯一重要的成本是那些将随你的决策变化的成本、继续读完经济学课程的成本及完成四年法律课程的成本。

企业决策也应该忽略沉没成本。例如，作为本书的出版单位，中国金融出版社为出版本书花费了大量的成本，其中之一是各位编辑人员的薪水。假如第一次印刷的书已经全部卖完，正在考虑是否增加发行 20000 本，出版社现在是否应该考虑以前编辑人员的薪水？绝对不应该考虑！这些已支付的薪水是一种沉没成本，与目前的决策没有关系。唯一重要的成本是那些随第二次印刷而变化的成本：印刷成本、装订成本和售书成本。与其他决策者一样，企业在作出选择时应该忽略沉没成本，只有那些非沉没成本才能进入企业的决策制定过程。

资料来源：张元鹏. 微观经济学教程 ［M］. 北京：中国发展出版社，2005.

（三）社会成本

社会成本问题在经济学中有着非常重要的政策含义。人们只有理解了社会成本问题，才能顺应社会和市场的基本运行规律，制定出因势利导的经济政策。

【知识链接】　　　　　　　**泳池阳光与酒店副楼**

有两家相邻的酒店，左边的酒店有一个漂亮的游泳池；右边的酒店要在自己的土地上盖一幢 14 层高的副楼，要是这幢副楼盖起来，就会挡住游泳池的阳光。游泳池没有阳光，游客可能减少，右边酒店的收入就会受影响。于是，左边的酒店跑到法院要求颁布法令，禁止右面的酒店盖副楼。如果你是法官，会怎么判？

——薛兆丰经济学讲义

三、成本函数

成本函数（Cost Function）是指在技术水平和要素价格不变的条件下，成本与产出之间的相互关系。成本理论之所以要讨论成本函数，是因为企业决定生产多少产量，必须比较收益和成本的关系以求利润最大化，而收益和成本都是会随产量变动的，因此人们必须研究成本和产量的关系。

成本函数取决于两个因素，生产函数和投入要素的价格。生产函数所反映的是投入的生产要素与产出之间的物质技术关系，它揭示在各种形式下厂商为了得到一定数量产品至少要投入多少单位生产要素。生产函数结合投入要素的价格就决定了成本函数。通过生产函数，我们可以得到成本函数。对于给定生产函数 $Q = f(L,K)$，当生产要素价格分别为 w 和 r 时，生产产量 Q 的成本为 $C(Q) = rK + wL$。这种反映产量和相应成本之间关系的数学表达式称为成本函数，记做：

$$C = f(Q) \tag{5.1}$$

例如，若某产品的生产函数 $Q = KL^2$，K 代表资本，且假定 $K = 100$，L 代表劳动，再假定劳动的价格 $P_L = w = 500$ 美元，则从生产函数可知，$L^2 = \dfrac{Q}{K}$，亦即 $L = \dfrac{\sqrt{Q}}{10}$，由于假

定资本量 K 固定，成本只和劳动投入量有关，因此成本函数为 $C = L \times P_L = \dfrac{\sqrt{Q}}{10} \times 500 = 50\sqrt{Q}$。

【知识链接】

成本函数和成本方程不同，成本函数指成本和产量之间的函数关系，成本方程指成本等于投入要素价格的总和，如果投入的是劳动 L 和资本 K，其价格为 P_L 和 P_K，则成本方程为 $C = L \cdot P_L + K \cdot P_K$，成本方程是一个恒等式，而成本函数则是一个变量为产量的函数式 $C = f(Q)$。

与生产函数一样，成本函数也分为短期成本函数和长期成本函数，短期和长期的划分同样是以生产要素能否全部调整为依据的。在短期，有些投入要素是固定不变的，而在长期，所有的要素都是可变的。于是，短期中发生的成本和长期中发生的成本就会有所区别，后面将分别论述。

四、利润

厂商生产的目的是为了获得利润（Profit），但是因为在西方经济学上的成本概念与会计学中的成本概念不一样，所以经济学中的利润也不同于会计学中的利润。

（一）会计利润（Accounting Profit）

厂商计算利润时，用总收益减去显性成本，得到的就是会计学上的利润。用公式表示：

会计利润 = 总收益 − 显性成本

（二）经济利润（Economic Profit）

经济成本包括显性成本和隐性成本，显性成本等于会计成本。隐性成本是把稀缺资源投入任何用途中都能得到的正常的收入。如果在某种用途中得到的报酬小于正常收入，稀缺资源就会转移到收益更多的行业，所以隐性成本又被称为正常利润（Normal Profit），而正常利润就是厂商对自己所提供的自有要素的报酬。因此经济利润就等于总收益减去显性成本，再减去隐性成本，即会计利润减去正常利润。

经济利润的存在相当于超额利润，即总收益与总成本（机会成本）之差，简称企业的利润。企业所追求的最大利润就是最大的经济利润。经济利润因此也被称为超额利润。经济利润的大小、正负对于稀缺资源的配置起着十分重要的作用。在长期中，一个行业的经济利润为正，则说明该行业总收益大于机会成本，存在着超额利润，这时其他行业的资源也将进入该行业，因为该行业能获得更多的收益；如果一个行业的经济利润为负，即该行业的总收益小于机会成本，稀缺资源将从该行业撤出，转移到其他能获得更高收入的行业，只有经济利润等于零时，稀缺资源才有可能不在行业之间流动。所以经济利润（超额利润）的大小、正负是资源是否进行重新配置的信号。

【知识链接】

企业在作出决策时，应该记住隐性成本和机会成本以及以下公式：

会计成本 = 显性成本

经济成本（总成本）= 显性成本 + 隐性成本

会计利润 = 总收益 − 显性成本

经济利润 = 总收益 − 经济成本 = 总收益 − （显性成本 + 隐性成本）

　　　　　= 总收益 − 显性成本 − 隐性成本 = 会计利润 − 隐性成本

第二节　短期成本分析

一、短期的含义

前面在分析厂商的生产理论时已经区别过短期（Short Run）和长期（Long Run）这一对概念。短期和长期是相对的，而不是指具体时间的长短，它是以厂商能否及时调整生产规模来衡量的。短期是指时间短到厂商不能通过扩大或缩小生产规模而只能在原有设备条件下，调整原材料和劳动的投入量来调整产量。长期则可以通过调整生产规模来调整产量。不同行业长短期时间不同，重工业因为调整生产规模需要时间较长，所以短期时间也相对较长，而轻工业变动生产规模较容易，即使是长期也相对较短。与长、短期相关的概念还有两个。特短期（Very Short Run），指时间极短，厂商只能通过改变库存来调整产品的供给；特长期（Very Long Run），指时间很长，厂商不仅能调整所有生产要素的投入量，而且技术状况也发生了变化。

二、短期成本的类型

根据前面的介绍我们知道，短期内，厂商的成本有不变成本和可变成本之分。总体上说，短期成本有以下七种：总成本、总不变成本、总可变成本、平均不变成本、平均可变成本、平均总成本和边际成本。它们的英文缩写分别为：TC、TFC、TVC、AFC、AVC、AC 和 MC。

（一）短期总成本（Short – run Total Cost，STC）

短期总成本是指短期内厂商生产一定量产品所必须支付的成本之和。可以分为固定成本和可变成本。

固定成本（Fixed Cost，FC），是指不随产量变化而变化的成本。它一般包括地租、利息、管理人员的工资、广告费、保险费、厂房和机器设备的折旧等项目支出。这些费用即使在停产时，也必须支付。

可变成本（Variable Cost，VC），是随着产量的变化而变化的成本。包括原材料、燃料、动力支出和雇用工人的工资等。当产量为零时，可变成本也为零；产量越多，可变成本的数量也越多，即可变成本随着产量变化而变化。

固定成本的总和称为固定总成本（Total Fixed Cost，TFC）。

可变成本的总和称为可变总成本（Total Variable Cost，TVC）。

用公式表示以上的关系：

$$STC = TFC + TVC \tag{5.2}$$

【知识链接】　　　　　固定成本与沉没成本

从成本的形态看，沉没成本可以是固定成本，也可能是变动成本。企业在撤销某个部门或是停止某种产品生产时，沉没成本中通常既包括机器设备等固定成本，也包括原材料、零部件等变动成本。通常情况下，固定成本比变动成本更容易沉没。

（二）短期平均成本（Short-run Average Cost，SAC）

短期平均成本是平均每单位产量需要支出的成本，公式为 $SAC = STC/Q$。

由于总成本 STC 分为固定总成本和可变总成本，所以平均总成本也可以分解为平均固定成本（Average Fixed Costs，AFC）和平均可变成本（Average Variable Cost，AVC）。它们之间的关系可以用下面的公式表示：

$$SAC = AFC + AVC \tag{5.3}$$
$$AFC = TFC/Q \tag{5.4}$$
$$AVC = TVC/Q \tag{5.5}$$

（三）短期边际成本（Short-run Marginal Cost，SMC）

短期边际成本是指短期内厂商每增加一单位产品的生产所增加的成本，是增加产量所增加的变动成本。由于边际收益从递增到递减的变动规律，每增加一单位产量所增加的变动成本，即边际成本是先递减而后递增的。因此，短期边际成本曲线是一条先下降后上升的"U"形曲线。

$$SMC = \frac{\Delta STC}{\Delta Q} = \frac{dSTC(Q)}{dQ} \tag{5.6}$$

三、各短期成本的相互关系

（一）短期总成本、固定总成本和可变总成本的关系

短期总成本、固定总成本和可变总成本的关系可以用图 5-1 说明。

1. TFC 是不论生产与否都需支付的成本，它与产量无关，所以 TFC 曲线是一条与横轴平行的直线。

2. 由于存在 TFC，所以 STC 不能为零，STC 曲线的起点是 TFC 曲线。

3. TVC 曲线和 STC 曲线的形状完全相同，它们之间的距离等于 TFC。

4. STC 和 TVC 开始时比较平缓地上升，这说明在生产开始时，成本的上升幅度要小于产量增加的幅度，原因在于边际收益递增规律的作用使边际成本递减。收益递增和成本递减是同一事物的两个方面，待生产达到一定规模后，边际收益递减规律开始发生作用，使 STC 曲

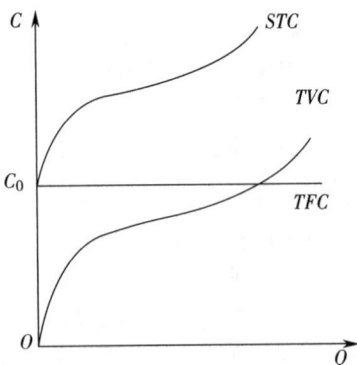

图 5-1　短期总成本、固定总成本和可变总成本

线和 TVC 曲线陡峭上升。

（二）平均成本、平均可变成本、平均固定成本和边际成本之间的关系

以上各种成本的概念以及它们之间的相互关系，如图 5-2 所示。

1. AFC 随产量的增加呈下降的趋势，这是因为平均固定成本随产量增加而递减。

2. 除 AFC 外，AC、AVC 和 MC 都是先降后升，呈"U"形，这是因为这几条曲线先受边际收益递增，而后受边际收益递减的影响。

3. AC 曲线高于 AVC 曲线，它们之间的垂直距离相当于 AFC；AFC 随着产量的增加而越来越小，所以 AC 和 AVC 之间的距离随产量增加而逐渐接近，但永远不能相交，因为 AFC 不能等于零。

4. 边际成本先于平均总成本和平均可变成本转为正常，MC 曲线在 AC 和 AVC 曲线的最低与之相交，即 E 点与 M 点。

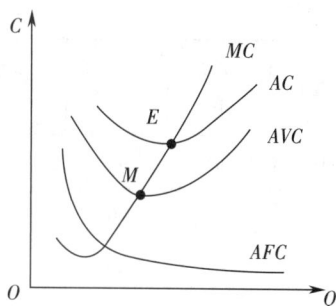

图 5-2　平均成本、平均可变成本、平均固定成本和边际成本之间的关系

综上所述，MC 曲线和 AVC 曲线、AC 曲线都是 U 形的，造成这种形状的原因都是由于可变投入要素的边际收益率递增或递减，但三种成分的经济含义和几何含义不同，MC 曲线反映的是 TC 曲线上每一点的斜率。而 AVC 曲线和 AC 曲线则是 VC 曲线和 TC 曲线上任一点与原点连线的斜率。所以，MC 曲线比 AVC 曲线和 AC 曲线更早到达最低点，MC 曲线与 AVC 曲线和 AC 曲线的交点分别在后两者的最低点上。

【知识链接】　　　　　　　　边际量与平均量的关系

我们可以打一个比方来说明 MC 曲线和 AC 曲线的关系。平均成本 AC 好比是某排球队队员的平均身高，边际成本 MC 好比是新加入排球队的队员的身高，若新队员身高低于排球队平均身高，即 AC 曲线在 MC 曲线之上，会使平均身高下降；若新队员的身高超过排球队的平均身高，即 MC 曲线位于 AC 曲线之上，则会使平均身高上升；若新队员的身高正好等于排球队的平均身高，则排球队的平均身高不变。对于这一点，也可用数学方法证明如下：

在 AC 曲线的极值点上，必有一阶导数 $AC' = 0$

$$AC' = \left(\frac{TC}{Q}\right)' = \frac{\frac{\mathrm{d}(TC)}{\mathrm{d}Q} \cdot Q - TC}{Q^2} = 0$$

亦即　　　　　　$$\frac{MC}{Q} = \frac{TC}{Q^2} \Rightarrow MC = \frac{TC}{Q} \Rightarrow MC = AC$$

由此可知，在 AC 曲线的极小值点上，$MC = AC$。

既然 MC 曲线与 AC 曲线的交点在 AC 曲线的最低点上，那么十分明显，MC 曲线与 AVC 曲线的交点也必定位于 AVC 曲线的最低点上。

为了进一步说明各种成本之间的关系，我们假定成本函数为

$$TC = Q^3 - 12Q^2 + 60Q + 40$$

在这个成本函数中，$VC = Q^3 - 12Q^2 + 60Q$，$FC = 40$，产量 Q 不断递增的情况下，各种成本的变动情况如表 5-1 所示。

表 5-1　　　　　　　　　　　　　短期各成本函数

产量 Q	可变成本 SVC	固定成本 SFC	总成本 $STC = SFC + SVC$	边际成本 MC	平均固定成本 $AFC = SFC/Q$	平均可变成本 $AVC = SVC/Q$	平均成本 $AC = STC/Q$
0	0	40	40				
1	49	40	89	49	40	49	89
2	80	40	120	31	20	40	60
3	99	40	139	19	13	33	46
4	112	40	152	13	10	28	38
5	125	40	165	13	8	25	33
6	144	40	184	19	7	24	31
7	175	40	215	31	6	25	31
8	224	40	264	49	5	28	33
9	297	40	337	73	4	33	37

通过前面对各个成本的分析举例，我们对不同成本类型的函数表达式和曲线特性总结如表 5-2 所示。

表 5-2　　　　　　　　　　　　短期的成本函数的内在联系

成本项目	函数表达式	曲线特性
固定成本	$FC = b$	平行于横轴的一条水平线
可变成本	$VC = f(Q)$	先递减增加、后递增增加的一条曲线（先凹后凸）
总成本	$TC = VC + FC = F(Q) + b$	形状与 VC 相同但比 VC 高出 FC 的一条曲线（先凹后凸）
平均固定成本	$AFC = FC/Q = b/Q$	自左向右下方倾斜，为横轴的渐近线
平均可变成本	$AVC = VC/Q = f(Q)/Q$	先下降后上升的 U 形曲线
平均成本	$AC = TC/Q = (f(Q) + b)/Q$	比 AVC 高出 AFC 的一条 U 形曲线
边际成本	$MC = \mathrm{d}TC/\mathrm{d}Q = \mathrm{d}VC/\mathrm{d}Q$	先下降后上升并先后通过 AVC、AC 最低点的 U 形曲线

【知识链接】 成本函数与生产函数的对偶性

成本函数与生产函数是企业供应理论中同一问题的两个方面。对偶性关系图表明在技术水平和要素价格不变前提下，成本函数与生产函数存在直接对偶性。

1. 边际成本最低与边际产量最高的对偶关系，即 $MC = W \cdot \dfrac{1}{MP}$。

数学证明：$\because MC = \dfrac{\mathrm{d}TVC}{\mathrm{d}Q} = \dfrac{\mathrm{d}(W \cdot L)}{\mathrm{d}Q} = W \cdot \dfrac{\mathrm{d}L}{\mathrm{d}Q}$，由于 $MP = \dfrac{\mathrm{d}Q}{\mathrm{d}L}$，故 $MC = \dfrac{W}{MP}$。成本函数与生产函数对偶性关系为：当边际产量达到最高时，边际成本最低。

2. 平均变动成本最低与平均产量最高的对偶性关系，即 $AVC = \dfrac{W}{AP}$。

数学证明：$\because AVC = \dfrac{TVC}{Q} = \dfrac{f(Q)}{Q} = W \cdot \dfrac{L}{Q}$，由于 $AP = \dfrac{Q}{L}$，故 $AVC = \dfrac{W}{AP}$。

成本函数与生产函数的另一个对偶性关系为当平均产量 AP 达到最高时，平均变动成本 AVC（不是平均成本 AC）最低。

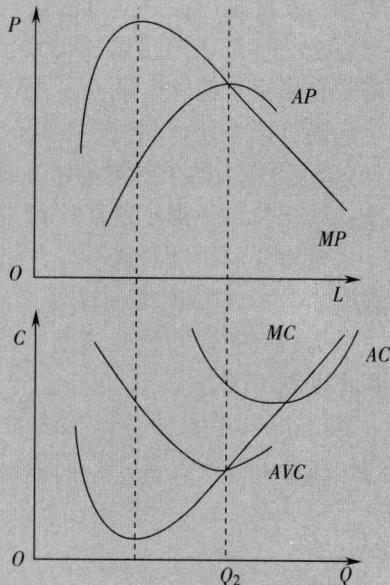

图 5-3 对偶性关系图

第三节 长期成本分析

一、长期总成本函数和长期总成本曲线

长期总成本（LTC）是指厂商在长期中在各种产量水平上的最低总成本。说明厂商通过长期的调整，总是可以在每一个产量水平上选择最优的生产规模进行生产。长期总成本用公式表示为

$$LTC = f(Q) \tag{5.7}$$

长期总成本曲线可以从短期总成本（STC）曲线推导出来的，它是无数条 STC 曲线的包络线。在图 5-4 中，有三条短期总成本曲线，STC_1、STC_2、STC_3，它们分别代表三种不同的生产规模。从图中可看出，显然就其生产规模而言 $STC_1 < STC_2 <$

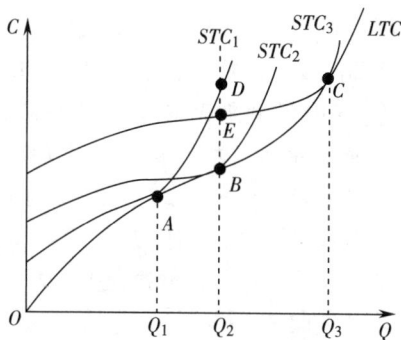

图 5-4 短期总成本曲线与长期总成本曲线

STC_3。原因是短期总成本曲线的纵截距代表了每种短期成本曲线的总固定成本，而总固定成本的多少往往表示生产规模的大小，所以就所代表的生产规模而言，STC_1最小，STC_2居中，STC_3最大。

如果厂商要生产的产量为Q_2，那么厂商应该如何调整生产要素的投入量以降低总成本呢？在短期内，厂商可能面临两种可供选择的生产规模，即STC_1曲线上D点所代表的较小的生产规模或STC_3曲线上E点所代表的过大的生产规模，于是厂商只能选择较高的总成本来提供产量Q_2，即选择D点或E点进行生产。但在长期中情况就不同了，厂商可以变动全部生产要素的投入量，选择最优生产规模进行生产，于是厂商会选择STC_2所代表的生产规模，即B点进行生产，此时成本为最低。同理，厂商可以根据不同的产量水平确定最优生产规模，即A、C等点上的产量。这样，厂商就确定了一个产量水平的最低总成本。在图中只画了三条短期总成本曲线，在理论上我们可以假设有无数条STC曲线，这样厂商可以在任何一个产量水平上，找到最优的生产规模，从而得到相应的最低总成本。连接所有的类似A、B和C点的轨迹就形成了长期总成本曲线LTC。

显然，LTC曲线是STC曲线的包络线。所谓包络线（Envelope）是指厂商的长期总成本曲线把无数条短期总成本曲线包围起来，每条STC曲线与LTC曲线相切。相切点所对应的总成本是生产该产量的最低总成本。所以，长期总成本曲线是一系列最低成本点的轨迹。

LTC曲线从原点出发，向右上方倾斜，其经济含义表示LTC随产量的增加而增加。产量在$0 \sim Q_1$时，长期总成本曲线比较陡峭，说明生产要素没有得到充分利用，成本增加的比率大于产量的增加比率。产量在$Q_1 \sim Q_3$时，LTC曲线比较平坦，说明生产要素开始得到充分利用，成本增加的比率小于产量增加比率，出现规模经济。产量大于Q_3时，LTC曲线变得陡峭，说明成本增加的速度快于产量增长的速度，开始出现规模不经济。

二、扩展线与长期总成本曲线

根据定义，长期总成本是厂商在长期中的各种产量的最低成本点的轨迹。扩展线与它有直接关系，由厂商在长期中扩大生产规模所能采用的最佳投入组合的轨迹——扩展线可以得到长期总成本曲线。图5-5中PEC为厂商的扩展线，PEC曲线上的三个点E_1、E_2和E_3，是长期生产的均衡点，E_1代表的生产要素组合的购买成本即产量为Q_1时的最低总成本C_1，随着产量扩大到Q_2、Q_3，最低总成本也随着增加到C_2和C_3，如果继续扩大产量，可以从扩展线上得到每一个产量点上的最小总成本，由扩展线可以推导出长期总成本曲线。如图5-6所示，将所有这些产量与相应的最小总成本的组合描绘在横轴代表产量，纵轴代表成本的坐标图中，便得到长期总成本曲线。图中C_1、C_2和C_3，分别是与Q_1、Q_2、Q_3的产量相对应的最小总成本，则可以得到长期总成本曲线LTC。

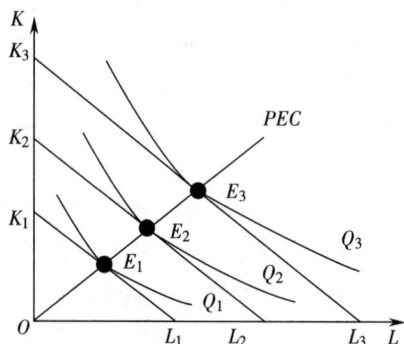

图 5 - 5　扩展线

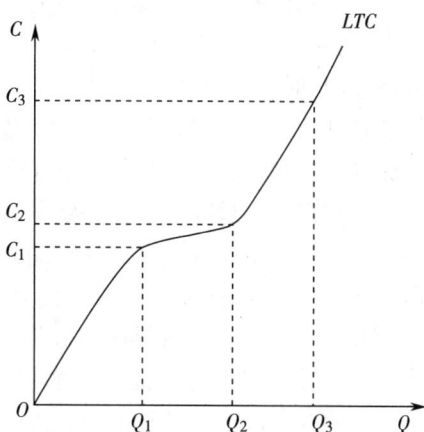

图 5 - 6　长期总成本曲线

三、长期平均成本函数和长期平均成本曲线

（一）长期平均成本函数

长期平均成本（Long - run Average Cost，LAC）是厂商在长期内按产量平均计算的最低总成本，它是长期总成本与产量的商。长期平均成本函数可以记做：

$$LAC(Q) = \frac{LTC(Q)}{Q} \tag{5.8}$$

（二）长期平均成本曲线

如前所述，厂商在长期时可以实现每一个产量水平时的最小成本。因此，根据长期平均成本函数的公式：$LAC(Q) = LTC(Q)/Q$ 可知，厂商在长期实现每一个产量水平的最小成本的同时，也必然是相应的最小平均成本。所以长期平均成本曲线可以由长期总成本曲线得出。做法是：把长期总成本曲线上每一点的长期总成本值除以相应的产量，就可得到该产量对应的长期平均成本值。再把每一个产量和相对应的长期平均成本值描绘在以产量为横坐标，以成本为纵坐标的直角坐标系的图中，就可以得到长期平均成本曲线。

1. U 形长期成本曲线。为了更好地理解长期平均成本曲线和短期成本曲线之间的关系，长期平均成本曲线也可以根据短期平均成本曲线求得，下面重点介绍这种方法。在图 5 - 7（a）中给出三条短期平均成本曲线 SAC_1、SAC_2 和 SAC_3，它们分别代表了三个不同生产规模。当生产的产量小于或等于 Q_1 时，厂商会选择 SAC_1 所代表的生产规模。

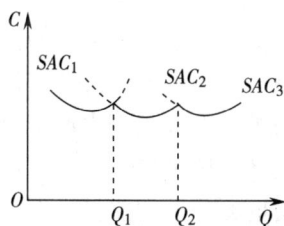

图 5 - 7（a）　短期平均成本曲线

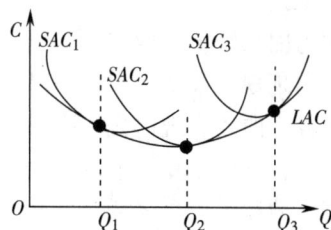

图 5 - 7（b）　由短期平均成本
曲线得出的长期平均成本曲线

一旦产量超过 Q_1，厂商就会调整生产规模，选择 SAC_2 代表的生产规模从事生产，因为该生产规模可以使平均成本降低。因此，SAC_1 在超过 Q_1 的部分用虚线表示，说明当产量超过 Q_1 时，厂商将放弃原有生产规模，转而扩大生产规模进行生产。同理，当产量超过 Q_2 时，厂商将选择 SAC_3 所代表的生产规模从事生产。将 SAC_1、SAC_2 和 SAC_3 的实线部分连接起来，就会推导出长期平均成本曲线来，以上只假定三种生产规模生产的情况，如假定生产规模可以无限细分，有无数条短期平均成本曲线，即对应每一个产量，都有一个最优生产规模和最佳短期平均成本，这时长期平均成本与许多短期平均成本相切，从而使长期平均成本曲线的形状由锯齿形变成一条近似于平滑的曲线，如图 5-7（b）所示。这条同所有短期平均成本曲线相切的长期平均成本曲线在数学上叫作包络曲线，长期平均成本曲线也就是所有短期平均成本曲线的包络曲线，长期平均成本曲线又被称为生产者的计划曲线，因为它所表示的是在长期中关于厂商如何计划经营规模、产量以及成本等方面的情况。

通过以上描述，长期平均成本 LAC 曲线有如下特点，如图 5-8 所示。

（1）LAC 曲线是无数条 SAC 曲线的包络线。

（2）LAC 曲线表示厂商在长期中在每一产量水平上，通过选择最优生产规模所实现的最低的平均成本。

（3）LAC 曲线呈现出 U 形的特征。在 LAC 曲线的最低点上，LAC 曲线相切于相应的 SAC 曲线的最低点。

长期平均成本曲线的形状如同字

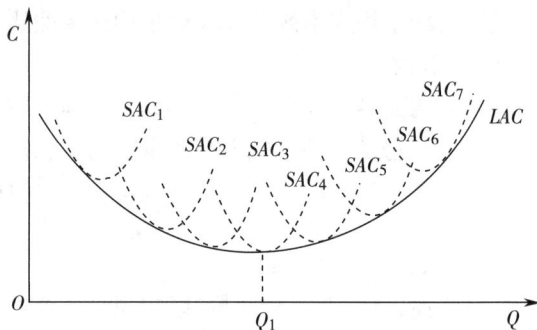

图 5-8　长期平均成本曲线

母"U"，它与短期平均成本曲线的形状基本相同，都是先下降，后上升，但是形成 U 形的长期平均成本曲线的原因与 U 形的短期平均成本曲线的原因并不一样，我们用边际收益递减规律来解释 U 形的短期平均成本曲线，但不能用它来解释长期平均成本曲线的相同形状，因为边际收益递减规律发生作用的一个前提条件是至少有一种生产要素的投入量是固定不变的。它只能说明短期成本的情况，而不适用于长期。长期平均成本曲线的 U 形特征是由长期生产中的规模经济和规模不经济决定的。我们在生产理论中分析过，显然，规模经济和规模不经济都是由厂商变动自己的企业生产规模所引起的，所以，也被称为内在经济和内在不经济。一般地，在企业的生产规模由小到大的扩张过程中，会先后出现规模经济和规模不经济。正是由于规模经济和规模不经济的作用，决定了长期平均成本曲线表现出先下降后上升的 U 形特征。另外，企业长期生产中出现规模报酬先是递增，然后不变，最后递减这三种情况。规模报酬的这种变化规律，也是造成长期平均成本曲线表现先降后升的原因之一，不过，规模报酬分析的前提条件是厂商以相同的比例变动全部要素的投入量，即此时技术系数是固定的。而实际上，厂商在变动生产规模时，通常会改变各生产要素投入量的比例。因此，厂商在长期生产中表现为规模经济和规模不经济的变化过程，也就是说，规模经济和规模不经济的分析包括了规模报酬变化的特殊情况。

【知识链接】

规模经济和规模不经济是生产理论中的规模报酬在成本理论中的对称。规模经济是指随着生产规模的扩大，产品平均成本下降的情况。规模报酬递增的基本特征是产量增加的倍数大于投入要素增加的倍数，在生产要素价格给定的情况下，这就意味着获得同样的产量只需要较少的要素，因而也只需要较低的成本，长期平均成本水平是下降的，这实际上就是规模经济。反之，规模报酬递减时，其基本特征是产量增加的倍数小于投入增加的倍数，同样在生产要素价格不变时，意味着获得同样的质量需要较多的要素投入，长期平均成本水平是上升的，存在着规模不经济。

规模经济分为内在经济与外在经济。内在经济指单个厂商在生产规模扩大时由自身内部因素所引起的产量增加。外在经济是指由于整个行业生产规模扩大，给个别厂商带来的产量与收益的增加。内在经济影响 LAC 曲线的形状，外在经济影响 LAC 曲线的位置。

规模不经济的表现是由于生产规模太小造成平均成本过高，以致厂商无法获得规模经济的收益；或是由于生产规模太大导致平均成本上升，以致厂商丧失了规模经济的收益。

2. 其他形状的长期平均成本曲线。这里还要指出，厂家长期平均成本会下降，除了规模报酬递增这一原因外，还有另一原因，即厂商管理者和工人在长期生产工作中通过"干中学习"不断积累了经验，提高了效率。例如，工人的操作会越来越熟练，管理人员会不断改进管理，设计人员会掌握更节省和更有效的设计方法，原材料供应商通过长期业务往来，愿以更低的价格供应原材料。这些情况都使得产品平均成本随企业累计产出的增加而下降。

由于不同行业中，当产量水平提高时，规模报酬递减、规模报酬不变和规模报酬递增三种情况出现的区域并不一致，所以 LAC 曲线还可能有其他两种形状。

在图 5 - 9 中，LAC 曲线为 L 形的，产量达到 Q_1 之前，存在规模报酬递增，产量达到 Q_1 之后，不论产量增加多少，规模报酬不变，LAC 曲线成为水平，产量 Q_1 之后，都是最佳工厂规模。

在图 5 - 10 中，LAC 曲线为锅底形的。在产量达到 Q_1 之前，存在规模报酬递增，在

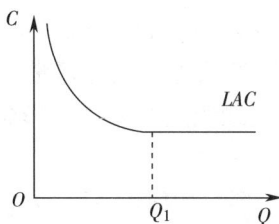

图 5 - 9 LAC 曲线 1

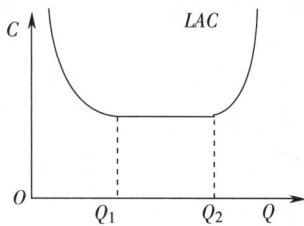

图 5 - 10 LAC 曲线 2

产量 Q_1 至 Q_2 之间，一直是规模报酬不变，当产量超过 Q_2 后，又变为规模报酬递减，所以 LAC 曲线反翘。在 Q_1 至 Q_2 之间，每一产量水平都可实现最佳工厂规模。

当 LAC 曲线为 L 形和锅底形时，最佳工厂规模不是单一的，而当 LAC 曲线为 U 形时，最佳工厂规模是唯一的，即只有在 U 形曲线最低点才是最佳工厂规模。由于前两者具有一系列的最佳工厂规模，因而意味着在该行业中，产量水平不同的大中小企业可以并存，大企业无法利用规模经济的优势来降低长期平均成本，从而无法达到把中小企业排挤出该行业的目的；而在 U 形的 LAC 曲线中，产量水平不同生产成本也不同，只有选择最佳工厂规模才能使长期平均成本最低，所以，对于具有 U 形 LAC 曲线的行业来说，竞争的最终结果必将导致垄断。

【知识链接】　　　　　范围经济

范围经济（Economies of Scope）是指多产品生产时带来的成本节约的一个概念，它是指多种产品的联合生产比单独生产这些产品的成本更低时，存在着范围经济，反之，如果多产品的联合生产比单独生产成本更高时，存在着范围不经济。

对于企业而言，判断是否存在范围经济以及哪些产品和服务间联合生产会产生范围经济是相当重要的，如果在几种产品和服务的联合生产中存在范围经济，生产者就应当把它们组合起来，在其他条件不变的情况下，可以大大降低成本，提高利润水平。反之，如果生产者发现现有生产过程中存在范围不经济，那么就应当明智地将其拆分开来，单独进行生产，也能降低成本，即范围不经济反过来说明，单独生产要优于联合生产。

四、长期边际成本函数和长期边际成本曲线

（一）长期边际成本函数

长期边际成本（Long-run Marginal Cost，LMC）是长期中增加一单位产品所增加的成本。长期边际成本函数公式记做：

$$LMC(Q) = \frac{\Delta LTC(Q)}{\Delta Q} = \frac{dLTC(Q)}{dQ} \tag{5.9}$$

（二）长期边际成本曲线

根据长期边际成本的定义，只要把每一个产量水平上的 LTC 曲线的斜率值描绘在产量和成本的平面坐标图中，便可以得到 LMC 曲线。

长期边际成本 LMC 曲线也可以从短期边际成本 SMC 曲线中推导出来。下面重点介绍这种方法。从推导长期总成本曲线中可知，长期总成本曲线是短期总成本曲线的包络线，在长期中的每一个产量水平，LTC 曲线都与一条代表最优生产规模的 STC 曲线相切，说明在这一产量水平上的两条曲线的斜率相等。

由于 LTC 曲线的斜率是相应的 LMC 值，STC 曲线的斜率是相应的 SMC 值，由此可知，在长期中的每一个产量水平上，LMC 值都与代表最优生产规模的 SMC 值相等，由

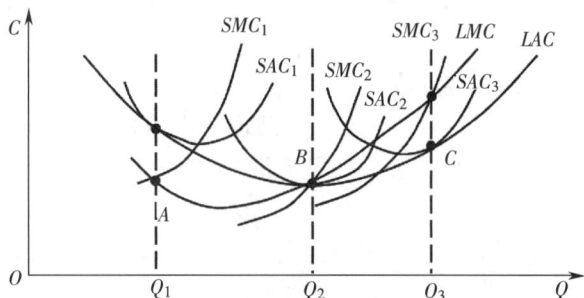

图 5 - 11　长期边际成本曲线

此我们可以根据 *SMC* 曲线推导出 *LMC* 曲线。如图 5 - 11 所示，在 *A* 点上，*SMC* 曲线与 *LMC* 曲线相交，与交点相对应的产量是最优生产规模的 SAC_1 曲线与 *LAC* 曲线相切时的产量。相应的短期边际成本 AQ_1 的高度也是长期边际成本，有 $LMC = SMC_1 = AQ_1$。同理在 *B* 点上，SMC_2 曲线与 *LMC* 曲线相交，与交点相对应的产量为 Q_2，在 Q_2 的产量上，生产该产量的最优规模分别是 SAC_2 和 SMC_2 曲线，相应短期边际成本是 BQ_2 的高度，并有 $LMC = SMC_2 = BQ_2$，依此类推，在 Q_3 的产量上，有 $LMC = SMC_3 = CQ_3$。

　　在生产规模可以无限细分的条件下，可以得到无数个类似 *A*、*B*、*C* 的点，将这些点连接起来便得到一条平滑的长期边际成本曲线。

　　LMC 曲线也是随着产量的增加先减少而后增加，因此 *LMC* 曲线也是一条下降而后上升的 U 形曲线。

【知识链接】　　　　长期边际成本 *LMC* 与长期
平均成本 *LAC* 的关系

　　在长期平均成本下降时，长期边际成本小于长期平均成本；在长期平均成本上升时，长期边际成本大于长期平均成本；在长期平均成本的最低点（长期边际成本曲线与长期平均成本曲线相交于长期平均成本曲线的最低点），长期边际成本等于长期平均成本。

第四节　收益与利润最大化原则

　　厂商从事生产的目的是追求利润最大化，而利润来自厂商销售商品和劳务所获得的收益与生产这些产品和劳务所支付的成本之间的差额。为了使利润最大化，厂商要比较付出的成本和得到的利益来决定生产什么、生产多少和如何生产的问题，我们已经分析了厂商的成本情况。这一节主要介绍厂商的收益方面的情况，分析厂商如何通过成本和收益的比较确定产量以实现利润最大化目标。

边际成本和
平均总成本

（资料来源：http://open. 163. com/
newview/movie/free? pid = MDDKIR4NV
&mid = MDE46DJ37）

收益（Revenue）是指生产并销售商品或劳务所获得的货币收入。关于收益，有三个重要的概念。

一、总收益、平均收益、边际收益

1. 总收益（Total Revenue，TR）。是厂商销售一定数量商品和劳务所获得的货币收入总和，即全部的销售收入。如果用 P 表示价格，用 Q 表示销售量，则公式为

$$TR = P \cdot Q \tag{5.10}$$

2. 平均收益（Average Revenue，AR）。是厂商出售每单位商品和劳务所得到的平均货币收入，即总收益与总销售量之比，公式为

$$AR = \frac{TR}{Q} = \frac{P \cdot Q}{Q} = P \tag{5.11}$$

从公式可以看出，AR 也就是每单位商品的售价。

3. 边际收益（Marginal Revenue，MR）。是指厂商增加销售一单位商品和劳务而获得的货币收入。公式为

$$MR = \frac{\Delta TR}{\Delta Q} = \frac{\mathrm{d}TR(Q)}{\mathrm{d}Q} \tag{5.12}$$

4. 关于收益的概念应注意的几个问题。

（1）收益并不等于利润，收益是出售商品所得到的钱，利润是出售产品所赚到的钱。即经济利润 = 总收益 − 经济成本（总成本）。厂商有无经济利润，以及经济利润的多少，是其进行生产经营活动的主要依据。厂商的经济利润可能出现以下三种情况：

①总收益大于经济成本，即经济利润大于零。这种情况下，厂商的现有投资方向和决策是合理的，并优于其他投资方向，这时他会继续保持原有的选择。

②总收益等于经济成本，即经济利润等于零。这种情况下，厂商正好能够获得正常利润，虽然没有经济利润，但他也不会轻易改变投资方向，除非新的投资方向能有稳定的经济利润。

③总收益小于经济成本，即经济利润小于零。这种情况下，厂商的纯收益低于正常利润，这时他将会重新考虑其投资方向，以争取至少能获得正常利润。

（2）厂商的总收益、平均收益、边际收益之间的关系如图 5 − 12 所示。平均收益曲线位于边际收益曲线上方。当边际收益大于零时，总收益一直在增加；当边际收益等于零时，总收益达到最大；当边际收益小于零时，总收益递减。

（3）在不同市场结构中，收益变动的规律并不是完全相同的，MR 曲线与 AR 曲线的形状也并不相同。这将在下一章得到说明。

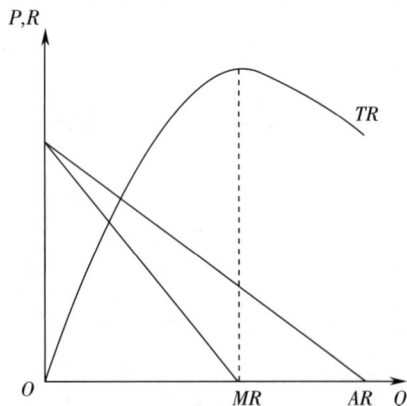

图 5 − 12　总收益、平均收益与边际收益

二、利润最大化原则

利润最大化就是使 TR 与 TC 之间的差额达到

最大。如果用 π 表示利润，其公式可以表示为

$$\pi = TR - TC \qquad (5.13)$$

我们知道，TR 和 TC 都是产量的函数，并随产量的变化而变化。因此，对厂商而言，要实现利润最大化，关键是要确定一个适当的产量，在这个产量水平上，TR 和 TC 之间的差额最大，如果用 π_{max} 表示利润最大化，那么利润最大化原则可以用下面公式来描述：

$$\pi_{max} = TR(Q) - TC(Q) \qquad (5.14)$$

追求利润最大化的厂商总是要比较在每一产量水平上的成本和收益之间的关系，以决定生产什么、不生产什么和生产多少，在这方面，厂商的行为要受到两个原则约束：

1. 损失最小化原则。在短期内，如果某厂商的 AR（或 P）小于或等于 AVC，他将不从事生产。这是因为，在这种情况下，如果厂商什么也不生产，他的损失只是等于他的 FC；如果他生产，他每单位产品的损失等于（$AFC + AVC$）$- P$。只有当 $AR > AVC$ 时，对于厂商来说，进行生产才是值得的，因为这时厂商进行生产不仅能收回 VC，而且能够部分的收回 FC 的费用，从而减少自己的经济损失。

因此，在短期内厂商进行生产的基本条件是 P（AR）大于 AVC，如果 $P \leq AVC$，厂商就会停止生产，因为生产意味着比停产的损失还要大。在长期内，只有 $P \geq AC$，厂商才会进行生产，否则厂商就会离开该行业。

2. 利润最大化原则。假定厂商值得进行生产（已经满足原则 1 的条件）。当 $MR > MC$ 时，厂商增加产量是有利的。因为 MR 是每增加一个单位产量而使 TR 变动的数量，MC 是每增加一个单位产量而使 TC 变动的数量。如果每增加一个单位产品的生产，其 $MR > MC$，那么多生产这一单位产品必然使利润总额提高，这时增加产量是有益的；当 $MR < MC$，厂商就要减少产量。因为此时增加一单位产品的生产必然使利润总额减少；当 $MR = MC$，厂商将不改变产量水平，这时的产量是利润最大化的产量水平，因为虽然生产这最后一单位产量的收支相抵，无利润可赚，但所有以前生产的产量使总利润达到最大程度，所以，西方经济学认为，$MR = MC$ 是利润达到最大的均衡条件，即利润最大化原则。

这一原则具有普遍的意义，它对任何厂商无论是完全竞争市场，还是不完全竞争市场都是适用的。现实中市场结构是不同的。在不同的市场条件下，收益变动规律不同，厂商对最大利润的追求就要受到不同市场条件的限制。

利润最大化的均衡条件，也可以用如下数学方法证明。如前所述，令利润最大化原则为

$$\pi(Q) = TR(Q) - TC(Q)$$

满足上式利润最大化的必要条件为

$$d\pi(Q)/dQ = dTR(Q)/d(Q) - dTC(Q)/d(Q) = MR(Q) - MC(Q) = 0$$

即

$$MR(Q) = MC(Q) \qquad (5.15)$$

式（5.15）为利润最大化原则。

【知识链接】　　大型商场平时为什么不延长营业时间？

在"节日经济"这个蛋糕越做越大的情况下，众商场争相延长营业时间，采取各种促销活动，在消费者收获了节日的喜庆与购物快乐的同时，众商场也借着节日的春风赚得盆满钵盈。既然如此，商场为何在平时不延长营业时间呢？这其中除了商场借机炒作之外，也蕴含着一定的经济学原理。

经济学的边际分析理论认为，商场是否延长营业时间，主要取决于延时的边际成本MC与边际收益MR的比较。从理论上说，边际成本MC就是商场营业时间延长一小时所耗费的成本，它包括由于延长时间而造成的直接物耗（如水、电等）和支付的售货员的加班费和奖金。而边际收益MR就是商场营业时间延长一小时所卖出商品的收益。假如延长一小时增加的成本是1万元（注意这里讲的是西方经济学的成本，包括成本和正常利润），那么在延时的一个小时里，由于他们卖出商品而增加的收益大于1万元，作为一个精明的企业家，他们还应该将营业时间在此基础上再延长，因为这时他们有一部分该赚的钱还没有赚到手。相反，如果他们延长一小时增加的成本是1万元，增加的收益却不足1万元，那么在不考虑其他因素的情况下就应该取消延时的经营决定，因为每延时一小时，成本大于收益的亏损就会增大。所以，在以上两种情况下，商场都会进行营业时间的调整，只有在边际收益等于边际成本时，才表明已把该赚的利润都赚到了，即实现了利润的最大化。

商场之所以选择在假日期间延长营业时间，是因为人们假如有更多的时间去旅游购物，使商场的收益增加；而平时紧张工作和繁忙家务使人们没有更多的时间和精力去购物，就是延时服务也不会有更多的人光顾，增加的销售额也就不足以抵偿延时所增加的成本。

资料来源：圣才学习网—经济类—微观经济学案例。

【本章小结】

成本是企业进行经济决策需要考虑的重要因素。本章分析各类成本的变动规律及其相互之间的关系，这种关系对经济效率的实现是重要的。企业的实际成本与利润计算所使用的是会计师的方法，但经济学家的方法可以用于分析企业的经济活动，使企业的资源使用更为有效，所以，经济学家的方法不仅仅是一种理论分析，而且也有其实用意义。

特别应该指出的是：机会成本概念的提出，从经济资源稀缺的角度拓宽和深化了对消耗在一定生产活动中的经济资源成本的理解，通过对相同的经济资源在不同的生产用途中所得的不同收入的比较，将使得经济资源从所得收入低的生产用途上，转移到所得收入高的用途上，或者说，使得经济资源从生产效率低的生产用途上，转移到生产效率高的生产用途上。当经济学家依据会计成本来计算利润时，所依据的成本并不是实际货币支出，机会成本的计算方法可以帮助我们更好地利用资源，而用会计师的方法也许会产生误导。

还应指出的是，在长期平均成本LAC在经济学的分析中它总是被假定为U形的，长期平均成本LAC曲线总是被假定存在着一个最低点，微观经济分析所要得到的一个很重要的结论是：完全竞争的市场经济是最有效率的，而长期平均成本LAC曲线的U形假定是使这一结论得以成立的一个关键性的假定。但事实上，在不少行业中企业的长期平均成本 LAC 曲线并非是 U 形，而呈 L 形。根据一些经济学家的实证分析，许多企业在低产量阶段表现为规模报酬递增，而一旦产量到达一个"最低有效产量"，规模报酬在相当长一段产量区域内保持不变，规模报酬递减将出现在产量非常高的阶段。依照这种看法，长期平均成本曲线应该如"L"的形状。

【复习思考题】

一、名词解释

显性成本　隐含成本　正常利润　固定成本　边际成本　利润最大化原则

二、分析讨论题

1. 边际成本曲线为什么在平均成本曲线的最低点与之相交？

2. 短期平均成本曲线与长期平均成本曲线都呈 U 形，这是什么原因造成的？如何利用 SAC 曲线说明 LAC 曲线的形成？

3. 试说明 LMC 曲线与 SMC 曲线的关系。

4. 为什么 $MR = MC$ 是厂商利润最大化的原则？

三、计算题

已知边际成本函数为 $MC = 3Q^2 - 8Q + 100$，若产量 $Q = 5$ 时，总成本 $TC = 595$，求总成本函数、平均成本函数、可变成本函数及平均可变成本函数。

【案例分析】

狡猾的农场主

一个生产小麦的农场主向他的工人发布了这样一则坏消息："今年的小麦价格很低，而且我从今年的粮食中最多只能获得 3.5 万元毛收入。如果我付给你们与去年相同的工资（3 万元），我就会亏本，因为我不得不考虑 3 个月以前已经为种子和化肥花了 2 万元。如果为了那些仅值 3.5 万元的粮食而让我花上 5 万元，那么我一定是疯了。如果你们愿意只拿去年一半的工资（1.5 万元），我的总成本将为 3.5 万元（2 万元 +1.5 万元），至少可以收支相抵。如果你们不同意降低工资，那么我也就不打算收割这些小麦了。"

问题：（1）如果你是农场工人，你是否会同意降低工资？为什么？

（2）如果你是农场主，工人都不愿意降低工资，你是否会决定不再收割这些小麦？为什么？

【拓展阅读】

规模经济——
企业做大做强的理论支撑

第六章

市场理论

SHICHANG LILUN

【教学目的和要求】

通过本章的学习，明确完全竞争市场、完全垄断市场和垄断竞争市场的特征与需求曲线形状；掌握完全竞争厂商、完全垄断厂商和垄断竞争厂商的短期均衡和长期均衡的条件以及供给曲线的获得；能够通过分析对不同市场运行的效率作出评价；了解寡头垄断市场的含义，以及古诺模型、斯威齐模型、卡特尔及价格领先机制。

厂商的生产目的是最大化自己的利润。利润是产品的销售收益与生产成本的差额。产品的销售收益等于消费者的支出，因此，销售收益受消费者的需求影响；而产品的生产成本受产量影响。厂商通过与消费者在市场上进行商品货币交换最终实现利润。本章将在前面各章的分析基础之上，探讨不同市场模型下，厂商如何通过调节产量而获取最大利润，即实现厂商均衡。

第一节　市场理论概述

所谓"市场"（Market），是指买者和卖者进行交易、决定价格的一种组织形式或制度安排。也可以说，市场是指从事某一种商品买卖的交易场所或接洽点。它可以是有形的，也可以是无形的。买卖双方既可以面对面地进行交易，也可以通过现代化通信工具和其他媒体如互联网等进行交易。任何一种交易物品都有一个市场。经济中有多少种交易物品，就相应地有多少个市场。例如，可以有石油市场、土地市场、大米市场、自行车市场、铅笔市场等。

【知识链接】 市场与行业的区别

市场是联系生产和消费的纽带，同时受到供给与需求的直接影响。而行业则是指制造或提供同一产品或类似产品或劳务的厂商的集合，仅涉及生产者一方。

人们可以根据需要从不同的角度对市场进行分类。

（1）按交易的对象划分，可以分为商品市场和生产要素市场。要素市场又可以分为劳动力市场、土地市场、资本市场、技术市场、信息市场等。

（2）按国家界限划分，可以分为国内市场和国际市场。

（3）按地理位置划分，可以分为农村市场和城市市场。

（4）按商品用途划分，可以分为生活资料市场和生产资料市场。

（5）按商品供货来源划分，可以分为工业产品市场和农业产品市场。

（6）按消费主体的身份特点划分，可以分为消费者市场和组织机构市场。组织机构市场又可以分为生产者市场、中间商市场和政府市场等。

（7）按商品形态划分，可以分为物质产品市场和劳务产品市场。

（8）按照竞争程度的强弱，可将市场划分为完全竞争市场、垄断竞争市场、寡头垄断市场、完全垄断市场四种类型。

市场理论

（资料来源：http：//open.163.com/ newview/movie/free? pid = MEN4OBK9G & mid = MEO973SM8）

在经济学中，我们常按竞争程度强弱对市场进行分析。决定市场竞争程度强弱的主要因素有以下四个：第一，市场上厂商的数目；第二，厂商所生产的产品的差别程度；第三，单个厂商对市场价格的控制程度；第四，厂商进入或退出一个行业的难易程度。其中可以认为，第一个因素和第二个因素是最基本的因素。在以后的分析中，我们可以体会到，第三个因素是第一个因素和第二个因素的必然结果，第四个因素是第一个因素的延伸。

表6-1对完全竞争市场、垄断竞争市场、寡头垄断市场和完全垄断市场的划分以及相应的特征进行了简单概括。

表6-1 市场类型的划分和特征

市场类型	厂商数目	产品差别	对价格的控制程度	进出一个行业的难易程度	接近哪种商品市场
完全竞争	很多	完全无差别	没有	很容易	一些农产品，如玉米、小麦
垄断竞争	很多	有差别	有一些	比较容易	一些轻工业品服装、食品
寡头垄断	几个	有差别或无差别	相当程度	比较困难	汽车、石油
完全垄断	唯一	唯一产品，且无相近替代品	很大程度，但常受管制	很困难，几乎不可能	公用事业，如水、电

本章将按照竞争程度，分别阐述完全竞争市场、垄断竞争市场、寡头垄断市场、完全垄断市场四种类型市场中的厂商如何实现各自的利润最大化。

第二节　完全竞争市场的厂商均衡

一、完全竞争市场的含义及特征

完全竞争市场（Perfectly Competitive Market），也称为纯粹竞争市场，是指一种不受任何阻碍、干扰和控制的市场结构。在该市场中，没有任何外力参与活动，没有厂商间的勾结行为。按照美国经济学家张伯伦的观点，完全竞争就是没有任何"垄断因素"的竞争。

完全竞争市场必须具备一定的条件，这些条件主要有以下几个方面：

1. 市场上有众多的小规模厂商和小规模消费者，任何一个厂商或消费者都不能影响市场价格。由于存在着大量的厂商和消费者，与整个市场的产量（销售量）和购买量相比较，任何一个厂商的产量和任何一个消费者的购买量所占的比例都很小，厂商只能改变自己的销售量，而无法改变市场的需求量，也就无法影响产品的价格。因而，任何人都没有能力通过自己的行为来影响到该商品的市场价格。所以，任何厂商和消费者的单独行为都不会引起市场产量和价格的变化。也就是说，他们都只能是市场既定价格的接受者，而不是市场价格的决定者。

【知识链接】

美国经济学家乔治·斯蒂格勒说："任何单独的购买者和销售者都不能依凭其购买和销售来影响价格。"也就是说，任何购买者面对的供给弹性无穷大，而销售者面临的需求弹性也是无穷大的。

完全竞争市场（1）

（资料来源：http：//open.163.com/newview/movie/free?
pid = MEN4OBK9G&mid = MEO973OBB）

完全竞争市场（2）

（资料来源：http：//open.163.com/newview/movie/free?
pid = MEN4OBK9G&mid = MEO9781B4）

2. 厂商所提供的产品都是同质的。在买者看来，某一行业每个厂商的产品在质量、性能、外形、包装等方面都是无差别的，是完全相同的，可以完全替代的。任何一个企业都无法通过自己的产品具有与他人产品的不同之处来影响价格而形成垄断，从而享受垄断利益。对于消费者来说，在价格相同时，购买哪个厂商的产品完全是随机的。如果某一厂商将自己产品的价格提高，买者就会立即离开去购买其他厂商的产品。如果某一厂商将自己产品的价格下调，由于其销售量占市场比重极小，所以，他也不可能影响整个市场价格，受损失的只能是厂商自己。这也进一步证明了在完全竞争市场上，厂商只是价格的接受者。实践中，只要生产同质产品，各种商品互相之间就具有完全的替代性，就很容易接近完全竞争市场。

3. 资源流动充分自由，厂商进出行业自由。完全竞争市场意味着厂商进入或退出某一行业时不存在任何法律上的、自然的或社会的障碍，各种资源可以顺畅地进入或退出市场。具体地说，任何一种资源都能够自由地进入或退出某一市场，能够随时从一种用途转移到另一种用途中去，不受任何阻挠和限制。各种资源都能够在各行业间和各个企业间充分自由地流动。商品能够自由地由市场价格低的地方流向市场价格高的地方，劳动力能够自由地从收入低的行业或企业流向收入高的行业或企业，物质生产要素能够自由地由效率低、效益差的行业或企业流向效率高、效益好、产品供不应求的行业或企业。任何一个厂商进入市场或退出市场完全由厂商自己自由决定，不受任何社会法令或其他社会力量的限制。当某个行业市场上有净利润时，就会吸引许多新的厂商进入这个行业，从而引起利润的下降，致使利润逐渐消失。而当行业市场出现亏损时，许多厂商又会退出这个行业，从而又会引起行业市场利润的增长。这样，在一个较长的时期内，厂商只能获得正常的利润，而不能获得垄断利益。

4. 市场信息是完全和对称的。完全信息要求市场信息畅通准确，完全竞争市场中的消费者和厂商对某一行业任何一个厂商产品的价格都有完全充分的了解。不仅知道过去的和目前的，也能了解到未来的。信息对称要求不仅厂商能够获得商品的相关信息，消费者也同样可以获得商品的全部信息。厂商不仅完全了解生产要素价格、自己产品的成本、交易及收入情况，也完全了解其他厂商产品的有关情况，能够在最佳投入组合和最佳规模上进行生产和销售。消费者完全了解各种产品的市场价格及其交易的所有情况，绝不会在应有的价格之上购买产品。劳动者完全了解劳动力资源的作用、价格及其在各种可能的用途中给他们带来的收益。因此，市场上完全按照大家都了解的市场价格进行交易活动，不存在相互欺诈。

在现实中，完全竞争市场的结构几乎不存在。但在许多行业中，如农产品、纸制品、塑料制品、零售杂货店等行业竞争都异常激烈，接近于完全竞争市场。因此，我们关于完全竞争市场模型的研究对预测这些行业中的厂商行为是很有帮助的。

二、完全竞争市场厂商的收益曲线

(一) 完全竞争市场厂商的需求曲线

在完全竞争市场上，价格是经过市场供求相互作用而决定的，厂商只是价格的接受者。如图 6-1 所示，D 表示行业需求曲线，是市场上所有消费者的需求曲线加总而来，S 表示行业供给曲线，D 与 S 交点确定价格水平为 P_0。如图 6-1 所示，厂商的需求曲线是一条水平线，意味着在既定价格水平下，单个厂商可以出卖任何数量的商品而不会影响市场的价格。

完全竞争厂商的需求曲线是一条水平线，实际并不意味着价格水平不能改变。它只是表明厂商自身行为不能影响价格。假如在一个完全竞争市场上所有的厂商或大部分厂

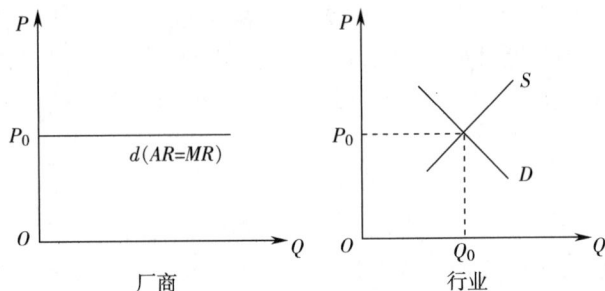

图 6 – 1　完全竞争市场厂商的收益曲线

商同时增加或减少产量，供给曲线会发生转移，市场价格必然会发生变动，变化后的价格对每个厂商又是一个既定的价格水平，可按此价出卖任何数量商品，而不会影响价格水平。

（二）完全竞争市场厂商的收益曲线

完全竞争市场厂商的收益包括总收益、平均收益和边际收益。

1. 总收益（TR）。总收益是指厂商出售商品后所获得的总的货币收入，等于商品的销售量与价格之积。其公式为

$$TR = P \cdot Q \tag{6.1}$$

总收益曲线表现为一条从原点出发斜率值等于价格的直线。

2. 平均收益（AR）。平均收益是指厂商在出售一定量商品后，从每单位商品中得到的货币收入。

$$AR = TR/Q = P \cdot Q/Q = P \tag{6.2}$$

由于价格既定，因此，平均收益曲线就是一条平行于横轴的水平线。由于需求曲线表示的是消费者在每一价格下的购买量，所以，它可以代表厂商平均收益曲线，二者是同一条平行于横轴的水平线。

3. 边际收益（MR）。边际收益是指厂商每多销售一单位商品而带来的总收益的增加值，等于总收益的增量与销售量的增量之比，公式为

$$MR = \Delta TR/\Delta Q = dTR/dQ = P \tag{6.3}$$

显然，边际收益曲线和平均收益曲线重合。

如图 6 – 1 所示，在完全竞争条件下，不论厂商销售多少商品，其价格不变。厂商的平均收益、边际收益均等于产品的价格，即 $AR = MR = P$。在图形上就可以反映为厂商的需求曲线、平均收益曲线、边际收益曲线三条线重合。这在经济学中称为"三线合一"。这是完全竞争市场与其他类型市场的重要区别。

三、完全竞争市场厂商的短期均衡与短期供给曲线

从前面章节的学习中，我们已经知道，厂商利润最大化原则是 $MR = MC$。在完全竞争市场中，完全竞争市场厂商可以以既定的价格出售他所愿意出售的所有产品数量。但是，厂商要获得最大的利润，应该如何选择生产产量呢？这一问题同时涉及厂商的成本及收益状况，而厂商的成本状况应视考察期的长短而异。

（一）完全竞争市场厂商的短期均衡分析

在短期生产中，企业数目给定，企业生产规模给定，厂商只能通过调整产量来实现利润最大化，即实现厂商均衡（Firm Equilibrium）。厂商的短期均衡就是解决企业在短期如何选择最佳产量以实现利润最大化。由于在短期内存在固定成本，所以，厂商只能通过调整可变要素的投入量来调整其产量，短期均衡的实质就是厂商如何在短期内通过可变要素投入量的调整来选择一个产量，以实现利润最大化。

下面分别用总量分析和边际分析来说明完全竞争厂商短期均衡的实现。

（1）总量分析法。厂商利润（Π）等于总收益（TR）减去总成本（TC），即 $\Pi = TR - TC$。因为总收益与总成本都随产量的变化而变化，即 TR、TC 都是 Q 的函数，所以利润（Π）也是产量（Q）的函数，利润达到最大值的产量就是厂商的均衡产量。如图 6-2 所示，即为 A 点对应产量。图中给出完全竞争市场的某个厂商的短期总收益曲线 TR 和总成本曲线 TC，若要使利润获得最大值，也就是 TR 与 TC 之间的差额最大，反映在图上应当是 TR 与 TC 曲线的垂直距离最大，虚线代表 TC 曲线的切线，它恰好与 TR 曲线平行，切点为 A 点，这意味着 A 点处 TR 与 TC 的距离最远。此时，能使厂商利润最大。

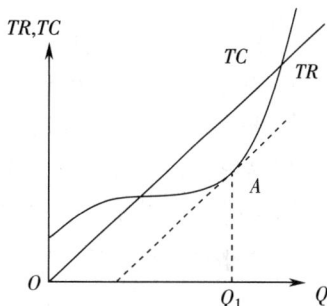

图 6-2　总量分析法

（2）边际分析法。这种方法通过计算厂商的边际收益与边际成本，并将二者进行比较，以此来指导产量调整的方法。如果边际收益大于边际成本，即 $MR > MC$，增加产量会使得所增加的收益大于所增加的成本，利润会增加，企业可以增加产量。如果边际收益小于边际成本，即 $MR < MC$，增加产量会使得所增加的收益小于所增加的成本，利润会减少，企业就要减少产量。当边际收益等于边际成本时，即 $MR = MC$，利润达到最大。也就是说，边际收益等于边际成本时的产量就是使厂商利润最大化的产量，这时增加或减少产量，都会使利润减少。因此，$MR = MC$ 是企业实现利润最大化的条件。

图 6-3 表示在完全竞争条件下，某厂商的边际收益与边际成本状况。当产量小于 Q_1 时，边际收益大于边际成本，厂商可以继续增加产量；当产量增加到 Q_1 时，边际收益与边际成本相等；如果厂商继续生产，产量超过 Q_1 时，边际成本就比边际收益大，利润就会减少。因此，只有边际收益等于边际成本时，或者说是价格与边际成本相等时，才能使利润最大化，此时的产量即为使利润最大化的产量。完全竞争厂商短期均衡的条件就是：$MR = SMC$，此时 $MR = AR = P$。

值得注意的是，边际收益等于边际成本即 $MR = MC$ 的利润最大化原则，不仅适用于完全竞争市场的厂商，而且适用于其他任何类型市场的厂商。但特别的是，在完全竞争市场中，单个厂商的边际收益和边际成本都与价格相等，即 $MR = MC = P$。

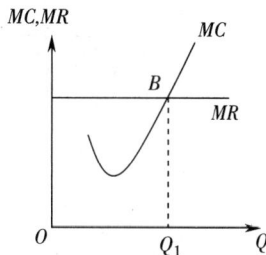

图 6-3　边际分析法

（二）完全竞争市场厂商的短期均衡状况

通过上述分析，我们可以得出结论：当边际收益与边际
成本相等时，厂商可以实现利润最大化。但利润最大化并不意味着厂商一定能够盈利，
在厂商的短期均衡中，可能出现利润为零，甚至为负的情况。那么，我们如何确定厂商
是否盈利呢？根据成本收益理论，我们知道：

$$\pi = TR - TC$$
$$= PQ - AC \times Q$$
$$= (P - AC)Q \tag{6.4}$$

要确定利润最大化时厂商是否能够盈利这个问题，就必须对平均成本和价格进行比
较，如果平均成本高于价格，即 $AC > P$，则 $\prod < 0$，厂商就会亏损；如果平均成本等于
价格，即 $AC = P$，则 $\prod = 0$，厂商就无利润，仅能达到收支相抵；如果平均成本低于价
格，即 $AC < P$，则 $\prod > 0$，厂商就会盈利。

下面我们分四种情况对厂商的短期均衡作一个全面的说明。

1. 平均成本低于价格，即 $AC < P$。如图 6 – 4 所示，此时，厂商的需求曲线 d（同
时也是平均收益曲线 AR、边际收益曲线 MR）位于平均成本曲线最低点之上。根据利润
最大化原则 $MR = MC$，确定均衡点为 E 点，厂商均衡产量为 I，平均成本为 OG，价格为
OH，此时，厂商的总收益为矩形 $OHEI$ 的面积，厂商的总成本为矩形 $OGFI$ 的面积，利
润为矩形 $GHEF$ 的面积。显然，$\prod > 0$，厂商盈利。这种情况称为厂商获得超额利润。

2. 平均成本等于价格，即 $AC = P$。如图 6 – 5 所示，此时，厂商的需求曲线 d（同
时也是平均收益曲线 AR、边际收益曲线 MR）与平均成本曲线最低点 E 点相切。根据利
润最大化原则 $MR = MC$，确定均衡点为 E 点，厂商均衡产量为 I，在对应均衡点 E 上，
$MC = AC = AR = MR = P$，$\prod = 0$，因此，厂商既无亏损又无超额利润，仅能达到收支相
抵，这种情况称为厂商获得正常利润。

图 6 – 5 中的 E 点是 SAC 与 SMC 交点，也是 SAC 最低点。当厂商产量水平高于 I 时
厂商能够盈利，当厂商产量水平低于 I 时厂商会亏损。也就是说，价格水平高于这一点，
存在超额利润；低于这一点，厂商亏损。所以，E 点被称为收支相抵点或盈亏临界点。

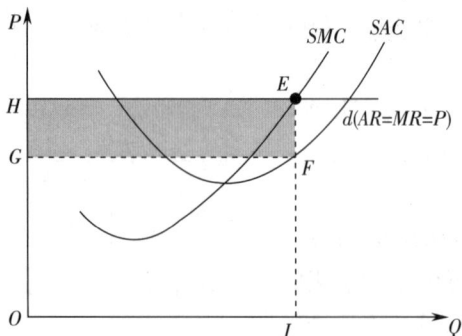

图 6 – 4 完全竞争市场厂商的短期均衡 1

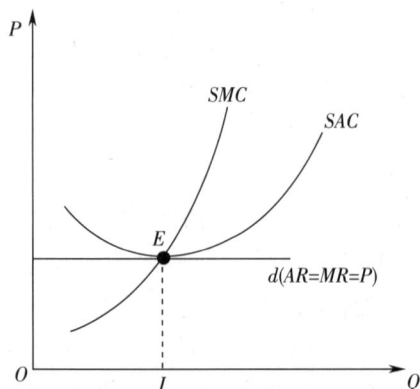

图 6 – 5 完全竞争市场厂商的短期均衡 2

3. 平均成本高于价格，且平均可变成本低于价格，即 $AC > P > AVC$。如图 6-6 所示，厂商的需求曲线 d（同时也是平均收益曲线 AR、边际收益曲线 MR）低于平均成本曲线的最低点，但高于平均可变成本曲线最低点。根据利润最大化原则 $MR = MC$，确定均衡点为 E 点，厂商均衡产量为 I，平均成本为 OG，价格为 OH，此时，厂商的总收益为矩形 $OHEI$ 的面积，厂商的总成本为矩形 $OGFI$ 的面积，利润为矩形 $HGFE$ 的面积。但由于 $AC > P$，因此，$\prod < 0$，矩形 $HGFE$ 的面积表示亏损额。这种状态下厂商选择任何产量水平都会出现亏损，但厂商是继续生产还是停止生产，则取决于总收益是否可以抵消可变成本，或者说，平均收益（$AR = MR = P$）是否可以抵消平均可变成本。

$$\pi = TR - TC$$
$$= PQ - (FC + VC)$$
$$= PQ - (FC + AVC \times Q)$$
$$= (P - AVC)Q - FC \tag{6.5}$$

此时，平均收益（$AR = MR = P$）小于平均总成本 SAC，却大于平均可变成本 AVC 时，即 $IE > IJ$，厂商虽亏损，但仍可继续生产。因为，生产可以使厂商在用全部收益弥补全部可变成本之后还有剩余，这剩余的部分还能弥补在短期内总是存在的固定成本的一部分，生产的效果要比不生产好，因此，厂商虽然亏损，但应继续进行生产。

4. 平均成本高于价格，且平均可变成本等于价格，即 $AC > P = AVC$。如图 6-7 所示，厂商的需求曲线 d（同时也是平均收益曲线 AR、边际收益曲线 MR）与平均可变成本 AVC 曲线最低点 E 点相切。根据利润最大化原则 $MR = MC$，确定均衡点为 E 点，厂商均衡产量为 I，平均成本为 OG，价格为 OH，此时，厂商的总收益为矩形 $OHEI$ 的面积，厂商的总成本为矩形 $OGFI$ 的面积，可变成本为矩形 $OHEI$ 的面积，固定成本为矩形 $HGFE$ 的面积，亏损为矩形 $HGFE$ 的面积。显然，可变成本等于总收益，即 $TR = VC$；固定成本等于生产时的亏损，即 $|\prod| = |FC|$。但由于 $AC > P$，使 $\prod < 0$，厂商亏损。但厂商是否还要在亏损的状态下继续生产呢？此时，平均收益等于平均可变成本，即 $AR = P = AVC$，使得可变成本等于总收益，即 $TR = VC$。如果厂商继续生产，其全部收益仅能弥补可变成本，固定成本已经不能从生产收益中得到任何弥补了。生产与不生产对于厂商而言效果是相同的，因此，厂商此时既可以继续生产，也可以选择停止生产。但如果厂商的需求曲线 d 继续降低，下降到平均可变成本最低点以下，厂商继续生产，其全部收益连可变成本都无法弥补，更谈不上对固定成本的弥补了，则必须停产，可变成本才会变为零，以最大限度减少损失。此时，不生产比生产对厂商更有利。

图 6-7 中的 E 点是 AVC 与 SMC 交点，也是 AVC 最低点。当厂商产量水平高于 I 时厂商应该处于生产状态，当厂商产量水平低于 I 时厂商应该停止生产。也就是说，价格水平高于这一点，厂商营业；低于这一点，厂商关门停业。所以，E 点被称为停止营业点或企业关闭点。

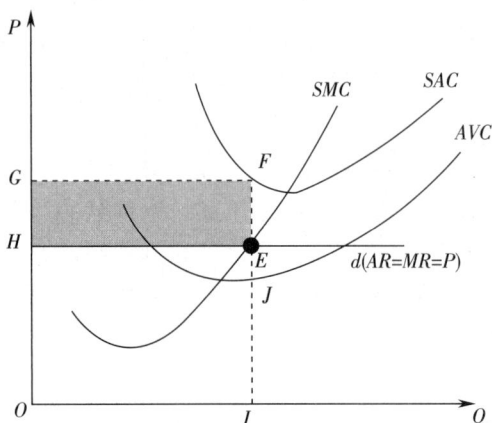

图 6 - 6　完全竞争市场厂商的短期均衡 3

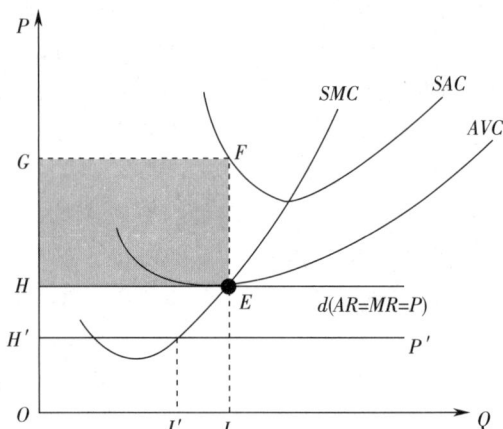

图 6 - 7　完全竞争市场厂商的短期均衡 4

【知识链接】　　　　　　泛美航空公司的终结

——市场价格与平均可变成本的关系

　　1991 年 12 月 4 日，世界著名的泛美国际航空公司正式宣布破产。这家公司自 1927 年投入飞行以来，数十年来一直保持着国际航空巨子的骄人业绩。事实上，1980 年起，这家公司就已经开始出现亏损，而后这家公司并没有马上停止营业，是什么因素使这家公司连续亏损经营长达 12 年之久？

　　竞争市场理论告诉我们，企业在短期内只要市场价格大于平均可变成本，它就会继续经营。但企业亏损的状态会迫使它通过资产处置来调整市场规模，如果还不能扭亏，企业可能会退出这个行业。

　　自 20 世纪 80 年代起，这家公司先后卖掉了不少大型财产，包括以 4 亿美元的价格将泛美大厦卖给美国大都会人寿保险公司，5 亿美元卖掉国际饭店子公司，向美国联合航空公司出售太平洋和伦敦航线，还把位于东京的房地产转手。也就是说，在整个 20 世纪 80 年代，尽管泛美坚持飞行，但同时已经开始逐步撤出国际航空市场了。

资料来源：斯蒂格利茨. 经济学小品与案例［M］. 北京：中国人民大学出版社，2002.

　　（三）完全竞争条件下厂商的短期供给曲线

　　在供给理论中，我们知道，供给曲线是用来表示在每一个价格水平下厂商愿意而且能够提供的产品数量的曲线。综合前面的分析过程，我们可以得出如下结论：厂商的产品价格高于平均可变成本最小值时，厂商可以进行生产；等于平均可变成本最小值时，生产与不生产都可以；小于平均可变成本最小值时，停止生产。如图 6 - 8 所示，厂商的生产产量应该大于 Q_4，对应的供给价格应该高于 P_4，也就是说，当价格低于 P_4，或产量低于 Q_4 时，厂商都不会进行生产。因此，厂商的短期生产范围是 Q_4 以上的产量区间。

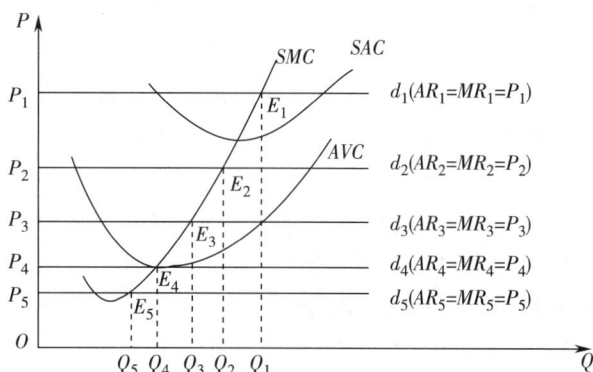

图6-8 完全竞争市场厂商的短期均衡汇总

因此，在完全竞争市场条件下，厂商的短期供给曲线 S 可以用短期边际成本曲线 SMC 来表示。对完全竞争厂商来说，$P = MR$，所以，完全竞争厂商的短期均衡条件又可以写成 $MR = P = SMC(Q)$。此式可以这样理解：在每一个给定的价格水平 P 上，完全竞争厂商应当选择最优的产量 Q，使得 $MR = P = SMC(Q)$ 成立，从而实现最大的利润。这意味着在价格 P 和厂商的最优产量 Q（即厂商愿意而且能够提供的产量）之间存在着一一对应的关系，而厂商的 SMC 曲线恰好准确地表明了这种商品的价格和厂商的短期供给量之间的关系。如图6-8所示，四种厂商可能的生产情况，当市场价格分别为 P_1、P_2、P_3、P_4 时，厂商根据 $MR = SMC(P = SMC)$ 的原则，选择的最优产量顺次为 Q_1、Q_2、Q_3、Q_4，所有的均衡点都在 SMC 曲线上。但必须注意到，厂商只有在 $P \geqslant AVC$ 时，才会生产，而在 $P < AVC$ 时，厂商会停止生产。所以，厂商的短期供给曲线应当用 SMC 曲线上高于和等于 AVC 曲线最低点的部分来表示，即用 SMC 曲线高于和等于停止营业点的部分来表示。如图6-9所示，图中 SMC 曲线上的实线部分（E 点及以上部分）就是完全竞争厂商的短期供给曲线 $S = S(P)$。完全竞争厂商的短期供给曲线是向右上方倾斜的，它表示了商品的价格和供给量同方向变化的关系。更重要的是，完全竞争厂商的短期供给曲线表示厂

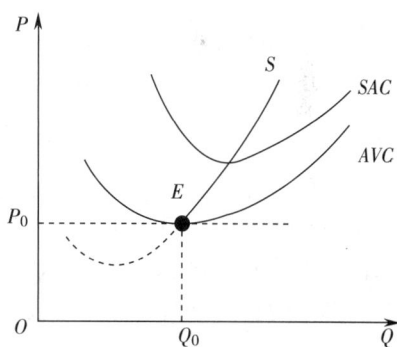

图6-9 完全竞争厂商的短期供给曲线

商在每一个价格水平的供给量是能够给他带来最大利润或最小亏损的最优产量。

四、完全竞争市场厂商的长期均衡

在长期中，完全竞争市场厂商可以通过对全部生产要素投入量的调整，来实现利润最大化的均衡条件 $MR = MC$。在长期生产中，一方面，厂商有足够的时间调整其生产规模，所有的生产要素投入量都是可变的；另一方面，在一个行业内厂商的数目也会发生变化，即行业内会有厂商的进入和退出。那么，这样的情况下，厂商什么时候达到利润最大或者亏损最小的均衡状态呢？

长期生产中的厂商通过调节生产规模来控制产量，当长期边际成本 LMC 等于边际收益 MR 时，厂商就能实现长期内的最大利润，这时不仅长期边际成本 LMC 与边际收益 MR 相等，根据长期成本与短期成本之间的关系，短期边际成本 SMC 也与边际收益 MR 相等。而在完全竞争市场中，边际收益等于价格，所以，当厂商的长期利润达到最大时，长期边际成本、短期边际成本与价格三者相等，即 $LMC = SMC = P$。

如图 6 – 10 所示，假设市场供给曲线 S_1 与需求曲线决定均衡价格为 P_1，此时，价格高于平均成本，厂商获得超过正常利润的经济利润。假如该行业其他厂商也处于同样有利的地位，这就意味着这个行业的厂商得到的利润要大于同样资源在其他行业投资的厂商所获得的利润。这种经济利润便会吸引其他厂商加入该行业，新厂商的增加使该行业的供给增加，供给曲线向右移动。如果市场需求没有变化，那么，新的均衡价格便会下降。只要该行业大部分厂商能够获得经济利润，就会有新的厂商不断加入。与此同时，市场均衡价格也不断下降。这一过程将持续进行，只有当市场供给与需求决定的均衡价格恰好使厂商既无亏损又无超额利润（均衡价格与厂商的最低平均成本相等，厂商的经济利润为零）时才会无新厂商进入，市场处于稳定状态。

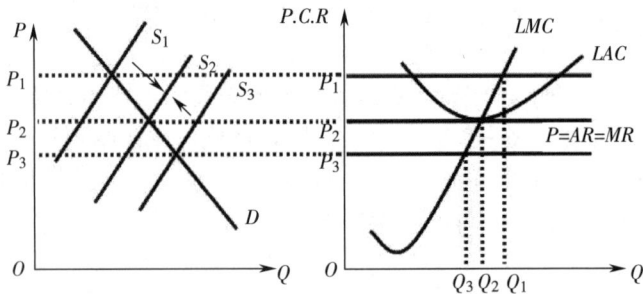

图 6 – 10   完全竞争市场厂商的长期均衡

另一种情况，假设市场供给曲线 S_3 与需求曲线决定均衡价格为 P_3，此时，长期平均成本高于均衡价格，使大部分厂商处于亏损状态，不能获得经济利润，那么，这些厂商必然将他们的资源转移到其他行业，部分厂商退出该行业，由于厂商数目减少，使整个行业的供给减少，供给曲线向左移。如需求无变化，则必然使均衡价格上升。这种变化过程不断进行，只有当市场供给与需求决定的均衡价格恰好使厂商仅能获得正常利润时，才会无厂商退出，市场处于稳定状态。

也就是说，完全竞争市场厂商实现长期均衡时只能获得正常利润，此时，市场均衡价格等于厂商长期平均成本的最小值。因此，完全竞争市场厂商的长期均衡条件为 $P = AR = MR = LMC = SMC = LAC_{min} = SAC$。因此，完全竞争市场的长期均衡状态下，单个厂商既无利润又无亏损，整个行业没有一家企业进入或退出，也没有一家企业扩大或缩小生产规模，这种均衡状态是在市场竞争中实现的。

五、完全竞争市场的评价

完全竞争市场是最有效率的市场类型。这是因为：

1. 完全竞争市场可以促使微观经济运行保持高效率。在完全竞争市场条件下，生产效率低和无效率的厂商会在竞争中被迫退出市场，生产效率高的厂商则得以继续存在，因而，完全竞争市场可促使厂商充分发挥自己的积极性和主动性，进行高效率的生产。

2. 完全竞争市场可以促进生产效率的提高。完全竞争市场可以促使厂商以最低成本进行生产，从而提高生产效率。在完全竞争市场中，每个厂商都只能是市场价格的接受者，因而他们要想使自己的利润最大化，就必须以最低的成本进行生产，也就是最佳规模的生产。这样的生产最大限度地利用了资源和生产能力，这样的生产过程也是一种促进生产效率不断提高的过程。

3. 完全竞争市场可以增进社会利益。完全竞争市场中的竞争，在引导厂商追求自己利益的过程中，也有效地促进了社会的利益。这是亚当·斯密的重大发现及著名论断。他认为，市场竞争引导每个厂商都不断地努力追求自己的利益，他们所考虑的并不是社会利益，但是，由于受一只"看不见的手"的指导，最终将达到一个并非他本意想要达到的目的。他追求自己的利益，往往使他比在真正出于本意的情况下更能有效地促进社会的利益。

4. 完全竞争市场可以提高资源的配置效率。在完全竞争市场条件下，资源能不断地自由流向最能满足消费者需要的生产部门，在资源的不断流动过程中实现了资源在不同用途间、不同效益间和在生产过程中的不同组合间的有效选择，使资源发挥出更大的效用，从而大大提高了资源的配置效率。

5. 完全竞争市场有利于消费者及消费需求满足的最大化。在完全竞争市场中，价格接近生产成本，所以"在纯粹竞争的情况下，获利最大的是消费者"，可以使消费者的需求得到最大满足。

虽然完全竞争市场可以有效地进行资源配置，但也是一种有许多缺陷的市场形式。

完全竞争市场的假设条件在现实生活中很难成立。在现实经济中，难以全面具备完全竞争市场的所有前提条件，因此，完全竞争市场在现实经济实践中很难出现。它只是西方经济学家在研究市场经济理论过程中的一种理论假设，是进行经济分析的一种手段和方法。缺乏实践意义就成了完全竞争市场最根本的缺陷。在现实经济实践中，即使进入市场非常自由，由于其他各个方面条件的限制和影响，进入市场中的企业也不可能无限多。还有，完全竞争市场中完全信息的假设也是不现实的。一般情况下，无论是生产者还是消费者，都只能具有不完全信息。市场信息也不可能畅通无阻而且非常准确。

另外，完全竞争市场也会造成一定的资源浪费。在完全竞争市场条件下，自由进入使效率更高、产品更能适合消费者需要的企业不断涌进市场，而那些效率低、产品已不能适应消费者需要的企业则不断地被淘汰退出市场。那些因在竞争中失败而退出市场的企业，其整个企业的设备与劳动力在仍然可以发挥作用的情况下被迫停止使用，这样，不能不造成物质资源和劳动力资源的浪费。

一般来说，在现实经济生活中，只有农业生产等极少数行业比较接近完全竞争市场。因为在农业生产中农户的数量多而且每个农户的生产规模一般都不大，同时，每个农户生产的农产品产量及其在整个农产品总产量中所占的比例都极小，因而，每个农户的生产和销售行为都无法影响农产品的市场价格，只能接受农产品的市场价格。

第三节　完全垄断市场的厂商均衡

一、完全垄断的含义及产生原因

（一）完全垄断的含义

完全垄断（Perfect Monopoly Market），又称垄断或独占，是指一个厂商独家控制一种产品的生产与销售，不存在丝毫竞争因素的市场结构。

完全垄断市场的存在需具备以下四个条件：

（1）企业就是行业。市场上只有唯一的一个销售者，它可以控制该行业的数量和价格，因此，一个企业的行为就等同于整个行业的行为。

（2）产品无替代。该厂商生产和销售的商品，没有任何接近的替代品，需求交叉价格弹性为零，无任何竞争威胁。

（3）存在进入障碍。由于垄断厂商独占全部市场，因此，新厂商进入市场非常困难，甚至是不可能的。

（4）厂商独立定价。唯一的厂商生产无替代品的唯一产品，因此，厂商可以根据自身获取利润的需要，实行差别价格。

【知识链接】　　　　　　　　**春运票价上浮**

——铁路客运垄断对价格的控制

2000年11月国家计委作出了《关于部分旅客列车票价实行政府指导价有关问题的批复》，同意对春运、暑运等主要节假日期间部分客运繁忙线路的列车票价实行上浮。以2006年为例，春运期间，硬座票价上浮15%，其他席别上浮20%，学生票、革命伤残军人票价不上浮。广东省的资料显示：仅春运40天，竟然能够创造一些客运专业户本年度至少50%以上的营业总额；70%以上的参加者，在这40天中所创造的价值可抵本年度价值的120%以上，甚至可以在未来的一年里什么都不用做也能正常维持。这一切在很大程度上要归功于涨价。

（二）完全垄断的成因

之所以产生完全垄断，主要有以下几方面原因：

1. 拥有对生产要素的完全控制。如果某个厂商控制了生产既定产品所必需的生产要素的全部供给，其他任何生产者都难以参与此类要素的市场供给，从而就自然地限制或阻止了其他生产者的进入，他就可能成为生产该产品的垄断者。这种自然垄断形成的原因主要有两点。第一，时间优势。先行进入某一行业的厂商在某种要素或某几种要素的生产中占据了某些优势，如生产技术或生产经营的优势，从而增加了其他生产者的进入难度，先行进入者就可以逐渐形成垄断。第二，自然地理优势。某种要素或某几种要素生产的自然地理优势被某个生产者占据以后，其他生产者生产同种要素或同几种要素时就不再具有自然地理优势，前者就形成了生产中的自然地理优势垄断。通过占有或控制主要原料可以阻止竞争，形成垄断。例如，美国的铝矾土是生产铝的主要原料，在相当长的一段时间，其国内所有铝矾土都被美国铝业公司控制，它因此成为美国唯一的铝生产者；加拿大国际镍公司对世界已知的镍矿储藏量的控制已近 90%，从而形成对镍生产的垄断。

2. 拥有专利权。专利是指在一定时期内对专利对象的制作、利用和处理的排他性独占权。这些权利可以使发明者获得应有的收益。专利期限的确定原则是 $MR = MC$，大概在 17 年左右。在专利权的有效期内，其他厂商都不得进行这种产品、技术和劳务的生产与使用，或模仿这些发明进行生产，这种权利对排除竞争者起着非常重要的作用，使拥有专利权者能够成为垄断者。

3. 自然垄断。自然垄断是指某个厂商的长期平均成本随着产量的增加而递减，以至于整个行业的产品由一家厂商生产比两家或更多家厂商生产所耗费的平均成本低。实现自然垄断的产品生产企业通常固定成本很高，但增加一单位产量的边际成本却很低。自然垄断具有几个重要特征：（1）庞大的固定资本投资。实行垄断经营，生产规模越大，单位成本就越小，能够实现规模经济效益。（2）固定成本具有沉淀性。自然垄断性企业的设备投资巨大，折旧时间较长，而这些设备很难转移作为其他用途。（3）联合生产经营比单独生产的成本低。企业从垄断中获得生产与分配的纵向统一利益和对多种用户提供多种服务的复合供给利益，即获得范围经济效益。当某种商品的生产具有了这种特殊的性质，一个大厂商能以有利的价格（而且这个价格较低）供给全部商品，适应市场需要，就会形成垄断。当只有一家企业可以以低于其他任何企业的价格提供某种商品或劳务的全部供给时，这个行业就只有这一家企业能够存在下来，比如电、水、煤气的供给就是这样。

4. 政府特许经营或许可证制度。出于某种原因，政府对许多产业实施准入限制，政府会给予某厂商生产或经营某种产品或进入某行业的特权。这种独家经营的权利是一种排他性的独有权利，是国家运用行政和法律的手段赋予并进行保护的权利。政府的特许经营，使独家经营企业不受潜在新进入者的竞争威胁，从而形成合法的垄断。获得垄断权的厂商，作为回报，会同意限制其产品价格和企业利润。政府设立特许经营主要是基于三个方面的考虑，一是基于某种公司福利需要，如某些必须进行严格控制的药品的生产；二是基于保证国家安全，如各种武器、弹药的生产；三是基于国家财政和税收收入的考虑，如对某些利润丰厚的商品的垄断经营。

二、完全垄断厂商的需求曲线和收益曲线

（一）完全垄断厂商的需求曲线

完全垄断市场上的厂商是一种产品的唯一生产者，他提供的这种商品是市场的全部供给量，垄断厂商对市场价格具有完全的控制力：减少销售量可以抬高价格，增加销售量可以压低价格。他所面临的需求曲线即该行业的需求曲线。一般来说，市场需求曲线是由左上方向右下方倾斜的曲线。

（二）完全垄断厂商的收益曲线

1. 完全垄断厂商的边际收益曲线与总收益曲线。厂商所面临的需求状况直接影响厂商的收益，由于需求曲线向右下方倾斜，因此，垄断厂商的边际收益曲线也向右下方倾斜且位于需求曲线的左下方。厂商增加产量、降低价格时，不仅新增加的产量按较低的价格销售，而且原先的产量也按较低的价格销售，使得边际收益小于价格。如果需求曲线是线性的，那么，边际收益曲线与需求曲线在纵轴上的截距相等，边际收益曲线在横轴上的截距是需求曲线在横轴上的截距的一半。

上述结论可以通过数学证明得到：

设线性的反需求函数为 $P = a - bQ$，其中，a、b 为常数，且 $a > 0$、$b > 0$。其总收益函数为 $TR = PQ = aQ - bQ^2$，边际收益函数为 $MR = \dfrac{\mathrm{d}TR}{\mathrm{d}Q} = a - 2bQ$。据此，可以作出完全垄断厂商的边际收益曲线 MR，而平均收益和价格相等，即 $P = AR$，因此，平均收益曲线与需求曲线重合。由于总收益函数为 $TR = PQ = aQ - bQ^2$，因此，厂商的总收益曲线是一条抛物线。如图 6-11 所示。MR 为厂商的边际收益曲线，HG 为厂商的需求曲线，也是平均收益曲线，TR 为总收益曲线。

2. 边际收益与需求价格弹性之间的关系。完全垄断厂商生产的商品的需求价格弹性会影响到需求曲线，也会影响到边际收益曲线。下面分析需求价格弹性对完全垄断厂商边际收益的影响。设 $TR = P \cdot Q$，则

$$MR = \frac{\mathrm{d}TR}{\mathrm{d}Q} = P + Q\frac{\mathrm{d}P}{\mathrm{d}Q}$$

$$= P\left(1 + \frac{\mathrm{d}P}{\mathrm{d}Q} \times \frac{Q}{P}\right)$$

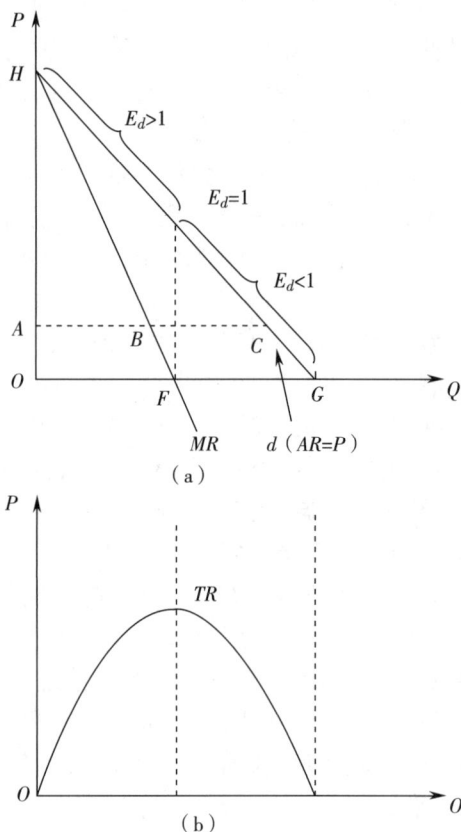

图 6-11　垄断厂商的需求曲线和收益曲线

而一般商品的需求价格弹性为负数值，即 $E_d = \dfrac{\mathrm{d}Q}{\mathrm{d}P} \cdot \dfrac{P}{Q} < 0$，因此，

$$MR = P\left(1 - \frac{1}{|E_d|}\right) \tag{6.6}$$

（1）当 $|E_d| > 1$ 时，$MR > 0$，TR 递增。意味着厂商降低价格、增加销售量将增加总收益。

（2）当 $|E_d| = 1$ 时，$MR = 0$，TR 达到极大。

（3）当 $|E_d| < 1$ 时，$MR < 0$，TR 递减。意味着厂商提高价格、减少销售量将增加总收益。

如图 6-11 所示，在需求曲线上点的位置可以确定其商品需求弹性类型及收益变化趋势。

三、垄断厂商的均衡分析

（一）完全垄断条件下厂商的短期均衡分析

在完全垄断条件下，一个行业只有一个厂商，厂商既可以通过调整价格，也可以通过调整产量来实现利润最大化。垄断厂商实现最大利润的条件也是边际收益等于边际成本。垄断厂商遵循利润最大化原则进行生产，其利润状况有三种可能：获得经济利润、经济利润为零和蒙受损失。垄断厂商的获利情况取决于成本与收益（需求）的状态，在厂商达到利润最大化时，需求曲线（平均收益曲线）高于平均成本曲线，即均衡价格高于平均成本，则厂商可以获得经济利润；如果需求曲线低于平均成本曲线，即均衡价格低于平均成本，则厂商蒙受损失；如果需求曲线与平均成本曲线恰好相切于一点，即均衡价格等于平均成本，则厂商盈亏相抵。

如图 6-12 所示，d 表示需求曲线，同时也是平均收益曲线 AR，MR 表示边际收益曲线，SMC 表示短期边际成本，SAC 表示短期平均成本，$SAVC$ 表示短期中的平均可变成本。根据边际收益等于边际成本即 $MC = MR$ 的原则，确定了在均衡点 E 处，均衡价格为 P_0，均衡产量为 Q_0，此时垄断厂商的产品价格高于平均成本，因此，能够获得经济利润，所获经济利润即为图中阴影部分面积，即产量为 Q_0 时总收益与总成本之差。

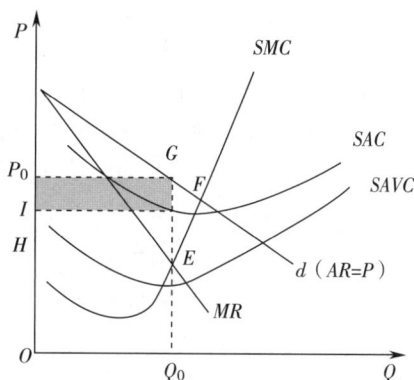

图 6-12　完全垄断厂商的短期均衡 1

在图 6-13 中，当边际收益等于边际成本时，确定了在均衡点 F 处，均衡价格为 P_0，均衡产量为 Q_0，此时垄断厂商的产品价格等于平均成本，这意味着垄断厂商的总收益与总成本相等，两者之差为零，盈亏相抵，垄断厂商获得正常利润。

在图 6-14 中，当边际收益等于边际成本时，在均衡点 F 处，均衡价格为 P_0，均衡产量为 Q_0，价格低于平均成本，所以垄断厂商的总成本就要大于总收益，垄断厂商就要亏损，亏损额为阴影部分面积。

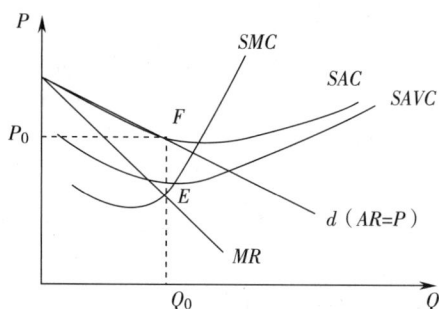

图 6-13　完全垄断厂商的短期均衡 2

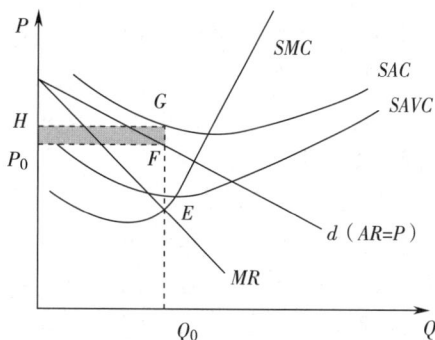

图 6-14　完全垄断厂商的短期均衡 3

（二）完全垄断条件下厂商的长期均衡分析

在完全垄断的行业中只存在一个厂商，因此，当垄断厂商处于长期均衡时，整个行业也就处于长期均衡状态。对于完全垄断条件下的厂商，它的长期均衡不会像完全竞争厂商一样伴随着经济利润的消失。由于完全垄断意味着独家经营，在较长时间内，不会有对手直接进入该行业与其竞争。所以，如果垄断厂商在短期内能够获得经济利润，那么这个经济利润将会得到保持；如果垄断厂商在短期内无法获得经济利润，他必将会采取措施进行调整。这里有两种可能，一种情况是，垄断厂商的亏损是由于其生产规模的不合适而造成的，那么他必定调整其生产规模以便能获得经济利润；另一种情况是，垄断厂商的亏损是由于一些垄断厂商不可控的原因造成的，如该行业已经过时，那么长期内垄断厂商必定离开这个行业，结果必然导致该行业的消失。总之，垄断厂商的长期均衡常常以获得经济利润为特征。

图 6-15 表示了一个垄断厂商通过调整生产规模来获得更多的经济利润的过程。垄断者在决定长期最佳产量时，必须使边际收益等于边际成本，即 $MR = LMC$。最初，垄断厂商以一定的生产规模生产，此时，短期平均成本为 SAC_1，短期边际成本为 SMC_1，产量为 Q_1，价格为 P_1，但是，由于从长期看，这一生产规模并不是最优的。因为此时的长期边际成本低于边际收益，所以，如果扩大产量，会获得更多的利润。因此，垄断厂商必定会进一步提高产量，以便获得更多的利润。当生产规模扩大到边际收益等于长期边际成本时，垄断厂商便达到了长期的利润最大化，生产规模的调整也随之结

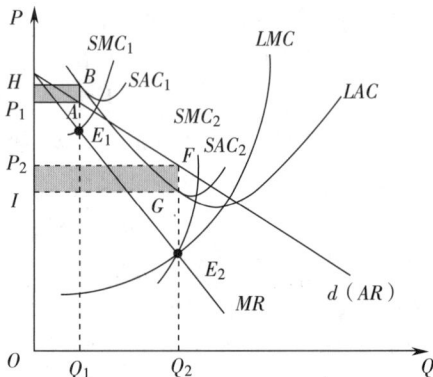

图 6-15　完全垄断厂商的长期均衡

束。此时，调整后的短期边际成本为 SMC_2，也应当与边际收益 MR 和长期边际成本 LMC 相等。因此，$MR = LMC = SMC$，即为完全垄断条件下的厂商的长期均衡条件。此时所对应的产量为 Q_2，价格为 P_2，即为长期均衡产量和均衡价格，长期平均成本 LAC 和短期平均成本 SAC_2 也相切于一点 G。这表明，当达到长期均衡时，长期平均成本与短期平均成本相等为 I，且都要低于此时的均衡价格 P_2。这样，垄断厂商在长期内，也可以获得经济利润，其值即为图 6-15 中阴影部分矩形 IP_2FG 的面积。

由此可见，垄断厂商之所以能在长期内获得更大利润，其原因在于长期内企业的生产规模是可变的和市场不可能有新厂商加入。

四、差别价格

（一）差别价格的含义

差别价格（Price Discrimination），也称为差别定价或价格歧视，是指垄断厂商为了获得最大利润，凭借其垄断地位，在同一时间内对同一成本的产品向不同的购买者收取不同的价格，或是对不同成本的产品向不同的购买者收取相同的价格。

（二）实行差别价格的条件

并不是所有厂商都可以差别定价的，厂商对自己的产品实行差别价格，必须具有一

定的条件：

（1）定价厂商必须具有相当的垄断能力，能够控制市场价格。

（2）分割开的市场或消费者（群）对同一产品必须具有不同的需求价格弹性，也就是说，在既定的价格下，购买一定量同种商品所愿意支付的最高价格不同。厂商应了解这一情况，以便对愿意支付较高价格的消费者索取较高的价格，对只愿意支付较低价格的消费者索取较低的价格，以获取最大利润。

（3）厂商能有效地将不同的消费者分类或分割市场，以避免顾客可能集中于低价市场采购，或者低价市场的部分顾客可能会将购得的产品倒向高价市场出售套利的情况。

（三）差别价格的类型

根据商品价格差别的程度不同，可以将差别价格分为三种情况：

1. 一级差别价格（First - degree Price Discrimination）。一级差别价格，也称为完全差别价格是指垄断厂商根据消费者购买每单位产品愿意且能够支付的最高价格来确定每单位产品的销售价格。实际上就是按照消费者的心理价位定价。

在一级差别价格下，每单位产品的供给价格与需求价格相等，消费者剩余为零，所有的消费者剩余都变成了生产者剩余。事实上就是垄断厂商将消费者剩余全部转化为自己的收益。如图 6 - 16 所示，阴影部分的面积就是厂商的收益，无差别价格条件下的消费者剩余为三角形 AP_0B 的面积，在一级差别价格条件下，全部转化为生产者剩余即厂商收益。一级差别价格常用于垄断性服务行业。

2. 二级差别价格（Second - degree Price Discrimination）。二级差别价格是指厂商按消费者购买量的多少来确定不同的价格。通常，在较少的购买量范围内索取较高的价格，超额购买部分则索取较低的价格。在二级差别价格下，仅一部分消费者剩余转化成了生产者剩余。

如图 6 - 17 所示，当消费者消费 OQ_1 时，价格为 P_1，当消费量为 OQ_2 时，OQ_1 部分的价格仍为 P_1，而 Q_1Q_2 部分的价格为 P_2，同样如果消费量为 Q_3，则 Q_2Q_3 部分定价 P_3。对于总消费量为 OQ_3 的消费者，垄断厂商得到的总收益为：矩形 OP_1AQ_1 面积 + 矩形 Q_1GBQ_2

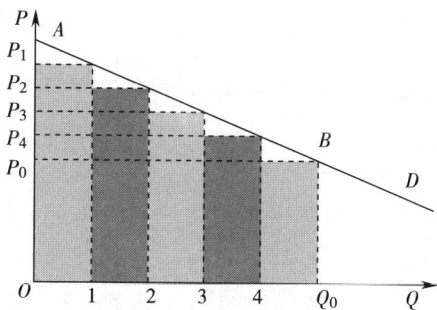

图 6 - 16 一级差别价格

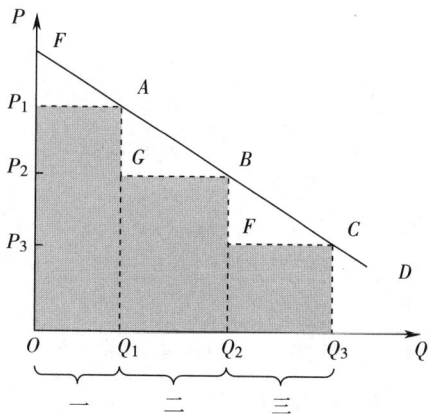

图 6 - 17 二级差别价格

面积 + 矩形 Q_2FCQ_3 面积，此时，消费者剩余比未实行差别价格情况下的三角形 P_3FC 的面积减少了。由此可见，在二级差别价格下，垄断厂商只能获得部分消费者剩余，其获得的超额利润比一级差别价格有所减少。二级差别价格常用于电力、煤气等可以方便地记录与计量客户消费量的行业。

另外，厂商也可以按消费者购买时间的先后实行不同的价格。例如，机票提前预订的价格较低，而即时乘机的机票价格最高。这种差别价格也可以归入二级差别价格之中。

3. 三级差别价格（Market Segmentation Price Discrimination）。三级差别价格是指垄断厂商把不同类型的购买者分割开来，形成若干子市场，然后把总销量分配到各个子市场出售，根据各子市场的需求价格弹性分别制定不同的销售价格。

垄断厂商分割子市场，是依据每个子市场的边际收益与厂商的边际收益和边际成本相等的原则，把产量分配到各个分市场然后根据各个分市场的需求价格弹性的大小来制定相应的价格。

$$MR_1 = MR_2 = \cdots = MR_n = \cdots = MR = MC \tag{6.7}$$

通常，需求价格弹性越大，价格越低。实行三级差别价格的在实际生活中也很常见，如出口商品与内销商品价格不同、公交车学生票与成人票不同、工业用电与居民用电价格不同等。

（四）差别价格的影响

对于垄断厂商来说，差别价格可以使垄断厂商获得更多的利润，因此，有利于垄断厂商。

对于消费者来说，影响却是有利有弊。一方面，因为差别价格具有歧视性，它对于不同消费者采取不同的待遇，即收取不同的价格，这对被收取高价格的消费者是不利的，会使其消费者剩余减少，支出增加。另一方面，它对于被收取低价格的消费者是有利的。差别价格会使一部分消费者因为与正常情况下相比减少支出而获得利益。如学生群体购买火车票回家时享受半价优惠。另外，它的高价格也会抑制消费，而低价格会促进消费。

【知识链接】　　　　　　　　　**旅游景点的门票价格**

很多旅游景点暗中实施价格歧视。比如美国的环球影城，进去后每一个游玩的景点都需要排队，基本上都要排一个小时。也就是说，这个影城由于每天的游客过多，游客实际上一天下来只能体验整个影城中 1/3 ~ 1/2 的游乐项目。与此同时，环球影城还销售另外一种不用排队的门票，这种门票的价格是普通门票的两倍。对环球影城的游乐项目不是很热衷的游客，大概一天能够体验 1/3 的游乐项目；而那些特别着迷的游客，多付一倍价格，就能把所有的游乐项目在一天内玩遍。不同的消费者支付不同的价格，这是隐性的价格歧视。

五、完全垄断市场的评价

与完全竞争市场相比而言，完全垄断市场既有优点，也存在缺陷。主要体现在以下方面：

1. 经济效率。在完全竞争市场上，厂商是市场价格的接受者，他所面对的需求曲线是一条弹性无穷大的水平线。由于竞争是充分的，在长期里，任何完全竞争厂商都不可能获得经济利润。每个完全竞争厂商只能在长期平均成本曲线的最低点上进行生产，在这个长期均衡点上，完全竞争厂商的均衡价格等于长期边际成本，这表明资源在该行业也得到了最有效的配置。

在完全垄断市场上，由于一个厂商独占了整个市场，它对价格和产量有很强的控制能力，其需求缺乏弹性，曲线斜率大，比较陡峭。需求曲线与长期平均成本曲线相交，市场价格高于平均成本，可以在长期里保持获得利润。垄断厂商的均衡价格最高，均衡产量最低，这种低产高价的经营状况，使完全垄断条件下，厂商资源利用效率极差，资源很难实现最优化配置。

2. 社会福利。在完全竞争市场条件下，厂商的长期均衡以最低生产成本提供理想的产量，消费者获得的经济福利最大。而在完全垄断市场条件下，厂商长期均衡的价格高于完全竞争厂商，产量低于完全竞争厂商，所以降低了社会经济福利。同时，由于垄断厂商实行差别价格，使消费者剩余减少，从而掠夺了部分甚至全部本属于消费者的福利。

3. 技术进步。关于技术进步，一种观点认为，由于垄断厂商可以凭借垄断地位来获得经济利润，所以他们没有加快技术进步的动力，而且为了防止新技术和新产品对其垄断地位可能会形成的威胁，垄断厂商会利用各种手段妨碍技术创新和技术进步。另一种观点认为，垄断厂商不仅有动力而且有实力推动技术进步。因为垄断厂商利用其获取的高额利润作为经济基础，可以进行联合攻关，有条件进行各种科学研究和重大技术创新。

第四节　垄断竞争市场的厂商均衡

一、垄断竞争市场的含义及特征

（一）垄断竞争市场的含义

垄断竞争市场（Monopolistic Competition Market）指许多企业出售相近但有差别的商品的市场结构。它是由经济学家张伯伦（E. Chamberlin）和罗宾逊（J. Robinson）于20世纪30年代同时提出的，是一种介于完全竞争和完全垄断之间的，既具有垄断性又具有竞争性的市场结构。

（二）垄断竞争市场的特征

垄断竞争市场是介于完全竞争市场和完全垄断市场之间的市场类型，其具有以下几个特点：

1. 厂商众多，互不影响。垄断竞争市场内厂商数量很多，各厂商的规模很小，厂商的行为互不影响，即每个厂商都可以不考虑其他厂商的行为而独立地决策。

2. 产品有差别，可以影响价格。行业内各厂商生产的产品在质量、形状、产地、销售方式与售后服务等方面存在一定的差别，可以凭借产品的有限差别对市场施加有限的影响，是市场价格的影响者。但由于每个厂商所占的市场份额不大，因此无法互相勾结控制市场价格。

各厂商生产的同类产品存在差别是造成垄断竞争市场竞争性与垄断性并存的根本原因。一方面，产品的同类性导致竞争性。产品的同类性说明各厂商产品之间存在一定的替代关系，这种替代程度的强弱决定了竞争程度的强弱。而这种竞争性使厂商不能完全控制价格，也就是说，某个厂商提高价格，消费者便会购买其他厂商的产品。厂商的竞争程度与产品的相似程度或替代程度正相关。另一方面，产品的差异性导致垄断性。产品的差异性使得不同厂商的产品不能完全替代，这种产品的差别程度决定了垄断程度的强弱。由于消费者对某个厂商的产品有一定的偏好，厂商对价格就具有一定的控制力，也就是说，某厂商提高产品的价格，偏好该厂商产品的消费者仍然会购买其商品。厂商的垄断程度与产品差别程度正相关。

3. 厂商能够自由地进出行业。由于行业厂商数目众多，且不能相互勾结，新厂商进入行业很容易，而已处于行业中的厂商其规模较小，退出行业也相对容易。

【知识链接】　　　　　　　　　**生产集团**

所谓生产集团，也称为产品集团，是指垄断竞争行业中生产的产品非常相似、差别很小的厂商的总和。在一个垄断竞争行业中，可以有很多生产集团。

引进生产集团概念是为了在行业中找到典型厂商或代表性厂商，简化对行业均衡的分析。在垄断竞争条件下，行业内厂商很多，各厂商的产品存在差别，各厂商的需求曲线与成本状况也不尽相同，没有一个厂商可以作为整个行业的代表性厂商。为了了解行业的均衡情况，只有逐个分析各厂商的均衡情况。

但这种分析必然产生两个局限性：第一，由于厂商数量很多，分析非常麻烦；第二，从这种分析中得出的结论没有普遍性的指导意义，即没有多少用处。为了克服上述局限性，经济学家提出了生产集团这个概念。生产集团内各个厂商的产品的差别微不足道，可以将生产集团内各厂商的产品看做是相同的，从而各厂商具有相同的需求曲线与成本状况，最终各厂商的均衡也可以看做是相同的。于是可以在产品集团内任选一个厂商作为典型厂商，分析其均衡情况。然后通过将各厂商的均衡相加，得到生产集团的均衡。

二、垄断竞争厂商的需求曲线和边际收益曲线

由于垄断竞争厂商同时具有垄断性和竞争性，因此，垄断竞争厂商的需求曲线是两条交叉的需求曲线。一方面，由于产品存在差异，每个厂商对产品价格有一定控制能力，因此，每个厂商都面对一条自左上方向右下方倾斜的需求曲线和边际收益曲线，这

是厂商的主观需求曲线，也叫预期需求曲线。它假定在其他厂商价格不变的情况下，厂商的销售量随其自身价格的变动而变动。另一方面，由于垄断竞争厂商之间存在着相似产品的竞争，一家厂商价格变动也会引起其他厂商的价格相应变动，这时，厂商的实际销售量将随着市场价格的变化而变化，这条需求曲线是厂商面对的实际需求曲线，也叫客观需求曲线。

如图 6-18 所示，d 表示单个厂商的需求曲线和平均收益曲线，单个厂商设想自己变动价格时需求量变化较大，因而价格弹性大，需求曲线较平缓。而实际上由于其他厂商会相应变动价格，价格变化引起的实际需求量的变化较小，D 表示厂商面对的实际需求曲线，它的需求弹性较小，比较陡。d 与 D 交于点 E，表示两条需求曲线在产量为 Q_1，价格为 P_1 时达到一致。MR 是垄断竞争厂商的边际收益曲线，因为每个厂商都按照自己的设想安排生产，所以，MR 曲线是与主观需求曲线 d、平均收益曲线 AR 相对应的，并自左上向右下倾斜。

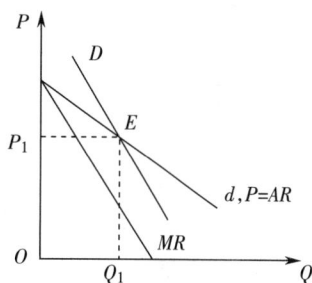

图 6-18　垄断竞争厂商的
收益曲线和需求曲线

三、垄断竞争厂商的短期均衡

垄断竞争厂商的均衡也分为短期均衡和长期均衡，从一定意义上说，垄断竞争厂商是短期的垄断者，长期的竞争者，所以，垄断竞争厂商的短期均衡与完全垄断厂商的短期均衡类似，长期均衡又与完全竞争厂商类似。垄断竞争厂商的短期均衡首先要满足 $MR=MC$ 的利润最大化条件，除此之外，垄断竞争厂商确定的产量还必须使其价格与市场价格相一致，即主观需求曲线与客观需求曲线相一致。因此，在垄断竞争条件下，单个厂商不能像完全垄断厂商那样单独决定市场价格，必须在影响市场价格的同时接受市场价格，才能达到均衡的生产状态。综上所述，垄断竞争厂商短期均衡的条件是：边际收益曲线和边际成本曲线的交点所确定的均衡产量与主观需求曲线和客观需求曲线的交点所确定的产量相等。$MR=MC$，说明厂商可实现利润最大化。$d=D$ 说明既符合厂商的主观需求，也符合市场的实际需求。

如图 6-19 所示，垄断竞争厂商处于短期均衡状态，MR 与 MC 的交点与 d 和 D 的交点 E 在同一条垂线上，此时，相应的均衡产量为 Q_1，均衡价格为 P_1，平均成本为 C_1。显然，价格 P_1 高于平均成本 C_1，厂商获得超额利润。

如图 6-20 所示，垄断竞争厂商处于短期均衡状态，MR 与 MC 的交点与 d 和 D 的交点 E 重合，此时，相应的均衡产量为 Q_1，均衡价格为 P_1，平均成本也为 P_1。显然，价格等于平均成本，厂商仅能获得正常利润。

如图 6-21 所示，垄断竞争厂商处于短期均衡状

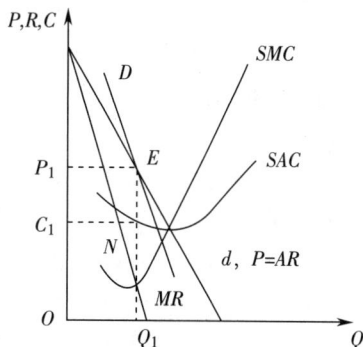

图 6-19　垄断竞争厂商的
短期均衡 1

态，MR 与 MC 的交点与 d 和 D 的交点 E 在同一条垂线上，此时，相应的均衡产量为 Q_1，均衡价格为 P_1，平均成本为 C_1，平均可变成本为 C_2。显然，价格 P_1 低于平均成本 C_1，但高于平均可变成本为 C_2，厂商亏损，但应该继续生产，因为生产可以使厂商亏损更小。

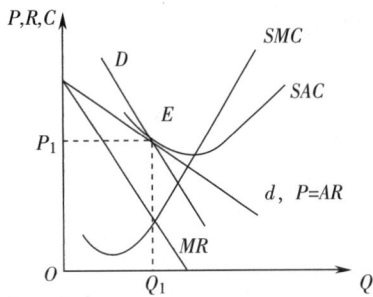

图 6-20　垄断竞争厂商的短期均衡 2

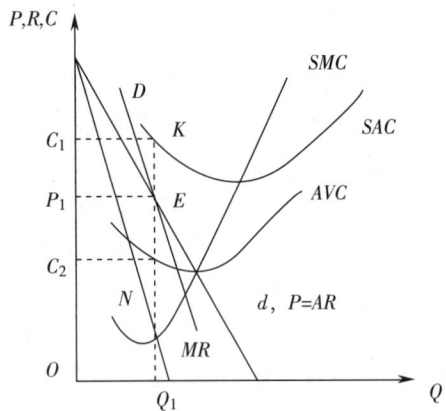

图 6-21　垄断竞争厂商的短期均衡 3

四、垄断竞争厂商的长期均衡

垄断竞争厂商的长期均衡与完全竞争厂商的长期均衡相类似。由于垄断竞争厂商在长期中可以调整生产规模，也比较容易进入或退出所属行业，在长期的市场竞争中，垄断竞争厂商获得超额利润的短期均衡或亏损的短期均衡都不会长期持续下去，只有 $MR = MC$，$P = AR = LAC$ 时的短期均衡才会在长期中持久存在，所以，垄断竞争厂商长期均衡的条件是 $MR = LMC$，$P = AR = LAC$，在长期均衡中，垄断竞争厂商只能获得正常利润。如图 6-22 所示，当 d 与 D 的交点 E 正处在 d 与长期平均成本曲线 LAC 的切点上，并且 E

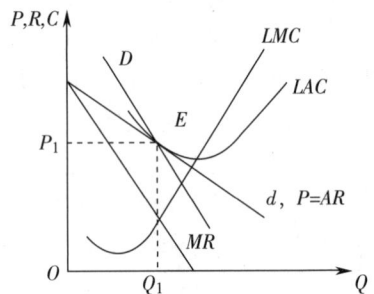

图 6-22　垄断竞争厂商的长期均衡

点与 $MR = LMC$ 的交点确定的均衡产量都是 Q_1 时，垄断竞争厂商在长期中可处于均衡状态。

五、垄断竞争厂商的竞争策略

（一）价格竞争

价格竞争就是厂商通过竞相降低价格以达到排挤竞争对手目的的竞争策略。

在价格竞争条件下，垄断竞争厂商存在短期和长期两种均衡，在短期均衡时厂商还可以获得超额利润，在长期均衡时，超额利润消失。短期均衡的条件是 $MR = MC$，长期均衡条件是 $LMC = MR$，此时 $AR = LAC$，超额利润为零。因此，垄断竞争厂商一般不会轻易变动价格，常采取非价格竞争的方式。

（二）非价格竞争

垄断竞争厂商依据其产品与其他厂商产品的不同之处实行垄断。由于价格竞争的风险较大，因此，非价格竞争被广泛使用。常见的非价格竞争主要有以下几种：

1. 产品品质竞争。主要指通过技术创新提高产品的客观差异，包括质量、耐用度、增加新的功能、开发新的更新换代的产品、新设计、新包装等。

2. 营销竞争。主要是通过广告宣传和各种促销活动增强消费者对产品的偏好，即主观差异。

3. 服务竞争。通过广泛建立服务网点、完善的售后服务系统、延长保修期等方式吸引消费者。

【知识链接】 为什么轻工业产品市场最需要做广告？

打开电视、扑面而来的广告都是垄断竞争市场的产品。通过这种大众媒体做的广告大多数是化妆品、洗涤用品、牙膏、药品、家电等轻工业产品。而从来也没有看到过石油、煤炭、钢铁；也很少看到过大米、白面、水、电（不包括公益广告）。这是为什么？

大米、白面最接近完全竞争市场。在这个市场上有很多的消费者也有很多的生产者；在这个市场上产品是没有差别的。打开电视经常映入你眼帘的电视广告，一般都是轻工业产品，这个市场就是垄断竞争市场。

引起这个市场存在的基本条件是产品有差别，例如自行车，消费者的个人偏好不同，每一款自行车都可以以自己的产品特色在一部分消费者中形成垄断地位。但这种垄断又是垄断不住的。因为不同牌号的自行车是可以互相替代的。这就形成一种垄断竞争的状态，这也正是为什么生产轻工业产品的厂商不惜血本大做广告。不仅如此，在这个市场上各个商家定价决策要充分考虑同类产品的价格，正确估计自己的商品在市场上的地位，定价过高会被同类产品替代，失去本来属于你的市场份额。

有差别的产品需要做广告，就是把自己产品的特色告诉消费者，这本身就是产品的特色。比如"农夫山泉味道有点甜"突出了它的特色在于口感与其他矿泉水不同，从而赢得了市场。创造品牌是企业的重要的营销策略，品牌的创造是产品质量和广告宣传结合的产物，两者缺一不可。美国的宝洁公司成功的广告宣传，使它的"海飞丝""飘柔""沙宣"洗发水家喻户晓，占领了洗发水市场80%的份额，正是产品质量和广告宣传的有机结合创造了典型范例。

资料来源：圣才学习网—经济类—微观经济学案例。

六、垄断竞争市场的评价

1. 经济效率。与完全竞争市场相比，垄断竞争市场是缺乏效率的。因为它导致较少的产量和较高的出售价格。厂商的生产没有在平均成本最低点的产量水平上进行，这意味着生产资源未得到最有效率的配置。但与完全垄断市场相比，垄断竞争市场的资源配置效率又是较高的。因为其内部生产要素可以进行自由流动，生产能力利用程度较高，也就是其平均成本低于完全垄断时的平均成本。

2. 对消费者与生产者的影响。垄断竞争厂商通过提升产品品质来进行竞争，有利于多样化产品的出现，可以满足消费者多方面、多层次的需求。对于生产者而言，没有竞争就没有创新，由于竞争的存在，迫使生产者不断改进生产技术，有利于促进技术进步。但在现实中，垄断竞争市场非价格竞争非常普遍，厂商将巨额资金花费在广告等营销宣传上，这样做的结果往往不是使厂商销售量增加很多，而是导致了其销售成本的上升，这一点对厂商而言是不利的。

第五节　寡头垄断市场的厂商均衡

一、寡头垄断市场的含义、特征与分类

（一）寡头垄断市场的含义

寡头垄断市场（Oligopoly Market）是指少数几个企业控制整个市场的生产和销售的市场结构，是介于垄断竞争与完全垄断之间的一种比较现实的混合市场。其中这几个企业被称为寡头企业。

产生寡头垄断的主要原因是规模经济。在某些行业中，只有产量达到相当大的水平时，才能使平均总成本最低，达到最好的经济效益，实现规模经济。为了达到相当大的产量水平，就必须有巨大的投资，小厂商无能力做到。同时，由于每家厂商的产量都非常大，所以，只要有几家这样的厂商，就可以满足全部的市场需求。这样，在该行业中就形成了寡头垄断的市场结构。

从理论上讲，任何企业都可以进入寡头垄断的市场，而实际上要进入该市场就必须具有规模经济才能与原有的厂商进行竞争。但由于原有厂商已经控制了市场，并会想方设法阻止新厂商进入，因此，实际上要想进入寡头垄断的市场是相当困难的。

（二）寡头垄断市场的特征

寡头垄断市场具有以下几个特征：

1. 企业数量少。市场上的厂商规模巨大，而数量很少。势均力敌的几家厂商控制了整个市场的销售量，他们对市场价格有比较大的控制力。

2. 产品有差别或者同质。寡头垄断厂商生产的产品可以是完全相同的，也可以是有一些差别的。如果产品是同质的，称为纯粹寡头垄断市场，如钢铁、铝、水泥等原材料行业的寡头垄断；如果产品是有差别的，则称为差别寡头垄断市场，如汽车、彩电等行业的垄断。

3. 进出行业不易。寡头垄断市场存在明显的进退壁垒，这就阻止了其他企业的进入，从而使得企业数量不多。

4. 企业行为相互影响，相互依存。厂商之间的相互关联性是寡头垄断市场上的一个重要特征。由于寡头垄断市场上厂商的数量很少，每个厂商占据市场的份额较大，他的决策对整个市场都有不可忽视的影响，对其他厂商的决策也有重要影响。每个厂商在作出新的决策时，都必须考虑其竞争对手对该决策可能产生的各种不同的反应。因此，寡头垄断企业既不是"价格接受者"也不是"价格制定者"，而是"价格搜寻者"。

（三）寡头垄断市场的分类

寡头垄断市场按照企业之间是否相互勾结可以分为两种类型：独立行动的寡头垄断

和相互勾结的寡头垄断。

所谓独立行动，是指寡头厂商在考虑到竞争对手的决策和反应的情况下，对自己的经济活动自行作出决策。独立行动的寡头垄断模型比较典型的有古诺模型、斯威齐模型等。有时寡头厂商为了避免两败俱伤的竞争，会采取不同形式的相互勾结，协调行动。相互勾结的寡头垄断市场主要有两种：公开勾结的卡特尔和暗中默契的价格领导。下面分别进行说明。

二、独立行动的寡头垄断模型

（一）古诺模型

古诺模型又称双寡头模型（Duopoly Model），是法国数理经济学家古诺于 1838 年提出的最早的双寡头模型。古诺模型假定一种产品市场只有两个卖者，并且相互间没有任何勾结行为，但相互间都知道对方将怎样行动，从而各自怎样确定最优的产量来实现利润最大化。因此，古诺模型又称为双头垄断理论。古诺模型是以分析两个出售矿泉水的生产成本为零的寡头厂商的情况为基础的，为了便于分析和得出确切结论，古诺模型做了如下假设：

第一，两个生产者生产完全相同的产品——矿泉水（所用矿泉位于同处）。

第二，两个厂商的总成本与边际成本都为零。因为矿泉水是自流水，购买者可以自备容器，且两个厂商开发矿泉水的固定成本忽略不计。由于成本为零，收益即为利润，即售价与销售量之积。

第三，有已知的线性的需求曲线。

第四，两个厂商都掌握市场需求，各自根据对手的行为并假定对手继续如此行事，而作出自己的决策。

古诺模型的分析要求 A 厂商首先进入该行业，则 A 厂商的需求曲线就是市场需求曲线，设市场最大需求数量为 Q_0，利润最大化时，边际收益等于边际成本。前面假设边际成本为零，则利润最大化时边际收益也为零，此时的最佳产量为市场需求数量的一半，即 $1/2\ Q_0$。接着，B 厂商开始进入该行业。他认为 A 厂商将继续生产 $1/2\ Q_0$ 单位产品，则留给他的最大销售量即为剩下的需求 $1/2\ Q_0$ 单位。这样，B 厂商为了使利润最大化，他的产量也是使边际收益为零时的产量，即面临的市场需求量（$1/2\ Q_0$）的一半 $1/4\ Q_0$ 单位。当 B 厂商进入后，A 厂商发现整个市场已非自己独占，他的需求曲线也发生了变化，A 厂商假定 B 厂商生产 $1/4\ Q_0$ 单位产品不变，则他的最大销售量就是 $3/4\ Q_0$ 单位。这时他达到的利润最大化时的产量为 $3/8\ Q_0$ 单位。接下来，B 厂商看到 A 厂商退出一部分市场，则他所面临的最大销售量变为 $5/8\ Q_0$ 单位，则 B 厂商利润最大化时的产量变为 $5/16\ Q_0$ 单位。如此下去，A 厂商的产量不断地调整下去，A 厂商的产量在最初的基础上不断减少，而 B 厂商的产量不断增加，直到他们的产量相等时他们的调整结束。最终，两个厂商和整个市场实现了价格和产量均衡，两个厂商的产量分别为 $1/3\ Q_0$ 单位。一般地，若市场最大需求量为 Q_0，两个厂商实际产量分别为 Q_1 和 Q_2，则 A 厂商产量的变化过程为：最初产量是 $1/2Q_0$，然后从最初产量中削减 $1/8\ Q_0$，第三次再从最初产量中削减 $1/32Q_0$，这样，最终实际产量为

$Q_1 = Q_0 \cdot (1/2 - 1/8 - 1/32 - \cdots) = 1/3\ Q_0$

$Q_2 = Q_0 \cdot (1/4 + 1/16 + 1/64 + \cdots) = 1/3\ Q_0$

行业均衡总产量为 $1/3\ Q_0 + 1/3\ Q_0 = 2/3\ Q_0$

将古诺模型加以推广，在达到均衡状态时，厂商的产量之和 Q、整个行业的需求量 Q_0 与厂商数目 n 之间的关系是

$$Q = Q_0 \cdot n/(n+1) \tag{6.8}$$

【知识链接】　　　　　　　　**经济学家古诺**

安东尼·奥古斯丁·库尔诺（Antoine Augustin Cournot，1801—1877），又译做古诺，是法国数学家、经济学家和哲学家，数理统计学的奠基人。古诺最先力图用数学方法解决经济问题，是数理经济学的创始人之一。其主要著作有《关于财富理论之数学原则的研究》（1838）、《财富理论原理》（1863）、《经济学说概要评论》（1877）。他在供给和需求的功能和在独家垄断、两家垄断和完全竞争情况下确立的平衡，赋税的转变，国际贸易问题等方面的论述对经济学的发展作出了贡献。

古诺最早提出需求量是价格的函数这个需求定理，并建立了垄断模型和分析寡头的双头模型，直到今天双头模型（称为古诺模型）仍然是标准教科书中的重要内容。古诺至今被重视的原因还在于他用数学方法分析这些问题。他的分析方法强有力地促使经济学从文字的叙述转向形式逻辑的和数字的表达。20世纪初的著名英国经济学家埃奇沃思指出，古诺的论著"是以数学形式把经济科学里的某些高度概括的命题，陈述得最好的"。现代经济学家还指出，古诺是最早用博弈论思想分析经济问题的先驱者，他的双头模型就成功地运用了博弈论。

（二）斯威齐模型

斯威齐模型（Sweezy Model）又称折断的需求曲线模型，是美国经济学家保罗·斯威齐于1939年提出的一个假说，以解释一些寡头垄断市场上产品价格存在刚性的现象，其原因是折断的需求曲线。在寡头垄断市场上，厂商一旦决定了自己产品的价格和产量，就不会轻易地改变，这种产品价格不轻易变动的现象被称为价格刚性。这一模型的基本假设是：如果一家厂商提高价格，其他厂商不会追随，提价的厂商的销售量将减少许多；如果一家厂商降低价格，其他厂商会同样降低价格，以避免销售份额的减少，所以，该厂商的销售量的增加是很有限的。如果这种假设正确的话，那么，这家厂商的需求曲线就会在某一价格水平上发生折断。

在图 6-23 中，当厂商的价格高于 P_1 时，即厂商提价时，由于其他厂商并不追随，则该厂商的销售量就会锐减，表现在需求曲线上，就是价格高于 P_1 时，需求曲线比较有弹性，曲线比较平坦。当厂商价格低于 P_1 时，即厂商降价时，其他厂商也随之降价，共同降价的结果就是各个厂商只是有限地增加了自己的销售量，表现在需求曲线上就是当价格低于 P_1 时，需求曲线比较缺乏弹性，曲线比较陡峭。基于这种假设，寡头垄断市场

厂商的需求曲线为图6-23中的曲线D。

这种折断的需求曲线从需求方面说明了寡头垄断市场的价格刚性。需求曲线的折断引起了边际收益曲线MR的断开，为了实现利润最大化，厂商决定产量的原则仍然是边际收益等于边际成本。当产量为Q_1时，边际成本曲线有间断区，如果边际成本在间断区间波动，即图中MC_2与MC_3之间时，厂商既不会变动产品价格，也不会变动产量。只有当边际成本的波动超过了间断区间，厂商才会改变其价格和产量。折断的需求曲线模型，说明了价格和产量对少量

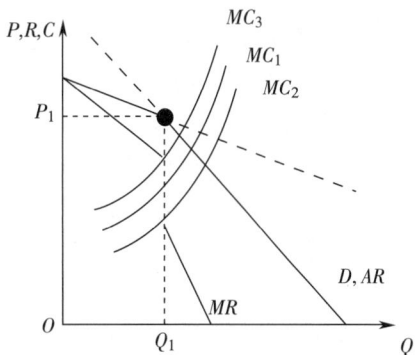

图6-23 折断的需求曲线

的成本变动反应不敏感，只对大幅度的成本变动反应敏感。这在一定程度上说明了寡头垄断市场上价格刚性这一现象。但该模型也存在一定的问题：第一，这一模型只能说明当均衡价格P_1形成以后，不会轻易变动它，但是，它并没有说明价格是如何定在P_1这一水平上的。第二，这一模型假定当一个厂商提高价格时，其他厂商不会跟随。但是，如果边际成本的增加足以使厂商提高自己的价格，而且，所有企业都由于同样的边际成本增加而提高价格，那么，以上的假定就不再成立了，厂商根据这一假设总结出的需求与边际收益曲线也就不正确。如果厂商继续按照这种错误的信息行事，那么他就不会实现利润最大化，最终会由于亏损而退出这一行业。所以，这个模型只是对寡头定价行为规定的一个不完全的说明。

【知识链接】 　　　　　　经济学家保罗·斯威齐

保罗·斯威齐（Paul Marlor Sweezy，1910—2004），是20世纪美国最为著名的马克思主义经济学家，在继承和发展马克思主义经济理论方面颇有成就。

他1931年从哈佛大学获得学士学位，1937年又从哈佛大学获得博士学位。1932年至1933年他曾在英国伦敦经济政治学院进修，这期间他成为一个马克思主义者，因为他认识到：西方的主流派经济学无助于理解20世纪的重大事变和社会发展趋势。然而，能够解释这些问题的马克思主义，在英、美又受到忽视和浅薄对待，这方面的英文出版物也极少。这种现状激起了斯威齐要建立"严肃的和真正的北美牌马克思主义"的愿望。1942年出版的《资本主义发展论》（*Theory of Capitalist Development*）奠定了他作为一个马克思主义经济学家的地位。他于1949年创办左翼杂志《每月评论》（*Monthly Review*），并任该刊主编直至辞世。

三、勾结性的寡头垄断模型

寡头垄断市场厂商的数目很少，又深知相互依存的关系，这就会导致厂商间相互勾结。勾结的益处一是减少不确定性，提高利润，二是增强阻碍新厂商进入的力量。

（一）公开勾结——卡特尔

寡头厂商之间达成了正式的和公开的协议，就是卡特尔。在欧洲一些国家法律允许卡特尔存在，各行业比较普遍。在美国1890年颁布的《谢尔曼反托拉斯法》，认定卡特尔是非法的，但实际上卡特尔仍然存在，如某些贸易协会和专业组织、国际航运协会等。卡特尔是由生产同类产品的厂商为垄断某市场而成立的组织，它协调各厂商的利益，主要职能是确定价格和瓜分市场。

1. 确定价格。几家厂商组成一个卡特尔，由一个管理机构确定统一价格，也就是垄断价格。

2. 瓜分市场。卡特尔的总产量或总销售量分配给各成员厂商即瓜分市场。分配产销量的方法有两种，一种是非价格竞争，另一种是定额分配。前一种方法适用于比较松散的卡特尔，在卡特尔中管理机构确定了统一价格后，任何一个厂商都不允许按低于统一价格水平的价格销售产品，在统一价格水平上，可以销售任何量的商品。第二种方法是规定销售限额，定额分配总销售量。

分配限额的主要依据有：（1）寡头厂商在卡特尔中的地位，参加限额规定谈判代表的能力；（2）组成卡特尔之前厂商的情况，每个厂商的生产能力和销售量；（3）寡头厂商在市场上所处的地理位置。

实际上，卡特尔协议不是法律规定维持的，所以难以实施。由于寡头厂商为争得自己的利益，往往采取欺骗的手段，千方百计维持自己的决策权，因此，卡特尔是不稳定的，往往因利益冲突而瓦解。

【知识链接】　　韩国制止价格卡特尔行为的经验

价格卡特尔是最基本的卡特尔形式，大部分卡特尔都以价格卡特尔为目的。卡特尔特别是价格卡特尔侵害了经营活动自由，抑制了企业创新活力和技术开发动力，降低了经济整体效率，导致价格上升、产量下降，损害了消费者利益。当前价格卡特尔的形式主要有四种：一是抱团取暖型。受经济发展不景气的影响，同业经营者为防止被共同淘汰，达成价格上涨协议。二是原料传导型。特定原材料在产品中所占比重较大时，经营者可能通过实施卡特尔，把原材料的价格变动传导到产品价格中，并最终由消费者承担。三是带头跟随型。表面上是市场领军企业率先涨价，其他企业跟进涨价，实际上是相互串通抬高价格，并试图逃避反垄断执法机构监管。四是默认串通型。经营者通过公开相关价格信息，采取默认一致的方式，实行价格卡特尔。

典型案例：（1）烧酒价格垄断协议案。2007年5月至2008年12月，通过烧酒制造业联谊会，11家烧酒制造商在是否涨价、涨价时间、涨价率等问题上达成协议，并先后2次涨价。2010年2月，韩国公交委对这种"抱团取暖型"的价格卡特尔处以272亿韩元的罚款。（2）航空公司燃油附加费串通案。1999年12月至2007年7月，通过航空公司行业会议，16个国家的21家航空公司商定引进新的燃油附加费，用于缓解和转嫁燃油价格上涨的压力。2010年，韩国公交委对这种"原料传导型"的价格卡特尔成员处以

1195 亿韩元的罚款。(3) 天然气公司串通涨价案。2009 年 12 月，2 家进口天然气的公司互相交换价格信息，统一涨价幅度，并把相关内容告知向其购买天然气并销售到终端用户的 4 家销售公司。通过这种价格行为，市场上天然气的零售价格几乎一致。韩国公交委对这种兼具带头跟随和默认串通特点的价格卡特尔，处以 6689 亿韩元罚款，并起诉相关当事人追究刑事责任。

资料来源：韩国制止串通投标、价格卡特尔和滥用市场支配地位行为的有关规定、执法实践及经验启示 [EB/OL]. https://www.docin.com/p-782081283.html.

（二）非公开勾结——价格领先制

公开性的勾结在某些国家被认为是非法的，寡头之间的勾结多以非公开的形式进行。非公开勾结是指同行厂商默认接受的某些行为准则，比如，承认降价倾销是违背职业道德的；尊重对方的市场份额和销售范围；计算价格采用同一方法等。非公开勾结的主要形式之一是价格领袖或价格领先制。

价格领先制是指某行业内，由一家企业率先制定价格，其他厂商据此决定自己的价格，协调厂商行动。

价格领先制一般分为三种形式：

1. 低成本厂商价格的领先。某厂商生产商品的成本低，由其制定价格，其他厂商跟随。

2. 支配型厂商的价格领先。某个行业是由一个占统治地位的支配厂商和一些小厂商构成的。支配型厂商按利润最大化原则制定价格，其余小厂商按此价格可销售任何数量的商品。

3. 晴雨表型的价格领先。行业中的某厂商对市场情况非常熟悉，市场行情的预测比较准确，具有一定的威信，这样的厂商称为"晴雨表型厂商"。它不一定规模大效率高，可能与其他厂商规模相似。晴雨表型厂商制定的价格，会被其他厂商模仿，跟着定价和变价。由于晴雨表型厂商有较好的判断力和威信，当市场从景气走向萧条时，他能带头降低价格；当经济好转需求旺盛时，他能带头提高价格。

【本章小结】

市场结构分为完全竞争、完全垄断、垄断竞争和寡头垄断四种类型。完全竞争市场是市场经济的一个理想模型，它必须具备四个条件，即产品的同质性、信息的完备性、资源的自由流动性，以及为数众多的买者和卖者。在现实经济中，很少有市场接近完全竞争模型。完全竞争市场的厂商是价格的接受者。完全竞争的厂商无论在短期还是在长期，均以 $MR = MC$ 来确定自己的最优产量。短期内厂商利润状况可以是超额利润、正常利润或亏损。长期条件下，厂商只能获得正常利润。由于边际成本建立了价格与产量之间的联系，边际成本曲线可以看成是厂商的供给曲线。短期供给曲线是短期边际成本曲线在平均可变成本曲线以上的向上倾斜的那部分。完全竞争市场是资源利用最充分、社会经济福利最高的市场组织形式，垄断竞争市场在资源配置方面不如完全竞争市场，而完全垄断市场的资源利用效率最低。垄断竞争市场、寡头垄断市场和完全垄断市场因垄断因素的存在，在厂商均衡的实现过程中，要综合考虑多方面影响。由于不同市场条件下，厂商控制价格的能力有所不同，其获取的利润也不同。对于垄断在经济发展中的利弊问题，有着不同的看法。但本章所强调的在资源配置方面竞争某些积极作用和垄断的某些消极作用的观点是有借鉴意义的。

【复习思考题】

一、名词解释

完全竞争　完全垄断　垄断竞争　寡头垄断　卡特尔　价格领导

二、分析讨论题

1. 为什么完全竞争厂商的短期供给曲线是 SMC 曲线上等于和高于 AVC 曲线最低的点部分？

2. 为什么厂商在短期亏损时仍然生产？在什么情况下不再生产？

3. 垄断竞争厂商在长期均衡状态下能不能获得超额利润？

4. 可能引起完全垄断的条件有哪些？

5. 向下倾斜的线性需求曲线与相应的边际收益曲线之间的关系是什么？

6. 为什么完全竞争厂商长期均衡时，正好收支相抵？

7. 比较完全竞争、完全垄断、垄断竞争和寡头垄断市场的不同。

8. 试述完全垄断厂商面临的需求曲线的特征以及总收益曲线、平均收益曲线和边际收益曲线的关系。

三、计算题

1. 已知某完全竞争行业中的单个厂商的短期成本函数为 $STC = 0.1Q^3 - 3Q^2 + 10Q + 200$。当市场上产品价格 $P = 100$ 时，求厂商的短期均衡产量和利润。

2. 已知：某完全竞争行业的单个厂商的短期成本函数为 $STC = 0.1Q^3 - 2Q^2 + 15Q + 10$，试求：（1）当市场上该产品的价格为 $P = 5$ 时，该厂商的短期均衡产量和纯利润？（2）当市场价格下降到多少时，该厂商必须停产？

【案例分析】

8 分钱的机票

一个聪明的中国留学生小王在欧洲旅行时，准备从巴黎乘飞机飞回伦敦。如果按正常航班来买票，票价是 181 英镑，这对不太富裕的小王来说显然有点贵了。于是他仔细搜寻报纸信息，希望能买到最便宜的机票。结果他做到了。你猜最后机票价是多少？他仅用了 6.3 英镑！但这还不算最便宜的机票，有一次他从比利时飞回伦敦，竟然只花了 0.01 欧元，合人民币 8 分钱。

为什么欧洲的机票能这么便宜？这就要提到一个不容忽视的经济学现象：价格歧视。

超级市场里，顾客出示会员卡或积分券，便能买到便宜货；提前半年通过旅行社预订的机票价格，与即买即走的机票价格相比，可以相差好几倍；日本汽车远销到美国，竟然比在日本本土的售价还要低廉；餐厅里同样的一桌饭菜，如果客人是最近一个星期曾经光顾过，就可以打个八折……同样的产品、同样的服务，针对不同的顾客，价格却大不一样，这种现象无处不在。

问题：（1）解释价格歧视现象。

（2）分析价格歧视现象背后的成因。

【拓展阅读】

康柏计算
机价格下调

第七章

分配理论

FENPEI LILUN

【教学目的和要求】

通过本章学习使学生掌握生产要素价格与收入分配基本知识和基本体系，掌握生产要素价格与收入分配理论的基本内容和分析方法，了解生产要素价格决定特点及应用，掌握洛伦兹曲线和基尼系数。

与生产要素价格理论相联系的是分配理论，分配理论要解决的是为谁生产的问题，即生产出来的产品如何在社会各阶层中进行分配、归谁所有的问题。西方经济理论认为，社会各阶层作为生产要素的所有者，为生产提供了各种生产要素，从而作出了贡献，因此，收入分配将取决于他们所提供的生产要素的价格。可见，西方经济学的分配将取决于他们所提供的生产要素的价格，是以研究生产要素的成本或价格决定为核心的。

微观经济学的分配理论有两种：一种是以美国哥伦比亚大学教授克拉克提出的以边际生产力理论为基础的分配理论，另一种是以同时期英国剑桥大学教授马歇尔提出的均衡价格理论为基础的分配理论。

第一节　收入分配与生产要素市场

一、生产要素及其价格

（一）生产要素的含义

生产要素（Factors of Production），指生产中必需的经济资源，亦称投入，它能够在生产过程中发挥作用，从而生产出产品和劳务。生产要素分为劳动、资本、土地与企业家才能四种。劳动指工作的劳动能力；资本指厂房、机器、设备等用于生产的物质资料，其货币形态是资金；土地指一切自然资源；企业家才能指企业家的经营管理能力和冒险、创新精神。

（二）生产要素的价格

厂商使用生产要素进行生产，就必须支付一定的代价，这种代价就是生产要素的价格。工资是劳动的价格，形成工人的收入；利息是资本的价格，形成资本所有者的收入；地租是土地的价格，形成土地所有者的收入；利润是企业家才能的价格，形成企业家的收入。

（三）生产要素价格与一般产品价格的区别

生产要素的价格与一般产品的价格一样，由市场的供给和需求状态决定。但是二者之间也具有以下差别：

第一，一般产品（指消费品）的需求者是个人，供给者是厂商，而生产要素则相反，其需求者是厂商，供给者是个人。

第二，一般产品的价格，指人们对它一次性购买的价格，消费者支付了该产品的价格，便获得了该产品的所有权，而生产要素价格，则是指厂商按约定期限对它们的使用价格，而不是指一次性的购买价格，厂商支付了其价格，只有一定时间内的使用权，而没有所有权。

二、生产要素的需求

（一）生产要素需求的性质

1. 生产要素的需求是一种引致需求或者说派生需求（Derived Demand）。它取决于对利用生产要素生产出来的产品的需求。如果市场上对某种产品的需求增加了，那就会增加对生产该种产品的生产要素的需求。比如，市场上消费者对电子产品的需求量大了，电器厂才有必要扩大生产，而要扩大生产就须增加工人、资金、制造机械之类的生产要素。

2. 生产要素的需求还是一种联合需求（Joint Demand），即各种生产要素之间存在着相互依存关系，它们之间既能相互替代，又能相互补充。

（二）决定生产要素需求的因素

生产者对于一种生产要素需求的大小，决定于以下几个因素：

1. 市场对产品的需求及产品的价格。市场对某种产品的需求越大，该产品的价格越高，则生产这种产品所用的各种生产要素的需求也就越大；反之，就越小。

2. 生产技术水平。生产技术水平决定了对某种生产要素的大小。如果是资本密集型的，则对资本的需求大。

3. 生产要素本身的价格。厂商一般用低价格的生产要素代替高价格的生产要素。

4. 生产要素的边际生产力。同消费者对产品的需求相类似，厂商对生产要素的需求是指厂商对应于一定的要素价格愿意并且能够购买的要素数量，或者说是指厂商为购买一定数量要素所愿支付的价格。厂商在一定的要素价格水平上，对要素需求量的大小是由要素的边际生产力决定的。

（三）边际生产力

所谓边际生产力（Marginal Productivity）指在其他条件不变的情况下，每增加一单位生产要素的投入量所增加的产量。以实物来表示的生产要素边际生产力，称为边际物质产品（Marginal Physical Product，MPP）；以收益来表示的生产要素的边际生产力，称为边际收益产品（Marginal Revenue Product，MRP）。若要表示单位生产要素所带来的价值，则称为边际产品价值（Value of Marginal Product，VMP）。它们之间的关系用公式表示为

$$MRP = MPP \times MR \tag{7.1}$$
$$VMP = MPP \times P \tag{7.2}$$

如果价格与边际收益相等，即 $P = MR$，则 $VMP = MRP$。

【知识链接】

边际生产力是由美国经济学家约翰·贝茨·克拉克在 1899 年发表的《财富的分配》一书中首先提出的。按照克拉克的解释，边际生产力（或边际生产率）是指最后追加的那个单位生产要素的生产力，即最后追加的那个单位的生产要素所增加的产量。假定生产中所用的要素是劳动与资本，当资本不变而劳动量增加时，最后增加的一单位劳动所增加的产量就是劳动的边际生产力。当劳动量不变而资本量增加时，最后追加的那个单位资本所增加的产量就是资本的边际生产力。

资料来源：邓海潮. 现代西方经济学教程［M］. 西安：陕西师范大学出版社，1996.

在其他生产要素投入不变的条件下，某一生产要素随着投入量的增加，其边际生产力递减，也就是边际收益递减，这就是边际生产力递减规律（The law of diminishing marginal productivity）。这是克拉克把马尔萨斯的"土地肥力递减规律"推广到一切生产部门和生产要素所得出的"普遍规律"。

边际生产力递减规律分解为资本生产力递减和劳动生产力递减两个方面。资本生产力递减是指在劳动数量不变的情况下，由于不断增加的资本量，使资本和劳动的合理比例被破坏，因此不断增加的资本的生产力是递减的；劳动生产力递减是指在资本规模不变的情况下，由于不断增加劳动者数量，使每个劳动平均使用的机器设备减少了，所以不断追加的新工人的劳动生产力依次减少。

【知识链接】

除了生产要素的边际生产力决定生产要素的需求之外，其他还有一些因素也影响着生产要素的需求，这些因素主要通过生产要素的需求弹性来产生影响，主要包括：（1）产品的需求弹性。由于对生产要素的需求是派生需求，因而产品的需求弹性会影响生产该

产品的生产要素的需求弹性，二者按相同方向变化，产品的需求弹性较大，要素的需求弹性也较大；反之，产品的需求弹性较小，要素的需求弹性也较小。（2）一种生产要素费用在总成本中所占的比例。如果一种要素的费用在总成本中所占比重较大，则该要素的需求弹性较大；反之，则较小。（3）生产要素之间的替代程度。一种生产要素与别种要素之间的替代性越强，对它的需求弹性也越大；反之，则越小。

资料来源：邓海潮. 现代西方经济学教程［M］. 西安：陕西师范大学出版社，1996.

劳动市场均衡

（资料来源：http：//open. 163. com/newview/movie/free?
pid = ME7U8AP9L&mid = ME8IM9UF9）

要素需求理论

（资料来源：http：//open. 163. com/newview/movie/free?
pid = ME7U8AP9L&mid = ME8GET88N）

三、生产要素的供给

生产要素的供给是指生产要素的所有者在市场上按一定价格将生产要素出售给厂商。生产要素的供给价格是生产要素的所有者对提供一定数量的要素所愿意接受的最低价格。

生产要素的供给不像需求那样，无论哪种生产要素的需求都由它的边际生产力决定，一般来说，如果生产要素是由厂商生产出来的资本品，如机器、设备、原料、厂房等，其供给价格和数量主要与生产和再生产的要素的成本有关。如果生产要素不是由厂商根据盈利原则生产出来的，如劳动、土地及货币资本等，其供给价格和数量主要由它们在某一时期的存量、供给者的偏好、机会成本等因素决定。

如果某种生产要素的总供给量是固定不变的，比如土地是大自然所赋予的，其供给量是一定的，不随价格的高低而增减，则该种生产要素的供给完全缺乏弹性。而大多数生产要素，比如资本品的供给，其供给量随着要素价格的提高而增加，随着要素价格的降低而减少，这些要素的供给弹性是正值。还有一些生产要素，比如劳动的价格提高到一定程度后，其供给量反而减少。

四、生产要素价格的均衡

（一）生产要素均衡的基本条件

生产要素的均衡指在一定的市场条件下，厂商根据利润最大化原则确定生产要素的投入量，从而也确定了生产要素的价格。厂商在决定使用多少生产要素投入时，必须考虑成本和收益的比较，即追加 1 单位生产要素所获得的收益 *MRP* 能否补偿他为使用该单位要素所需支付的成本。这种成本即增加 1 单位投入要素所增加的成本支出可称为边际要素成本（Marginal Factor Cost，MFC）。

生产要素实现均衡的基本条件是边际收益产品等于边际要素成本，用公式表示为

$$MRP = MFC \qquad (7.3)$$

这一基本条件是利润最大化原则 $MR = MC$ 在生产要素均衡中的具体形式。

厂商在增加某种要素投入量时，必然会引起两个方向的变化：一方面是厂商总收益的增加；另一方面是厂商总成本支出的增加。前者表现为边际收益产品（MRP）的变化，后者表现为边际要素成本（MFC）的变化。

当厂商增加要素投入量，出现 $MRP > MFC$ 时，意味着新增加的投入给厂商带来的收益量大于总成本增量，说明继续增加投入还能获得更多利润，厂商会继续增加这种要素的投入；当增加要素投入量出现 $MRP < MFC$ 时，表现为投入量已使厂商获得的利润减少，厂商必然会减少这种要素的投入量；只有当 $MRP = MFC$ 时的要素投入量，才使厂商获得的利润最多，实现了利润的最大化。因此，厂商根据 $MRP = MFC$ 的原则所确定的要素投入量是要素的均衡量，由这个投入量所决定的要素价格是这种生产要素的均衡价格。所以，$MRP = MFC$ 是实现生产要素均衡的基本条件。

（二）不同市场类型条件下生产要素的均衡

$MRP = MFC$ 是生产要素均衡的基本条件。但在不同的市场结构条件下，生产要素均衡的实现不尽相同。在探讨产品市场的厂商均衡时，通常假设买方为完全竞争，只有卖方才分为完全竞争与不完全竞争。现在研究生产要素的均衡，买卖双方都分为完全竞争与不完全竞争。

1. 产品市场与要素市场都是完全竞争。在产品市场与要素市场都是完全竞争时，产品价格与要素价格都由行业的供给与需求决定，对厂商来说价格是既定的，都是价格的被动接受者。所以，产品的价格、平均收益与边际收益都相等，即 $P = AR = MR$。由于 $MRP = MPP \cdot MR$，$VMP = MPP \cdot P$，所以对生产要素的需求曲线 dd、MRP 与 VMP 是同一条向右下方倾斜的曲线。在生产要素市场上，厂商也不能影响要素价格。对厂商来说，生产要素的供给曲线 SS 与 MFC 是同一条平行于横轴的直线。这种市场中要素的均衡如图 7-1 所示。

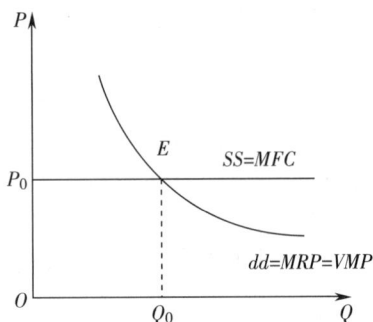

图 7-1 要素的均衡 1

图 7-1 中，横轴代表某种要素的投入量 Q，纵轴代表价格 P。平行于横轴的要素供给曲线 $SS = MFC$，与向右下方倾斜的要素需求曲线 $dd = MRP = VMP$ 相交于 E 点，在 E 点上实现了 $MRP = MFC$，由 E 点所决定的要素投入量 OQ_0，是使厂商获得最大利润的要素投入的均衡点；E 点也表明了要素的均衡价格 OP_0，因而实现了要素的均衡。在这种市场上，要素价格等于边际产品价值，即 $P = VMP$。

2. 产品市场是不完全竞争，生产要素市场是完全竞争。由于产品市场是不完全竞争，厂商在该市场中能通过调整产量影响价格。因此，对厂商来说，产品的需求曲线向右下方倾斜，而且 $P > MR$，由于 $VMP = MPP \cdot P$，$MRP = MPP \cdot MR$，所以在这种市场条件下，$VMP > MRP$，VMP 曲线与 MRP 曲线分离为两条向右下方倾斜的曲线，而且要素

需求曲线 MRP 的位置低于 VMP 曲线。由于要素市场是完全竞争，所以 $SS = MFC$，二者是同一条平行于横轴的直线。这种市场中要素的均衡如图 7 – 2 所示。

图 7 – 2 中，要素需求曲线 $dd = MRP$ 与要素供给曲线 $SS = MFC$ 相交于 E 点。在 E 点上 $MRP = MFC$，由 E 点决定的要素投入量 OQ_0 是要素投入的均衡量。E 点也表明了 OP_0 是该生产要素的均衡价格。在这种市场条件下，要素价格小于边际产品价值，即 $P < VMP$，厂商由于卖方垄断而获得垄断利润 P_0EFV。

3. 产品市场是完全竞争，要素市场是不完全竞争。在这种市场中，由于产品市场是完全竞争，厂商在产品市场上只是价格的接受者，因而有 $P = MR$，$VMP = MRP$，二者是同一条向右下方倾斜的曲线 $dd = MRP = VMP$。生产要素市场是不完全竞争的，厂商在要素市场上有市场力量，可以通过调整对生产要素的购买量来影响要素价格，实行买方垄断。因此，对厂商来说，要素的供给曲线具有正斜率，即向右上方倾斜，供给价格与供给数量呈同方向变化，这样也造成了 $SS < MFC$，SS 与 MFC 分为两条向右上方倾斜的曲线，MFC 曲线的位置高于 SS 曲线。这种市场条件下生产要素的均衡如图 7 – 3 所示。

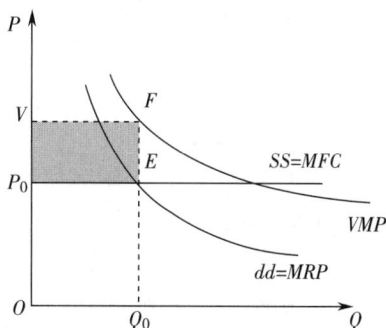

图 7 – 2　要素的均衡 2

图 7 – 3 中，MFC 曲线与要素的需求曲线 dd 相交于 E 点，在 E 点上 $MRP = MFC$，由此而决定的要素投入量 OQ_0 是要素投入的均衡量。EQ_0 垂线与 SS 线相交于 F 点，决定了要素的均衡价格 OP_0。在这种市场中，要素价格小于边际产品价值，即 $P < VMP$，厂商因买方垄断而获得了垄断利润 P_0FEV。

4. 产品市场和要素市场都是不完全竞争。在这种市场条件下，厂商在产品市场实行卖方垄断，$P > MR$，VMP 与 MRP 分离为两条向右下方倾斜的曲线；厂商在要素市场实行买方垄断，$SS < MFC$，要素的供给，曲线 SS 与 MFC 曲线分离为两条曲线。这种市场条件下生产要素的均衡如图 7 – 4 所示。

图 7 – 4 中，要素需求曲线 dd 与 MFC 曲线交于 E 点，在 E 点上 $MRP = MFC$。由此

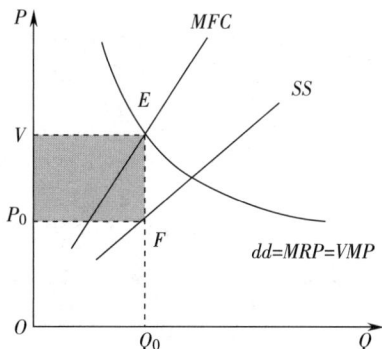

图 7 – 3　要素的均衡 3

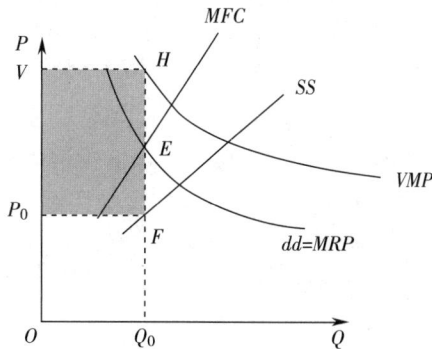

图 7 – 4　要素的均衡 4

而决定的要素投入量 OQ_0 是要素投入的均衡量，EQ_0 垂线与 SS 线交于 H 点，决定了要素均衡价格 OP_0。这种市场条件下，要素价格很大程度上小于边际产品价值，即 $P < VMP$，厂商既有卖方垄断又有买方垄断，因而获得了巨额垄断利润 P_0FHV。

第二节　工资理论

工资（Wages）是一定时期内，给予提供劳动的劳动者的报酬，也是使用劳动这种生产要素的价格。工资一般指工资率，即单位时间的工资。根据工资形式，可以分为货币工资和实际工资。货币工资是以货币形式表示的货币数量；实际工资则是按照货币工资能够购买的物品和劳务的数量，也称为货币工资的实际购买力。工资理论所分析的工资是实际工资。西方经济学是以均衡价格理论来解释工资水平的决定的。按照这一观点，一个社会的工资率水平，取决于该社会对劳动的需求和劳动的供给两种因素。

一、劳动的需求

劳动的需求来自厂商。厂商决定是否雇用工人，不是为了解决工人的就业问题，而是为了追求生产利润。因此，厂商愿意支付的工资水平，是由劳动的边际生产力决定的。由于劳动的边际生产力是递减的，因此，劳动的需求曲线向右下方倾斜。所有厂商对劳动的需求曲线加在一起即形成向右下方倾斜的劳动市场需求曲线，如图 7 - 5 所示。

图 7 - 5 中，横轴代表劳动的数量 L，纵轴代表工资率 W，D_L 代表向右下方倾斜的劳动市场需求曲线。

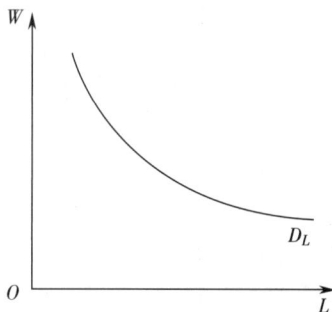

图 7 - 5　劳动市场需求曲线

【知识链接】

一个社会对劳动的需求，取决于劳动要素的边际生产力和产品的价格。也就是说，社会的边际生产力水平越高，对劳动的需求就越多；反之则相反。而一个社会的劳动边际生产力水平，主要取决于该社会的资本、自然资源、生产技术水平、劳动力素质以及社会济环境、组织结构、管理水平和市场规模等因素。假如一个社会资本数量很多，自然资源丰富，生产技术水平和管理水平很高，劳动力素质很好，同时社会的经济组织和市场结构都比较发达，那么该社会劳动的边际生产力必然很高，反之则相反。不同生产力水平的国家，劳动的需求曲线的位置不同。通常发达国家劳动的需求曲线位置较高，而落后国家劳动的需求曲线位置偏低。劳动的需求还与产品的价格有关。如果产品价格提高，即使劳动的边际生产力不变，对劳动的需求也会增加。

二、劳动的供给

劳动的供给是指劳动者在不同劳动价格水平上愿意并能够提供的劳动数量。劳动者的工作意愿很大程度上取决于他对工资和闲暇的比较。劳动可得到工资收入，工资收入给劳动者带来效用，闲暇也给他带来效用。劳动作为闲暇的牺牲会给劳动者带来负效用，即痛苦和不舒适的感觉，劳动得多，工资收入也多，但闲暇会减少，可见收入和闲暇之间存在着替代关系。

工资率的提高对劳动供给有两种效应：替代效应和收入效应。替代效应指的是工资率越高，对牺牲闲暇的补偿越大，劳动者就越愿意用多劳动来代替多休闲。收入效应反映的是工资率越高，个人越有条件以较少的劳动换得所需要的收入和消费品，因而就越不愿意增加工作时间即劳动的供给。

这两种效应都是工资率提高的效应。当收入效应小于替代效应时，劳动供给则会随着工资率的提高而增加，劳动供给曲线向右上方倾斜，即曲线斜率为正值。当收入效应大于替代效应时，劳动供给量则可能随着工资率的提高而减少，劳动供给曲线向左上方倾斜，即曲线斜率为负值。一般来说，工资率较低时，替代效应大于收入效应；工资率很高时，收入效应将会大于替代效应。因此，随着工资率的提高，劳动供给曲线会从向右上方倾斜转为向左上方倾斜。理论上讲，将所有单位劳动者的供给曲线加总而形成的劳动市场供给曲线也就会呈向右上方倾斜转为向左上方倾斜的后弯曲曲线，如图7-6所示。

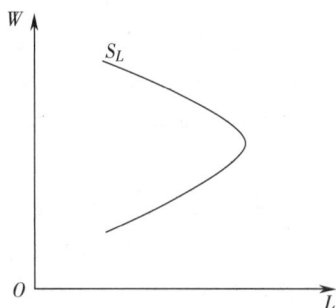

图7-6 劳动供给曲线

【知识链接】

应当认为，这种后弯曲供给曲线主要是个人劳动供给曲线，就整个劳动市场而言，这条供给曲线基本上是向右上方倾斜的。这是因为，在其他条件相同时，若某职业工资水平上升，愿意从事该职业的劳动人数会增加。一些经济学家还认为，后弯曲供给曲线可能在发达国家会出现，但对广大发展中国家而言，不仅是市场的劳动供给曲线，就是个人劳动供给曲线也主要是向右上方倾斜的。

三、劳动市场均衡和工资的决定

将向右下方倾斜的劳动市场需求曲线和部分向后弯曲的劳动市场供给曲线置于同一坐标系中，便可得到劳动市场的均衡点。如图7-7所示，L代表劳动的数量，W代表工资率，劳动需求曲线D_L和劳动供给曲线S_L的交点E即为劳动市场的均衡点。该均衡E决定了均衡的工资水平W_e和均衡的劳动数量为L_e。劳动供给曲线S_L在工资率不断上升的情况下，将呈现为一条向左后弯曲的弓形曲线，与劳动需求曲线D_L相交于新的均衡点E_1，决定了均衡的工资水平W_1和均衡的劳动数量为L_1。图7-7说明，在均衡点E处，工资率（OW_e）低而雇用量（OL_e）多；在均衡点 E_1 处，工资率（OW_1）高而雇用量（OL_1）少；且 $OW_1 > OW_e$，但 $OL_1 < OL_e$。

这一均衡的前提条件是：其他要素价格不变，技术水平不变等。同时还假定，劳动力是同质的。据此，我们才能得到一个统一的均衡工资水平。另外，图 7 - 7 中的均衡模型还说明这样一个重要结论：劳动的边际生产力是决定工资水平的关键因素。而决定劳动边际生产力的主要因素又有技术水平、资本装备、文化教育与其他要素投入等。

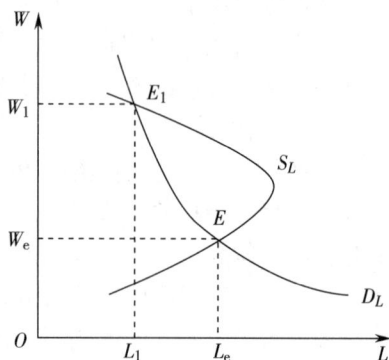

图 7 - 7　劳动市场供求曲线

四、工资差异及其原因

上述市场均衡工资是一种理论上的工资率，也是一个国家或地区在某一时期的社会平均工资（加权工资）。在现实经济生活中，由于各个劳动者能力不同及所从事的行业和职业不同，使工资存在很大差异。导致工资差异的原因大致有：

1. 竞争条件下的工资差别。在现实生活中，不同行业或不同部门的工资是不同的，其差别在很大程度上取决于不同行业和部门的具体工作条件。一般而言，某些工作之所以得到较高的工资，是因为这些工作需要补偿。比如不愉快或冒险的工作条件需要补偿；高度紧张的体力或脑力劳动需要补偿；失败的风险必须补偿等。

2. 与竞争条件偏离的工资差别。竞争条件的偏离是指在完全竞争条件以外的各种力量对工资的影响问题。某些非竞争因素作用于社会经济生活，是工资高于或低于一般竞争工资。比如进入的条件、雇主的市场力量、法律条款、习惯等。

3. 工会对工资的影响。在西方国家中，工会被看成是劳动供给的垄断者（卖方市场），它能够控制劳动的供给量，控制工资率。这样，劳动市场就是一种不完全竞争的市场，工会可以用种种方法来影响工资的决定。

（1）工会通过限制非会员受雇、限制移民和童工的使用，缩短工时，实行强制退休等方法来减少劳动的供给，从而提高工资。

（2）工会通过提倡保护关税、扩大出口等办法扩大商品销路，从而提高对劳动的需求，也可以提高工资。

（3）工会通过集体协议（工会代表与雇主共同解决劳动争议问题的方式）或组织罢工要求雇主提高工资。在工会罢工基础雄厚的情况下，可以迫使资本家作出让步。

（4）工会迫使政府立法规定最低工资，这样可以使工资维持在较高的水平上。

当然，工会对工资的影响还是有限度的，这取决于工会本身的力量、工会与厂商双方力量的对比、整个社会的经济状况及政府干预的程度等。

4. 歧视。种族歧视和性别歧视在一些国家是常见之事，甚至城乡户籍也会成为工资差异的重要原因。

【知识链接】 漂亮与收入

美国经济学家丹尼尔·哈莫米斯与杰夫·比德尔在1994年第4期《美国经济评论》上发表了一份调查报告。根据这份调查报告，漂亮的人收入比长相一般的人高5%左右，长相一般的人又比丑陋的人收入高5%～10%左右。

如何来解释由漂亮造成的收入差别呢？经济学家认为，人的收入取决于个体差异。由漂亮引起的工资差别正是因为它在某种程度上反映了个人的能力、努力与机遇的差别。个人能力包括先天的禀赋与后天培养的能力。长相与人在体育、艺术、科学方面的能力一样是一种天赋，它可以使漂亮的人从事其他人难以从事的职业，因此供给十分有限。漂亮也可以通过后天培养，这主要指人的气质和教养。气质是人内在修养与文化的表现，它在很大程度上取决于个人所受的教育。两个长相相似的人，所受的教育不同，表现出的气质不同。所以，漂亮是个人能力的间接标准之一。能力强的人具有较高的边际生产率，企业当然愿意为其支付较高的工资。

漂亮也可以衡量人工作的努力程度。一个工作勤奋、充满自信的人往往打扮得体，举止文雅，有一种向上的朝气。所以，漂亮也是衡量努力程度的一个间接标准。漂亮的人机遇也比一般人高。通常从事演员、模特、空姐这类高收入职业，需要漂亮的人。就是在一般人也能从事的工作中，漂亮的人也更有利。有些经济学家把漂亮的人机遇多称为一种歧视，也有经济学家把漂亮引起的收入差别，称为"漂亮贴水"。

资料来源：梁小民. 漂亮与收入 [J]. 东北之窗，2006 (9).

【知识链接】 员工的议价能力取决于他在别处的机会

员工在一个企业里的议价能力，取决于他在别处的机会。他在别处的机会越多，他在这个企业里议价的能力就越高，因为他随时可以选择离开。而如果一个人在别处的机会已经用尽，目前的收入已经是众多选择里最高的了，那么他就没什么议价能力可言，只能老老实实待在这个企业里工作。

像月嫂这样看似散兵游勇的职业，近年来工资却越来越高了，这是因为近年来随着二胎政策的放开及人们对月嫂服务的认可度提升，总有别的人在别的地方给她们开更高的工资。因而哪怕月嫂没有形成一个组织，没有进行什么集体议价，她们的工资也仍然节节上升。

——薛兆丰经济学讲义

第三节 利息理论

利息（Interest）是厂商在一定时期内为利用资本的生产力所支付的代价，或者说是资本所有者在一定时期内因让渡资本使用权，承担风险所索取的报酬。建立在均衡价格理论基础上的利息理论，是从资本的需求和供给两方面来解释利息的决定的。

一、资本的需求

利息是用货币表示的使用货币资本支付的价格，是一个绝对量的概念。在经济分析中，通常使用利息率的概念，简称利率（Interest Rate），它是指利息量占资本使用量的百分比。

如同厂商对其他要素的需求一样，厂商对资本要素的需求也是由资本的边际收益产量曲线表示的。因而厂商对资本的需求价格，就取决于资本的边际收益产量。由于利率是一个相对数，为了具有可对比性，用相对数来表示资本的边际收益产量，就是资本的净生产率。其含义是指投资而获得的年收益率。资本的净生产率表示了厂商对资本的需求情况，而利率是厂商使用资本所要支付的价格。因此，对厂商来说，只要是资本的净生产率高于利率，他使用货币资本进行投资就是有利可图的。如果情况相反，厂商将出现亏损。由于资本的边际收益产量 MRP 具有递减规律，因而资本的净生产率也具有递减趋势，这也就决定了厂商对资本的需求曲线是向右下

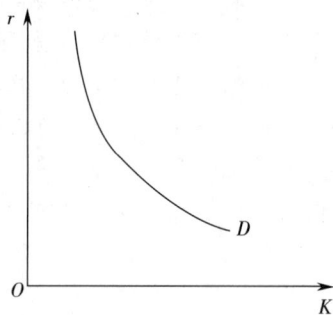

图 7 - 8　资本的需求曲线

方倾斜的，即斜率为负。这说明了在资本的净生产率一定的条件下，厂商对资本的需求量与利率呈反方向变化的关系，其变化关系如图 7 - 8 所示。

二、资本的供给

资本的所有者向市场提供其资本的使用权就形成了资本的供给量，依存于人们愿意提供的资本，即人们的收入用于个人消费以后的余额，也就是储蓄。储蓄是人们抑制或推迟眼前消费而形成的，利息是人们进行储蓄得到的一种补偿。一般来说，利息越高，储蓄越多，资本的供给量越多。因此，资本的供给量是利率的递增函数，两者呈正向变动的关系，如图 7 - 9 所示。

资本的供给除受利率变动的影响之外，还受货币资本的机会成本、人们对通货膨胀的预期以及持有货币的偏好等因素的影响。一般来说，货币资本的机会成本越

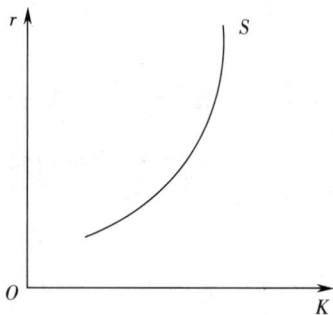

图 7 - 9　资本的供给曲线

大，资本供给量越少；反之，则越多。人们对通货膨胀的预期，实质上是对未来货币资本价值的预期。如果人们预期未来会出现较高的通货膨胀率，则意味着货币资本将会贬值，人们储蓄量减少，货币供给量随之减少。对货币持有的灵活偏好，是指人们以货币形式保持其个人财富的愿望。这是人们的日常交易需要和投机需要所决定的。若人们认为储蓄的收益大于持有货币带来的收益，储蓄将增加，货币供给量也随之增加。

三、均衡利息率的决定

根据资本的供求情况，很容易推导出利率的决定。图 7 - 10 中的 DD 线表示资本的

需求线，SS 线表示资本的供给曲线，两线的交点即为均衡点 E，对应的 r_0 为均衡利率，对应的 K_0 为资本的均衡供求量。

西方经济学认为，上述分析的均衡利息率是指资本市场上的纯粹利息率，即在借贷时通常是被假定为没有任何风险的。这是一种理论分析的利率水平。现实经济生活中，实际利率与纯粹利率往往不同，其差别主要由以下原因造成：

1. 贷款的风险程度。如果一个人有 10 万元被放出去一年，他不仅要放弃现在的消费，还得冒丧失金钱的风险。如果他把钱放在床垫子下面，至少能确定这是安全的（不考虑被抢劫、盗窃）。所以，贷款的风险程度越大，贷款人要求的利息率越高。

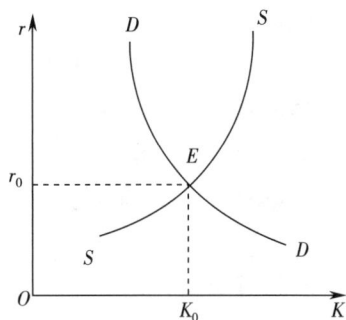

图 7 – 10　利息率的决定

2. 贷款的期限长短。长期贷款利息率一般高于短期贷款利息率。这不仅是因为长期贷款较之短期贷款的风险程度高，而且还因为长期贷款要长期放弃货币用于消费或其他途径所得的利益。

3. 贷款的数额多少。大宗贷款的利息率一般低于小额贷款。因为每一货币单位所承担的管理成本因贷款数额多少不等而有高低之分。

4. 借贷市场竞争状况。贷方与贷方之间的竞争越激烈，利息率越低；借方与借方之间的竞争越激烈，利息率越高。

虽然各种实际利息率与纯粹利息率之间有不同的差距，但它们都以纯粹利息率为出发点，并随纯粹利息率的变动而变动。

【知识链接】　　　　全球"零利率"中国楼市新转机

北京时间 2020 年 3 月 16 日凌晨，美联储将利率降低至零水平，并启动了 7000 亿美元大规模量化宽松（QE）刺激计划。但当天市场反应并不积极，美国股票市场继续下跌。

3 月以来，至少 30 个国家或经济体采取了降准、降息或量化宽松的措施。澳大利亚央行利率已降至 0.5%，接近零利率，并表示准备在必要时采取进一步行动；已实施负利率的欧洲央行和瑞士央行大概率还会进一步降息。美国斯坦福大学经济系教授罗纳德·麦金农认为，如果发达国家致力于在危机期间通过降息稳定国内经济，套利交易者的投机热钱将大量涌入利率较高的新兴市场国家。

我国正发力新基建投资，近 50 万亿元的投资版图浮出水面。其中 2020 年度计划投资总规模约为 7.6 万亿元，占总体投资计划的 15.3%。同时，人民银行年内已两次分别宣布下调存款准备金率 0.5 个和 1 个百分点，人民银行共计向市场释放 1.35 万亿元长期资金。

中国首席经济学家论坛理事长连平预计，货币政策会相应地做反向调整，3月或4月是重要的时间窗口，新冠肺炎冲击对经济的负面影响会在此后一段时间逐渐显现，金融作为先行的、重要的经济变量，需要提前进行运作，这样会对下半年经济运行带来积极影响。同策集团首席分析师张宏伟预计，在全球及国内市场流动性刺激下，尽管当前我国楼市调控的基调仍坚持"房住不炒"，短期内调控政策并未出现明显宽松，但市场流动性注入房地产必然会导致房价进一步上涨。

资料来源：何可信. 全球"零利率"中国楼市新转机［N］. 中国房地产报，2020 - 03 - 23（01）.

第四节　地租理论

经济学中的土地是一个广泛的概念，它不仅指地面，也指地下、空中、水面上的一切自然资源。地租是在一定时期内利用土地的生产力所支付的代价或土地这一生产要素提供服务的报酬。地租是由土地市场的供给和需求共同决定的。

一、土地的供求与地租的决定

土地的需求取决于土地的边际生产力，而土地的边际生产力也是递减的，从而对土地的需求曲线，如同其他生产要素的需求曲线那样，呈现为一条向右下方倾斜的曲线，如图 7 - 11 中的 D 曲线。

土地这一生产要素具有稀少性、不能流动、不能再造等特点。就一个国家而言，土地的全部供给量是固定的，其供给曲线表现为一条垂直线。如图 7 - 11 中的 S 曲线，不管地租怎样变化，土地总供给始终不变为 Q_0。图中土地需求曲线 D 和供给曲线 S 相交于点 E，E 点是土地的供给和需求的均衡点。该均衡点表示，在土地数量为固定不变的 Q_0 情况下，均衡地租为 R_0。

随着经济的发展，对土地的需求不断增加，所以地租有上升的趋势。如图 7 - 11 所示，随着社会对土地需求的增加，需求曲线会平行的从 D 向右移动到 D_1，与不变的供给曲线相交于新的均衡点 E_1，均衡地租会相应地升到 R_1。也就是说，由于土地供给量为既定常数，因而地租高低只决定于土地的需求曲线，与土地需求的高低同方向变化。

图 7 - 11　土地的供求曲线

二、级差地租

土地有肥瘠之分，矿藏亦有贫富之别，再加上地理位置、气候等条件的差别，可以把土地分为不同等级。一般来说，对土地的利用，会根据土地上产品需求的大

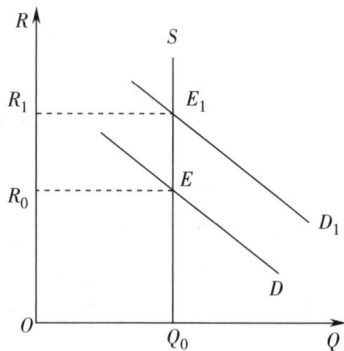

小，从优至劣依次进行。土地产品的价格必须不低于使用劣等土地进行生产所耗费的平均成本。这成本中包括使用劣等土地也必须支付的地租，否则，劣等土地所有者就不会出让土地使用权。由于土地有肥沃程度（自然丰度）和地理位置的不同，所以，不同的地块具有不同的生产力。优等土地边际生产力大，劣等土地边际生产力小，二者的差额就是级差地租（Differential Rent）。而由土地所有权决定的地租就是绝对地租。

三、准地租

准地租（Quasi–rent），或称为准租金。它是指使用土地之外的其他生产要素所支付的报酬，在一定条件下，类似地租，只取决于该生产要素的需求方面，而与供给无关。

一般地说，准地租是某些素质较高的生产要素，在短期内供给不变的情况下所产生的一种超额收入。例如，厂商使用的厂房、机器设备等生产要素，从短期看，供给数量固定不变，供给弹性几乎为零，好像土地的供给弹性为零一样。如果厂商使用的是较好的厂房、机器设备，其边际收益产量较高，也就是说它们的边际生产力曲线或需求曲线的位置较高，所得租金水平也就较高（通常表现为获得超额利润），这部分就被看做是由厂房、机器设备的需求决定的，而与供给无关。

上述准地租仅仅存在于短期内，从长期看，较好的厂房和机器设备的供给量是可以增加的，从而其供给弹性不再等于零。那时，厂房和机器设备的报酬不仅取决于需求，而且取决于供给方面，由供求均衡决定，从而准地租消失。

【知识链接】

准地租的概念不但被应用于产品，而且被运用于人们的特殊才能。比如，较高级技术工人的工资中，存在着一种超过正常工资的额外收入，它被认为是由这部分生产要素因具有天赋才能，以致边际生产力较高而产生的。他们的供给量并未改变，他们所得到的超额工资收入，并非是由于随着供给量的增加，供给价格提高的结果，而仅仅是由于劳动这一生产要素本身独具的优越条件造成了边际生产力提高或劳动的需求曲线位置较高而产生的。因此，这些超额工资收入被看做准地租。当然，从长期看，这些较高级的技术工人的供给数量会增加，供给价格会发生变化，超额工资也会随之消失。再如，企业家才能的报酬收入（企业利润），有很大一部分也是准地租。因为，企业家的正常利润率虽然是和他们的才能的供给成本（教育、训练费用等）联系着的；但它最终是以特异的天赋才能作为决定个人利润大小的主要因素。这种由个人天赋才能决定的利润收入部分，与较高级技术一样，也由需求方面决定，而与供给无关。于是，便可以把这部分利润看成准地租。

四、经济地租

经济地租（Economic Rent）指素质较差的生产要素，在长期内由于需求增加而取得的一种额外收入。之所以称其为经济地租，是因为其性质与地租相似，它由需求方面决定，而与供给无关。

例如，工人作为劳动这一生产要素的供给者分为 A、B 两类。A 类工人要求得到的月工资是 300 美元。现在厂商需要 1000 名工人，但他只雇到了 600 名 A 类工人。所缺 400 名工人，厂商只好退而求其次，雇用 B 类工人。B 类工人要求得到的月工资是 350 美元。由于对劳动力的需求量大，而 A 类工人的供给量又不能增加，于是厂商只好向每个工人都支付 350 美元的工资。A 类工人原来要求得到的月工资是 300 美元，现在得到的却是 350 美元，他们每人得到了 50 美元的经济地租，这种经济地租是劳动的经济地租，其他生产要素的供给者也可能获得相类似的经济地租。

经济地租因为是生产要素所有者所得到的超过他愿意接受的收入部分，所以也称为生产者剩余。生产者剩余和消费者剩余既有相同之处，又有不同之点。相同之处是：二者都是由实际发生额（实际收入额或实际支付额）与自己心中的数额（愿意接受的数额或愿意支付的数额）之差形成的。二者的不同之点是：消费者剩余是一种心理感受，并非实际收入的增加；生产者剩余是一种额外收入，是实际收入的增加。

第五节 利润理论

在早期的西方经济学中，生产要素分为三大类，即土地、劳动和资本。因此，在分析生产要素的价格时也只有地租、工资和利息，利润没有与利息严格区分，都被看做是资本的报酬。20 世纪初英国经济学家马歇尔将企业的组织与管理（简称组织）也作为生产要素之一，这已被许多西方经济学家所接受。现代西方经济学将组织或者说企业家才能也看成是一种生产要素并将利润与它联系起来进行研究。

一、正常利润和经济利润

正常利润是对企业家才能这种生产要素的报酬，它包括在成本之中。在资本主义生产过程中，企业家才能的发挥是生产经营活动顺利进行的必要条件。但是，如果企业家得不到正常利润，他就会退出生产过程，从而使生产活动无法继续进行。所以，就长期而言，正常利润是必然存在的。

正常利润的决定和工资的决定一样，取决于企业家才能的需求和供给。由于企业家才能在生产过程中起着非常重要的作用，所以对它的需求是很大的。同时，由于一个人成为企业家需要经过特殊训练培养，所以，企业家才能的成本也是很高的。正因为如此，正常利润远远高于一般工人的工资，是一种完全正常的现象。利润中超过正常利润的部分被称为经济利润或超额利润。

二、利润的形成

关于利润的形成，经济学家有各种各样的理论，总的来说，大体有以下几种：

1. 风险报酬。在一个动态经济中，未来是不确定的，企业家必须承担由此而产生的风险，利润就是企业家承担风险的报酬。如除火险、水险、盗窃、职工意外伤害等可以计量的投保项目外，厂商对于无法控制和难以预测的供求变动所造成的风险，包括经济危机和结构变动所造成的风险，必须自负盈亏。

【知识链接】

利润理论把企业家在生产过程中的贡献，看做是他承担了"非可保险的风险"。将风险区分为可保险的与非可保险的两类是很重要的。有些常见的风险如火灾、盗窃、死亡之类可以造成生产经营损失，但这些风险是可以保险的。企业家的真正职能是承担那些较火灾等更不易琢磨而又不可能保险的风险，如关于产品、价格和生产等方面的决策风险，这类风险是没有一家保险公司敢于经营的。这类风险决策是典型的企业家常需作出的决策，并是一个企业家较一个工资获得者或一个资本家须承担的更多风险。

资料来源：邹东涛. 微观经济学 [M]. 西安：西北大学出版社，1992.

2. 创新报酬。创新这个概念是美国经济学家熊彼特在《经济发展理论》中提出的，指企业家对生产要素的重新组合。为了改进产品，降低成本，增加利润，企业家有意识地进行各种创新，力求更加有利的生产函数、需求函数，包括引进新产品、采用新生产方法、开辟新市场、获取原材料的新来源、实行新的企业组织形式。但是，这种创新能否取得预期的利润，以及能否继续下去，却难以确定。因此，利润是对企业家创新的报酬。

【知识链接】

创新是指企业家对生产要素的重新组合。它包括这样几个内容：引进一种新产品、引进一种新技术、开辟一个新市场、获得一种新原料的供给、生产组织方法上的一种新发明及其应用。这五个方面中的任何一个方面的实现都是创新。这些创新的实现使那些创新的企业家获得更高的劳动生产率，而这种更高的劳动生产率能带来超额利润。这种有经营决策和组织才能进行创新的人是真正的企业家。他可能自己拥有资本，也可能自己不拥有资本，但他必须善于运用资本进行创新。创新并不简单地等于发明。发明是发明家、科学家的事情，创新是企业家的任务。企业家把新的发明引入经济领域中就是创新。创新是经济学概念，而不是技术概念。例如汽车是发明者的发明，但企业家将汽车引入经济领域，使之在生活中起到重要作用，这就是创新。

技术创新是创新的一种。它是指在技术方面进行生产要素的重新组织。技术创新有三种基本形式：（1）节约劳动的技术创新。在单位产品中，劳动要素投入比资本要素投入的下降幅度大，使经济中的资本密集程度提高。通过节约劳动的技术创新，形成资本密集型行业或产品，即资本要素投入所占比例较大的行业或产品。（2）节约资本的技术创新。即在单位产品中，资本要素投入比劳动要素投入的下降幅度大，使经济中劳动密集程度提高。通过节约资本的技术创新，形成劳动密集型行业或产品，即劳动要素投入所占比例较大的行业或产品。（3）中性的技术创新。即在单位产品中，资本要素投入和劳动要素投入的下降幅度相等，要素投入的比例不变。

任何一种创新都能带来超额利润。但当别的生产者模仿之后，超额利润就逐渐减少。当这种创新被大多数生产者模仿后，超额利润就消失了。但创新会不断出现，新的创新会带来新的超额利润。

资料来源：邹东涛.微观经济学［M］.西安：西北大学出版社，1992.

3. 垄断报酬。垄断可以分为专买和专卖。专买即买方垄断，指对某种生产要素购买的垄断，垄断者可以压低购买生产要素的价格，获得超额利润。专卖即卖方垄断，指垄断者可以抬高产品的销售价格而获取超额利润。这种超额利润伴随着资源配置的无效率。所以西方经济学家一般认为垄断利润是不可取的。

因此，经济利润是由于对风险、创新、垄断的报酬而形成的。

三、利润的功能

当代西方经济学家认为，利润是一种经济发展的原动力。首先，利润影响着资源的利用。利润是厂商进行创新的目的，而创新则带来投资、产量和就业的增加，使社会资源的利用率得到提高。其次，利润影响着资源的配置。若一个行业中全部厂商都得到了超额利润，生产要素所有者就会把资源投入这个行业，如果这个行业发生了亏损，那么这个行业的一部分生产要素所有者就会把资源转移到别的用途。因此，超额利润或者亏损是促使资源流动的信号。通过利润的作用，可以把社会资源配置到各种用途以适应社会的需要。

第六节　洛伦兹曲线与基尼系数

一、洛伦兹曲线

洛伦兹曲线（Lorenz Curve），是用来反映一国社会收入平均化程度的曲线，是由美国统计学家洛伦兹提出的，因此得名。将不同国家的该线画在同一个图中，可以比较不同国家的收入分配的平均程度。将同一国家不同时期的该线画在同一个图中，可知不同时期的收入分配的平均程度。

洛伦兹曲线与绝对平等线越接近，收入分配越平等。反之，收入分配越不平等。

如图 7 - 12 所示，横轴 OH 表示人口（按收入由低到高分组）的累计百分比，纵轴 OM 表示收入的累计百分比。当收入完全平等时，人口累计百分比等于收入累计百分比，洛伦兹曲线为通过原点的45°线 OL；当收入完全不平等时，1% 的人口占有 100% 的收入，洛伦兹曲线为折线 OHL。实际上，一般国家的收入分配，既不是完全平等，也不是完全不平等，而是在两者之间，洛伦兹曲线为一条凸向横轴的曲线。ODL 与 OL 所包围的面积 A 为不平等面积。OHL 与 OL 所围成的面积 $A + B = \triangle OHL$，为完全不平等面积，不平等面

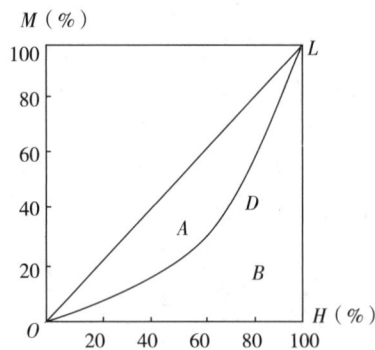

图 7 - 12　洛伦兹曲线

积与完全不平等面积之比，为基尼系数，它是衡量一个国家贫富差距的标准。

二、基尼系数

基尼系数（Gini Coefficient）是意大利经济学家基尼（Corrado Gini，1884—1965）于 1912 年提出的，定量测定收入分配差异程度，国际上用来综合考察居民内部收入分配差异状况的一个重要分析指标。

基尼系数是根据洛伦兹曲线计算出的反映收入分配平等程度的指标，基尼系数为不平等面积与完全平等面积之比。设 g 为基尼系数，其计算公式为

$$g = \frac{A}{A + B} \quad (0 \leqslant g \leqslant 1) \tag{7.4}$$

如图 7 - 12 所示，当 $A = 0$ 时，$g = 0$，洛伦兹曲线与绝对平均曲线重合，这时，收入分配是绝对平均的；当 $B = 0$ 时，$g = 1$。洛伦兹曲线和绝对不平均曲线重合，这时，收入分配是绝对不平均的，因此，基尼系数越大，表示收入分配越不平均；基尼系数越小，收入分配越平均。

基尼系数的经济含义是：在全部居民收入中，用于进行不平均分配的那部分收入占总收入的百分比。基尼系数最大为"1"，最小为"0"。前者表示居民之间的收入分配绝对不平均，即 100% 的收入被一个单位的人全部占有了；而后者则表示居民之间的收入分配绝对平均，即人与人之间收入完全平等，没有任何差异。但这两种情况只是在理论上的绝对化形式，在实际生活中一般不会出现。因此，基尼系数的实际数值只能介于 0 ~ 1。

【知识链接】　　　　　　　**中国基尼系数**

中国的基尼系数在 2018 年 1 月 12 日达 0.468NA，相比于 2017 年 1 月 12 日的 0.467NA 有所增长。中国基尼系数数据按年更新，2003 年 1 月 12 日至 2018 年 1 月 12 日期间平均值为 0.475NA，依据 16 份观测结果，该数据的历史最高值出现于 2008 年 1 月 12 日，达 0.491NA，而历史最低值则出现于 2015 年 1 月 12 日，为 0.462NA。司尔亚司数据信息有限公司（CEIC）提供的中国基尼系数数据处于定期更新状态，数据来源于中国国家统计局，数据归类于中国经济数据库的住户调查。

资料来源：国家统计局. 司尔亚司数据信息有限公司（CEIC）官网［EB/OL］.［2019 - 09 - 23］. https：//www. ceicdata. com/zh - hans/china/resident - income - distribution/gini - coefficient/amp.

【本章小结】

生产要素分为劳动、资本、土地与企业家才能四种。工资是劳动的价格，形成工人的收入；利息是资本的价格，形成资本所有者的收入；地租是土地的价格，形成土地所有者的收入；利润是企业家才能的价格，形成企业家的收入。厂商使用生产要素的目的是使利润最大化。厂商根据利润最大化原则确定生产要素的投入量，从而也确定了生产要素的价格。生产要素实现均衡的基本条件是边际收益产品等于边际要素成本，即

$MRP = MFC$。这一基本条件是利润最大化原则 $MR = MC$ 在生产要素均衡中的具体形式。工资是劳动的供给和需求共同作用的结果。在劳动的供给方面，工资取决于两个因素：一是劳动力的生产成本，即劳动者养活自己和家属的费用，以及劳动者所需的教育训练费用；二是劳动的负效用或闲暇的效用。

利息的决定是由借贷资本的供求关系决定的。以均衡价格为基础的利息理论表明：利息率越高，对资本的需求越少，而资本的供给越多；利息率越低，对资本的需求越多，而资本的供给越少。利息率与资本的需求成反比，与资本的供给成正比。地租是由土地的供求关系决定的。准地租是指使用土地之外的其他生产要素所支付的报酬，在一定条件下，类似地租只取决于该生产要素的需求方面，而与供给无关。经济地租是指素质较差的生产要素，在长期内由于需求增加而取得的一种额外收入。正常利润是对企业家才能这种生产要素的报酬，它包括在成本之中。利润中超过正常利润的部分被称为超额利润，它来源于创新、承担风险和垄断。洛伦兹曲线与基尼系数是衡量收入分配平等程度的工具。洛伦兹曲线与绝对平等线越接近，收入分配越平等。基尼系数越小，收入分配越平均。

【复习思考题】

一、名词解释

资本　利息　利息率　准租金　经济地租　级差地租　正常利润　超额利润　基尼系数　洛伦兹曲线

二、简答题

1. 生产要素市场的需求特点是什么？
2. 阐述边际生产力递减规律。
3. 工会是如何影响工资决定的？
4. 劳动供给曲线为什么向后弯曲？
5. 利息在经济中的作用是什么？

【实训项目】

组织学生分组调查，通过网络及相关统计年鉴收集数据，绘制我国或某个城市的洛伦兹曲线，从而计算基尼系数，并讨论如何缩小基尼系数。

【拓展阅读】

分享经济学

第八章

市场失灵与微观经济政策

SHICHANG SHILING YU
WEIGUAN JINGJI ZHENGCE

【教学目的和要求】

通过本章的学习使学生系统地掌握市场失灵的原因，即垄断、外部影响、公共物品和信息不对称及市场经济的缺陷，说明微观经济政策的必要性和重要性及微观经济政策的基本内容。

按照传统的亚当·斯密的"看不见的手"理论，通过竞争，可以达到资源最佳配置，经济处于帕累托最优状态。但是在现实当中，市场机制在很多场合中不能自发形成资源的有效配置，这种情况叫做"市场失灵"（Market Failure）。市场经济的缺陷主要表现在：第一，市场经济活动经常受到经济波动（失业和通货膨胀）的影响，使稀缺资源不能得到充分利用；第二，市场中垄断因素的存在，阻碍了生产要素的自由流动，降低了资源配置的效率；第三，市场本身难以解决外部影响对经济带来的各种影响；第四，市场不能提供公共物品；第五，信息不完全也会阻碍市场经济有效运转；第六，市场经济中的价格机制无法兼顾社会的非市场目标，缩小贫富差别。市场经济的这些缺陷表明，利用价格的自动调节并不能使社会经济资源的运用达到最优状态，因而不得不由政府活动加以补救。本章主要讨论政府如何运用各种微观经济政策纠正上述提到的其他几项缺陷。

第一节　外部性

一、外部性的含义

外部性（Externality）或外部影响是指个人的经济活动对他人造成的影响而又未将这

些影响计入市场交易的成本和价格之中。它可分为有利的外部性（正外部性）和有害的外部性（负外部性）两种情况。前者是指某个经济行为主体的活动使他人或社会受益，而受益者无须花费代价。后者则是说某个经济行为主体的活动使他人或社会受损，而造成这种损失的人却没有为此承担成本。在竞争市场的分析中，帕累托效率是在经济不存在外部性的条件下达到的。一旦产生外部性，经济运行的结果将不可能满足帕累托效率的条件。

微课——
外部性

积极外部影响的例子很多，如种花人家使周围邻居都享受到了芳香和美丽；科学家的发明为全人类造福；人们种防疫苗，不仅避免了自己得传染病，也减少了疾病对他人的传染。诸如此类，都是一个经济主体活动给他人带来的利益，而自己并没有获得这种利益。也就是说，这种利益不属于从事活动的本人而属于别人，因而不构成私人收益，只构成社会收益。私人收益和社会收益之间出现了不一致。

相反，假定一个工厂花费一定成本生产产品，给周围造成污染，这种污染就是工厂的生产活动给社会带来的不利影响，这是消极的外部影响。消极的外部影响例子很多。例如，奔驰的汽车排出废气，发出噪声，引起交通阻塞；一个游泳池里的人太多了，每一个人都会成为他人的障碍等。消极外部影响引起私人成本（Private Cost）和社会成本（Social Cost）之间的差别。

二、外部性对经济效率的影响

外部性对经济效率的影响在于它使得私人行为与社会需要的数量出现差异，这一点可以由私人成本和社会成本加以说明。

1. 私人成本和社会成本。所谓私人成本（Private Cost）指单个厂商从事生产活动所支付的成本，亦即厂商的生产成本。而社会成本（Social Cost）指某个厂商所从事的私人生产活动的成本由社会承担的情况。社会成本与私人成本的差额被称为外部成本（External Cost）。在上例中，厂商为生产而必须直接投入的费用是私人成本，而工厂排出的有毒气体和其他废料，不计入工厂成本，却使别人受害，从社会的角度看，这种损害应该算做成本的一部分。这部分成本加上私人成本，才构成社会成本。

可见，如果一项经济活动产生外部不经济，则社会成本大于私人成本，如果一项经济活动产生外部经济，则社会成本小于私人成本。同样的分析可以用于私人收益与社会收益（外部经济带来的利益）。

2. 外部经济对资源配置效率的影响。在存在外部不经济的条件下，私人厂商的最优产量大于社会最优产量，在存在外部经济的条件下，私人厂商的最优产量小于社会最优产量。因此，无论一个经济单位对其他经济单位的影响是正或是负，私人自主决策所决定的最优产量是缺乏效率的。

我们以生产中的外部不经济为例，讨论外部性对经济的影响。假定靠近农田的某化工厂排放的污水与废气损害了周围的农田，使农民遭受损失。农民遭受损失的程度与化工厂的产品产量同方向变化。产量越多，排放的污染物越多，农民遭受的损失就越大。农民的损失是化工厂生产活动所造成的社会成本，我们用几何图形来表示化工厂生产活动的均衡情况及后果，如图8-1所示。

在图8-1中，横坐标表示化工厂产品产量，纵坐标表示成本与化工产品的价格。图中D_H是化工厂所面临的产品需求曲线。假定市场完全竞争，因此D_H曲线具有无穷大的弹性。MC_H是化工厂生产化工产品所支出的边际成本曲线，也称厂商的边际私人成本（Marginal Private Cost）曲线。MC_B是化工厂生产化工产品所造成的边际外部成本（Marginal External Cost）曲线，表现为给农民带来的损失。MC_S是边际社会成本（Marginal Social Cost）曲线，$MC_S = MC_H + MC_B$。化工厂在进行生产决策时并不考虑它的行为给他人造成的影响，而只计算自身的成本与效益。对于化工厂来说，它的最优产出水平为Q_H，因为在这一产出水平，化工

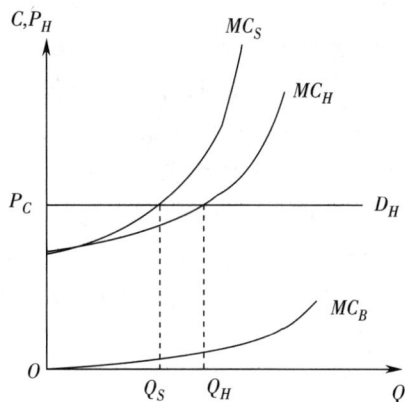

图8-1　化工厂生产活动的均衡情况及后果

厂生产产品的边际成本等于出售产品的边际收益，但是Q_H的产出水平并不是社会的最优产出水平，因为该产出水平并没有把化工产品生产所造成的社会成本考虑进去。对于社会来说，Q_H的产出水平太高，造成的污染太多。符合社会最优产出水平的应当是Q_S，因为在这个产出水平上边际社会成本等于生产者的边际收益，在Q_S产出水平上，生产者承担了决策的社会成本。由于Q_S低于Q_H，所以Q_S的产出水平所造成的污染小于Q_H的产出水平所造成的污染。

三、矫正外部经济影响的政策

由于外部性造成资源配置缺乏效率的原因是由于私人部门用于决策的成本与社会实际付出的成本之间出现偏差，因此矫正外部性影响的基本思路是使外部经济影响内在化，为决策者提供衡量其决策的外部性的动机。主要措施有税收、补贴、企业合并及明确产权。

1. 税收和补贴。迫使厂商考虑外部成本或外部利益的手段之一，是政府采取税收和补贴政策，即向施加外部不经济的厂商征收恰好等于外部边际成本的税收，而给予提供外部经济的厂商等于外部边际收益的补贴，以便使得厂商的私人边际成本与社会边际成本相等，诱使厂商提供最优的产量。

但是这种方法遇到的最大问题是如何准确地以货币形式衡量外部性的成本收益，如污染环境所造成的社会成本到底有多大，所以有时政府只是近似地估计这些成本。

2. 企业合并。将施加和接受外部成本或利益的经济单位合并是解决外部性的第二种手段。例如，甲企业的生产污染了乙企业的环境，给乙企业带来了损失。若能把两个企业合并成一个企业，则合并后的企业为了自身利益就自然会考虑污染造成的损失，把生产定在边际成本等于边际收益的水平上，因为这时候本来污染给乙企业造成的损失（社会成本）现在成了自己的损失，即社会成本内部化为私人成本的一部分了。

3. 明确产权。通过明确所有权也可以解决外部性问题。这一措施是以罗纳德·科斯（Ronald Coase）为代表的所有权学派经济学家提出来的。这里所讲的所有权不仅仅局限

于传统意义上的资源所有权或物的所有权，还包括其他许多法定权利，例如，按某种方式使用土地的权利、避免土地受污染的权利、对事故进行赔偿的权利、按照契约行事的权利等。所有权学派经济学家指出，只要明确界定所有权，经济行为主体之间的交易行为就可以有效地解决外部性问题。著名的科斯定理概括了这一思想。我们对科斯定理（Coase Theorem）描述如下：只要法定权利可以自由交换，且交易成本等于零，那么法定权利的最初配置状态对于资源配置效率而言就是无关紧要的。仍以上述化工厂的生产为例，只有在污染的权利不明确的前提下才会偏离帕累托效率状态。只要明确界定污染的权利，不管是给予化工厂污染的权利，还是给予农民不受污染的权利，都可以通过化工厂与农民之间的自由交易使污染量符合帕累托效率的条件，也就是使污染符合社会最优标准。

科斯定理告诉人们，在产生外部性的场合，并不一定需要政府的干预，只要明确界定外部性的所有权，同样可以解决外部性问题，达到资源的有效配置。但是，这里有一点需要指出，那就是交易成本问题，交易成本是指围绕自由交易而发生的任何谈判或使契约强制执行的成本。交易成本不同于生产中所耗费的资源成本，比如劳动力成本、资本或土地的成本等。交易成本包括信息成本、谈判成本、订立或执行契约的成本、防止交易的参与者在议价时进行欺骗的成本、维持所有权的成本等。如果交易成本太大，通过市场也许无法有效地解决外部性问题，使资源达到有效的配置。

【知识链接】

科斯定理以诺贝尔经济学奖得主罗纳德·科斯命名。其核心思想是交易成本。《新帕尔格雷夫经济学大辞典》中，罗伯特·D.库特对"科斯定理"的解释是："从强调交易成本解释的角度说，科斯定理可以描述如下：只要交易成本等于零，法定权利（即产权）的初始配置并不影响效率。"也就是解决外部影响对社会影响的另一种措施是确定所有权。根据这一理论，当某个厂商的生产活动危害到其他厂商的利益时，在谈判成本较小和每个企业具有明确的所有权的情况下，两个企业可以通过谈判或通过法律诉讼程序，来解决消极外部影响问题。例如，在所有权不明确的情况下，化工厂排出的污物可能污染周围的农田，造成农作物的减产，而产生消极外部影响。这种消极外部影响可以通过确定化工厂和农场主的所有权来消除。假如农场主具有禁止污染的权利，如果化工厂污染了周围的农田，那么，农场主可以通过谈判或法律程序，向化工厂索取污染农田造成的经济损失。在这种情况下，化工厂自然会在生产中考虑其污染农田的机会成本。反之，如果化工厂具有污染的权利，这时，化工厂污染农田的机会成本是农田未被污染时能为化工厂带来的最大收益，显然，只要这种收益超过污染给化工厂带来的收益，化工厂就会愿意为保持农田不受污染而付出代价。显然，这只是理论上的一种分析，现实生活中想通过明确产权来解决外部性不是一件容易之事。

资料来源：尹伯成等.西方经济学简明教程［M］.上海：上海人民出版社，2003.

第二节　公共物品

一、公共物品及其特征

（一）公共物品与私人物品

公共物品（Public Goods）与私人物品相对，是指供整个社会共同享用的物品，如国防、警察、消防、公共道路、教育、公共卫生等。私人物品（Private Goods）是指由市场

什么是外部性
（资料来源：http://open.163.com/
newview/movie/free? pid = ME7U8AP9L
&mid = ME8IMSLC）

提供给个人享用的物品，如商店里出售的面包、衣服、电视机、计算器等。公共物品一般由政府提供。在提供公共物品方面，市场往往无能为力。值得注意的是，某些公共物品也可以由市场提供，私人办教育就是一例。

（二）公共物品的特征

1. 非排他性（Nonexclusive）。公共物品的消费不具有排他性。排他性是指某个消费者在购买并得到一种商品的消费权之后，就可以把其他消费者排斥在获得该商品的利益之外，私人产品在使用上具有排他性，例如消费者甲购买了一块巧克力，他就获得了消费这块巧克力的权利，其他人就不能消费同一块巧克力了。与巧克力等商品不同，国防使我们免受外敌的侵略，很显然，国家提供的国防安全，人人都可享受。又如海洋中的灯塔或航标，甲船使用了，并不排斥乙船也同时使用。这与私人物品显然不同。

公共物品的非排他性使得通过市场交换获得公共产品的消费权利机制出现失灵。对厂商而言，必须把那些不付钱的人排斥在消费商品之外，否则，他就很难弥补生产成本。对于一个消费者而言，市场上的购买行为，显示了他对于商品的偏好。由于公共产品的非排他性，公共产品一旦被生产出来，每一个消费者可以不支付就获得消费权利。消费者的这种行为意味着生产公共产品的厂商很有可能得不到抵补生产成本的收益，在长期厂商不会提供这种物品，可见公共产品很难要求市场提供。

2. 非竞争性（Nonrival）。公共物品的供给不具有竞争性。这是指公共物品的消费增加时，成本并不会增加，也就是说，增加一个公共物品使用时的边际成本为零，而不像私人物品那样，一个人使用了，就会减少他人使用该物品。在边际成本为零的情况下，有效配置资源的原则就是免费提供公共物品给想要它的任何人。公共物品的这种特性阻碍了市场机制起作用，因为私人销售者只能对付费的人提供产品，如果不能排除不付费的人也享用这种产品，他就不会生产这种产品。由于公共物品的生产不能保证生产者实现利益性交换，因此公共物品的生产不存在市场竞争问题。例如，如果没有政府参与，在市场经济条件下，人们不可能自动地去修建海洋中的航标或灯塔。

公共物品所具有的上述特点，决定了公共物品只能主要靠政府来提供。因为，一方面公共物品具有的非排他性，使每个人都能够免费从这类物品的消费中分享到好处，或者他只需为此付出很少代价，但所享受到的利益却要多得多，每个人都想做一个"免费乘客"（Free - rider），每一个消费者都可以"搭便车"。于是，私人企业绝不肯生产这类物品，因为他得不到任何刺激；另一方面，公共物品的非竞争性，使得增加一个公共物品使用者的边际成本为零，因此，不应当排斥任何需要此物品的消费者，否则，社会福利就会下降。如果公共物品由政府生产，政府一方面可用税收获得生产公共物品的经费，这等于免费乘客无形中被迫买了票，另一方面可免费将此物品提供给全体社会成员，使这种物品得到最大限度的利用。

【知识链接】　　　　　　　　**搭便车者**

"搭便车者"一词的英文是"free rider"，它来源于美国西部城市道奇城的一个故事。当时，美国西部到处是牧场，很多人以放牧为生，但也出现了以偷盗马匹为业的盗马贼。在道奇城这个城市，盗马贼十分猖獗。为避免自己的马匹被盗，牧场主就联合组织了一支护马队伍，每个牧场主都必须派人参加护马队伍并支付一定的费用。但是，不久就有一部分牧场主退出了护马队。因为他们发现，即使自己不参加，只要有护马队存在，他们就可以免费享受别的牧场主给他们带来的好处。这种个别退出的人就成了"free rider"。后来，几乎所有人都想通过自己退出护马队来占集体的便宜。于是，护马队解散了，盗马贼又猖獗起来。后来，人们把这种为得到一种收益而避开为此支付成本的行为称为"搭便车"，这样的人称"搭便车者"。

搭便车又称为免费搭车，指一个人不用进行购买就可以消费某种物品。公共物品的非竞争性与非排他性，使公共物品产生了"搭便车问题"。例如，不用支付国防的费用同样可以享受到保护，不用支付灯塔的费用同样可以享受到灯塔的服务。而且还没有一种方法可以有效地防止搭便车现象。由于搭便车现象的存在，消费公共物品而不用购买，这样，私人就不会提供公共物品，公共物品的供求也不能由市场机制来调节。公共物品的消费不用直接购买，生产它就是无利可图的。公共物品是社会存在与发展所必需的，也是实现社会福利最大化的条件之一，只有把部分资源用于公共物品才能实现资源配置效率。但市场机制无法有效地决定公共物品的供给。这正是市场失灵的表现之一。这种市场失灵要由政府来解决，也就是由政府提供公共物品。

资料来源：樊纲. 市场机制与经济效率［M］. 上海：上海三联书店，1995.

二、准公共物品

在现实生活中，消费上具有完全非排他性和非竞争性的纯公共物品并不多。有些物品，如球场、游泳池、电影院、不拥挤的收费道路等，在消费上具有排他性，即消费者只有付了费才能进入消费。但就非竞争性而言，只有在一定范围内才具有非竞争性，即增加消费者并不增加使用成本，不构成对其他消费者的威胁，而消费者增加到一定数量后，消费就有了竞争性。例如，当游泳池里人满为患时，每一个游泳者都会对他人的游泳造成障碍。这样的物

公共物品

（资料来源：http://open.163.com/newview/movie/free? pid = MEN4OBK9G &mid = MENCJLHFG）

品不是纯公共物品，只能算准公共物品（Quasi - public Goods），也称"俱乐部物品"（Club Goods），也就是说，这类物品好比俱乐部里的东西，对于付了俱乐部费用加入了俱乐部的成员来说，是公共物品，但对非俱乐部成员来说，就不是公共物品。说明俱乐部物品的理论称为俱乐部理论。这一理论可广泛用于生产上有联合性而消费上又有排他性的准公共物品的分析。例如，这一理论可用来说明为什么某些高速公路、桥梁等公共基础设施可通过收费回收投资的途径来建设。

三、公共资源及其保护

和上述准公共物品不同，有些物品如江河湖海中的鱼虾、公共牧场上的草、十分拥挤的公路以及我们周围的生活环境等，其在消费上没有排他性，但有竞争性，尤其当使用者人数足够多时，竞争性很大，这类物品称为公共资源。由于是公共的，使用权、收益权归谁是模糊的，谁都有权使用，就产生了过度消费的问题。例如，公共江河湖海中的鱼被过度捕捞，公共山林被过度砍伐，公共矿源被掠夺性开采，公共草地被过度放牧，野生动物被灭绝性猎杀等，这种情况就是所谓的公地悲剧。

公地悲剧的产生是和公共资源消费上的非排他性和竞争性分不开的。消费上的竞争性说明每个在公地上消费的人的活动都有负外在性，例如每个家庭的牲畜在公有地上吃草时都会降低其他家庭可以得到的草地的质量，只考虑自己利益的家庭在放牧时不可能考虑这种负外在性，而公地消费的非排他性又无法抑制每个消费者的这种负外在性，结果，公地上放牧的牲畜数量必然迅速超过公地的承受力，从而公地悲剧必然产生。如果有关当局认识到这种悲剧，就可采取一些办法加以解决。例如，可以限制每个家庭的放牧数量，或按放牧数量递增地征收放牧费税，或干脆把公地划成若干小块分配给每个家庭使用，但最后这一途径实际上是把公地变成了私地。

第三节　垄断与信息不对称

一、垄断

在现实经济活动中，垄断现象到处存在，它们会或多或少地破坏市场机制运行的效率。垄断的存在，不仅造成资源浪费和市场效率低下，而且使社会福利减少。那么垄断是如何导致市场失灵的呢？我们先来说明垄断的社会成本。

（一）垄断的社会成本

1. 垄断造成社会福利损失。垄断可以造成生产效率不能最大限度地发挥，资源不能得到充分利用，社会福利遭受损失。以上问题可由图 8 - 2 解释说明。在图 8 - 2 中，曲线 D 表示厂商面临的市场需求曲线，曲线 MR 表示厂商的边际收益曲线。假定平均成本和边际成本相等且固定不变，用直线 $AC = MC$ 表示。厂商实现利润最大化的原则是

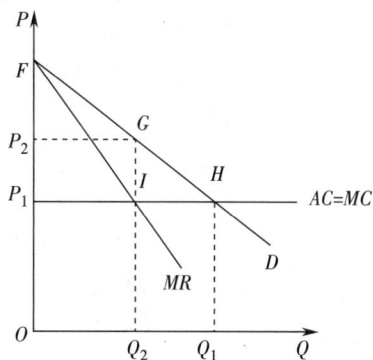

图 8 - 2　垄断造成的社会福利损失

$MR = MC$，厂商将产量确定在 Q_2，价格确定在 P_2，垄断厂商获得超额经济利润，此时确定的价格大于边际成本，消费者愿意为增加额外一单位产量而支付的货币超过生产该单位产量所耗费的成本，资源配置偏离最优状态，整个经济均衡于低效率之中。要达到最优状态，产量应增加到 Q_1，价格应降到 P_1。然而，垄断决定的产量和价格只能是 Q_2 和 P_2。如果产量和价格是完全竞争条件下的 Q_1 和 P_1，消费者剩余是 FP_1H 的面积，当垄断者把价格提高到 P_2 时，消费者剩余只有 FP_2G 的面积，所减少的消费者剩余的一部分（图 8-2 中 P_1P_2GI 所代表的面积）为垄断者占有，另一部分（图 8-2 中 GIH 所代表的面积）就是由于垄断所引起的社会福利的纯损失，它表示由于垄断所造成的低效率而带来的经济损失。

2. 垄断缺乏降低成本和进行技术革新的动力。在竞争市场上，厂商只能通过改进技术和管理以降低成本，同时提高产品质量来获取尽可能多的利润。垄断厂商却可以依仗其垄断地位获取高额利润，这样会使垄断厂商改进技术和管理的动力大大下降。

3. 垄断产生的寻租行为破坏了公平竞争。不仅如此，垄断还可造成更大的经济损失。为了获得和维持垄断地位从而获取超额经济利润，垄断厂商常常付出一定的代价，例如，向政府官员行贿，或雇用律师向政府官员游说，等等。这种行为是一种纯粹的浪费，它不是用于生产，没有创造出任何有益的产出，完全是一种非生产性的寻利活动，一般称其为"寻租"（Rent-seeking）活动。现实的经济生活证明，寻租活动造成的经济损失要远远超过传统垄断理论中的"纯损"三角形。

【知识链接】　　　　　美国电话电报公司的重新组合

美国电话电报公司（AT&AT）创建于 1887 年，它所拥有的各公司联合体（通常称为贝尔系统）包括贝尔电话实验室、西方电器公司和 23 家贝尔营业公司。在 1983 年之前，美国电话电报公司实际上垄断了美国长途和本地电话市场，它掌握了 95% 以上的各类长途电话业务，提供 85% 的地方电话线路，并出售大部分的电信设备。

为了增强这一部门的竞争，1984 年，美国司法部依据《反托拉斯法》拆分 AT&T，分拆出一个继承了母公司名称的新 AT&T 公司（专营长途电话业务）和 7 个本地电话公司（贝尔七兄弟），美国电信业从此进入了竞争时代。美国电话电报公司保留了它的长途电话业务、贝尔电话实验室（研究机构）和西方电器公司（设备制造商），规模减小了 80%，从而降低电信市场的垄断程度，增强了竞争。虽然到了 20 世纪 90 年代初该公司仍然控制着长途电话市场上约 2/3 的业务，但它遇到了像美国微波通信公司和美国短途通信公司这样的激烈竞争对手。通过行业的重新组合，各地方电话公司可以自由选购电信设备，消费者也可以更加自由地在不同的电话公司之间选择，租用电话的费用下降了。

由此可见，限制垄断企业规模、增强市场竞争，是政府限制和打破垄断的有效措施。

资料来源：李海东. 经济学基础［M］. 北京：机械工业出版社，2008.

（二）垄断的治理

治理垄断的办法主要有：

1. 公共管制。公共管制一般是指政府对垄断的干预，即并非由垄断企业自行确定产品的价格和产量，而是由政府管制。政府管制分为经济管制和社会管制两类。经济管制是指对产品价格、进入和退出市场的条件、产品与服务标准等方面的管制。社会管制主要为保护环境、保证劳工和消费者的健康和安全。

2. 反托拉斯法。这是政府反对垄断的法律规定。反托拉斯法规定，限制贸易的协议或共谋、垄断或企图垄断市场、兼并、排他性规定、价格歧视、不正当的竞争或欺诈行为等，都是违法的，对违法者可以由法院提出警告、罚款、改组公司直至判刑。

为了保护竞争，增进效率，减少垄断的危害和损失，针对不同的垄断，政府可以分别或同时采取行业的重新组合和处罚等手段，实行反垄断政策，而这些手段往往是根据反垄断法制定的。

【知识链接】 反托拉斯法

美国是最早制定和实施反托拉斯法的国家。从 19 世纪末以来，先后采取了一系列反托拉斯的政策和措施。这些政策和措施包括：议会立法、司法部执行法律、法院按法律对违法行为的裁判等。美国国会曾通过一系列重要的反托拉斯法案作为联邦政府执行反托拉斯政策的依据。这些法案包括 1890 年通过的《谢尔曼法》(Sherman Antitrust Act)，1914 年的《克莱顿法》(Clayton Antitrust Act)，1914 年的《联邦贸易委员会法》(Federal Trade CommissionAct) 和 1950 年的《塞勒—凯弗维尔法》(Celler – Kefauver) 等。反托拉斯法是对这些法律条文及其修正条款的总称。

这些法律的主要内容有：禁止企业参加限制贸易的密谋，即禁止参加固定价格或分割市场的协议；禁止企业图谋垄断一个产业，即禁止企业获得太大的市场；禁止企业为削弱竞争而同另一个企业合并；禁止企业参与排外或协同性规定，如禁止企业之间有强迫买者和卖者只能和某单独一家做交易的规定；禁止企业在购买者中间搞价格歧视；禁止企业用不正当竞争的做法，或者运用不公平或欺骗的做法等。

资料来源：尹伯成等. 西方经济学简明教程［M］. 上海：上海人民出版社，2003.

二、信息不对称

（一）信息不对称的含义

信息不对称（Asymmetric Information）或信息不完全指市场上买方与卖方对有关信息了解和掌握得不一样多，或者指经济活动主体（个人或机构）不能充分了解所需要的一切信息。完全竞争市场能合理配置资源，其前提是信息充分。然而，信息充分只是个假定，现实生活中，一般情况是信息不完全、不对称的。

信息不对称的原因有以下几方面：

1. 认识能力有限。人们不可能知道在任何时候、任何地方发生的或即将发生的任何情况，尤其在社会分工越来越细的时代，每个人只从事某一方面的工作，不可能成为什么都知道的"百科全书"。

2. 掌握信息的成本太高。人们要把与自己经济活动有关的信息都掌握并非不可能，但与掌握这些信息后的收益相比，成本太高了。例如，保险公司要时刻弄清参加保险的汽车司机是否当心开车，就必须派人整天跟着汽车走，然而，这样做成本太高了。

3. 信息商品的特殊性。信息商品与普通商品不同，无法事先了解其价值。人们之所以愿意花钱买信息，是因为不知道它，一旦知道它，就再不愿掏钱购买了。因此，信息出卖者不可能让买者在购买之前就充分了解所售信息。

4. 机会主义倾向。交易双方在信息掌握上一般处于不对称地位，卖者掌握较多信息，买者则掌握较少信息。为了自己的利益，卖方往往故意隐瞒一些信息。

【知识链接】 西瓜的故事

在商品中，有一些大类商品是内外有别的，而且商品的内容很难在购买时加以检验。显然，对于这类产品，卖者比买者更清楚产品实际的质量情况。这种情况被经济学称为买者和卖者的"信息不对称"。这时卖者很容易依仗买者对产品内部情况的不了解欺骗买者。更多的是以次充好，从中牟取暴利。

西瓜也是一种具有信息不对称特征的物品。卖西瓜的摊主一般都有丰富的选瓜经验，而一般消费者则是挑瓜的门外汉。尽管摊主有时会在称完西瓜重量后，在瓜上切一个三角形小口给顾客看，但一般只有回家切开以后，才真正知道瓜的好坏。这样一来，岂不是消费者有可能冒吃坏瓜的风险？其实不然。

具有"信息不对称"性质的商品的真假优劣不好辨认，卖这些商品的人却好辨认。人们的买卖活动其实是通过同人打交道而实现物品转移的。因此人们可以通过对人（或由人组织的企业）的品质的辨别来判断商品的品质。

所以，信息不对称也有另外一面。它虽然会在短期内给一些钻营取巧之徒带来欺骗消费者的便利，但长期看，也会给一些正直、聪明的企业家创造脱颖而出的机会。设想一下，当利用信息不对称欺骗顾客的现象普遍存在的情况下，有一个人诚实无欺，将会是什么样的结果。

资料来源：微观经济学案例分析 [EB/OL]．[2018-08-10]．https://wenku.baidu.com/view/4c817622001ca300a6c30c22590102020740f2ac.html.

（二）信息不对称与市场失灵

信息不完全会导致市场失灵，即在信息不完全、不对称的情况下，市场价格机制无法使资源优化配置。从信息不对称发生的时间来看，不对称可能发生在当事人签约之前，这样会形成"逆向选择"问题；也可能发生在当事人签约之后，这会形成"道德风险"问题。

1. 逆向选择问题。逆向选择（Adverse Selection）是指由买卖双方信息不对称和市场价格下降所产生的劣质商品驱逐优质商品，进而出现市场交易产品平均质量下降的现象。下面我们以"旧车市场模型"来说明逆向选择问题。

例如，在旧车市场上，假定有若干辆质量不同的旧汽车正在出售。旧车主知道自己要卖的车的质量，质量好的索价高些，质量差的索价低些。但买主不知道每辆旧车的质量，仅仅大约知道质量好一些的旧车在全部所售旧车中所占百分比，比方说质量好的和质量差的各一半。在这种情况下，他们至多只肯按好的旧车和差的旧车索价的加权平均价格来购买。这样，质量好的旧车会退出市场，质量差的旧车留在市场上。一旦发生如此情况，买旧车的人就只愿出更低的平均价格来购买。于是质量差的旧车中质量稍好一些的车又退出市场，如此下去，旧车市场交易就无法开展。旧车市场逐步萎缩直至消失的例子告诉我们，这场交易的失败是由于在信息不对称的情况下存在着掌握私人信息的一方（这里是旧车卖主）隐藏信息而导致交易另一方（这里是买主）利益损害的现象。这就是所谓的逆向选择模型。

逆向选择是合同签订前的信息不对称所导致的问题。这种事先隐藏信息的行为，不仅出现在卖方（如上例），也出现在买方。例如，居住环境最不安全、失窃率最高的地区中的家庭最想购买家庭财产保险，经常生病、医药费支出高的人最希望参加医疗健康保险。这样就会使只根据大数定律制定的保险费率难以应付事故损失的赔付。

【知识链接】　　　　乔治·阿克劳夫与逆向选择模型

乔治·阿克劳夫（George Akerlof）由于在"对充满不对称信息市场进行分析"领域所作出的重要贡献，而获得 2001 年诺贝尔经济学奖。他在 1970 年发表了名为《柠檬市场：质量不确定性和市场机制》的论文，被公认为是信息经济学中最重要的开创性文献。在美国俚语中，"柠檬"俗称"次品"，这篇研究次品市场的论文因为浅显先后被三四家杂志退稿。然而，乔治·阿克劳夫在这篇论文中提出的逆向选择理论揭示了看似简单实际上又非常深刻的经济学道理。逆向选择问题来自买者和卖者有关车的质量信息不对称。在旧车市场，卖者知道车的真实质量，而买者不知道。这样卖者就会以次充好，买者也不傻，尽管他们不能了解旧车的真实质量，只知道车的平均质量，便按平均质量出中等价格，这样一来，那些高于中等价的上等旧车就可能会退出市场。接下来的演绎是，由于上等车退出市场，买者会继续降低估价，次上等车会退出市场；演绎的最后结果是：市场上成了破烂车的展览馆，极端的情况一辆车都不成交。现实的情况是，社会成交量小于实际均衡量。这个过程称为逆向选择。

由于信息不对称在市场中是最普遍存在的最基本事实，因而乔治·阿克劳夫的旧车市场模型具有普遍经济学分析价值。他讲的故事虽然是旧车市场，可以延伸到烟、酒等所有产品市场、劳动市场和资本市场等。这个故事也能解释为什么假冒伪劣产品充斥这些市场，是因为交易双方的信息不对称，一方隐藏了信息。逆向选择的理论也说明如果不能建立一个有效的机制遏制假冒产品，会使假冒伪劣泛滥，形成"劣币驱逐良币"的后果，甚至使市场瘫痪。

资料来源：2001 年诺贝尔经济学奖得主——乔治·阿克劳夫经济学思想述评［EB/OL］.［2011－11－24］. https://wenku.baidu.com/view/7626acd376a20029bd642dad.html.

2. 道德风险问题。在信息不完全情况下，一些交易的参与人的行动是其他参与人不可观测的。这些参与人的行动是私人信息。他们会利用这种行动信息不对称对其他参与人进行欺骗，这种情况称为隐藏行动。由隐藏行动造成的一些交易参与人行为变得不道德、不合理并损害其他交易人利益的情况称为道德风险（Moral Hazard）。

信息不对称的表现

（资料来源：http://open.163.com/newview/movie/free? pid = ME7U8AP9L &mid = ME8INIOE3）

道德风险一般发生在交易合同成立之后。例如，买了自行车保险的人不再小心保管自己的车子，买了医疗保险的人就总要医生多开些不必要的贵重药品等，这些都属于道德风险。这种道德风险会严重影响保险市场的正常运行，因为它改变了事故发生的概率。如果车主仍像未投保那样小心保管自己的车子，则损失率会小得多。保险公司根据此概率制定的保险费率可保证保险业务的正常开展，但发生了道德风险，情况就不同了，而这种道德风险是保险公司在无法观察到投保人行动时即信息不对称时发生的。

3. 委托—代理问题。道德风险也会出现在委托—代理关系中。在信息不对称情况下，当代理人为委托人工作而其工作成果同时取决于代理人所作的主观努力和不由主观意志决定的各种客观因素，并且主客观原因对委托人来说难以区分时，就会产生代理人隐瞒行动而导致对委托人利益损害的"道德风险"。例如，在现代股份制企业中，如果缺乏有效的公司治理结构，便会产生所谓"内部人控制"问题。"内部人控制"是指在两权分离的现代公司中，当出资人不能有效地对经理人员（经营者）的行为进行最终控制时，后者就可能利用这种控制权来谋取个人或小集团利益，损害全体股东利益。

【知识链接】 　　　　十二生肖的故事与"委托—代理"

关于十二生肖的来历有个传说。天帝交给猫一个任务，让它挑选 12 种动物作为人的生肖，条件是猫可以在 12 生肖中位列第一。猫因为要忙于自己的事情，将这个任务交给了它认为能力最强、最可信赖的老鼠。老鼠将属于猫的第一把交椅留了下来，然后认真履行职责。由于动物们都想被选中，所以对老鼠行贿，老鼠把握不住自己，将这些动物一一拉进来。当它发现 11 个座位都已经排定时，自己还没有地方呢，于是干脆一不做二不休，把留给猫的第一把交椅自己坐了。这也就是猫见老鼠就抓的原因。猫委托老鼠办事，这就形成一种"委托—代理"关系。而老鼠在接受委托后采用隐藏行为，由于代理人和委托人信息不对称，最终给委托人带来损失。

资料来源：崔卫国 . 小故事大经济 [M]. 北京：经济日报出版社，2006.

（三）解决信息不对称的对策

1. 市场信号传递。对于信息不完全造成的市场失灵，需要设计出种种有效制度和措施进行信号传递，有时还需政府加以干预。例如，优质产品生产者为了让消费者相信他们所售的是优质产品，可以用"信号显示"。可以向消费者作出如果产品质量有问题，可以包退、包换、包修。劣质产品生产者不敢作出这样的保证，因为"三包"对他们来说，成本太高了。这样，优质产品和劣质产品就可以区别了。品牌和信誉也是"信号显示"，优质产品的品牌本身就是质量的象征。当然，劣质产品也可冒牌，为此，优质产品要作"二次信号显示"。例如，在产品上设计防伪标记等。

2. 政府管制。在信息不对称导致市场失灵的情况下，政府对信息问题可以作出相应的规定。在保险市场上，为了防止低风险者不愿投保问题，政府可以对有些险种规定强制保险，强制保险可以使损失概率不会因保险而上升。对于自愿保险的险种，保险公司也通过不断完善保险合同来逐步解决逆向选择和道德风险问题。在解决"委托—代理"问题上，尽量完善对代理人激励和约束的机制。

【本章小结】

市场不是万能的，市场经济的缺陷主要表现在：第一，市场经济活动经常受到经济波动（失业和通货膨胀）的影响，使稀缺资源不能得到充分利用；第二，市场中垄断因素的存在，阻碍了生产要素的自由流动，降低了资源配置的效率；第三，市场本身难以解决外部影响对经济带来的各种影响；第四，市场不能提供公共物品；第五，信息不完全也会阻碍市场经济有效运转；第六，市场经济中的价格机制无法兼顾社会的非市场目标，缩小贫富差别。外部性是指某一经济单位的经济活动对其他经济单位所施加的非市场性影响。外部性分为正外部性与负外部性，矫正外部性影响的主要措施有税收、补贴、企业合并及明确产权。

公共产品是指供整个社会共同享用的物品。公共产品具有非排他性和非竞争性两大特征。可以分为纯公共产品和准公共产品两大类。垄断的社会成本包括垄断造成社会福利损失、垄断缺乏降低成本和进行技术革新的动力、垄断产生的寻租行为破坏了公平竞争。为了保护竞争，减少垄断的危害和损失，政府可以通过反垄断法实行反垄断政策。信息不对称指经济交易的双方对有关信息了解和掌握得不一样多。信息不充分的原因是多方面的。第一，认识能力有限；第二，掌握信息的成本太高；第三，信息商品特殊；第四，机会主义倾向。

【复习思考题】

一、名词解释

市场失灵　公共物品　私人物品　搭便车　私人成本　私人收益　社会成本
社会收益　自然垄断　外部性　科斯定理

二、分析讨论题

1. 市场经济有哪些缺陷？
2. 公共物品有什么特点？
3. 为什么公共物品只能靠政府来提供？

4. 公共物品和私人物品在最优产量决定上有什么区别？

5. 垄断会带来哪些危害？

6. 举例说明外部经济、外部不经济。

7. 如何克服外部不经济对社会的影响？

【案例分析】

列车与农田

20 世纪初的某天，列车在绿草如茵的英格兰大地上飞驰。车上坐着英国经济学家庇古（A. C. Pigou）。他一边欣赏风景一边告诉同伴，列车在田间经过，机车喷出的火花飞到麦穗上，给农民造成了损失，但铁路公司并不用向农民赔偿。将近 70 年后，1971 年，美国经济学家乔治·斯蒂格勒（G. J. Stigler）和阿尔奇安（A. A. Alchian）同游日本。他们在高速列车上见到窗外的稻田，想起了庇古当年的感慨，就询问列车员铁路附近的农田是否受到列车的损害而减产。列车员告诉他们的是，恰恰相反，飞速驰过的列车把吃稻谷的飞鸟吓走了，农民反而受益。但铁路公司没有向农民收取相应的费用。

问题：（1）请用经济学原理解释两代经济学家遇到的问题。

（2）这类问题如何解决？

【拓展阅读】

经济学家话灯塔——
公共物品与市场失灵

下篇
宏观经济学

第九章

国民收入核算理论

GUOMIN SHOURU HESUAN LILUN

【教学目的和要求】

通过本章的学习，使学生理解国民收入核算的基本理论和国民经济循环与流量模型；掌握国内生产总值的概念及其核算方法；掌握国民收入中其他指标的概念及其计算；了解国内市场总值指标的缺陷与弥补；理解国民收入核算中的恒等关系，并能够运用国民收入恒等式对宏观经济现象进行分析。

以上各章概述了西方微观经济学的基本理论。从本章开始，将陈述西方宏观经济学的基本理论。宏观经济学把总体经济活动作为研究对象，它所研究的是经济中的总量。在各种总量中，衡量一个经济活动的基本总量是国民收入。因此，国民收入核算理论与方法是宏观经济学的前提。正如美国著名经济学家托宾所说："如果没有国民收入核算和近 40 年来其他方面统计的革新和改进，当前的经验宏观经济学便是不可想象的。"

为了便于国与国之间的经济联系，联合国统计司分别组织东西方经济学家，根据各国使用的国民收入核算体系制定了两种不同的国民收入核算体系。一种是产生于苏联、东欧的高度集中的计划经济国家的物质产品平衡表体系（Material Product System，MPS）；另一种是产生于西方发达市场经济国家的国民经济核算体系（System of National Accounts，SNA）。这两种体系，先后于 1968 年和 1971 年公布。作为宏观经济学前提的是国民经济核算体系。我们在本书中介绍的也是这种国民经济核算体系。现在，随着计划经济各国向市场经济转变，这些国家也逐渐采用了国民经济核算体系。

第一节　国内生产总值及其核算

一、国内生产总值与国民生产总值

宏观经济学首先要研究社会的整体经济活动，而整体的国民经济状况又是通过一系列国民收入总量指标来反映的。在各种总量指标中，衡量一个经济活动的基本总量是国内生产总值。

（一）国内生产总值的概念

国内生产总值（Gross Domestic Products，GDP），指一个经济社会（一个国家）在某一给定时期内（通常为一年）运用生产要素所生产的全部最终产品（包括产品和劳务）的市场价值的总和。理解这一定义时，应注意以下几点：

1. GDP 是一个市场价值的概念。各种最终产品的价值都是用货币加以衡量的，产品市场价值就是用这些最终产品的单位价格乘以相应的产量然后加总而成的。因此，GDP 的数值不仅受到计算时期产量变动的影响，也受到计算时期价格水平变动的影响。例如，某国一年生产 20 万件上衣，每件上衣售价为 40 美元，则该国一年生产上衣的市场价值就为 800 万美元。

2. GDP 测度的是最终产品而不是中间产品的市场价值。所谓最终产品（Finished Goods）是指在一定时期内生产出来直接供人们消费的产品和劳务。中间产品（Intermediate Goods）是指生产出来后作为下一道生产程序投入的产品和劳务，并不是供人们最终使用的产品。例如，煤炭在用做燃料发电时是中间产品，而用于人们生活中的燃料时就是最终产品。可见二者不是从产品本身的物质属性来区别，而是从它们在再生产的循环流中的功能来区分。

为了避免重复计算，GDP 只计算最终产品价值，而不计算中间产品价值。中间产品是在参加最终产品的生产过程中被使用的商品和劳务，其价值构成了最终产品价值的一个组成部分，因此不能再计入 GDP。例如，农民种植小麦，在市场上出售给面粉厂，得到 200 美元的收入；面粉厂将小麦磨成面粉，以 300 美元的价格出售给食品厂；食品厂用这些面粉制成蛋糕出售给消费者，得到 400 美元收入；则这 400 美元中已经包括了小麦和面粉的价值。从最终产品的角度来计算 GDP，显然数额为 400 美元，但如果不剔除中间产品的价值，GDP 应为 200 + 300 + 400 = 900 美元。可见，计入中间产品的价值会造成国内生产总值的虚增，难以真实反映出一国的经济运行情况。在现实经济活动中，多数产品既可以作为最终产品，也可以作为中间产品，难以准确区分。西方经济学常采用增值法，即通过计算在生产各阶段上的增加值的方法来计算 GDP。从理论上讲，这与统计最终产品的方法结果是一样的，见表 9-1。

表 9 - 1		最终产品与增值法的一致性	单位：美元
生产阶段	产品价值	中间产品成本	增值
木材	5	—	5
纸浆	10	5	5
纸张	20	10	10
笔记本	35	20	15
合计	70	35	35

从表 9 - 1 得知，笔记本是最终产品，其价值是 35 美元，用增值法计算的增加值总和是 5 + 5 + 10 + 15 = 35 美元，其结果是一样的。如果不区分最终产品和中间产品，则会得到 70 美元的总价值，其中包含了重复计算 35 美元的中间产品价值。因此，用增值法计算可以避免重复计算的问题。

3. GDP 是一定时期内（通常为一年）所生产而不是所销售的最终产品价值。因此在计算时必须是当期的产品，不应包括以前所生产的产品价值。例如，以前所生产而在该年销售的存货等不应包括在内。若某企业年生产 200 万美元产品，只卖掉 160 万美元，则所剩 40 万美元产品可看做是企业自己买下的存货投资，同样应该计入 GDP。相反，虽然生产 200 万美元产品，然而却卖掉了 230 万美元产品，则计入 GDP 的仍是 200 万美元，只是库存存货少了 30 万美元而已。

4. GDP 是计算时期内（如 2020 年）生产的最终产品价值，因而是流量而不是存量。流量（Flow）是一定时期内发生的变量，存量（Stock）是一定时间点上存在的变量。若某人花 30 万美元买了一幢旧房，包括 29.8 万美元的旧房价值和 2000 美元的经纪人费用，这 29.8 万美元不能计入 GDP，因为它在生产年份已经算过了，但买卖这幢旧房的 2000 美元经纪人费用可计入 GDP，因为这笔费用是经纪人买卖旧房过程中所提供的劳务报酬。

5. GDP 只衡量市场活动所产生的价值。人们生产的商品和劳务可以分为两种：一种是为市场交换而生产的商品和服务；另一种是用于自己消费的自给性商品和服务。自给性商品和服务因为不用于市场交换，因而没有价格，所以不能计入 GDP。例如，家政公司的家政工作人员替别人打扫房屋时获得的收入要计入 GDP，而家庭主妇清扫自家房屋时却没有收入，也没法反映到 GDP 中去了。

6. 构成 GDP 的最终产品不仅包括有形产品，而且包括无形产品。在社会的三种产业中，第一、第二产业提供物质的最终产品的价值是构成 GDP 的主要部分，第三产业提供的是劳务，虽然劳务无形，但却是社会经济发展不可或缺的部分，因此第三产业所提供的劳务的价值也应计入 GDP 之中。创造国内生产总值的最终产品的行业不仅包括农业、工业和建筑业，还应包括流通部门、服务部门、社会发展部门（教育、文化、卫生、体育、广播电视、科学研究和社会福利事业等）以及社会公务部门。

【知识链接】　　　　　我国 GDP 是如何确定的?

国家统计局每年公布的 GDP 数据是怎么得到的呢? 据国家统计局专家讲, 我国的 GDP 计算需要经过以下几个过程: 初步估计过程、初步核实过程和最终核实过程。初步估计过程一般在每年年终和次年年初进行。它得到的年度 GDP 数据只是一个初步数, 这个数据有待于获得较充分的资料后进行核实。初步核实过程一般在次年的第二季度进行。初步核实所获得的 GDP 数据更准确些, 但仍缺少 GDP 核算所需要的许多重要资料, 因此, 相应的数据尚需要进一步核实。最终核实过程一般在次年的第四季度进行。这时, GDP 核算所需要的和所能搜集到的各种统计资料、会计决算资料和行政管理资料基本齐备。与前一个步骤相比, 它运用了更全面、更细致的资料, 所以这个 GDP 数据显得就更准确些。

此外, GDP 数据还需要经过一个历史数据调整过程, 即当发现或产生新的资料来源、新的分类法、更准确的核算方法或更合理的核算原则时, 要进行历史数据调整, 以使每年的 GDP 具有可比性, 这是国际惯例。例如, 美国在 1929—1999 年就进行过 11 次历史数据调整。总之, 每个时段公布的 GDP 都有其特定阶段的含义和特定的价值, 不能因为在不同时间公布的数据不同, 而怀疑统计数据存在问题。

资料来源: 圣才学习网—宏观经济学。

（二）国民生产总值 GNP

国民生产总值（Gross National Product, GNP）指一国国民在一定时期内运用生产要素所生产的全部最终产品（物品和劳务）的市场价值。国内生产总值 GDP 与国民生产总值 GNP 都是核算社会生产成本和反映宏观经济总量的指标。二者的区别在于, GDP 是一个地域概念, GNP 则是一个国民概念。

国内生产总值 GDP 是按"国土原则"计算的, 凡是一国领土内所获取的收入, 不论其是由本国国民创造的还是由外国国民创造的, 均被计入 GDP。因此, GDP 是一国范围内生产的最终产品的市场价值, 它既包括本国企业所生产的产品和劳务, 也包括外国企业或合资企业在本国生产的产品和劳务。国民生产总值 GNP 是按"国民原则"计算的, 它以"常住居民"为统计依据, 即凡是本国居民生产的, 不论生产在哪里进行, 都计入 GNP。常住居民包括居住在本国的本国居民、暂住在外国的本国居民、常住在本国但未入本国国籍的外国居民。因此, 本国国民通过在国外投资或到国外工作所获得的收入（称之为从国外得到的要素收入）, 应计入本国 GNP。而非本国国民在本国领土内的投资或工作所获得的收入（称之为支付给国外的要素收入）, 则应计入本国的 GDP。由此可见, 国民生产总值 GNP 可以用国内生产总值 GDP 加上本国常驻单位从国外得到的净要素收入（从国外得到的要素收入 – 支付给国外的要素收入）。用公式表示为

GNP = GDP + 本国国民在外国生产的最终产品的价值 – 外国国民在本国生产的最终产品的价值 = GDP + 国外净要素收入

例如，一个在中国工作的美国公民收入要计入美国的 GNP 中，但不计入美国的 GDP 中，而应计入中国的 GDP。反之，一个在美国制造业中开设公司的中国老板取得的利润是中国 GNP 的一部分，不是美国 GNP 的一部分，但它是美国 GDP 的一部分。因此，若某国一定时期内的 GNP 超过 GDP，说明该时期该国公民从外国获得的收入超过了外国公民从该国获得的收入，而 GDP 超过 GNP 时，说明的情况则正好相反。

【知识链接】 从国民生产总值 GNP 到国内生产总值 GDP

1991 年以前，美国一直用 GNP 作为产量的主要测量指标，从 1991 年起改为 GDP。国民生产总值（GNP）测量一国居民的收入，包括居民从国外取得的收入（工资、利润、利息），但要减去支付给国外的同类报酬。与 GNP 不同，GDP 不考虑从国外获得的报酬和支付给国外的报酬。它是一国在国内实际生产的产品和劳务的测量值。GDP 是大多数欧洲国家采用的产量标准计量，因为这些国家的对外贸易在传统上比在美国重要得多。由于国际贸易在美国变得越来越重要，因此，美国从 1991 年以后也开始用 GDP。作为衡量产量的主要测量指标，这种转变也可以使美国对其他国家的经济更加容易些。一般来说，一个国家对外经济往来的开放度越大，用 GDP 作为测量收入的重要性也越大。此外，由于来自国外的要素收入的数据较难准确获得，而 GDP 的数据较易获得；由于相对 GNP 而言，GDP 是经济中就业潜力的一个较好的测量指标，比方说，外国人到东道国投资，解决的是东道国的就业问题，所有这些原因，都表明把 GDP 作为经济中产生的基本测量指标更合理一些。联合国统计司 1993 年要求各国在国民收入统计中用 GDP 代替 GNP，现在各国也都采用了 GDP 这一指标。我国从党的十五届五中全会起把 GNP 改为 GDP。

资料来源：郭万超，辛向阳. 轻松学经济 [M]. 北京：对外经济贸易大学出版社，2005.

二、国民收入核算的基本方法

世界各国核算国民生产总值的方法不完全相同，其中主要有支出法和收入法两种，其中支出法又称产品流量法，收入法又称收入流量法或要素成本法。

（一）支出法

这种方法是从产品的使用出发，把一定时期内购买各项最终产品的支出加总计算出该时期生产出的最终产品的市场价值之和。如果用 $Q_1, Q_2, \cdots, Q_n$ 代表各种最终产品的数量，用 $P_1, P_2, \cdots, P_n$ 代表各种最终产品的价格，则支出法表示的国内生产总值为

$$GDP = P_1 \cdot Q_1 + P_2 \cdot Q_2 + \cdots + P_n \cdot Q_n \tag{9.1}$$

在统计上，用于购买最终产品的全部支出可分为个人消费、投资、政府购买、净出口四项。

个人消费支出包括购买耐用品、非耐用品，劳务支出（如医疗、旅游等），但建筑住宅的支出不包括在内，而归入固定资产投资中。

投资支出是指增加或替换资本资产的支出，如厂房和住宅建筑、机器设备以及存

货。投资包括固定资产投资和存货投资两大类。固定资产投资是指新厂房、新设备、新商业用房以及新住宅的增加。存货投资是企业掌握的存货价值的增加（或减少）。存货投资可能是正值，也可能是负值，因为年末存货价值可能大于也可能小于年初存货。

政府购买支出是指政府对商品和服务的购买支出，包括政府对国内生产的产品和服务、国外生产的产品和服务的购买。政府购买支出仅仅是政府支出的一部分，政府支出的另一部分为政府转移支付。在国民收入核算中，政府转移支付不计入国民生产总值，原因是政府转移支付只是收入的转移，而没有发生相应的产品和劳务的交换。

净出口是指劳务和货物进出口差额。用 X 表示出口，M 表示进口，净出口就是 $X - M$。如果用 C 表示个人消费支出，I 表示投资支出，G 表示政府购买支出，$X - M$ 表示净出口，则用支出法计算的国内生产总值为

$$GDP = C + I + G + (X - M) \qquad (9.2)$$

（二）收入法

计算 GDP 的第二种方法被称为收入法，即通过把所有生产要素在生产中所得到的收入相加来计算 GDP 的方法。这些收入有：劳动所得的工资、土地所得的地租、资本所得的利息，以及企业所得的正常利润和政府的税收等。用收入法核算国民生产总值应包括以下项目：

1. 工资、利息和租金。从广义上讲，工资包括所有工作的酬金、补助和福利费（含必须缴纳的所得税和社会保险）。利息指人们储蓄的货币资金在本期的净利息收入。它不包括个人间因借贷关系而发生的利息和政府公债利息。租金主要指个人在出租土地等资产时的租金收入。

2. 业主收入。这里的业主指不受人雇用的独立生产者，如医生、律师、农民等。他们的工资、利息、地租和利润往往混在一起作为业主收入。

3. 公司税前利润。公司税前利润包括公司所得税、社会保障税、股东红利以及公司未分配利润。

4. 企业转移支付和企业间接税。企业转移支付指公司企业对非营利组织的慈善捐款和消费者赊账。企业间接税指企业缴纳的货物税、销售税、周转税等。

5. 资本折旧。折旧虽不是生产要素收入。但它会冲减其他收入项目，所以也应将其计入国民生产总值内。将上述前三个项目加总（即工资、利息和租金 + 业主收入 + 公司税前利润），即可获得狭义国民收入（National Income）指标；在此基础上，再加上企业转移支付和企业间接税，即获得国内生产净值（Net National Product）指标；最后，将上述五项加总，即为 GDP。

（三）部门法

部门法又称生产法，它是按生产物质产品和提供服务的所有部门的产值来计算国内生产总值的方法，反映出国民收入的来源。国民经济活动各个部门存在着错综复杂、纵横交错的投入和产出关系，要避免重复计算，像支出法一样，各部门应该把使用的中间产品价格扣除，只计算新增加的价值。物质生产部门、商业、服务业都要按增值法计算，同时，按西方核算体系，卫生、教育、行政等部门也创造国民收入，把其获得的工

资收入加总计入国内生产总值。

用生产法计算国内生产总值时，各部门都应该扣除使用的中间产品的价值，只计算本部门的附加值或增加值。也就是本部门销售产品所得的收益减去从其他部门购买的商品和劳务的价值后的余额作为其国内生产总值，这样就避免了部门间的重复计算。

用公式表示如下：

$$增加值 = 总产出 - 中间消耗$$
$$GDP = 各行业增加值总和 \qquad (9.3)$$

一国所有生产过程中新增价值的总和等于最终产品或服务的价值总和，因此，GDP也可以定义为一定时期内经济中新创造的价值总和。

【知识链接】

国内生产总值计算的三种方法是从不同的角度、不同的侧面来计算宏观经济活动的。从理论上讲，三种方法核算的结果应该一致，但是在实际核算中却并非一致。其主要原因是计算中不可避免会出现误差。若坚持平衡原则能保证国民经济生产、分配、使用三方等价关系的实现，上述三种方法在计算国内生产总值时往往同时运用，以利于相互验证，增强计算的准确性。在实际经济分析中，因为最终产品的使用去向比较清楚，资料比较容易收集，所以各国政府与学者比较重视支出法，在三种核算方法所得出结果不一致时，一般以支出法统计的结果为准，利用统计误差调整收入法和部门法所得数值。

（四）支出法与收入法的一致

1. 产出等于支出。这是因为最终产品的销售收入，就是最终产品购买者的支出。例如，生产了一件上衣卖60美元，就是购买上衣的消费者支出了60美元。这60美元就是生产和经营上衣的五阶段厂商（棉农、纱厂、织厂、制衣厂及售衣商）创造的价值即产出。上衣是这样，千千万万最终产品生产都是这样。因此，从社会看，总产出就总等于购买最终产品的总支出。然而，假定社会某年生产了2万亿美元最终产品，只卖掉1.8万亿美元，总产出又怎么说等于总支出呢？在西方国民收入核算中，这部分未卖掉的0.2万亿美元产品仍然被看做是本企业在存货方面的投资支出，作为存货投资（Inventory Investment）。由于企业把存货变化也看做是自己购买自己产品的投资支出，因此，上面所说的总支出就不是1.8万亿美元，而是2万亿美元。

2. 产出等于收入。假定厂商生产一件衣服价值600美元，因为产品的价值实际上是生产该产品所投入的生产要素共同创造的，因而要转化为这些要素的报酬，即工资、利息、地租和利润。假定工资是300美元，利息是100美元，地租是100美元，则剩余的100美元就是利润（在此我们将剩余的报酬都算做利润）。衣服如此，千千万万的最终产品也是如此。正由于我们将剩余的报酬都算做利润，因此，从整个经济来看，总产出总等于总收入。具体地说，总产出 = 工资 + 利息 + 地租 + 利润。

综上所述，GDP可用支出法和收入法两种不同的方法来核算，它们所得的结果是一致的。我们可从图9-1中理解（为说明 GDP 统计的不同方法，不妨先假定一个简化的经济社会，不存在政府和外贸部门，也没有投资）。在环形图上部，人们支出货币购买最终产品，其花费的货币流量加总即是以支出法计算出的 GDP；在环形图下部，产出成本的流量加总即是以收入法计算出的 GDP。因此，从理论上来说，两种方法衡量的 GDP 必然相等。但在实际核算中经常会出现误差，因而在实际核算时要加上一个统计误差。

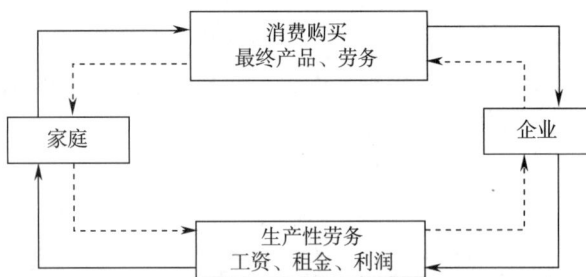

图9-1　宏观经济环形图
（实线代表货币的流动，虚线代表商品与劳务的流动）

【知识链接】　　　　　　　我国的 GDP 计算

　　我国的国内生产总值及其产业构成的资料，是由国家统计局国民经济核算司根据部门特点和资料来源用不同的方法计算的。一些部门以生产法计算，一些部门以收入法计算。在计算各部门增加值的基础上，对各部门的增加值求和就可以得到国内生产总值。

　　此外，还按支出法计算了国内生产总值，它等于最终消费（包括政府消费）、资本形成总额、货物和服务净出口之和。用支出法计算的国内生产总值与按生产法和收入法计算的国内生产总值往往不相等，两者的差额称为统计误差。

　　国家统计局国民经济核算司对按生产法、收入法和支出法计算的国内生产总值及增长指数的名称做了以下规定：按生产法和收入法计算的国内生产总值简称为"国内生产总值"，按支出法计算的国内生产总值称为"支出法国内生产总值"。

　　中国统计年鉴公布的国内生产总值资料，最后一年的数据不是最终数，还会发生变动。在普查年，国内生产总值的历史数据可能也会根据普查资料作出调整。年鉴公布的地区数据来自各省、自治区、直辖市统计局的国民经济核算资料，各地区数据相加不等于全国总计。

　　资料来源：国家统计局. 中国统计年鉴（1999）［M］. 北京：中国统计出版社，1999.

第二节　国民收入核算中的其他总量

一、国民收入核算的五个总量

除了上面讨论的宏观经济学中极为重要的指标国内生产总值（GDP）之外，国民收入核算的总量指标还包括国内生产净值（NDP）、国民收入（NI）、个人收入（PI）和个人可支配收入（DPI）。

（一）国内生产净值

国内生产净值（Net Domestic Product，NDP）也称为国内净产值，是一个国家在一定时期内（通常为一年）新增加的价值，等于国内生产总值中扣除当年消耗掉的资本（折旧）后的价值余额。任何产品的价值中不但包含消费掉的原材料、燃料等的价值，还包含使用的资本设备的折旧。只有扣除了资本折旧，才是真正的新增价值。GDP 与 NDP 的区别体现在总投资额与净投资额的差额，可表示为

$$国内生产净值 = 国内生产总值 - 折旧 \tag{9.4}$$

其中，总投资（Total Investment）是一定时期内的全部投资，即建设的全部厂房设备和住宅等，而净投资（Net Investment）则是总投资中扣除了资本消耗和重置投资（折旧）后的部分，是资本存量的净增加。如某企业购置 20 台新机器，其中一台用于更换报废机器，则总投资为 20 台机器，而净投资为 19 台机器。

（二）国民收入

这里的国民收入是按生产要素报酬计算下的国民收入（National Income，NI），即一个国家在一定时期内（通常为一年）用于生产产品和提供劳务的各种生产要素（土地、劳动、资本与企业家才能等）所获得报酬（租金、工资、利息和利润等）的总和。国民收入与国内生产净值的区别在于：从理论上讲，国民收入是从分配的角度出发核算的总量，而国内生产净值则是从生产的角度出发核算的总量；从数量上讲，国民收入等于国内生产净值减去间接税，再加上政府津贴，再加上本国公民来自国外的净收入，即国民收入=国内生产净值－间接税＋政府津贴＋本国公民来自国外的净收入。间接税形式上是由企业负担的，但又作为产品价格附加，在销售过程中转移出去，它既不由任何生产要素提供，又不被生产要素所有者获得，在核算国民收入中应扣除。而政府津贴作为一项政策性补贴用于弥补价格低于成本的产品生产企业的损失，相当于冲抵部分生产要素的付出，即增加了生产要素的投入，故在核算国民收入中应加上。本国来自国外的净收入是本国公民来自国外的收入减去外国公民从本国取得的收入，这部分价值不包含在 GDP 和 NDP 中，但作为一国收入总和的经济指标，国民收入应计入此项。国民收入的核算用公式表示为

$$国民收入 = 国民生产净值 - 企业间接税 + 政府津贴 + 来自国外净收入$$
$$= 工资 + 租金 + 利润 + 利息 + 津贴 + 国外净收入 \tag{9.5}$$

（三）个人收入

个人收入（Personal Income，PI）是指一个国家所有个人在一定时期内（通常为一年），从各种来源所获得的收入总和。它是国民收入的派生指标，数量上等于从国民收入中减去那些不会成为个人收入的项目（如公司所得税、公司未分配利润和社会保险金等），再加上那些不是来自要素的收入，即通过在分配渠道取得的、不属于国民收入的部分（如政府和企业对个人的转移支付）。公式表示为

个人收入＝国民收入－（公司未分配利润＋公司所得税＋公司和个人缴纳的社会保

险费）＋（政府对个人的转移支付＋企业对个人的转移支付＋政府对个人支付的利息）＝工资和薪金＋企业主收入＋个人租金收入＋个人利息收入＋政府和企业对个人的转移支付－公司和个人缴纳的社会保险费 (9.6)

（四）个人可支配收入

个人可支配收入（Disposable Personal Income，DPI）是指一定时期内（通常为一年）一个国家所有个人在收入总和中扣除个人和家庭纳税部分后，实际得到的，可由个人自由支配的收入。一般来说，个人可支配收入主要用于消费和储蓄两个方面。因此，个人可支配收入的核算公式为

$$个人可支配收入 = 个人收入 - （个人所得税 + 非税支付）$$
$$= 个人消费支出 + 个人储蓄 \qquad (9.7)$$

表 9 - 2 中所列的数据材料表明了从国内生产总值（GDP）到个人可支配收入（DPI）的核算过程及相互关系。

表9－2　国内生产总值、国内生产净值、国民收入、个人收入与个人可支配收入

单位：10 亿美元

国内生产总值（GDP）		4615.2
减：资本消耗	508.4	
国内生产净值（NDP）		4106.8
减：企业间接税	387.0	
其他	0.5	
加：来自国外的净收入	253.1	
国民收入（NI）		3972.4
减：公司利润	325.4	
社会保险税	440.7	
加：政府和企业给个人的转移支付	585.1	
利润调整	182.4	
红利	94.3	
个人收入（PI）		4068.1
减：个人所得税及非税支付	598.3	
个人可支配收入（DPI）		3469.8

以上所介绍的宏观经济核算体系的几个总量指标及其关系，还可以用图9－2形象地表示出来。

二、实际国内生产总值与名义国内生产总值

一个社会经济体系生产千百万种物品和劳务，它们之所以能加总统计，就是因为都用货币来衡量其价值。例如，每斤牛肉20元，每斤香蕉4元，这样各种不同的货物的价值才可以比较并合计。每种最终产品的市场价值就是用各种产品和劳务的单位价格乘以产量获得的。把所有最终产品的市场价值相加就是国内生产总值。

由于国内生产总值有一价格乘产量的关系，因此，产量和价格的变动都会使国内生产总值变动。但是，人们的物质福利只与所生产的物品和劳务的数量和质量有关。如果产品和劳务的数量和质量不变，而价格提高了一倍，国内生产总值增加一倍，但人们的物

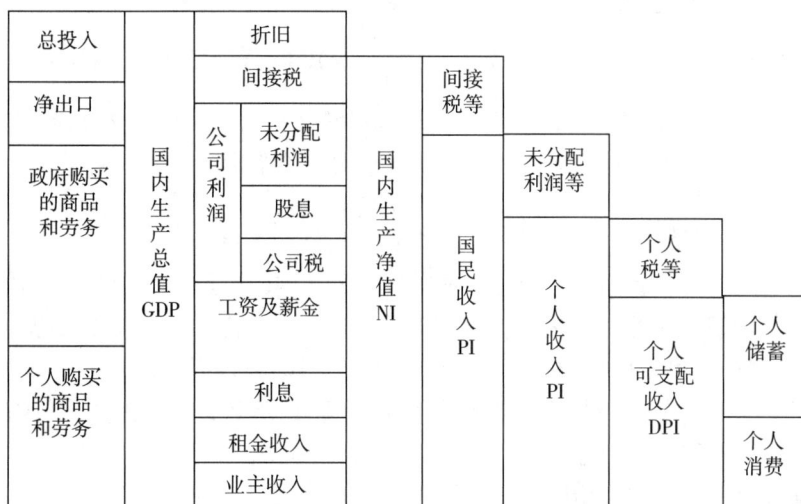

图9-2 宏观经济核算体系的几个总量指标及其关系

质福利并未增加。为此有必要把国内生产总值变动中的价格因素抽象出来，只研究产品和劳务的数量变化。这就需要区别名义国内生产总值和实际国内生产总值这样两个概念。

名义国内生产总值（Nominal GDP）是用生产物品和劳务的那个时期的价格计算出来的价值。1999年美国的名义国内生产总值是1999年生产的全部最终产品和劳务用1999年的市场价格计算出来的市场价值。

实际国内生产总值（Real GDP）是用某一年作为基年的价格计算出来的价值。如果把1984年作为基年，那么1999年的实际国内生产总值是指1999年生产出来的全部最终产品用1984年的价格计算出来的市场价值。

名义国内生产总值和实际国内生产总值的区别可用表9-3表示出来，在表中假定某国香蕉和柑橘的价格在1984年分别是0.20美元和0.22美元，在1999年分别是0.30美元和0.25美元，则我们可以分别计算出来两年的名义GDP，并且可以看出名义GDP和实际GDP之间的区别。

表9-3 **名义GDP与实际GDP**

物品名称	1984年产量	1984年GDP	1999年产量	1999年GDP	1999年实际GDP
香蕉	15	3	20	6	4.00
柑橘	50	11	60	15	13.20
合计		14		21	17.20

计算实际GDP可使我们了解到从一个时期到另一个时期产量变化到什么程度。如果使用的都是基年的价格，则两个时期国内生产总值的差额可表现出这两个时期产量的变化。如果仅仅比较两个时期的名义国内生产总值，则我们无法知道这两个时期国内生产总值的差额究竟是由产量变化引起的，还是由价格变化引起的。

某个时期名义GDP和实际GDP之间的差别，可以反映出这一时期和基期相比的价格变动的程度，因为通过计算名义国内生产总值和实际国内生产总值的比率，可以计算出价格变动的百分比。在表 9－3 的例子中，$\frac{21}{17.2} \times 100\% = 122.1\%$，这说明从 1984 年到 1999 年该国价格水平上涨了 22.1%。122.1% 成为国内生产总值的价格指数。

显然，名义国内生产总值、实际国内生产总值和价格指数这三者相互关系是

$$实际国内生产总值 = \frac{名义国内生产总值}{国内生产总值价格指数} \times 100\% \quad (9.8)$$

从这里可以看到实际国内生产总值是通过将名义国内生产总值用相应的国内生产总值价格指数"紧缩"而来的。因此，这相应的国内生产总值的价格指数又称为"国内生产总值折算指数"。由于所选的基年的价格指数定为 100%，因此，若某年与基年相比价格上升 25%，则该年综合价格折算指数为 125%。将该年名义国内生产总值除以 125%，就能得到该年实际国内生产总值。

三、国内生产总值与人均国内生产总值

一个国家的经济发展水平和状况，可以通过各年度国民收入总量的纵向比较加以广泛而深入的研究，但是在横向比较各个不同国家经济发展、社会生活水平状况时，必须计算人均产量，如人均 GDP、人均国民收入等。计算方法是用当年 GDP、国民收入除以当年的人口数量所得的数据，用公式表示为

$$人均\ GDP = \frac{当年\ GDP}{当年人口数量} \quad (9.9)$$

$$人均国民收入 = \frac{当年国民收入}{当年人口数量} \quad (9.10)$$

人均国内生产总值与国内生产总值是有区别的，它可以反映出一些从国内生产总值数据看不出的信息。国内生产总值可以衡量一国的经济发展速度，人均国内生产总值可以反映核算期内这个国家的生产力水平，能够反映人民基本生活状况和基本国情国力。通过观察一国人均国内生产总值的纵向变化，可以非常容易地看出一国人民富裕程度的变动。人均国内生产总值是制定经济政策的重要依据，观察其动态变化时，一般用国内生产总值与人口数相比来计算，以剔除价格因素影响。

为了便于国际间比较，常常需要将人均国内生产总值折算成美元，即按照当期人民币与美元的汇率折算，如表 9－4 所示。

表 9－4　　2011—2015 年世界部分国家人均国民总收入（现价美元）（美元/人）

年份	比利时	丹麦	英国	德国	法国	新加坡	韩国	泰国	土耳其
2015	44510	60270	43700	45790	40710	52090	27450	5720	9950
2014	46840	63640	43760	47680	42810	53960	26970	5810	10630
2013	47280	63200	42350	47470	43400	54550	25870	5790	10800
2012	47160	61650	41210	46710	43020	51290	24640	5590	10700
2011	47070	61990	40620	47360	44220	48370	22620	5000	10450

资料来源：国家统计局数据。

【知识链接】　　　　　　　潜在 GDP 与经济波动

　　GDP 衡量的是一个经济体的实际产出。潜在 GDP 也称为潜在产出，衡量的是当所有的生产要素（如劳动和机器）都得到充分利用的情况下，一个经济体的可能产出。

　　实际产出是围绕潜在产出波动的。当实际产出低于潜在产出时，存在产出缺口。当生产要素被超额使用时（如增加劳动时间），实际产出短时间也可能会超过潜在产出。经济向上的波动被称为繁荣，向下的波动被称为衰退，严重的向下波动则被称为萧条。在统计上，一般当 GDP 至少连续两个季度下降时，就说衰退发生了。历史上最大的萧条是 1929 年开始的世界范围的大萧条。在衰退中，生产要素没有被充分利用，一部分劳动力处于失业状态，一部分机器设备处于闲置状态，这是在整个经济范围内对经济资源的浪费。

第三节　国民收入流量循环模型

　　宏观经济模型又称国民收入流量循环模型，指以国民收入流量作为衡量指标，以图示的方法说明各经济部门之间的本质联系，揭示宏观经济活动框架的一种经济方法。从理论上分析，宏观经济可划分为三种形态：由居民户和厂商所组成的两部门经济，由居民户、厂商和政府组成的三部门经济，在三部门经济基础上再加上对外经济构成的四部门经济。四部门经济又称开放经济，它是现实的经济，而我们的理论分析是从最简单的两部门经济开始的。

一、两部门经济中的收入流量循环模型与恒等关系

　　两部门经济指由厂商和居民户这两种经济单位所组成的经济，也是一种最简单的经济。

　　在这种经济中，居民户向厂商提供各种生产要素，得到相应的收入，并用这些收入购买与消费各种产品与劳务；厂商购买居民户提供的各种生产要素进行生产，并向居民户提供各种产品与劳务。这时，居民户与厂商之间的联系，即收入流量循环模型，如图 9-3 所示。

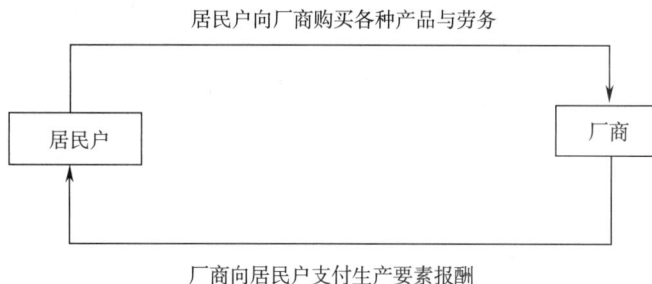

居民户向厂商购买各种产品与劳务

居民户　　　　厂商

厂商向居民户支付生产要素报酬

图 9-3　两部门经济中的收入流量循环模型图 1

图 9 - 3 中的箭头表明了货币收入流向。厂商购买居民户的各种生产要素，向居民户支付报酬，居民户得到货币收入。在这个循环中，只要居民户把他们出卖各种生产要素得到的全部收入用于购买厂商生产出来的各种产品与劳务，即居民户出卖各种生产要素所得到的收入与厂商出卖各种产品与劳务所得到的收入相等，这个经济就可以以不变的规模循环运行下去。

如果居民把一部分收入用来购买厂商生产的各种产品与劳务，把另一部分收入储蓄起来；如果厂商在居民消费支出之外又获得了其他来源的投资，那么，收入流量循环的模型如图 9 - 4 所示。

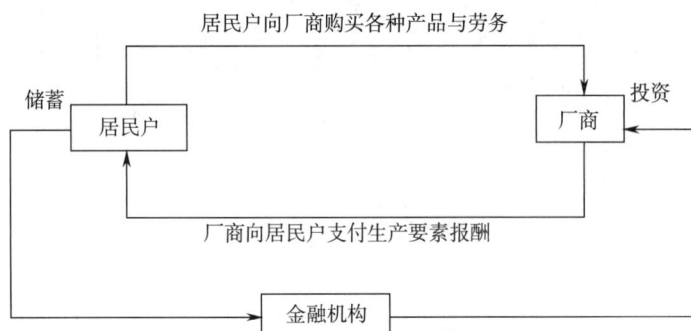

图 9 - 4 两部门经济中的收入流量循环模型图 2

图 9 - 4 表明，居民户把储蓄存入金融机构，而厂商则从金融机构获得投资。如果通过金融机构把居民户的全部储蓄都转化为厂商的投资，即储蓄等于投资，这个经济仍然可以正常运行下去。

我们来分析这种经济中总需求与总供给的关系。在包括居民户与厂商的两部门经济中，总需求分为居民户的消费需求与厂商的投资需求。消费需求与投资需求可以分别用消费支出与投资支出来代表，消费支出即为消费，投资支出即为投资。所以，

$$总需求 = 消费 + 投资$$

如果以 AD 代表总需求，以 C 代表消费，以 I 代表投资，则可以把上式写为

$$AD = C + I \tag{9.11}$$

总供给是全部产品与劳务供给的总和，产品与劳务是由各种生产要素生产出来的，所以，总供给是各种生产要素供给的总和，即劳动、资本、土地和企业家才能供给的总和。生产要素供给的总和可以用各种生产要素相应地得到的收入的总和来表示，即用工资、利息、地租和利润的总和来表示。工资、利息、地租和利润是居民户所得到的收入，这些收入从用途上分为消费与储蓄两部分，所以，

$$总供给 = 消费 + 储蓄$$

如果以 AS 代表总供给，以 C 代表消费，以 S 代表储蓄，则可以把上式写为

$$AS = C + S \tag{9.12}$$

总需求与总供给的恒等式就是

$$AD = AS$$

或者

$$C + I = C + S$$

如果两边同时消去 C，则可以写为

$$I = S \qquad (9.13)$$

二、三部门经济中的收入流量循环模型与恒等关系

三部门经济指由厂商、居民户与政府这三种经济单位所组成的经济。在这种经济中，政府的经济职能是通过税收与政府支出来实现的。政府通过税收与支出和居民户及厂商发生联系，这时收入流量循环的模型如图9-5所示。

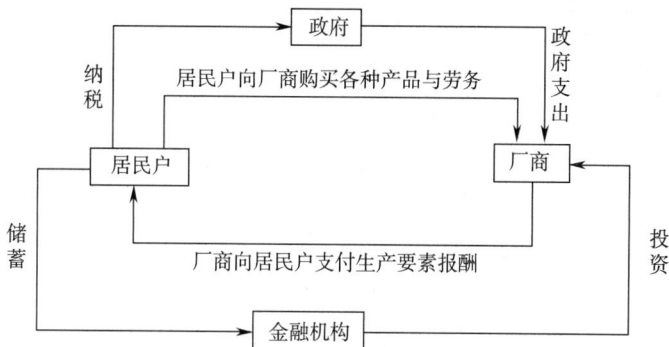

图9-5 三部门经济中的收入流量循环模型图

图9-5表明了三部门经济中的收入流量循环，即居民户、厂商与政府之间的经济联系。这时，经济要正常运行下去，不仅要储蓄等于投资，而且还要政府得自居民户与厂商的税收和向居民户与厂商的支出相等。在三部门经济中，总需求不仅包括居民的消费需求与厂商的投资需求，而且还包括政府的需求。政府的需求还可以用政府支出来代表。所以，

总需求 = 消费 + 投资 + 政府支出

如果以 G 代表政府支出，则可以把上式写为

$$AD = C + I + G \qquad (9.14)$$

三部门经济的总供给中，要素所有者（居民）的全部收入可分解为三种用途，即消费、储蓄和税收，由于要素所有者（居民）的全部收入可以代表总供给，所以，

总供给 = 消费 + 储蓄 + 税收

如果以 T 代表税收，则可以把上式写为

$$AS = C + S + T \qquad (9.15)$$

三部门经济中总需求与总供给的恒等式就是

$$AD = AS$$

或者

$$I + G = S + T \qquad (9.16)$$

三、四部门经济中的收入流量循环模型与恒等关系

四部门经济是指由厂商、居民、政府和国外这四种经济单位所组成的经济。在这种经济中，国外的作用是：作为国外的生产要素的供给者，向国内各部门提供产品与劳务，对国内来说，这就是进口。同时，国外也要购买本国生产的产品，即国内产品的出

口。这时，收入流量循环的模型如图9-6所示。

图9-6表明了四部门经济中的收入流量循环，即居民户、厂商、政府与国外之间的经济联系。这时，经济要正常运行下去，不仅要储蓄等于投资，政府税收等于支出，而且要所有的出口与所有的进口相等。

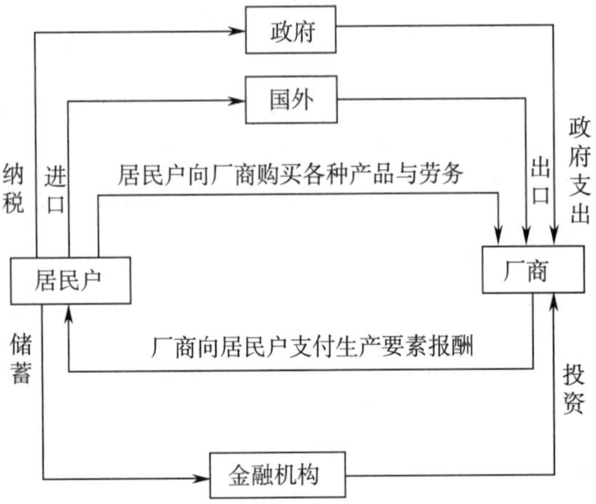

在四部门经济中，总需求不仅包括居民的消费需求、厂商的投资需求与政府的需求，而且还包括国外的需求。国外的需求对国内来说就是出口，所以还可以用出口来代表国外的需求。这样，

总需求 = 消费 + 投资 + 政府支出 + 出口

如果以 X 代表出口，则上式可写为

图9-6　四部门经济中的收入流量循环模型图

$$AD = C + I + G + X \tag{9.17}$$

四部门经济中，要素所有者（居民）的全部收入可分解为四种用途，即消费、储蓄、税收和进口，由于要素所有者（居民）的全部收入可以代表总供给，所以，

总供给 = 消费 + 储蓄 + 税收 + 进口

如果以 M 代表进口，则可以把上式写为

$$AS = C + S + T + M \tag{9.18}$$

四部门经济中总需求与总供给的恒等式就是

$$AD = AS$$

或者

$$I + G + X = S + T + M \tag{9.19}$$

在国民收入核算中，这种恒等式是一种事后的恒等关系，即在一年的生产与消费之后，从国民收入核算中所反映出来的恒等关系。这种恒等关系，也就是国民收入决定理论的出发点。但在一年的生产活动过程中，总需求与总供给并不总是相等的。有时总需求大于总供给，也有时总供给大于总需求。在国民收入决定理论中，我们将详细分析总需求与总供给的这种关系。

第四节　国民收入核算体系的缺陷及其弥补

宏观经济学作为一门独立的学科产生于20世纪上半期，除了凯恩斯划时代的著作《就业、利息和货币通论》奠定了宏观经济分析的理论框架之外，还有一个重要前提就是20世纪以来国民经济统计方面的重大成果。国民收入核算体系基本上能反映一国经济状况，但本身仍存在缺陷，需要加以弥补。

一、国民收入核算体系的缺陷
国民收入核算体系的缺陷主要体现在以下几方面。

（一）核算范围的局限性

国民收入核算是对一国整体经济进行全面核算，统计进去的是可以用市场价格标价的产出，然而有些经济活动没有纳入官方统计，如地下经济、黑市交易；有些经济活动本身不以交换为目的，因此没有市场价格，如家务劳动等；而有些物的交易活动，是在货币经济以外进行的，没有以货币为等价物的市场价格，因此也不被计入 GDP 中。

（二）核算内容的片面性

由于国民收入核算注重单一的收入或支出核算，它并不能反映出人们在生产中所得到的福利变动情况。例如，它反映不出产品质量的提高给人们的福利带来的影响，也反映不出一国的收入分配情况和一国的自然资源拥有情况以及在环境保护方面的工作情况。随着人们日益追求生活质量的加强，原核算体系单纯注重经济增长的片面性尤为突出。

（三）国际间的不可比性

各国运用的国民收入核算方法不一，即使用同一种国民收入核算方法，因各国商品化程度的差异，各国统计资料缺乏完备性，加之各国计价货币在换算上存在着实际困难（由于官方汇率的存在以及汇率难以达到均衡水平），这些都加大了国际间的不可比性。

（四）生态环境成本无法体现

不能反映生产过程中的生态环境成本，因此并不代表国民经济增长的净正效应。因此，目前理论界及各国政府都在积极探讨构建"绿色 GDP"核算体系。所谓绿色 GDP 是指从 GDP 中扣除环境资源成本和对环境资源的保护服务费用，可称为"绿色 GDP"。绿色 GDP 代表了国民经济增长的净正效应。

（五）GDP 局限性的具体表现

1. GDP 作为总产出衡量方式的不足之处。

（1）家庭产出。GDP 指的是社会生产的最终产品和服务的市场价值的总和，只有用于市场交换的商品和服务才计入 GDP，而许多很有意义的经济活动都发生在市场之外，在 GDP 的计算中被忽略了。如果一个木匠制作并出售书架，这些书架的价值就被计入 GDP 之内；但如果这个木匠制作书架供自己使用，就不计入 GDP。如果一个人在家做饭、洗衣和照顾小孩，这些服务的价值就不在 GDP 里边；而如果这个人为其他人家做饭、洗衣和照顾小孩并获得工资，其所提供的服务就被计入 GDP。

（2）地下经济。有些企业和个人为了避免税收或希望避开政府规制，或者产品和服务本身就是非法的（如赌博、卖淫、贩毒、走私等），而将产品和服务的销售及购买隐匿于政府视线之外，这就是所谓的地下经济。地下经济活动所创造的产品和服务就不会计入 GDP，从而减小了 GDP 的总量。经济学家们估计，在美国，地下经济规模大致是 GDP 的 10%。而在某些不发达国家里，比如巴西或秘鲁，地下经济可能超过 GDP 的一半，这其中有政府监管不力的原因，也有税率过高的原因。

2. GDP 作为福利衡量标准的不足之处。一个国家的人均 GDP 水平高，就代表这个国家的人民生活得更好吗？这是有失偏颇的。尽管 GDP 的增长大致上能引致人们福利的改进，但因为多方面的原因，GDP 作为福利衡量的指标并不是那么完美。

（1）闲暇的价值没有包含在 GDP 之内。当一个建筑师退休时，即使他本人对增加的闲暇的价值评价高于在公司工作时的收入，但 GDP 仍然是减少了的。建筑师的福利增加了，但是 GDP 却下降了。1995 年前，中国人差不多每周工作 50 小时，而 1995 年后，中国实行了双休制，工作时间少于 40 小时。如果人们仍然每周工作 50 小时，GDP 显然能高很多，但是人们的福利却会减少，因为休闲时间少了。

（2）GDP 没有对污染或其他产出的负效应作出调整。当一个热力发电厂利用煤炭发电并出售，GDP 由此增加了。假设这个发电厂所产生的废料污染了空气和水，而该厂却没有为这种外溢效应付出货币代价。类似地，香烟产出的价值计入了 GDP，但是某些吸烟者不幸患肺癌却并没有作为成本被校正。

（3）GDP 没有对犯罪和其他社会问题的变化作出调整。犯罪的增加会减少人们的福利，但却可能带来 GDP 的增加，比如需要更多开支的警察、防卫和报警系统。GDP 同样没有对诸如战争、离婚率、毒瘾等会影响人们福利的变动作出调整。

总而言之，GDP 主要是为测量总产出而设计的，它不能完美地衡量福利，福利的衡量依赖于很多并没有计入 GDP 的因素。

【知识链接】　　　　　GDP 先生自述

我是 20 世纪最伟大的发明之一，在全世界，人们都叫我 GDP，中文叫国内生产总值。在全世界，人们都很关注我。因为我代表一国（或一个地区）所有常住单位在一定时期内生产活动（包括产品和劳务）的最终成果。我是国民经济各行业在核算期内增加值的总和（各行业新创造价值与固定资产转移价值之和）。

我不是万能的，但没有我是万万不能的。没有我，你们无法谈论一国经济及其景气周期，无法提供经济健康与否的最重要依据。所以诺贝尔经济学奖获得者萨缪尔森和诺德豪斯在《经济学》教科书中把我称为"20 世纪最伟大的发明之一"。没有像我一样的灯塔般的总量指标，政策制定者就会陷入杂乱无章的数字海洋而不知所措。

我不能衡量什么？1968 年，美国参议员罗伯特·肯尼迪竞选总统时说，"GDP 衡量一切，但并不包括使我们的生活有意义这种东西。"其实，我也不能衡量一切。

我不衡量社会成本，也就是本来应该由企业承担却让外部承担的成本。古印度有一句格言："空气、水和土地不是父辈给我们的礼物，而是我们向子孙的借款。"但是，为了我的增加，很多人忘记了这笔借款。你采伐树木时，我在增加；你把污染排放到空气和水中，我在增加；我反映增长，却不反映资源耗减和环境损失。

我不衡量增长的代价和方式。中国的人均资源占有量很低，人均水资源为世界人均水平的 1/4，石油探明储量为世界平均水平的 12%，天然气人均水平为世界平均水平的 4%。但为了我的增长，中国成为世界上单位 GDP 创造能耗最高的国家之一。

我不衡量效益、效率、质量和实际国民财富。我计算的是从事生产活动所创造的增加值，至于生产效益如何，产品能否销出去，报废、积压、损失多少，真正能用于扩大再生产和提高人民生活的有效产品增长是多少，我是体现不出来的。

我是一个重要的数字，但任何数字都有它的"陷阱"。天灾人祸和灾后重建让我增长，"拉链工程"让我增长。城市不断建路修桥盖大厦，由于质量原因，没多久就要拆除翻修，马路拉链每次豁开，挖坑填坑，我都增加了一次。

我不衡量价值的判断，我在统计时是根据生产出来的最终产品，但这往往与幸福无关。我也不衡量闲暇。只要人们天天加班，就能生产更多的物品和劳务，我就在增长。但是，没有闲暇的生活快乐吗？我不衡量分配。我是一个生产总量的指标，我不衡量分配，我不衡量贫富的差距。

你为何崇拜我？我能衡量很多东西，同时，我也衡量不了很多东西。我希望，你不要只看到"这一些"，而忘了"另一些"。我是一个数字，一种统计方法，我本身并没有错。错的是，你把我当成唯一的东西、至上的东西，把我当成一切。无论在拉丁美洲还是南亚，最后的教训都是：能够实现一时的经济增长，但无法实现可持续的社会发展。

那么，怎样超越对我的崇拜呢？美国经济学家萨缪尔森提出过纯经济福利（净经济福利）的概念，他认为福利更多地取决于消费而不是生产，纯经济福利是在我的基础上，减去那些不能对福利作出贡献的项目（如超过国防需要的军备生产），减去对福利有副作用的项目（如污染、环境破坏和对生物多样化的影响，都市化影响），同时加上那些对福利作出了贡献而没有计入的项目（如不通过市场的经济活动像家务劳动和自给性产品），加上闲暇的价值（用所放弃的生产活动的价值作为机会成本来计算）。

资料来源：秦朔. GDP 先生的讲述［J］. 南风窗，2003（12）.

二、国民收入核算体系缺陷的弥补

针对国民收入核算体系中存在的各种缺陷，世界各国的经济学家及有关国际组织都在进行探索，试图予以弥补。

对于国民收入核算范围的局限，联合国分别制定了两大国民经济核算体系供成员国参考使用。一个是国民账户体系（System of National Accounts，SNA），另一个是国民经济平衡表体系，或称物质产品平衡体系（System of Material Product Balances，MPS）。

SNA 由生产、消费、积累和国外四大基本账户组成，以国民生产总值的核算为主，采用复式记账和矩阵的方法，对国民经济运行过程及其联系进行系统、全面的描述与核算，为国家制定经济政策提供依据。该体系已被世界上大多数国家采用。

MPS 是为适应计划经济国家的需要而建立起来的国民经济核算体系。它由物资平衡表、财政平衡表、部门联系平衡表、劳动力平衡表等组成，以社会总产品和国民收入的核算为主，采用综合平衡的方法，对社会再生产的条件，过程和结果作出综合说明，为国家对国民经济的计划管理服务。我国在改革开放前采用的是 MPS 体系，改革开放后，我国开始采用 SNA 体系，在国民经济活动的统计方面逐步与国际接轨。

另外，对于原国民收入核算内容的片面性问题，英国经济学家托宾和诺德豪斯提出了经济福利尺度（Measure of Economic Welfare，MEW），萨缪尔森提出了纯经济福利（Net Economic Welfare，NEW）理论，试图将国民收入核算的内容扩大到福利的变化。由于 MEW 和 NEW 所涉及的计算还未完全解决，因而没有推广应用。

再次，国民收入核算体系存在核算资料国际间不可比性的问题。为解决产品价格的不可比性，或者说不同国家货币间的汇率不合理，瑞典学派经济学家卡塞尔以货币数量论为基础，提出了购买力平价理论（Theory of Purchasing Power Parity, PPP），即在不兑现纸币制度的条件下，以各国货币国内购买力的对比关系说明汇率的变动。例如，假设有代表性的一组货物在美国值 2 美元，在法国值 10 法郎，则这两种货币的汇率是 1:5。只有使两国通货的国内购买力相等的汇率，才是两国间的真正汇率平价。可见，PPP 理论对消除国与国产品价格差别，提高国民收入核算资料的国际可比性具有一定意义，因而已被部分国际组织采用。但 PPP 理论也有其缺陷。因为它建立在一价定律基础上，认为随着要素的自由流动，各国间同一商品的价格必会趋于均等，而在实际的国际贸易中，由于关税壁垒、非关税壁垒的阻碍，以及运输成本等因素，一价定律很难实现。

最后，努力构建"绿色 GDP"核算体系。20 世纪 60 年代之后，随着全球性的资源短缺、生态环境恶化等问题给人类带来空前的挑战，一些经济学家和有识之士已经开始认识到使用 GDP 来表达一个国家或地区经济与社会的增长与发展存在明显的缺陷。他们强烈呼吁改进国民经济核算体系（SNA），纠正以 GDP 为核心的国民经济核算方式的缺陷。如何构建以"绿色 GDP"为核心的国民经济核算体系，联合国、世界各国政府、著名国际研究机构和学者从 20 世纪 70 年代开始，就一直进行着理论探索，陆续提出一些有代表性的观点，构成现代绿色 GDP 概念的理论基础。

【知识链接】 关于绿色 GDP

研究经济问题最终是为了利用有限资源实现福利的最大化。社会福利改善不仅包括可用的产品和劳务的增加，还包括社会公平、优美的环境、民主自由的政治、丰富的文化生活等内容。GDP 仅仅反映可供消费的产品和服务数量的变化，是最重要的宏观经济指标，但是还不能够全面反映社会福利水平的提高。正是因为存在这些不足，联合国提出绿色 GDP 的概念，要求把环保改善等因素考虑到经济发展当中来。

绿色 GDP 的概念是衡量一国可持续发展能力的指标。1993 年，联合国经济和社会事务部统计处在修改后的《国民经济核算体系》中，首次提出这一新的统计概念。

绿色 GDP 是在传统 GDP 概念的基础上，考虑外部影响和自然资源等因素后得出的新 GDP 数值，反映一国经济发展所带来的综合福利水平，也被称为可持续发展的国内生产总值，其计算方法可以表示为

绿色 GDP = GDP － （环境恶化带来的价值损失 + 自然资源消耗带来的价值损失）

当绿色 GDP 的增长快于 GDP 时，意味着自然资源得到节约、环境条件得到改善，这种发展方式具有可持续性，有利于福利水平的不断提高；反之，当 GDP 的增长快于绿色 GDP 时，则意味着经济的发展是以自然资源过度消耗、环境条件不断恶化为条件的，这种发展方式是不可持续的，不利于福利水平的提高。

绿色 GDP 经过了环境因素的调整，能够更真实、科学地反映国民福利水平的变化。但是，人们很难为自然资源消耗和环境恶化确定一个合理的价格，无法准确地统计绿色

GDP 的数值。到目前为止，还没有哪个国家正式公布绿色 GDP 的数据，但可以肯定地说，采用绿色 GDP 的指标是发展的必然趋势。

长期以来，我国坚持以经济建设为中心，追求经济的快速发展，相对忽视了资源利用、环境保护等问题。现在，国内开始重视这个问题，提出要实现可持续发展，实现社会的全面发展。

资料来源：裴玙. 宏观经济学［M］. 上海：立信会计出版社，2011.

【本章小结】

宏观经济学研究的是国家整体的经济运行，而对经济活动水平的测算又是通过一系列国民收入总量指标完成的。在国民经济账户体系中，最为重要的是国民生产总值（GNP）指标和国内生产总值（GDP）指标，两指标都是通过对一国国民经济在某一特定时期所生产的所有最终产品和服务的价值进行加总而获得的，差别仅体现在国外要素支付净额这一项上。测算国民收入可以用两种方式：（1）收入法，或称要素收入法。即加总所有生产要素的所得收入。（2）支出法，即四种类型的支出（消费 C、投资 I、政府购买 G 和净出口 NX）总和。这两种方法是对经济运行从不同角度进行的测算，其所得的 GNP 总值从理论上来说是一致的。除了 GNP、GDP 指标外，国民收入总量指标还包括：国民生产净值、国民收入、个人收入及个人可支配收入。从 GNP 中减去一些不同项，即可获得 NDP、NI、PI 和 DPI，考虑物价变动因素，以名义 GNP 除以物价指数，又可获得实际 GNP。

虽然国民收入核算体系是测算国民经济活动水平的一个重要方法和体系，但它也存在缺陷，例如核算范围局限性、核算内容片面性、国际间的不可比性等，针对这些缺陷，各国经济学家与国际组织都试图予以弥补，提出了若干办法。

【复习思考题】

一、名词解释
国民生产总值　国内生产总值　国民生产净值　国民收入　个人收入
个人可支配收入　　国民收入核算体系

二、分析讨论题
1. 说明核算国民生产总值的方法并解释为什么这两种方式所得 GNP 是一致的？

2. 说明国民生产总值、国民生产净值、国民收入、个人收入和个人可支配收入五个总量的相互关系。

3. 国民收入核算体系存在哪些缺陷，如何弥补？

4. 一家生产电视机的企业在这一年内因亏损关闭了，这个国家 GNP 将受到怎样的影响？这种影响在产出法、收入法计算 GNP 时是如何反映的？

三、计算题
假定某国有下列国民收入统计资料：

单位：亿美元

国民生产总值	4800	消费	3000
总投资	800	政府购买	960
净投资	300	政府预算盈余	30

试计算：（1）国民生产净值；（2）净出口；（3）政府税收减去政府转移支付后的收入；（4）个人可支配收入；（5）个人储蓄。

【实训项目】

通过查询我国统计局网，收集我国近五年 GDP、NI、NDP、PI 等相关数据，与美国、日本、英国等国相关数据进行比较，并列表和分析说明。

【拓展阅读】

990865 亿元！
工信部正式公布
2019 年中国经济
运行成绩单

第十章

国民收入决定理论：简单的凯恩斯模型

GUOMIN SHOURU JUEDING LILUN: JIANDAN DE KAIENSI MOXING

【教学目的和要求】

　　本章国民收入的决定是要说明总需求如何决定国民收入的理论。其主要内容包括消费、储蓄与投资函数，均衡国民收入决定理论以及乘数理论。通过本章的学习，使学生掌握凯恩斯的消费理论，理解两部门、三部门、四部门经济中国民收入的决定以及各乘数的概念，并能够运用基本原理分析有关经济现象。

　　上一章我们讨论了国内生产总值和国民收入核算理论，从本章起讨论国民收入如何决定，即经济社会的生产或收入水平是怎样决定的。现代西方宏观经济学的奠基人凯恩斯学说的中心内容就是国民收入决定理论。在研究国民收入的决定时，必须区分潜在的国民收入与均衡的国民收入。潜在的国民收入是指经济中实现了充分就业时所能达到的国民收入水平，所以又称充分就业的国民收入。均衡的国民收入是指总需求与总供给达到平衡时的国民收入。均衡的国民收入并不一定等于潜在的国民收入。国民收入决定理论是要说明总需求与总供给如何决定均衡的国民收入水平，以及均衡的国民收入水平是如何变动的。

　　在凯恩斯看来，当一国的生产能力出现过剩时，均衡的国民收入水平将由需求水平所决定，即随着需求水平的提高和降低，供给水平总能与需求水平保持一致，也随之提高或降低，从而引起均衡国民收入水平也随之提高或降低。这就是经济学中常说的"短边效应"或"木桶效应"。

　　在现实的四部门经济中，一国的总需求水平由消费需求、投资需求、政府需求以及国外需求构成，因此，本章重点介绍消费、投资、政府购买以及出口的变化如何影响总需求，进而影响国民收入的过程。

第一节　消费、储蓄与投资

一、消费函数与储蓄函数

（一）家庭消费函数

消费函数（Function of Consumption）是指消费支出与影响消费的各种因素之间的依存关系。对消费函数的分析，在整个国民收入决定理论的分析中占有很重要的地位，我们先分析家庭消费函数，然后过渡到社会消费函数。

在现实生活中，影响各个家庭消费的因素很多，如收入水平、商品价格水平、利率水平、收入分配状况、消费者偏好、家庭财产状况、消费信贷状况、消费者年龄构成及社会制度、风俗习惯等。凯恩斯认为，这些因素中有决定意义的是家庭可支配收入。

关于收入和消费的关系，凯恩斯认为，存在一条基本心理规律：随着可支配收入的增加，消费也会增加，但消费的增加不及收入增加得多，消费和收入的这种关系可以用消费函数表示为

$$C = C(Y_D) \tag{10.1}$$

假定某家庭的消费和可支配收入之间有表 10 - 1 所表示的关系。

表 10 - 1　　　　　　　　　　　　某家庭消费表　　　　　　　　　　单位：美元

（1）可支配收入（Y_D）	（2）消费（C）	（3）边际消费倾向（MPC）	（4）平均消费倾向（APC）
A　9000	9110		
B　10000	10000	0.89	1.01
C　11000	10850	0.85	1.00
D　12000	11600	0.75	0.99
E　13000	12240	0.64	0.97
F　14000	12830	0.59	0.92
G　15000	13360	0.53	0.89

表 10 - 1 中的数字表明，当收入为 9000 美元时，消费为 9110 美元，入不敷出；当收入为 10000 美元时，消费为 10000 美元，收支平衡；当收入超过 10000 美元依次增加时，消费也随着增加，消费低于收入，且消费的增加慢于收入的增加幅度。增加的消费和增加的收入之比率，也就是增加 1 单位可支配收入中用于增加消费部分的比率，称之为边际消费倾向（Marginal Propensity to Consume，MPC）。其公式为

$$MPC = \frac{\Delta C}{\Delta Y_D} \text{ 或 } \beta = \frac{\Delta C}{\Delta Y_D} \tag{10.2}$$

若收入增量和消费增量为极小时，上式可写成

$$MPC = \frac{dC}{dY_D} \text{ 或 } \beta = \frac{dC}{dY_D} \tag{10.3}$$

我们把在任一收入水平上消费在收入中的比重叫做平均消费倾向（Average Propensity to Consume，APC）。其公式为

$$APC = \frac{C}{Y_D} \tag{10.4}$$

MPC 及 APC 的数值变化如表 10 - 1 所示。

根据表 10 - 1 可绘出消费曲线，如图 10 - 1 所示。在图 10 - 1 上，横轴表示可支配收入（Y_D），纵轴表示消费（C），45°线表示可支配收入全部用于消费的点的连线。$C = C(Y_D)$ 曲线是消费曲线，表示可支配收入与消费之间的函数关系。B 点是消费曲线与 45°线交点，表示此时消费支出与收入相等，B 点左方，表示消费大于收入，B 点右方，表示消费少于收入。随着曲线向右延伸，这条曲线和 45°线距离越来越大，表示消费随收入的增加而增加，但增加的幅度越来越小于收入增加的幅度。消费曲线上任何一点切线的斜率，就是与该点相对应的边际消费倾向。而消费曲线上任何一点与原点连线的斜率，则是与该点相对应的平均消费倾向。从图 10 - 1 中消费曲线的形态可以看到，随着这条曲线的向右延伸，曲线上各点的斜率越来越小，说明边际消费倾向递减。同时，曲线上各点与原点连线的斜率也越来越小，说明平均消费倾向递减。但平均消费倾向始终大于边际消费倾向。这和表 10 - 1 中所得数据是一致的。

由于消费增量只是收入增量的一部分，因此 MPC 总是大于 0 而小于 1。由于消费可能大于、等于或小于收入，因而 APC 则可能大于、等于或小于 1。

图 10 - 1 所表示的是边际消费倾向递减的情况。如果消费和收入之间存在线性关系，则 MPC 为一常数，此时消费函数可用下列方程式表示：

$$C = \alpha + \beta Y_D$$

其中，α 表示自发性消费部分，即收入为零时举债也必须要有的基本生活消费。β 表示边际消费倾向，βY_D 表示收入引致消费之和。例如，若已知 $\alpha = 300$，$\beta = 0.75$，则 $C = 300 + 0.75Y_D$。这就是说若可支配收入增加 1 单位，其中就有 75% 用于增加消费。只要 Y_D 为已知，就可计算出全部消费量。

当消费和可支配收入之间呈线性关系时，消费函数就是一条向右上方倾斜的直线，消费函数曲线上每一点的斜率都相等，并且大于 0 小于 1，如图 10 - 2 所示。

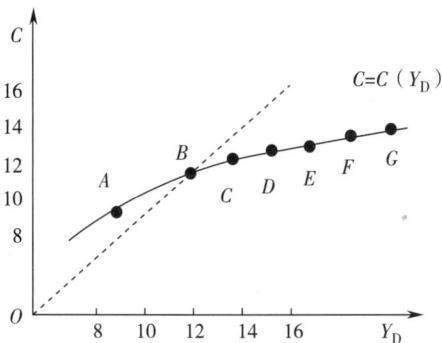

图 10 - 1　消费曲线

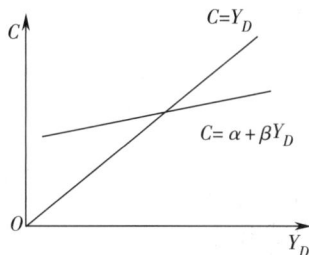

图 10 - 2　消费与可支配收入呈线性关系的消费曲线

当消费函数为线性，即 $C = \alpha + \beta Y_D$ 时，$APC = \dfrac{C}{Y_D}$，而 $MPC = \beta$，所以，我们可以更清楚地看到 $APC > MPC$，且随着收入的增加，APC 逐渐接近于 MPC。

【知识链接】　　　　中国改革开放后居民消费倾向的变动

开始于 20 世纪 70 年代末期的中国改革开放政策，使居民的可支配收入迅速增加。随着收入水平的快速提高，中国居民的消费倾向发生了显著变化。在改革初期，增加的收入首先是补足消费。进入 80 年代后期，中国进入大规模的耐用消费品普及时期。在 1988 年，中国居民平均消费倾向还在 90% 以上，此后，平均消费倾向开始明显下降，1995 年比 1988 年平均消费倾向降低了 16 个百分点。与此同时，边际消费倾向也明显下降，到 1994 年，边际消费倾向降到 64%。

从城市居民消费倾向来看，平均消费倾向由 1982 年的 91% 下降到 1995 年的 64%，降了 27 个百分点，边际消费倾向也呈下降趋势；农村居民消费倾向从 1982 年的 95% 下降到了 1995 年 74%，降了 21 个百分点。

资料来源：张成武，俞颖灏. 西方经济学 ［M］. 上海：上海财经大学出版社，2007.

（二）储蓄函数

储蓄是可支配收入中未消费的部分。储蓄函数（Function of Save）就是储蓄与影响储蓄的因素之间的依存关系。储蓄函数公式为

$$S = S(Y_D) \tag{10.5}$$

根据表 10 - 1 的数据，可列出储蓄函数的数据如表 10 - 2 所示。

表 10 - 2　　　　　　　　　　　　　某家庭储蓄表　　　　　　　　　　　　单位：美元

（1）可支配收入（Y_D）	（2）消费（C）	（3）储蓄（S）	（4）边际储蓄倾向（MPS）	（5）平均储蓄倾向（APS）
A　9000	9110	-110		0.01
B　10000	10000	0	0.11	0.00
C　11000	10850	150	0.15	0.01
D　12000	11600	400	0.25	0.03
E　13000	12240	760	0.36	0.06
F　14000	12830	1170	0.41	0.08
G　15000	13360	1640	0.47	0.11

根据表 10 - 2 数据，可画出储蓄曲线如图 10 - 3 所示。在图 10 - 3 中，$S = S(Y_D)$ 曲线表示储蓄与可支配收入之间的函数关系。B 点是储蓄曲线和横轴的交点，表示此时收支平衡。B 点以右有正储蓄，B 点以左有负储蓄。随着储蓄曲线的向右延伸，它与横轴的距离越来越大，表示储蓄随收入而增加，且增加幅度越来越大。

储蓄增量与收入增量的比率叫边际储蓄倾向（Marginal Propensity to Save，MPS），其公式为

$$MPS = \frac{\Delta S}{\Delta Y_D} \tag{10.6}$$

若收入增量和储蓄增量为极小时，上式可写成：

$$MPS = \frac{dS}{dY_D} \tag{10.7}$$

储蓄与收入量的比率叫平均储蓄倾向（Average Propensity to Save，APS），其公式为

$$APS = \frac{S}{Y_D} \tag{10.8}$$

表 10 - 2 和图 10 - 3 表示的储蓄和可支配收入的关系是非线性的，如果二者呈线性关系，即储蓄曲线为直线的话，则由于 $S = Y_D - C$ 可得到线性储蓄函数 $S = -\alpha + (1 - \beta) Y_D$。线性储蓄曲线如图 10 - 4 所示。

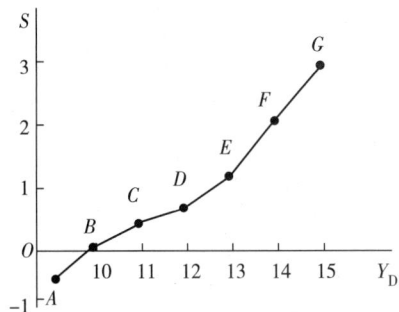

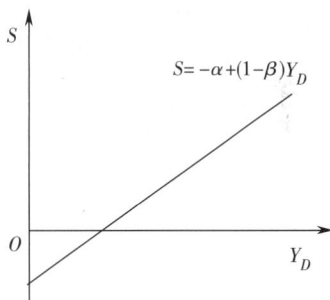

图 10 - 3　储蓄曲线　　　　　　　图 10 - 4　线性储蓄曲线

由于储蓄被定义为收入与消费之差，因此，第一，消费函数和储蓄函数互为补数，即只要二者知道其一，就可求出另一个；第二，如 APC 和 MPC 随收入增加而递减，但 APC > MPC，则 APS 和 MPS 必将随收入增加而递增，且 APS < MPS；第三，APS 和 APC 之和恒等于 1，MPC 与 MPS 之和恒等于 1。

（三）家庭消费函数和社会消费函数

以上分析的是家庭消费函数和储蓄函数。宏观经济学关心的是整个社会消费函数，即总消费和总收入之间的关系。社会消费是家庭消费的总和。然而，西方经济学认为，社会消费函数并不是家庭消费函数的简单加总，从家庭消费函数求取社会消费函数时，还要考虑一系列的限制条件。

一是国民收入的分配。人们越是富有，越有能力储蓄。因此，不同收入阶层的边际消费倾向不同，富者边际消费倾向较低，贫穷者边际消费倾向较高。因此，国民收入分配越不均等，社会消费曲线就越是向下移动，反之则相反。

二是政府税收政策。如政府实行累进个人所得税，将富有者原来可能用于储蓄的一部分收入征收过来，以政府支出形式花费掉，而按西方经济学者的说法，这些支出通常成为公众的收入，最终用于消费。这样，社会中消费数量增加，从而消费曲线会向上移动。

三是公司未分配利润所占的比例。公司未分配利润无形中是一种储蓄。如分给股

东，则必有一部分被消费掉。因此，公司未分配利润在利润中所占比例大，消费就少，储蓄就多。反之，则消费就多，储蓄就少，即社会消费曲线就会向上移动。

影响社会消费的因素还有其他一些，因此，社会消费曲线并非家庭消费曲线的简单加总。但在考虑了种种限制条件后，社会消费曲线的基本形状和家庭消费曲线是相似的。

【知识链接】 消费理论的发展

以上所述的消费函数是凯恩斯所提出的一种消费函数，它是一种假定消费是收入水平的函数，且是一种短期消费函数，这是西方经济学中消费函数最简单的形式。《就业、利息和货币通论》出版以后，这一简单的消费函数得到了不断的补充、修改，并提出了其他一些理论。下面我们做一些简单介绍：

1. 库兹涅茨的长期消费函数。美国经济学家库兹涅茨（S. Kuznets）根据美国 1869 年到 1938 年的资料，研究了美国的长期消费函数。在长达 70 年的国民收入与个人消费支出资料中，库兹涅茨发现，尽管国民收入在这 70 年中增加了 7 倍，但消费始终和收入维持一个基本固定的比例，平均消费倾向始终在 0.84～0.89。只有在经济大恐慌时期，如 1924—1933 年和 1929—1938 年两个阶段中，平均消费倾向较高。据此，库兹涅茨认为，长期的消费函数应是消费和收入关系成固定比例的函数式：

$$C = KY$$

其中，K 为常数。该式表明长期消费函数曲线是过原点的直线。长期消费曲线在纵轴上的截距为零，表明当收入为零时，消费也为零；也就是说，从长期观点来看，若没有收入就无法支付消费，即长期内不可能以负储蓄来维持消费。同时，我们从 $C = KY$ 中也可以看出，在长期消费函数中，边际消费倾向为小于 1 的正值，且始终与平均消费倾向相等。

2. 杜森贝利的相对收入假说。这种理论包含两方面的含义：一是指消费支出不仅受自身收入的影响，也受别人消费和收入的影响。如果一个家庭收入增加了，但周围的人或自己同一阶层的人收入也同比例增加，则他的消费在收入中的比例并不会变化。反之，如果他的收入并未增加，但他周围或同一阶层的人收入增加了，则他的消费在收入中的比例会提高。这是因为他周围的人对他的消费具有"示范效应"。他的消费倾向不是取决于他的绝对收入水平，而是取决于他的相对收入水平（与周围的人相比的水平）。二是指消费支出不仅受目前收入的影响，还要受过去收入和消费的影响。如果一个人当前收入超过以前高峰期收入，则他的消费与上述相对收入无关。如果当前收入低于从前高峰期收入，则他在收入下降时为尽力维持已经有过的消费水平，会改变消费倾向，提高消费在收入中的比例。这就是所谓消费的"棘轮效应"。

3. 弗里德曼的持久收入假说。该理论认为，消费者的消费支出主要不是由他现期收入决定的，而是由他的持久收入所决定的。所谓持久收入，是指消费者可以预计到的长期收入，即他一生中可得到的收入平均值。该值在计算时大致可根据所观察到过去若干年收入的数值之加权平均数计得。由于消费取决于持久收入，因此，如果持久收入是一个常数，长期消费倾向就会很稳定。例如，一个有前途的大学生可能在其暂时收入以外花不少钱，这会使他欠不少债，但他相信自己将来收入会非常高。再如，当经济衰退时，虽然收入减少了，但消费者仍然按持久收入消费，故衰退时期的消费倾向高于长期的平均消费倾向。相反，经济繁荣时尽管收入水平提高了，但消费者按持久收入消费，则此时消费倾向低于长期平均消费倾向。根据这种理论，政府想通过增减税来影响总需求的政策，是不能奏效的。因为人们因减税而一时增加的收入，并不会立即用来增加消费。同样，即使人们因增税而减少了收入，也不会立即减少消费支出。

4. 莫迪利安尼的生命周期假说。这种理论把人生分为青年、壮年、老年三个阶段，认为消费者总是要估算一生总收入并考虑在生命过程中如何最佳分配自己的收入，以获得一生中消费最大满足。一般来说，年轻人家庭收入偏低，这时消费会超过收入，随着他们进入壮年，收入日益增加，这时收入大于消费，一方面偿还青年时欠下的债务，另一方面积攒些钱以备老用；一旦年老退休，收入下降，消费又超过收入。根据这种理论，如果社会上年轻人和老年人比例增大，则消费倾向会提高，如果社会上中年人比例增大，则消费倾向下降。

资料来源：尹伯成等. 西方经济学简明教程［M］. 上海：上海人民出版社，2003.

二、投资函数

1. 投资的含义及分类。投资（Investment）也称为"资本形成"，它表示在一定时间内资本的增加。它包括三个方面：即非住宅性固定投资——企业购买新的厂房和设备；住宅性固定投资——建造新的住宅和公寓等；存货投资——已生产但尚未销售的产品存量的增加。

投资可分为总投资和净投资。总投资是没有除去资本损耗（折旧）的投资，净投资则不包括资本消耗。总投资一般为正值，净投资可能是正值、零或负值，完全取决于总投资是大于、等于还是小于资本折旧。

投资还有"自发性投资"和"引致投资"的不同。自发性投资（Spontaneous Investment）是指不受国民收入或消费的影响而进行的投资，例如出于新发明、新技术、人口的变动、心理因素、战争爆发、政府为了社会安全或社会福利等目的而进行的投资，引致投资（Induced Investment）则是由于国民收入和消费的变动等而进行的投资，例如因收入增加而使投资增加。

2. 资本的边际效率。所谓资本边际效率（Marginal Efficiency of Capital，MEC），即资本的预期利润率。凯恩斯认为，"它等于一贴现率，用此贴现率将该资本资产之未来收益折合为现值，则该现值恰好等于该资本资产的供给价格。"企业投资购买机器设备等资本品，目的在于获得利润。这些机器设备可以长期地投入生产过程，年复一年地为厂商带来收益。如果一笔资本未来各年的预期收益为 R_1、R_2、$R_3\cdots$，资本的市场利息率为 I，则该项资本按贴现所得的资本现值为 V，该值为

$$V = \frac{R_1}{1+I} + \frac{R_2}{(1+I)^2} + \frac{R_3}{(1+I)^3} + \cdots + \frac{R_n}{(1+I)^n} \qquad (10.9)$$

如果该项资本的预期利润率为 R，则该项资本的供给价格 C 为

$$C = \frac{R_1}{1+R} + \frac{R_2}{(1+R)^2} + \frac{R_3}{(1+R)^3} + \cdots + \frac{R_n}{(1+R)^n} \qquad (10.10)$$

所谓资本边际效率就是使 $V = C$ 时的 R 值。从以上两式中我们可以看出，当 $R > I$ 时，C 的值就小于 V 的值，也就是资本资产成本小于现值，此时，厂商愿意购买该项资产，愿意扩大投资；而当 $R < I$ 时，则 $C > V$，此时，厂商不会购买该项资产，不愿进行扩大投资。根据凯恩斯的观点，资本边际效率是递减的，即随着资本形成的不断增加，资本的边际效率 MEC 将递减，这就是资本边际效率递减规律，该规律可用资本边际效率图来加以表示，如图 10-5 所示。

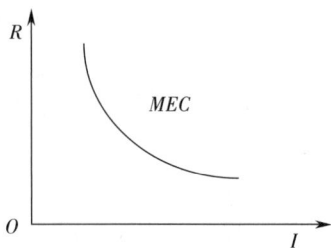

图 10-5　资本边际效率图

资本边际效率递减，其原因在于：一是因为投资越多，对资本设备的需求越多，资本设备的价格也越高，为添置资本设备而付出的成本也就越大，所以投资的预期利润率将下降。二是投资越多，产品未来的供给越多，产品未来的销路越受到影响，所以投资的预期利润率将下降。

资本边际效率递减规律告诉我们，随着投资的增加，资本的边际收益将会减少，因而将导致资本家投资的减少，使社会生产缩减，总需求不足。

3. 投资函数（Investment Function）。从获取利润的角度看，决定投资的经济因素主要有两个：利润率和资本市场利率。当投资所产生的边际效率高于资本市场利率时，投资者一定会增加投资；反之，则会减少投资。因此，投资均衡点即为利润率等于资本市场利率时的数量。当资本市场利率下降时，表示投资所付的代价减少，在利润率不变的情况下投资者的收益增加，这样会促使投资增加。反之，当资本市场利率上升时，说明投资代价增大，因而投资者将会减少投资。投资和利率之间的这种关系可用以下代数式表示：

$$I = e - dR \qquad (10.11)$$

其中，I 表示投资，R 表示实际利率，e 表示利率即使为零时也会有的投资量，它是一个固定值，d 表示利率每增加一个百分点投资会下降多少，即投资需求对利率变动的反应程度。投资与利率之间的上述关系可用几何图10-6中投资需求曲线表示。

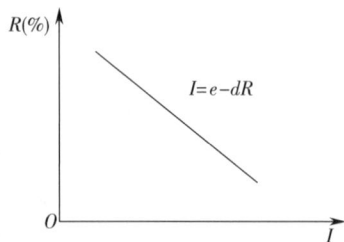

需要说明的是：从以上分析中我们可以看出，投资与市场利率密切相关，但由于本章研究的是产品市场的国民收入决定问题，即不考虑货币市场的简单凯恩斯模型，因此，在本章的分析中，我们暂时假定投资是一个外生变量，是一个常数，其大小与利率无关。

图 10-6　投资需求曲线

【知识链接】　　　假日经济能拉动一国经济增长吗？

20世纪90年代后期，为了拉动内需，进而促进国内经济增长，人们把希望寄托在"五一""十一"、春节的长假带动消费上，并称之为假日经济。假日经济能够实现一国经济的振兴吗？消费函数理论有助于回答这个问题。

消费函数理论告诉我们，影响消费的因素有很多，但最重要的因素是收入水平。既然消费取决于收入而不是有没有时间消费，那么，如果收入水平不提高，假日再长也难以增加消费。或者说，刺激消费的方法是增加收入而不是放假。从我国的情况看，出现消费不足的原因不在于人们没有时间消费，而是在于占人口绝大多数的低收入者没钱去消费。当城市中失业人口和低收入者居高不下时，放假有什么用呢？特别是我国的农村人口，他们是我们消费的主力军。但自20世纪80年代上半期农民解决了温饱问题之后，由于各种原因，农民收入增加缓慢，很多地方甚至出现了实际收入水平下降的情况。农村消费市场长期启而不动，其原因就在于农民收入增长缓慢，不从根本上解决低收入者尤其是农民的收入增加问题，靠放假刺激消费增长不过是一厢情愿。

消费函数理论还告诉我们，在长期中，消费函数是稳定的，即人们收入中消费的比例，从整个社会看是稳定的。这意味着，假日经济尽管会增加几百亿元的消费，但并没有增加社会总消费或提高人们的边际消费倾向，只是改变了消费的时间和方式而已。节假日商场内人头攒动、销售额猛增，但节日过后冷冷清清，平均起来并没有什么增加。长假使人们有机会外出旅游，但收入中用于旅游的支出增加了，其他物品的消费很可能会减少。例如，少买几件时尚服装，少去几次餐馆，推迟购车计划，等等。假日期间消费的增加仅仅是购买时间的调整和消费方式的不同，对整体经济并没有什么影响。

消费函数的稳定性决定了靠刺激消费来带动经济增长较为困难。在总需求中，波动最大的是投资。因此，使经济摆脱衰退的关键不是刺激消费而是刺激投资。把拉动经济增长的希望寄托于假日经济是对假日经济的"神化"。

资料来源：梁小民. 微观经济学纵横谈［M］. 北京：新知三联出版社，2006.

第二节　两部门经济国民收入的决定

一、假设条件

1. 假设所分析的经济中不存在政府，也不存在对外贸易，只存在家庭部门和企业部门。消费行为和储蓄行为都发生在家庭部门，生产和投资都发生在企业部门。还假定企业投资是自发的，即不随利率和产量的变动而变动。

2. 假设不论需求量为多少，经济社会均能以不变的价格提供相应的供给量。这就是说社会总需求变动时，只会引起产量变动，不会引起价格变动。这在西方经济学中有时被称为凯恩斯定律。该定律只适用于短期分析。凯恩斯认为，他分析的是短期收入和就业如何决定。在短期中，价格不易变动，或者说具有黏性。当社会需求变动时，企业首先调整的是产量，而不是价格。

3. 假定折旧和公司未分配利润为零。这样，在两部门经济中，GNP、NNP、NI、PI和 DPI 的值都相等。

二、均衡产出的含义

和总支出相等的产出称为均衡产出（Equilibrium Output）。当产出水平等于总需求或总支出水平时，企业的生产就能稳定下来。若生产（供给）超过需求，企业就会增加存货，也就是非计划存货投资，此时，厂商必会减少生产。若生产低于需求，企业库存就会减少，生产就会上升。总之，由于企业根据产品销路来安排生产，一定会把生产定在和产品需求相一致的水平上。由于在两部门经济中，社会总支出是私人消费和私人投资的总和，因而，其均衡产出可用公式表示为

$$Y = C + I \tag{10.12}$$

满足该式的收入水平值（产出水平值）就是均衡产出。需要说明的是：一是上式中的 Y、C、I 分别代表产出、消费和投资，而且是假定价格水平不变的实际产出、实际消费和实际投资。二是上式中的 C 和 I，代表的是居民和企业的意愿消费和意愿投资，而不是国民收入核算中实际发生的消费和投资。举例说，假定企业由于错误估计形式，生产了 1200 万美元产品，但市场需要的只是 1000 万美元的产品，于是就有 200 万美元的产品成为企业中非意愿存货投资或称非计划存货投资；这部分存货投资在国民收入核算中是投资支出的一部分，但不是计划投资的一部分。因此，在国民收入核算中，实际产出等于计划支出和非计划存货投资。但是均衡产出是指和计划支出（或称计划需求）相一致的产出。因此，在均衡产出水平上，非计划存货投资等于零。

三、均衡国民收入的决定

均衡产出又称均衡国民收入。在两部门经济中，均衡国民收入的分析可有两种方法。

1. 总支出—总收入法。均衡国民收入是和总支出相一致的国民收入，也就是经济社会的总收入正好等于全体居民和企业想要有的支出。若用 AD 代表支出（或总需求），Y 代表均衡收入，则均衡的条件是 $Y = AD = AS$，即 $Y = C + I$，该均衡条件还可用图 10-7 表示。在图中，纵轴表示支出，横轴表示收入，从原点出发的 45°线表示收入与支出相等线。均衡产出指与总需求相等的产出这一点，即图中 E 点。假定总支出 $AD = 1000$ 亿美元，则图中只有 E 点生产值正好等于总支出值，在 E 点的右边，收入大于支出，即企业非意愿存货投资（用 IU 表示）大于零，企业要削减生产。反之，在 E 点左边，产出小于支出，即企业非意愿存货投资小于零，企业会扩大生产，增加产出。因此，经济总是要趋于 1000 亿美元的产出水平。

对于均衡条件公式 $Y = C + I$，消费支出 C 我们已讲过，对于投资支出 I，在收入决定的简单模型中，我们先假定计划投资为一个固定量，不随国民收入水平变化。

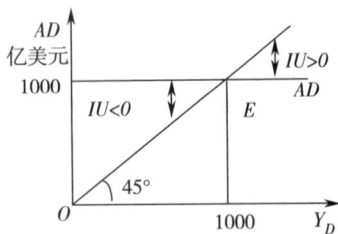

图 10-7 均衡国民收入的决定

由于 $C = \alpha + \beta Y$，因此把该式代入 $Y = C + I$ 中去，就得到均衡国民收入：

$$Y = \frac{\alpha + I}{1 - \beta} \tag{10.13}$$

可见，如果知道了消费函数和投资量，就可得知均衡的国民收入。例如，假定消费函数 $C = 100 + 0.8Y$，自发计划投资 $I = 60$ 亿美元，则均衡收入：

$$Y = \frac{100 + 60}{1 - 0.8} = 800（亿美元）$$

下面再用列表和作图形式说明均衡国民收入决定。

表 10 - 3 显示了消费函数 $C = 100 + 0.8Y$ 及 $I = 60$ 亿美元时均衡收入决定的情况。当 $Y = 800$ 亿美元时，$C = 740$ 亿美元，$I = 60$ 亿美元，因此 $Y = C + I = 800$ 亿美元，这 800 亿美元是均衡收入。如果收入小于 800 亿美元，比如为 600 亿美元时，$C = 580$ 亿美元，加上投资 60 亿美元，则总支出 $AD = 640$ 亿美元，超过了总供给 600 亿美元；这意味着企业销售的产品数量大于生产出来的数量，企业存货意外减少，这时企业扩大生产是有利可图的。于是企业会扩大生产，增加产量，结果社会收入也会增加，收入向均衡方向靠拢。相反，如果收入大于 800 亿美元，比如为 1000 亿美元，则 $C = 900$ 亿美元，加上投资 60 亿美元，$AD = 960$ 亿美元，小于收入值 1000 亿美元，说明企业生产出来的产量大于其销售量，存货意外增加，于是企业便会减少生产，使社会收入下降，国民收入向 800 亿美元靠近。只有当收入为 800 亿美元时，总支出 $AD = C + I = 740 + 60 = 800$ 亿美元，此时，企业产量等于销量，存货保持正常水平，国民收入处于均衡状态。

表 10 - 3	均衡收入的决定		单位：10 亿美元
（1）收入（Y）	（2）消费（C）	（3）储蓄（S）	（4）投资（I）
300	340	- 40	60
400	420	- 20	60
500	500	0	60
600	580	20	60
700	660	40	60
800	740	60	60
900	820	80	60
1000	900	100	60

均衡收入决定也可用图 10 - 8 来表示。图中横轴表示收入，纵轴表示总支出。在消费曲线 C 上加上投资 I 即得到总支出曲线 AD。由于 I 始终等于 60 亿美元，因而 C 与 AD 相平行。AD 曲线与 45°线的交点 E 即是均衡收入点。此时，家庭部门想要的消费支出与企业想要的投资支出的总和正好等于收入即产量。如果经济离开了该点，企业部门的销售量就会大于或小于它们的产量，从而被迫出现意外存货的减少或增加，这就会引起生产的扩大或收缩，直到回到均衡点为止。

2. 注入—漏出法。所谓注入就是那些自发（不依赖收入水平的）支出，如投资支出、政府购买支出和出口等。注入对于国民收入是一种扩张性力量，其效应是增加总支出，提高国民收入水平和就业水平。所谓漏出就是从总收入中漏损出的，如储蓄、税捐和进口等。漏出对国民收入是一种收缩性力量，其效应是降低总支出，降低一国经济的收入水平和就业水平。

对两部门经济而言，注入因素只有 I，漏出因素只有储蓄 S，当注入等于漏出，即计划投资等于计划储蓄时，国民收入达到均衡状态。由于 $S = Y - C = Y - (\alpha + \beta Y) = -\alpha + (1-\beta) Y$，当计划投资等于计划储蓄，即 $I = S$ 时，可求得均衡国民收入：

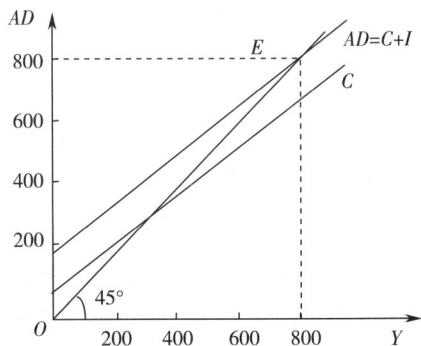

图 10 - 8　均衡收入决定1

$$Y = \frac{\alpha + I}{1 - \beta} \tag{10.14}$$

仍以上例说明，当 $C = 100 + 0.8Y$ 时，可求得 $S = -100 + 0.2Y$，$I = 60$，令 $S = I$，即 $60 = -100 + 0.2Y$，得 $Y = 800$ 亿美元。这一结果也可从表 10 - 3 中得到。从表中可见，只有当 $Y = 800$ 亿美元时，I 和 S 才正好相等为 60 亿美元，从而达到了均衡。

用注入—漏出法决定收入，也可用图 10 - 9 表示。图中横轴表示收入，纵轴表示储蓄和投资，S 代表储蓄曲线，I 代表投资曲线。由于投资不随收入而变化，因而投资曲线与横轴平行。储蓄曲线 S 是一条与纵轴截距为 $-\alpha$（-100），斜率为（$1-\beta$）（0.2）的直线，投资曲线与储蓄曲线相交于 E 点，与 E 点相对应的收入 $Y = 800$ 亿美元即为均衡收入。若实际收入大于均衡收入，表明投资小于储

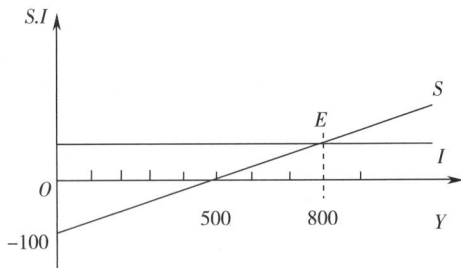

图 10 - 9　均衡收入决定2

蓄，社会生产供过于求，企业存货意外增加，企业就会减少生产，使国民收入水平向左移动，直到均衡收入为止。若实际收入小于均衡收入，表明投资大于储蓄，社会生产供不应求，企业存货意外地减少，企业就会扩大生产，使收入水平向右移动，直到均衡收入为止。只有在均衡收入水平上，企业生产才会稳定下来。

以上两种方法，其实是从同一关系中引申出来的。因为储蓄函数本来就是从消费函数中派生出来的。因此，无论使用哪种方法，求得的均衡收入都一样。

四、均衡收入的变动

以上介绍的分析均衡国民收入的两种方法，同样是分析均衡国民收入变动的两种方法。

从总支出的角度来讲，国民收入的变动与总支出的变动呈同方向关系。如图 10 - 10 所示，反映了这种关系。

在图中，总支出 AD 与 45° 夹角线的交点即为均衡收入点。当总支出为 AD_0 时，均衡

点为 E_0。均衡国民收入为 Y_e；当总支出由于某种原因下降时，由 AD_0 下降为 AD_2，此时均衡点为 E_2，均衡国民收入下降为 Y_2；当总支出由于某种原因由 AD_0 增加为 AD_1 时，AD_1 与 45°夹角线相交于 E_1，均衡国民收入由 Y_e 增加为 Y_1。

在两部门经济中，总支出（或总需求）AD 由个人消费和个人投资组成，因此，总支出的增加离不开自发消费的增加、消费倾向的上升和个人投资的增加，总支出的减少也无非是自发消费的减少、消费倾向的下降和个人投资的减少。

从注入—漏出的角度看，国民收入的变动与注入的变动同方向变动，而与漏出的变动呈反方向变化关系。图 10-11 和图 10-12 说明了这种变化关系。由于在两部门经济中，注入因素是计划投资，而漏出因素为计划储蓄，因而我们直接用储蓄和投资来分析均衡国民收入的变动。

图 10-10 均衡收入的变动

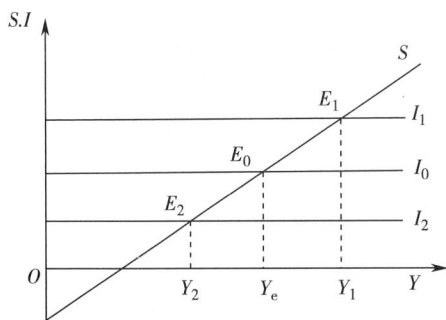

在图 10-11 中，假定漏出因素 S 不变。当注入因素为 I_0 时，均衡点为 E_0，均衡收如入为 Y_e；当注入因素由 I_0 增加为 I_1 时，均衡点将由 E_0 移到 E_1，均衡国民收入由 Y_e 增加为 Y_1；当注入因素由 I_0 减少为 I_2 时，均衡点将由 E_0 移动到 E_2，均衡国民收入由 Y_e 减少为 Y_2。可见，均衡国民收入的变动与注入因素的变动同方向。

在图 10-12 中，假定注入因素 I 不变。当漏出因素为 S_0 时，均衡收入点为 E_0，均衡国民收入为 Y_e；当漏出因素增加，由 S_0 变为 S_2 时，储蓄曲线将向左移动，均衡点将由 E_0 点左移到 E_2，均衡国民收入由 Y_e 减少为 Y_2；当漏出因素减少时，储蓄曲线将由 S_0 右移到 S_1，均衡点由 E_0 右移到 E_1，均衡国民收入由 Y_e 增加为 Y_1。可见，漏出因素的变动与国民收入的变动反方向。

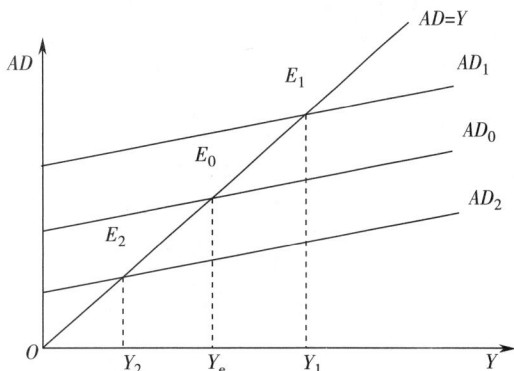

图 10-11 均衡国民收入变动与注入因素变动

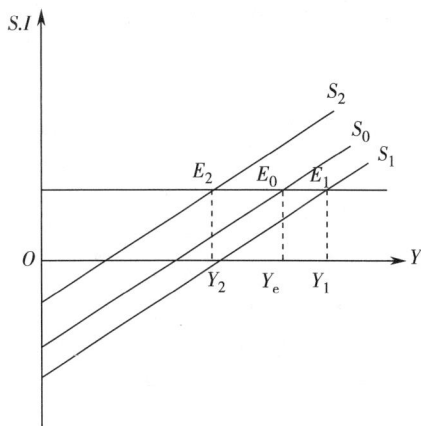

图 10-12 均衡国民收入变动与漏出因素变动

以上所描述的均衡国民收入变动情况，我们不仅可以从图形中看出，而且可以在实际计算中得到。例如，假如消费函数 $C = 100 + 0.8Y$，若自发投资 $I = 60$ 亿美元时，我们可以计算出均衡国民收入 $Y = 800$ 亿美元。现在假如由于某种原因，自发投资由 60 亿美元增加为 70 亿美元，则根据计算公式 $Y = C + I = 100 + 0.8Y + 70$，计算出新的均衡国民收入为 850 亿美元。

五、乘数原理

从上例讲解和计算中我们可以看出，若自发投资由 60 亿美元增加到 70 亿美元，则均衡国民收入由 800 亿美元增加到 850 亿美元。在这里投资增加了 10 亿美元，收入增加了 50 亿美元，收入的增加是增加投资的 5 倍。可见，当投资增加时，收入的增量将是投资量的 K 倍。这个 K 称为投资乘数。可见，投资乘数（Investment Multiplier）是指收入的变化与带来这种变化的投资支出变化的比率。上述例子中，投资乘数为 5。

为什么投资增加 10 亿美元，收入会增加 5 倍呢？这是因为，增加 10 亿美元的投资来购买 10 亿美元的投资品时，这些投资品都是最终产品，实际上是使生产这 10 亿美元投资品的生产要素增加了 10 亿美元的收入，这 10 亿美元是投资对国民收入的第一轮增加。假定该社会的边际消费倾向 $\beta = 0.8$，那么，增加的这 10 亿美元收入中将有 8 亿美元用于购买消费品。消费品也是最终产品，于是这 8 亿美元又以工资、利息、地租等形式流入到生产这些消费品的生产要素所有者手中，从而使该社会居民收入又增加 8 亿美元，这是国民收入的第二轮增加。同样，这些增加的收入中又会有 64 亿美元（8 亿美元乘以边际消费倾向 0.8）用于消费，国民收入将会有 64 亿美元的第三轮增加。依此类推，增加的收入

$$\Delta Y = 10 + 10 \times 0.8 + 10 \times 0.8^2 + \cdots + 10 \times 0.8^{n-1}$$
$$= 10(1 + 0.8 + 0.8^2 + \cdots + 0.8^{n-1})$$
$$= \frac{1}{1 - 0.8} \times 10 = 50 \text{ 亿美元}$$

此式表明，当投资增加 10 亿美元，收入最终会增加 50 亿美元。用 ΔY 表示增加的收入，ΔI 表示增加的投资，则 $K = \dfrac{\Delta Y}{\Delta I}$，如用 β 表示边际消费倾向，则

$$K = \frac{\Delta Y}{\Delta I} = \frac{\dfrac{1}{1 - \beta} \times \Delta I}{\Delta I} = \frac{1}{1 - \beta} = \frac{1}{MPS} \tag{10.15}$$

可见，乘数大小和边际消费倾向有关，边际消费倾向越大，或边际储蓄倾向越小，则乘数越大（见图 10 - 13）。

以上说明的是投资变动引起国民收入变动的乘数效应。实际上，总需求的任何变动，如自发消费的变动、政府支出的变动、税收的变动、净出口的变动等，都会引起收

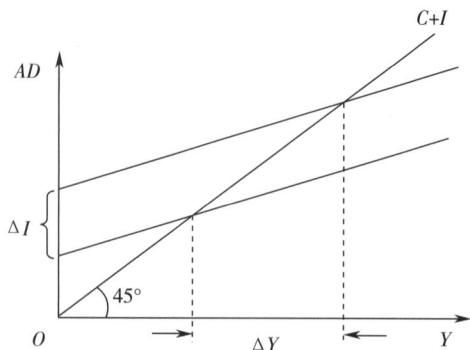

图 10 - 13　投资变动引起的收入变动

入若干倍的变动。在两部门经济中，自发消费的变动乘数与投资乘数相同。至于其他几种变动的乘数，我们在以后章节中会逐渐讲到。

对于乘数原理，我们应注意以下几个问题：

1. 投资乘数发生作用是有一定条件的，即只有在达到充分就业以前，投资的增加才能使国民收入有实质性增加。如果已达到充分就业，则增加的投资无法找到充裕的生产要素与之配合进行生产，则不可能使国民收入有实质性的增加，只会引起物价的上涨；因此，只有在萧条时期，才有闲置的设备和原料，才有过剩的劳动力和足够的消费品存货，从而才能发挥投资乘数的作用。

2. 由于投资乘数取决于边际消费倾向，因而只有当消费函数在相当长时期内保持稳定，才能使投资乘数有一个稳定的数值，否则会引起一定程度的波动。

3. 以上我们是从投资增加的方面说明乘数效应的，实际上，投资减少也会引起收入若干倍数的减少。也就是说，投资乘数的作用是双向的，投资增加，会使收入成倍增加；投资减少，也会使收入成倍减少。

【知识链接】　　　　　　破窗经济的启示

一个流氓打破了一家商店的窗户玻璃。店主无奈只能再买一块，假如，为此花了200美元。玻璃店的老板把这200美元收入中的80%，即160美元用于其他支出。得到这笔支出的人收入增加160美元，又把其中的80%支出……如此循环下去最后整个经济中的收入增加了1000美元。流氓打破玻璃不仅无过，反而有"功"，因为刺激了经济发展。这就是所谓的破窗经济。

破窗经济说明最初投资增加（店主买玻璃）会引起经济中相关部门收入与支出增加的连锁反应，从而使最后国民收入的增加大于最初投资的增加，这种过程被称为乘数效应。最后国民收入的增加量与最初投资增加量的比称为乘数。由于国民经济各部门之间相互关联，某一部门投资的增加一定会引起其他部门收入与支出的增加，所以，乘数必定大于1。乘数的大小取决于得到收入的部门支出多少，即边际支出倾向的大小（如果支出用于消费也可以用边际消费倾向的概念）。边际支出倾向是增加的支出在增加的收入中所占的比例。例如，增加的收入为200美元，增加的支出为160美元，则边际支出倾向为0.8（如果支出的160美元为消费，就是边际消费倾向为0.8）。乘数是1减边际支出倾向（或边际消费倾向）的倒数。在上例中，当边际支出倾向为0.8时，乘数为5，所以，最初投资增加200美元，最后使国民收入增加了1000美元。

破窗经济的例子所揭示的是现实中存在的乘数原理。但要注意两点：一是乘数原理的作用是有条件的，只有经济中资源没有得到充分利用，乘数才起作用，最初投资的增加才能起到使国民收入数倍增加的作用。衰退时期，政府采用扩张性财政政策增加政府支出正是利用乘数的作用。但如果经济已实现了充分就业，最初投资的增加就不会引起这种乘数效应，只会引起通货膨胀。二是乘数也是一把"双刃剑"，投资增加会引起国民收入成倍增加，投资减少也会引起国民收入成倍减少。所以，乘数效应会加剧经济波动。

当然，尽管破窗经济形象地说明了乘数原理，但我们并不是要把打破窗户作为最初的投资刺激，因为这毕竟是一种浪费行为。我们要以有经济效益的投资引起乘数效应，不能用浪费刺激经济。"流氓破坏有功"是谬论。我们也不能把自然灾害看做是刺激经济的好事。灾害毕竟要使经济蒙受损失，何况经济中可以刺激投资的好事还是很多的。经济学家用破窗经济的例子无非是要形象地说明乘数原理，如果把它理解为"破坏有功"，那就歪曲其本意了。

资料来源：郭万超，辛向阳. 轻松学经济 [M]. 北京：对外经济贸易大学出版社，2005.

六、节俭的矛盾

在传统观念里，节俭是一种美德。从微观上分析，某个家庭勤俭持家，节约储蓄，往往可以致富。但从以上我们的分析看来，却产生了一个矛盾：公众越节俭，越想储蓄，则能够实现的储蓄不仅不会增加，反而可能减少，这叫做节俭的矛盾（Paradox of Thrift）。

图 10-14 表明了这种矛盾是如何产生的。$S = S(Y)$ 表示计划储蓄是国民收入的增函数，当公众想储蓄更多，即提高 MPS 时，储蓄曲线从 S_1 上移至 S_2。如果计划投资与国民收入无关，则实现的储蓄不变，国民收入从 Y_1 降为 Y_2，如图 10-14（a）所示。如果计划投资是国民收入的增函数，则不仅国民收入从 Y_1 减为 Y_2，实际储蓄也从 $E_1 Y_1$ 降为 $E_2 Y_2$，如图 10-14（b）所示。

必须强调指出，节俭的矛盾是有其存在的时空条件的。只有在发达国家有效需求不足，存在严重失业时，才有可能发生这种矛盾。如果已经充分就业，甚至存在膨胀缺口，那么节俭就能抑制过高的总需求，有助于消除通货膨胀，达到充分就业。特别是在低收入的发展中国家，总需求往往大于总供给，需要特别提倡节俭，反对浪费。

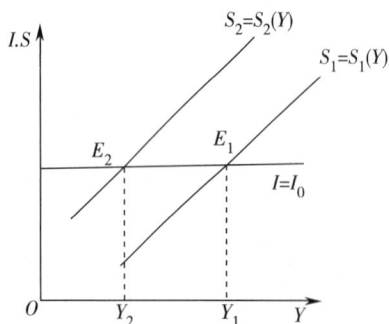

图 10-14（a）　储蓄提高国民收入的变化 1　　图 10-14（b）　储蓄提高国民收入的变化 2

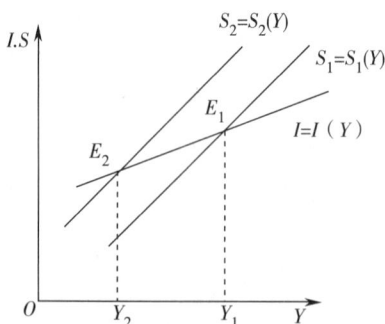

【知识链接】 个人越节俭，国家越贫穷

节俭对个人是一种美德，但是对于国家整体经济是否也适用呢？如果所有国民都变成吝于消费的小气鬼，这个国家真的能够变得更加富强吗？答案是否定的，尤其是在经济不景气的时候。让我们看看原因何在。

一旦经济不景气，基于对未来的担忧，人们会选择更多的储蓄而减少消费。可是如果所有人都减少消费的话，企业的销售额就会降低，库存就会增加。随之而来的是企业降低生产、减少雇佣，而企业员工的收入就会减少。那么，对未来的担忧就会强化，人们会更加坚定地减少消费增加储蓄，于是整体经济就会陷入越发不景气的恶性循环中。

这就出现了以个人的角度看储蓄是合理的行为，而从整体经济上又不合理的悖论。这称为"节俭悖论"。在逻辑学上对个体适合、对整体不适合的现象叫做"合成谬误"，节俭悖论正是属于这种合成谬误。

20世纪30年代，全世界陷入严重经济衰退的时候，就出现了这样的节俭悖论。从1929年开始，资本主义世界爆发了空前的大危机，3000多万人失业，1/3的工厂停产，整个经济倒退回第一次世界大战前的水平。面对不景气的局面，民众都减少消费，于是商家普遍无法赚钱，民众更加找不到工作，经济陷入更大的不景气之中。

洞察这一悖论状况的英国经济学家凯恩斯忧心如焚，他大声疾呼："在经济不景气的时候，消费就是美德，储蓄就是恶行。"1931年1月他在广播中断言，节俭将促成贫困的"恶性循环"。他还告诉大家，假如"你们储蓄五先令，将会使一个人失业一天。"

而且，凯恩斯还进一步为资本主义国家的统治者开出了处方：如果家庭不能扩大消费的话，政府也应该承担财政赤字、扩大政府支出。一言以蔽之，在社会经济不振时，把钱花出去是头等大事。因为只有这样，整体经济的需求才会扩大，企业的销售额才会增加，生产和雇佣状况也才能够得到改善，最终通过增加家庭收入的方式扩大家庭的消费。

正因为凯恩斯透彻地了解个体储蓄和整体储蓄之间的区别，才有可能拿出这样的解决方案。

不过，凯恩斯并不是第一个认识到这种状况的人。比凯恩斯还早200多年的18世纪初，伯纳德·曼德维尔就已经看穿了这种现象，这位出生在荷兰的医生兼英国自由主义思想家，在1714年所写的《蜜蜂的寓言》中讲述了这么一个寓言：从前有一群蜜蜂，它们在一个蜂王的领导下，都过着挥霍、奢侈的生活，整个蜂群兴旺发达，百业昌盛。后来，它们的老蜂王去世了，换了一个新蜂王，整个蜂群改变了原有的生活习惯，开始崇尚节俭朴素，结果社会涣散，经济衰落，终于被敌人打败而逃散。

从节俭悖论上看，富人们的这种消费能够增加整体需求，反而是在帮助经济尽快恢复。

如果民众不能扩大消费的话，政府也应该出面扩大政府支出，为企业提供投资优惠条件，而且要努力吸引外国投资者和观光客，增加投资和消费。只有这样才能形成良性循环最终让经济景气起来。

资料来源：节选自个人越节俭，国家越贫穷 [EB/OL]．[2018-08-22]．https：//www.sohu.com/a/249436567_418353.

七、紧缩缺口与膨胀缺口

从以上分析中我们知道，只要满足总需求等于总供给的条件，就可以决定国民收入的均衡水平。但是，这种均衡的国民收入水平未必是充分就业的国民收入水平。充分就业的国民收入是一国所有资源都得到充分利用时所能生产的产品和劳务的最大量值，在一定时期内其数值是既定不变的。而均衡国民收入却依总需求而定，它可能大于、等于或小于充分就业的国民收入，如图 10 – 15 所示。

在图 10 – 15 中，Y_f 表示充分就业的国民收入，它所对应的总需求（总支出）水平为 AD_f，当总需求水平为 AD_1 时，均衡的国民收入 $Y_1 < Y_f$，这时就相当于 Y_1Y_f 的资源未被利用，社会存在着失业。这是由于总需求水平不足，低于充分就业的总需求所造成的。低于充分就业的总需求与充分就业水平的总需求的差额，叫做紧缩缺口，如图 10 – 15 中 E_fF。此时，必须采取扩张政策，以提高总需求，消除紧缩缺口，达到充分就业。

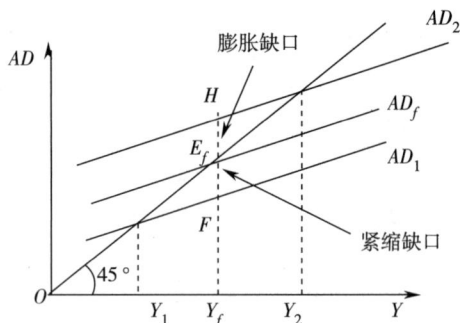

图 10 – 15　紧缩缺口与膨胀缺口

相反，当总需求水平为 AD_2 时，均衡国民收入 $Y_2 > Y_f$。由于资源充分利用以后能够达到的最高收入水平为 Y_f，Y_fY_2 必然是通货膨胀的结果。这是由于总需求过高，高于充分就业的总需求所造成的。高于充分就业水平的总需求与充分就业水平的总需求的差额，叫做膨胀缺口，如图 10 – 15 中 E_fH。这时，必须采取紧缩政策，以降低总需求，消除通货膨胀。

第三节　三部门经济国民收入的决定

一、政府收入和支出

三部门经济是在家庭、厂商两个部门之外，再加上政府。简单来讲，政府部门的经济活动主要是税收和支出。

政府税收是政府收入的主要来源。在美国，联邦政府、州政府和地方政府的税款总额占国民生产总值的 1/3，英国的税款总额超过国民生产总值的 1/3。政府税收主要包括两类：一类是直接税，它是对财产和收入征税，其特点是纳税人就是负税人，无法转嫁税收负担。属于这类税收的税种有工资税、个人所得税、公司利润税、资本收益税及财产和遗产赠与税。另一类是间接税，它是对商品和劳务征税，其特点是纳税人并不是负税人，税收负担向前转嫁给消费者或向后转嫁给生产要素的提供者。属于这类税收的税种有产品税、营业税、增值税和进出口税等。

政府税收作为国民收入流量循环中的漏出对总需求起收缩作用，这是因为税收可以使可支配收入 Y_D 减少。可支配收入等于国民收入 Y 减去净税收 NT，当净税率为 t 时，$NT = tY$，则可支配收入的计算公式为

$$Y_D = Y - NT = Y - tY = Y(1 - t) \tag{10.16}$$

政府支出包括政府购买和转移支付。政府购买是指政府在商品和劳务上的支出，它包括政府在教育、卫生、防务、警察及公共投资及其他经常性支出。转移支付如社会保险、公债利息及其他转移支付，它把购买力从纳税人转移到转移支付的接受者手中。政府支出引起总需求增加。但政府购买和转移支付对总需求的影响方式不同。政府购买直接引起对商品和劳务需求的增多，转移支付通过国民收入的再分配使个人可支配收入增多，从而引起对消费品的需求增加。

二、三部门经济中的收入决定

1. 假设条件。对三部门的经济，为简单起见，我们先作如下假定：

（1）撇开折旧，只讨论国民生产净值 NNP 的决定，所以投资是指净投资。

（2）分析的经济仍是封闭经济，不存在进出口。

（3）政府的收入都是个人所得税。间接税、社会保险和公司利润税都为零，同时撇开政府转移支付。

（4）公司利润全部分配，不存在未分配利润。

根据以上假定，国民生产净值（NNP）、国民收入（NI）和个人收入（PI）都相等，但个人可支配收入（DPI）却小于个人收入（或国民生产净值），因为个人可支配收入是扣除个人所得税后的收入。

$$DPI = NNP - T \tag{10.17}$$

2. 均衡国民收入的决定。我们先来看三部门经济中的宏观均衡条件。国民生产净值现在按定义是购买最终产品的支出，是消费支出（C）、净投资（I）和政府购买（G）的总和，即 $NNP = C + I + G$。宏观均衡是总需求（总支出）和总供给相等，总供给就是总收入 Y，所以宏观均衡的条件是

$$Y = C + I + G \tag{10.18}$$

根据以上假定，现在 Y 就是国民生产净值 NNP，是总供给。而总需求就是消费支出、计划净投资和政府购买之和。

在三部门经济中，国民收入（NI）包括个人可支配收入和个人所得税，个人可支配收入又可分为个人消费和个人储蓄，所以，国民收入 $Y = C + S + T$。式中 T 指的是个人净税收。因此，按总供给等于总支出，三部门经济均衡条件也可以写做：

$$C + S + T = C + I + G$$

等式两边消去 C，则宏观均衡条件为

$$S + T = I + G \text{ 或 } T - G = I - S \tag{10.19}$$

可见三部门的均衡条件是：计划储蓄和税收之和要等于计划净投资和政府购买之和。

明白了三部门经济中宏观均衡的条件，就不难认识三部门经济中国民收入如何决定了。假定边际消费倾向 $MPC = 0.75$，消费函数 $C = 130 + 0.75Y_d$，意愿净投资 $I = 100$ 亿美元，政府支出也固定为 $G = 200$ 亿美元，再假定税收函数为 $T = 40 + 0.2Y$，即边际税率 $MTR = 0.20$，即 NNP 每增加 1 美元，税收增加 0.2 美元。根据以上假定，总供给和总需求的变动如表 10-4 所示。

表 10-4 总供给和总需求的构成 单位：10亿美元

国民净产值 Y	税收 T	可支配收入 DPI	消费支出 C	意愿投资 I	政府支出 G	总需求 C+I+G
(1)	(2)	(3)	(4)	(5)	(6)	(7)
300	100	200	280	100	200	580
400	120	280	340	100	200	640
500	140	360	400	100	200	700
600	160	440	460	100	200	760
700	180	520	520	100	200	820
800	200	600	580	100	200	880
900	220	680	640	100	200	940
1000	240	760	700	100	200	1000
1100	260	840	760	100	200	1060
1200	280	920	820	100	200	1120

从表中可以看出，均衡国民收入为1000亿美元。除此之外，任何收入都达不到均衡。在均衡收入达到之前和超过以后，国民收入都处于变动中，由不均衡向均衡靠近。

以上结果，也可用图 10-16 表示。在图中，横轴表示 NNP（Y），纵轴表示总支出。总支出曲线 $AD = C + I + G$ 与消费曲线相平行，因为 I 与 G 都是固定的。图中 $AD = C + I + G$ 曲线与45°线交于 E 点，则 E 点必为总供给等于总支出的点，必为均衡收入点，所对应的国民收入 Y_e 即为均衡国民收入。

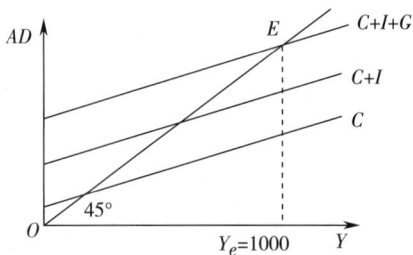

图 10-16 总供给和总需求的均衡

如果用 t 表示边际税率，Y_D 表示可支配收入，T 表示税收，β 表示边际消费倾向。消费是可支配收入的函数 $C = \alpha + \beta Y_D$。可支配收入是个人收入减去税收，即 $Y_D = Y - T$，而税收又是收入的函数，随收入的增加而增加，假定这一函数为 $T = t_0 + tY$，t_0 为常数，t 为边际税率。可支配收入 $Y_D = Y - T = Y - (t_0 + tY) = (1 - t)Y - t_0$，所以消费函数为 $C = \alpha + \beta Y_D = \alpha + \beta(1 - t)Y - \beta t_0$。

由于均衡收入 $Y = C + I + G$，即 $Y = \alpha - \beta t_0 + \beta(1 - t)Y + I + G$，因此，均衡国民收入为

$$Y = \frac{\alpha - \beta t_0 + I + G}{1 - \beta(1 - t)} \tag{10.20}$$

这就是三部门经济中均衡国民收入的代数表达式。如果知道消费函数、税收函数、投资和政府支出，就可以求出均衡收入、消费和储蓄。

[例 10-1] $C = 130 + 0.75 Y_D$，$T = 40 + 0.2Y$，$I = 100$，$G = 200$（单位：10亿美元），则均衡国民收入为

$$Y = \frac{130 - 0.75 \times 40 + 100 + 200}{1 - 0.75 \times (1 - 0.2)} = 1000$$

$$C = \alpha + \beta(Y - T)$$

$$= 130 + 0.75 \times \left[1000 - 40 - (0.2 \times 1000) \right]$$

$$= 700$$

$$S = Y_D - C = Y - T - C = 1000 - 40 - 1000 \times 0.2 - 700$$

$$= 60$$

3. 均衡国民收入的变动。通过分析我们可以看出：三部门国民收入的变动与两部门国民收入的变动是相同的，即国民收入的变动与总支出的变动方向呈同向变化；国民收入的变动与注入因素的变动同方向，与漏出因素的变动反方向。二者所不同的只是总支出的构成、漏出和注入因素的构成不同而已。

三、三部门经济中的乘数

上一节里已经知道，乘数就是支出的变动所引起的国民收入变动与支出最初变动量的比值。在三部门经济中，乘数又如何呢？

在其他条件不变时，所得税增加会使支出乘数变小。因为当有了税收，税收函数为 $T = t_0 + tY$ 以后，均衡国民收入的公式变为

$$Y = \frac{\alpha - \beta t_0 + I + G}{1 - \beta(1-t)} \tag{10.21}$$

因此，投资 I、政府购买 G 和自发消费的任何变动，都会使收入变动 $\dfrac{1}{1 - \beta(1-t)}$ 倍。而如果没有税收时，收入的变动应为 $\dfrac{1}{1 - \beta}$ 倍，可见，所得税降低了乘数。显然，乘数的降低是因为有了税收，可支配收入减少了。

1. 政府支出乘数。假定消费函数 $C = 130 + 0.75Y_D$，税收函数 $T = 40 + 0.2Y$，意愿投资 $I = 100$，政府支出 $G = 200$（单位：10 亿美元），则均衡收入 $Y_1 = 1000$。如政府支出从 $G = 200$ 上升为 280，则均衡收入 $Y_2 = 1200$。政府支出增加 80，导致国民收入从 1000 增加到 1200，增加 200。国民收入的增加等于政府支出增加的 2.5 倍。其过程是：增加 80 的政府支出本身使企业增加产量或收入 80，以适应较高的支出水平。这 80 中的 20% 即 16 作为税收交给了政府，余下的 64 作为生产要素所有者的可支配收入。这 64 中仅有 48（$64 \times \beta = 64 \times 0.75 = 48$）用于增加消费，这 48 的消费又导致企业增加产量或收入 48，该 $48 = 80 \times \beta(1-t) = 80 \times 0.75 \times (1 - 0.2)$。这 48 中有 $48 \times 0.2 = 9.6$ 作为税收上交给政府，剩下的 38.4 的可支配收入中，其中有 75% 作为消费支出，引起的收入或产量增加为 $48 \times \beta(1-t) = 48 \times 0.75 \times (1 - 0.2) = 28.8$（单位：10 亿美元）。如此不断进行下去，则收入增加为

$$\Delta Y = 80 + 80 \times \beta(1-t) + 80 \times \left[\beta(1-t) \right]^2 + \cdots$$

$$= 80 \times \frac{1}{1 - 0.75 \times (1 - 0.2)} = 200$$

可见，增加一定量的政府支出，则国民收入将有 $\dfrac{1}{1 - \beta(1-t)}$ 倍的增加。如果用 K_G 表示政府支出乘数，则政府支出乘数为

$$K_G = \frac{1}{1 - \beta(1-t)} \tag{10.22}$$

显然，通过 $K_G = \dfrac{1}{1 - \beta(1 - t)}$ 可以看出，边际消费倾向提高，乘数就要增加，这是因为，MPC 越大，由增加总支出所增加的收入中有更大部分用于消费。同样，边际税率越高，则乘数越小。这是因为，边际税率越高，说明由增加总支出而增加的收入中税后可支配收入越小，因而用做消费的也越小。没有税收时，支出乘数为 $\dfrac{1}{1 - \beta}$，有了税收以后，支出乘数为 $\dfrac{1}{1 - \beta(1 - t)}$。由于 $0 < t < 1$，因此，$\dfrac{1}{1 - \beta(1 - t)} < \dfrac{1}{1 - \beta}$。

从以上分析中我们可以看出，私人投资的改变与政府支出的改变对国民收入的影响是相同的，所以，二者产生的乘数也应相同。如用 K_I 表示投资乘数，则三部门经济中的投资乘数为

$$K_I = K_G = \frac{1}{1 - \beta(1 - t)} \tag{10.23}$$

2. 税收乘数（比例税率不变时）。政府除了用增加或减少支出影响总需求，还可用增加或减少税收影响总需求。如果政府减税，就会增加个人可支配收入，随着可支配收入的增加，人们就会增加消费，进而会引起收入若干倍增加，所以税收同样存在乘数效应。

然而，减税 1 美元对收入变化的影响，却没有增加政府支出 1 美元对收入变化的影响那么大。这是因为，政府支出（购买）增加 1 美元，一开始就会使总需求增加 1 美元。但是，减税 1 美元，只会使可支配收入增加 1 美元。在这 1 美元中只有一部分用来增加消费，其他部分用于储蓄。假定边际消费倾向 $\beta = 0.75$，则消费增加 0.75 美元，即一开始总需求只增加 0.75 美元。

假定 $MPC = \beta = 0.75$，税率 $t = 0.2$，如果税收减少 800 亿美元，则可支配收入增加 800 亿美元。这将诱使消费增加 $800 \times 0.75 = 600$ 亿美元。这 600 亿美元的消费支出增加将使产量或收入增加 600 亿美元，这是第一轮收入的增加。这 600 亿美元收入中有 20% 要作为税收，只有 480 亿美元才成为可支配收入，它又引致消费增加 360 亿美元（$480 \times 0.75 = 360$），这是收入的第二轮增加，依此类推……最终收入增加将是

$$\begin{aligned} \Delta Y &= 800 \times \beta + 800 \times \beta \cdot \beta(1 - t) + 800\beta[\beta(1 - t)]^2 \cdots \\ &= 600 + 600 \times 0.75 \times 0.8 + 600 \times (0.75 \times 0.8)^2 + \cdots \\ &= 600(1 + 0.6 + 0.6^2 + \cdots) \\ &= 600 \times \frac{1}{1 - 0.6} = 1500(\text{亿美元}) \end{aligned}$$

实质上是 $\Delta Y = \Delta T \cdot \beta \cdot \{1 + \beta(1 - t) + [\beta(1 - t)]^2 + \cdots\}$

$$\begin{aligned} &= \Delta T \cdot \beta \cdot \frac{1}{1 - \beta(1 - t)} \\ &= \Delta T \cdot \frac{\beta}{1 - \beta(1 - t)} \end{aligned}$$

所以，如果用 K_T 表示税收乘数的话，则

$$K_T = \frac{-\beta}{1 - \beta(1 - t)} \tag{10.24}$$

同时应该说明的是，K_T应为负。因为税收的变化与国民收入的变化相反。

在上例中，如果$\beta = 0.75$，$t = 0.2$，则税收乘数为

$$K_T = -\frac{0.75}{1 - 0.75 \times (1 - 0.2)} = -1.875$$

3. 转移支付乘数。政府转移支付的增加也会增加总需求，从而使产量和国民收入增加，转移支付也存在乘数。增加转移支付与减少税收的效果相同。因为两者都是引起个人可支配收入的增加，而可支配收入中的一部分用于消费支出，消费支出的增加诱使国民收入增加。所以，如果以 TR 表示转移支付的话，则 ΔTR 的转移支付增加必然像 ΔT 的税收减少一样引起国民收入增加。

$$\Delta Y = \Delta TR \cdot \frac{\beta}{1 - \beta(1 - t)}$$

若用K_{Tr}表示政府转移支付乘数，则

$$K_{Tr} = \frac{\beta}{1 - \beta(1 - t)} \tag{10.25}$$

所以上例中的政府转移支付乘数为$K_{Tr} = \dfrac{0.75}{1 - 0.75 \times (1 - 0.2)} = 1.875$

值得注意的是，税收乘数和转移支付乘数的绝对值虽然相等，但符号相反。因为税收增加，使总需求下降，而转移支付增加，使总需求增加。

4. 平衡预算乘数。由于政府支出（这里仅指政府购买）乘数大于税收乘数，因此，如果政府增加支出和增加一笔与支出相同数额的税收时，国民收入一定会增加，仍拿上例来说，假定政府增加 800 亿美元的支出，税收也相应增加 800 亿美元，政府增加的支出数额和税收数额相等，预算收支相抵，预算仍平衡，但国民收入显然会增加 504 亿美元。这是因为，政府支出增加 800 亿美元，使收入增加 2000 亿美元（800×2.5），而增加税收 800 亿美元，只会使收入减少 1500 亿美元（800×1.875），两者相抵，收入增加 500 亿美元。

政府支出增加和税收增加同一数目，是一种平衡预算，其结果是国民收入增加，其增加额等于政府支出乘数与税收乘数的差额乘以这笔增加的支出或税收，其公式为

$$\Delta Y = (K_G - K_T) \cdot \Delta G = (K_G - K_T) \cdot \Delta T \tag{10.26}$$

在上例中：

$$\Delta Y = 800 \times (2.5 - 1.875) = 800 \times 0.625 = 500(亿美元)$$

两个乘数的差额称为平衡预算乘数，用K_B表示，则

$$K_B = K_G - K_T = \frac{1}{1 - \beta(1 - t)} - \frac{\beta}{1 - \beta(1 - t)}$$

所以，平衡预算乘数

$$K_B = \frac{1 - \beta}{1 - \beta(1 - t)} \tag{10.27}$$

在上例中，由于$\beta = 0.75$，$t = 0.2$，所以，

$$K_B = \frac{1 - 0.75}{1 - 0.75 \times (1 - 0.2)} = 0.625$$

第四节　四部门经济国民收入的决定

当今世界各国的经济都是不同程度的开放经济，因而，在考察其国民收入水平的决定中，除了要考虑家庭、厂商和政府以外，还要考虑国外（进出口）对国民经济的影响，这就成为四部门经济。在四部门经济中，一国均衡的国民收入不仅取决于国内消费、投资和政府支出，还取决于净出口。

净出口是指一国的出口（X）与其进口（M）的差额。在考虑到净出口后，商品市场的均衡条件就变为

国民收入 = 消费支出 + 投资支出 + 政府支出 + 出口 – 进口，或者用公式表示为

$$Y = C + I + G + (X - M) \tag{10.28}$$

上式中（$X - M$）即净出口，它构成了总需求的一个组成部分。在四部门经济中，出口和进口的变动也同其他注入和漏出因素一样，会引起国民收入的变动（增加和减少）。

假定消费函数 $C = \alpha + \beta Y_d$，可支配收入 $Y_d = Y - T + TR$（T 为税收，TR 为转移支付）。

在净出口额（$X - M$）中，当国民收入水平提高时，进口随之增加；当国民收入下降时，进口随之下降，换句话说，进口是收入的增函数。设进口函数为 $M = m_0 + mY$（m_0 为自主性进口，m 为边际进口倾向）。在进口中，一部分是同收入水平没有关系的独立自主性进口，如一国不能生产，但又为国计民生所必需的产品，不管收入水平如何，都是必须进口的；另一部分是同收入水平有密切联系的产品，收入水平越高，进口额越大。这是由于收入水平提高时，人们对进口消费品和投资品的需求会增加。

关于出口 X，甲国的出口，可以看做乙国收入水平的增函数，乙国收入水平的变化会直接影响甲国的出口，进而影响甲国收入水平，同样，甲国的收入变化也会影响乙国的出口和收入。为方便起见，假定甲国的出口额只占乙国进口额的极小部分，乙国收入变化对甲国出口额没有多大影响，即假定甲国的经济规模较小。这个假定称为小国开放经济模型假定。在这样的小国模型中，进口是收入的函数，出口则是外生变量，即 $X = \overline{X}$。于是我们有如下的均衡产出或收入的确定模型：

$$Y = C + I + G + X - M$$

$$C = \alpha + \beta Y_d$$

$$Y_d = Y - T + TR$$

$$TR = \overline{TR}$$

$$X = \overline{X}$$

$$M = m_0 + mY$$

$$I = \overline{I}$$

$$G = \overline{G}$$

此模型确定的均衡产出水平为

$$Y_e = \frac{1}{1 - \beta(1 - t) + m}(\alpha + \overline{I} + \overline{G} + \beta\overline{TR} - \beta t_0 + \overline{X} - m_0) \tag{10.29}$$

此式为开放经济条件下的均衡产出的表达式，它表明均衡产出水平是由消费函数参数 α、β，投资 $\overline{I}$，政府支出 $\overline{G}$，税收函数参数 t_0、t，转移支付 $\overline{TR}$，出口 $\overline{X}$，以及进口函数参数 m_0、m 等因素所决定的。其中 α、I、G、TR 和 X 对 Y_e 所作贡献为正，是经济的注入因素，而 t_0、m_0 对 Y_e 所作贡献为负，是经济的漏出因素。

上式中 $\dfrac{\mathrm{d}Y}{\mathrm{d}X} = \dfrac{1}{1 - \beta(1-t) + m}$ 称为对外贸易乘数，表示出口增加 1 单位所引起的国民收入的变动额。对外贸易乘数一般大于 1。

在封闭的经济中，$\dfrac{1}{1-\beta} > \dfrac{1}{1-\beta(1-t)} > \dfrac{1}{1-\beta(1-t)+m}$，即两部门和三部门中自发支出乘数都大于四部门经济中对外贸易乘数，这主要是由于增加收入的一部分用于进口商品上。

假定以上分析的甲国不是小国，而是大国，那么甲国出口会影响乙国的生产和收入，甲国出口增加（乙国进口增加）会挤出乙国的生产和收入，从而降低乙国的国民收入水平，乙国收入减少会影响其进口，即影响甲国出口，使甲国出口下降。在这种情况下，上述甲国对外贸易乘数要比原来更小。

【本章小结】

在现实的四部门经济中，一国的总需求水平由消费需求、投资需求、政府需求以及国外需求构成。消费函数是指消费支出与影响消费的各种因素之间的依存关系。储蓄函数就是储蓄与影响储蓄的因素之间的依存关系。投资表示在一定时间内资本的增加。它包括非住宅性固定投资、住宅性固定投资和存货投资。投资可分为总投资和净投资。

潜在的国民收入是指经济中实现了充分就业时所能达到的国民收入水平，所以又称充分就业的国民收入。均衡的国民收入是指总需求与总供给达到平衡时的国民收入。均衡产出又称均衡国民收入。均衡国民收入的分析有两种方法：总支出—总收入法和注入—漏出法。需求支出的变化通过乘数的作用影响国民收入，包括投资乘数、消费函数移动乘数、政府支出乘数、税收乘数、转移支付乘数、平衡预算乘数、对外贸易乘数等多种乘数。充分就业的国民收入是一国所有资源都得到充分利用时所能生产的产品和劳务的最大量值，在一定时期内其数值是既定不变的。低于充分就业的总需求与充分就业水平的总需求的差额，叫作紧缩缺口。高于充分就业水平的总需求与充分就业水平的总需求的差额，叫做膨胀缺口。

【复习思考题】

一、名词解释

均衡产出　消费函数　边际消费倾向　平均消费倾向　边际储蓄倾向　平均储蓄倾向　投资乘数　政府支出乘数　转移支付乘数　通货膨胀缺口　税收乘数

二、分析讨论题

1. 在均衡产出水平上，是否计划存货投资和非计划存货投资都必然为零？

2. 按照凯恩斯主义的观点，增加储蓄对均衡收入会有什么影响？

3. 试作出消费函数和储蓄函数决定同一均衡收入的两种画法。

4. 税收、政府购买和转移支付这三者对总支出的影响方式有何区别？

三、计算题

1. 假如某经济社会的消费函数为 $C = 100 + 0.8Y$，投资为 50（单位：10 亿美元），试求：（1）均衡收入、消费和储蓄。（2）如果当时实际产出（收入）为 800，企业非自愿存货为多少？（3）若投资增加 100，求增加的收入。（4）若消费函数变为 $C = 100 + 0.9Y$，投资仍为 50，收入和储蓄各为多少？投资增至 100 时收入增加多少？（5）消费函数变动后，乘数有何变化？

2. 假如某社会储蓄函数为 $S = -1000 + 0.25Y$，投资从 300 增加到 500 时，均衡收入增加多少？

3. 假如某经济社会的消费函数为 $C = 100 + 0.8Y_D$，意愿投资 $I = 50$，政府购买性支出 $G = 200$，政府转移支付 $TR = 62.5$（单位：10 亿美元），税率 $t = 0.25$，试求：（1）均衡收入。（2）投资乘数、政府支出乘数、税收乘数、转移支付乘数及平衡预算乘数。（3）假定社会达到充分就业所需要的国民收入为 1200，试问：（a）用增加政府购买；（b）用减少税收；（c）用增加政府购买和税收同一数额（实现平衡预算）实现充分就业，各需要多少数额？

【案例分析】

国防支出与经济

通过分析美国国防预算对经济的影响，可以看出政府购买乘数的作用。20 世纪 80 年代前期里根执政时，美国国防开支急剧扩张，国防预算从 1979 年的 2710 亿美元飞速增长到 1987 年的 4090 亿美元，相当于 GDP 的 7.5%，国防建设对经济增长起了很强的刺激作用，帮助经济走出了 1981—1982 年的衰退，并且推动了 80 年代中期经济景气的形成。

从 1990 年开始，美国加快了对国防开支的削减。到 20 世纪 90 年代中期，国防开支已经被削减到低于 GDP 的 5% 的水平。这时乘数的作用就相反了，削减国防开支导致 90 年代初产出增长缓慢，对飞机制造业来说，从 1990 年到 1993 年，至少损失掉 170000 个工作机会。

问题：（1）解释什么是政府购买乘数，并写出政府购买乘数的表达式。

（2）说明乘数发生作用的机制。

【拓展阅读】

5G + 工业互联网
释放乘数效应

第十一章

货币市场的均衡

HUOBI SHICHANG DE JUNHENG

【教学目的和要求】

本章介绍了货币的需求与供给，中央银行的宏观调控及货币政策的工具。通过本章的学习，使学生掌握货币及货币市场的概念、层次划分，凯恩斯主义的货币需求理论以及货币市场的均衡机制与传导机制。学生应从实用角度，对中央银行的调控机制有一个较深的了解，掌握货币政策的工具及其应用。

在上一章的分析中，我们一直假设投资需求为常数，将其视为外生变量，只是探讨产品市场上总需求与总供给相等时国民收入的决定问题，并没有考察货币市场对国民收入的影响，因此，称其为简单的凯恩斯模型或简单的国民收入决定模型。但在现实经济生活中，投资作为总需求的重要组成部分，不可能为常数，而是取决于预期的利润率（资本边际效率）和银行的利息率，当一定时期内预期利润率不变时，通常把投资看做是利息率的函数，与利息率呈反方向变化。在市场经济中，一国的利息率水平通常由货币的需求和货币的供给共同决定，因此，本章主要探讨如下问题：货币、货币需求、货币供给、均衡利率的决定、中央银行及其货币政策。

第一节　货币的基本知识

一、货币

在现代西方经济学中，货币是指人们普遍接受的、充当交换媒介的东西。美国经济学家弗里德曼（M. Friedman）曾说过，货币是"一个共同的、普遍接受的交换媒介"。

西方经济学家认为，货币的使用是由最初的物物交换发展的结果。开始时，人们是以物易物，这种简单的交换的发生比起自给自足的状态显然是一个进步，因为它在一定程度上促进了经济的发展。但同时简单的物物交换又带来很大不便，除非在双方的需要巧合的情况下，否则很难成交。由于直接的物物交换的低效率，使得间接的物物交易取而代之成为可能，间接的物物交易的发展使得货币出现。货币出现后，人们就能够先把某物转化为货币，然后用货币购买他们所需要的各种物品和劳务，所以说货币的使用使经济生活简单化了，并促进了专业化的生产。

在历史上，货币的发展经历了足值的商品货币、足值的代用货币和信用货币等发展阶段。如果货币作为商品自身的价值不能与它作为货币的价值完全相等，并且不能用于兑现商品货币，就称为信用货币。货币史的一般趋势是信用货币相对于足值货币越来越多。

二、货币的职能

在西方经济学中，货币是在商品和劳务的交换及其债务清偿中，作为交换媒介和支付工具被普遍接受的。因此货币执行交换媒介和价值尺度两项基本职能，后又派生出延期支付手段、贮藏手段和世界货币三种职能。

1. 交换媒介。货币可以充当商品和劳务的交换中介，用来购买商品、清偿债务、支付租金和工资等。在没有货币的经济中，商品交换以物物交换（Barter）的直接方式进行，交换的完成有赖于供求双方的巧合。只要有一方不需要对方提供的商品，交易就无法实现。使用货币作为交换的媒介，情况就不同了。人们可以将不同形式的商品先转化为货币的价格形式，然后再与其他商品进行交换。由于货币是普遍乐于接受的媒介，所以一切商品和劳务都可以通过它顺利地完成交换。但在现代经济社会中，人们需要货币，并不是需要货币本身，而是因为用它能够交换各种商品和劳务，所以货币本身是可以没有价值的。

2. 价值尺度。简单地说，货币的这一职能就是我们用货币作为比较和表示商品和劳务的价值的工具，用货币来衡量并表示商品和劳务的价值，使得经济社会可以用共同的标准来表示价值的大小，从而便利了交换。

3. 延期支付手段。这是指货币可以用做将来付款的手段。在经济社会里，人们需要签订各种契约和合同，它们都用货币作为计算单位，一旦期满，将按契约或合同用货币来进行支付。但是，货币在执行这一职能时，其购买力必须保持相对稳定，否则，债权人或债务人将遭受损失。延期支付的契约行为，成倍地扩大了经济活动的自由度。

4. 贮藏手段。以实物保存财富，不仅受到时空限制，而且有变质的危险，财富难以积累。由于货币被人们广泛接受，因而代表一般的购买力，所以它也是一种方便的贮藏手段。人们可以把货币留在手中，在需要的时候才使用它。但是人们贮藏货币要承担机会成本：一是把它贷放出去将得到的利息收入；二是若价格水平上涨它会减少的实际购买力。

5. 世界货币。世界货币是指货币在世界市场上作为一般等价物发挥作用的职能。世界货币的作用主要是作为国际间的支付手段，以平衡国际贸易的差额，或者是作为国际间财富的一般转移手段。

三、货币的种类

货币从具体的物品逐步演变为抽象的符号，先是按重量交易的贵金属，经由贵金属加工而成的铸币，到可兑换铸币的纸币，再到不可兑换的纸币，最后变为现代以信用工具为主的货币形式。

1. 商品货币（Commodity Money）。最早出现的货币，以商品作为币材，称为商品货币。为了克服物物交换中的困难，人们愿意以自己的商品先去换取大家乐于接受的商品，再用这种换来的商品去换取自己所需要的商品。随着交换的发展，这种大家乐于接受的商品便逐步从一般商品中分离出来，成为一般等价物。起初，用做货币的商品有牛、羊、骨头等，后来多为贵金属，如金、银、铜、铁等。最典型的商品货币是铸造的金币、银元。金银铸币的特点是，货币的价值与币材的价值相等，它既可用做货币媒介交易，也可用做商品在市场出售。

2. 代用货币（Representative Money）。代用货币是货币面值与币材价值不等但可以兑换的货币。由于金银货币不便携带，近代多用可兑纸币作为金银的代表物，它本身价值虽然很小，但代表着足值的金银，可以随时兑换。为此，发行纸币的政府和银行必须储备足够的金银。与金银铸币相比，代用货币的优点是发行成本低、避免损耗、保管和运输也比较方便。

3. 信用货币。凡货币面值高于其币材价值且不能兑换的货币，称为信用货币（Credit Money）。1930 年以来的现代国家，几乎都用这种信用货币，它具有完全的流通性，能够直接作为支付手段，而且名义价值不变。它又可分为以下几类：

铸币：这是为了便利小额支付和找零而铸造的硬币，其面值超过币材的价值。这种硬币在现金中的比重在美国约占 14%，在英国约占 7%。

纸币：它是由政府法令规定了其地位，由各国中央银行（或国家批准的私营银行）发行的不兑换纸币，具有法定地位。

以上两种货币总称为通货或现金。通货是国家规定的国家货币。

存款货币：又叫支票存款，可以使用支票周转的银行活期存款。在西方国家里，人们得到收入以后往往向银行存入活期存款，然后以这笔活期存款为基础开出由该行承兑的支票，把这种支票作为流通工具。因为人们随时都可以用支票动用他们在商业银行的活期存款，而且人们还可以随时把活期存款转换成现金，所以，银行的活期存款和通货没有区别，它也是一种货币。

近似货币：若干以贮藏为目的的金融资产，也比较容易货币化，转为支付手段，因而具有一定的流动性，称为近似货币或准货币。例如，定期存款和储蓄存款虽有确定的期限，但也可在扣除不足期的利息后提前领取，变为现金。政府的短期公债，具有现金价值的保险单、信誉高的商业票据等有价证券，也可随时在金融市场上脱手变现。

第二节　货币的需求

一、货币需求的动机

货币同任何其他商品一样，也有需求和供给的关系。所谓货币需求（Demand for Money）是指社会各部门在既定的收入或财富范围内能够而且愿意以货币形式持有的货币数量。对货币的需求又称"流动性偏好"，是指人们愿意以货币形式保存一部分财富的心理倾向，这一概念是由凯恩斯提出的。凯恩斯认为，人们持有货币而不把货币换成能生息的资本保存起来是出于三类不同的动机：交易动机、预防动机和投机动机。

1. 交易动机（Transaction Motive）。货币交易动机是指人们为了应付日常的商品交易而需要持有货币的动机。凯恩斯把交易动机又分为所得动机和业务动机两种。所得动机主要是对个人和家庭而言，一般是定期取得收入，经常需要支出，因而要持有一定数量的货币；业务动机主要是对企业而言，他们取得贷款后，为应付日常成本开支也需要持有一定数量的货币。基于所得动机与业务动机而产生的货币需求，称之为货币的交易需求（Transaction Demand）。可见，交易需求的产生，是由于人们收入和支出间的非同步性。

按照凯恩斯的说法，出于交易动机的货币需求主要决定于收入，并随着收入的增加而增加。收入越高，交易数量越大，所交换的商品和劳务的价格越高，从而为应付日常开支所需的货币量就越大。我们用 L_t 表示货币的交易需求量，Y 表示国民收入，则 $L_t = L(Y)$，且 $dL_t/dY > 0$，表示货币的交易需求量是收入的增函数。

货币的交易需求量同时也是利息率 R 的函数。由于保存现款会牺牲用货币购买生息资产所取得的利息，所以个人、家庭、企业都具有节省货币交易需求的动机，尽量使持有货币的机会成本降至最低点。利息率越高，持有货币的机会成本就越高，从而影响人们缩减现金持有额，二者是减函数关系，即 $dL_t/dR < 0$。将收入和利息合起来考虑，则 $L_t = L(Y, R)$。

2. 预防动机（Precautionary Motive）。货币的预防动机又称"谨慎动机"，是指人们为了防止意外情况发生而愿意持有货币的动机，因此而产生对货币的需求称为货币的预防需求（Precautionary Demand）。如个人和企业为应付事故、失业、疾病等意外事件而需要事先持有一定数量的货币。

货币的预防需求与人们的收入变化成正比，与利息率成反比。我们用 L_p 表示货币预防需求，Y 表示国民收入，R 表示利息率，则 $L_p = L(Y, R)$。$dL_p/dY > 0$ 表示收入高的人为预防而持有的货币数额多些，收入低的人一般无多大财力可以应付意外事件。$dL_p/dR < 0$，表示当利息高时，会诱使人们将这种货币的一部分变成生息资产以期增加利息收入，从而使预防性货币数额变小。

这里需要指出的是，尽管货币的交易需求和预防需求都与利率有一定的关系，但人们为交易需求和预防需求而持有的货币量中，能够调剂出来的闲置货币是十分有限的。为使分析简化，一般假定这两种需求对利率变化的反应是不敏感的，即对利率完全无弹性。因此在下面的分析中，我们假定货币的交易需求与货币的预防需求都只是收入的一元函数，即货币的交易需求 $L_t = L(Y)$，货币的预防需求 $L_p = L(Y)$。

3. 投机动机（Speculative Motive）。货币投机动机是指人们根据对市场利率变化的预测，需要持有货币以便满足从中投机获利的动机。例如，人们为了把握购买有价证券（如购买股票和其他证券）的有利机会而愿意持有一定数量的货币。由于未来利息率的不确定性，人们为避免资本损失或增加资本收益，必须及时调整资产结构，因此而产生的对货币的需求即货币的投机性需求（Speculative Demand）。上述交易需求和预防需求强调的是货币作为交易媒介的作用，而投机性货币需求则强调货币作为价值贮存的作用。

货币的投机性需求（用 L_S 表示）完全取决于利息率的高低，二者呈反方向变化。即 $L_S = L(R)$，$dL_S/dR < 0$。为了弄清这一点必须对利息率和债券价格之间的关系作一简单的考察。

凯恩斯认为，个人和企业支付所需的财富，可以用货币形式保存在身边，也可以买进生息资产（如债券、股票），需用现款时再卖出它们。人们是否放弃货币而持有债券，不仅取决于债券发行时利率的高低，而且取决于人们对未来市场利率变化的预期。以下给出债券价格公式：

$$债券的价格 = \frac{债券的年收益}{利息率} \tag{11.1}$$

从式（11.1）看出债券价格和利息率呈反方向变化的关系。例如，有一张债券，每年可得 10 美元债息，若存款利息率为 10%，则该债券的市场价格便为 100 美元；若利息率调高至 20%，则该债券的市场价格下降为 50 美元。由于债券的市场价格是经常波动的，凡预计债券价格将上涨（利息率将下降）的人，就会用现款买进债券以备日后以更高的价格卖出；反之，凡预计债券价格将下跌（预计利息率将上升）的人，就会卖出债券保存货币以备日后价格下跌时再买进。为了从事这种牟利活动，人们需要在手头保存一笔货币。这就是对货币的投机需求。可见，债券未来价格的不确定性是货币投机需求的必要前提。

由此可见，投机需求和利率呈反方向变化。当现行利率过高（债券价格过低）时，人们预计利息率会下降，即未来债券价格会上升，于是人们就会放弃货币，买进债券，即低买高卖原则，以待日后债券价格上升后卖出获利。由此导致人们对货币的投机需求下降。反之，利息率越低，人们对货币的投机需求就越大。

二、流动偏好陷阱

以上分析说明，对利率的预期是人们调节货币和债券配置比例的重要依据。利率越高，货币需求量越小。而当利率极高时，对货币的需求量为零。这个时候，人们认为利率不可能再上升，或者说有价证券的价格不可能下降，就会将所有的货币全部购买有价证券。反之，当利率极低时，人们则认为这时利率不可能再下降，有价证券的价格不可能再上升只会跌落，人们就会卖出所有的有价证券，换成货币。此时即使人们再获得了货币也不会去购买有价证券，以避免证券价格下降时造成损失，从而把货币保持在手中。人们不管有多少货币都愿意持在手中，我们把这种情形称为"凯恩斯陷阱"，或称"流动偏好陷阱"（Liquidity Trap）。

三、货币需求函数

对货币的总需求是人们对货币的交易需求、预防需求和投机需求的总和。

货币的交易需求和预防需求主要决定于国民收入，二者合称为"广义的货币交易需求"，因此，我们可以把货币的交易需求和预防需求合在一起，用 L_1 表示，则

$$L_1 = L_t + L_p = L(Y) = K \cdot Y \qquad (11.2)$$

式（11.2）中，L_t 表示交易需求，L_p 表示预防需求，Y 表示名义收入，K 表示收入增加时货币需求增加多少，或者说，货币需求量在收入中占有的份额。

货币的投机需求决定于利率，与利率呈反方向变化。在现实生活中，利息率有好多种。这里所说的利息率是指特定时间内市场上各种不同利息率的平均数，利率对货币投机需求的影响公式可表示如下：

$$L_2 = L(R) = -hR \qquad (11.3)$$

这里，h 表示货币需求对利率变化的敏感程度。

如果用 L 表示对货币的总需求，这里 L 表示对货币的名义需求量，则凯恩斯的货币需求公式表示为

$$L = L_1(Y) + L_2(R) = KY - hR \qquad (11.4)$$

式（11.4）表明，L_1 决定于 Y，与 R 无关，L_2 与 R 成反比例关系。由于在一定时期内，Y 是稳定的，因此 L 的大小与 R 有关，即 L 与 R 成反比例关系。如果我们把货币需求函数画在一个 L 与 R 的二维平面图上，则货币的需求函数如图 11 - 1 所示。

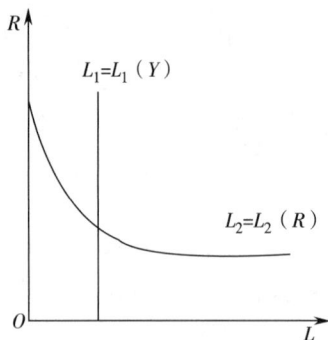

图 11 - 1（a）　货币需求曲线 1

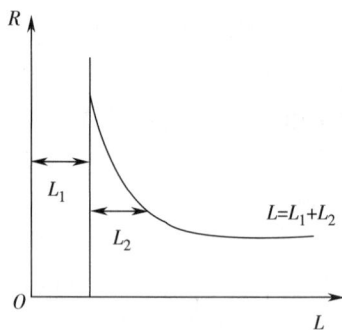

图 11 - 1（b）　货币需求曲线 2

在图 11 - 1（a）中，垂线 L_1 代表为满足交易动机和预防动机的货币需求曲线，因与 R 无关，所以垂直于横轴。L_2 代表为满足投机动机的货币需求曲线，L_2 曲线开始从左上方向右下方倾斜，最后为水平状态，其水平线段就是"凯恩斯陷阱"。

在图 11 - 1（b）中，L 是 L_1、L_2 相加的全部货币需求曲线，曲线向右下方倾斜，表示在一定收入水平上货币需求量和利率呈反向关系。

那么，货币需求量和收入水平的正向关系如何表现出来呢？需要通过同一坐标图上若干条货币需求曲线来表示，如图 11 - 2 所示。L_1、L_2、L_3 分别代表利率为 R_1，收入分别为 Y_1、Y_2、Y_3，且 $Y_1 < Y_2 < Y_3$ 时的三条不同收入水平的货币需求曲线。

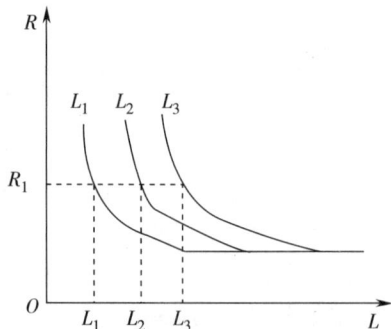

图 11 - 2　不同收入的货币需求曲线

第三节 货币的供给

一、货币供给量

货币供给量是指一个经济社会中货币的总存量。如何定义货币存量，目前有许多不同看法。按照货币的流动性即变现能力可以划分为以下五个层次：

1. M_0。传统的货币数量说，注重货币的支付功能，因此货币供给量就是指通货（铸币＋纸币）。这是在信用不发达的时代长期流行的观点，但现代货币主义者也主张以通货作为货币供给量，保持 100% 的准备金制度，有利于货币管理，消除通货膨胀。

2. M_1。大多数经济学家都从货币供给的意义上，注重那些对名义收入有主要影响且能加以控制的流动资产。它具有完全的流动性，可以立即用做支付手段，且名义价值不变。按这种定义，货币供给量除通货外，应当加上各种交易性存款：用支票提取的银行活期存款、旅行支票，以及可转让提款单等其他支票存款，通称 M_1，即狭义的货币供给。美国的交易性存款一般比通货多一倍以上，约占 M_1 的 3/4。

3. M_2。有些经济学家认为，货币供给量还应包括那些流动性虽然较差但与名义收入关系更为密切的信用工具，如小额定期存款、储蓄存款、货币市场存款账户、公众持有的货币市场互助基金、隔夜回购协议等。这些信用工具不能立即用来作为支付工具，但也不难变为支付工具，而且在更大的程度上反映了名义收入。M_2 通称广义货币。美国的广义货币往往比狭义货币大 4 倍以上。

4. M_3。M_3 比 M_2 的范围扩大一些，包括大额定期存款、超过隔夜的回购协议、金融机构和团体持有的货币市场互助基金等。与 M_2 相比，它们的流动性更差一些，不能随时取出，但可以在二级市场上流通、转让或出售。

5. L。L 是范围最广的货币供给量，从具有完全流动性的通货到具有一定流动性的票据。其中，很多都是近似货币，如政府短期公债、商业票据、银行承兑汇票等。

需要说明的是，经济学中所研究的货币供给量一般指狭义货币，即 M_1。

【知识链接】

M_1 反映着经济中的现实购买力；M_2 不仅反映现实的购买力，还反映潜在的购买力。若 M_1 增速较快，则消费和终端市场活跃；若 M_2 增速较快，则投资和中间市场活跃。表 11-1 列出了我国 2010—2019 年各层次的货币供给量。

表 11-1　　　　　　　　2010—2019 年货币供给量

指标	2019 年	2018 年	2017 年	2016 年	2015 年	2014 年	2013 年	2012 年	2011 年	2010 年
货币和准货币（M_2）供给量（亿元）	1986000.00	1826744.20	1690235.31	1550066.67	1392278.11	1228374.81	1106524.98	974148.80	851590.90	725851.80

续表

指标	2019 年	2018 年	2017 年	2016 年	2015 年	2014 年	2013 年	2012 年	2011 年	2010 年
货币（M_1）供给量（亿元）	576000.00	551685.90	543790.15	486557.24	400953.44	348056.41	337291.05	308664.20	289847.70	266621.50
流通中现金（M_0）供给量（亿元）	77000.00	73208.40	70645.60	68303.87	63216.58	60259.53	58574.44	54659.81	50748.46	44628.20

资料来源：国家统计局数据。

二、货币的创造

所谓货币创造（供给）过程是指银行主体通过其货币经营活动而创造出货币的过程，它包括商业银行通过派生存款机制供给货币的过程和中央银行通过调节基础货币量而影响货币供给（Money Supply）的过程。由于占货币存量 M_1 主要部分的交易性存款是由银行创造的，因此，我们需要了解银行创造存款货币的过程。

1. 银行存款的准备金率。商业银行办理存款和放款等业务，而商业银行的自有资本额是有限的，故放款的主要来源是它所吸收的存款。但商业银行不能把吸收来的全部存款都放出去，而必须经常保持一定数量的现金作为随时支付的准备，以应付存款人随时提取他们的存款。这种经常保留的以供支付存款提取用的一定货币数额，称为存款准备金。在现代银行制度中，这种准备金在存款中应占的比率是由中央银行规定的，称为法定准备金率（Legal Reserve Ratio）。

2. 银行贷款转化为客户活期存款。在银行比较发达的国家里，大部分交易不是用现金而是用支票进行的。人们通常把现款放入商业银行，开立活期存款户头，需要支付款项时开出支票付给收款人。由于支票成为交换媒介和支付工具在市场上流通，因此，企业在得到商业银行的贷款之后，一般并不取出现金，而是把这笔贷款作为活期存款存入银行。这样，银行贷款的增加就意味着活期存款的增加。

3. 存款货币的创造过程。西方经济学认为，整个银行体系能够使银行存款多倍扩大，这就是所谓银行存款的创造。整个银行体系扩大或缩小活期存款有两种方式：一是向个人或企业发放和收回贷款；二是向个人或企业买进或卖出证券。第一种方式简单明白，第二种方式我们举例说明。

假定中央银行为增加货币供给量而买进政府债券，某企业或个人卖出政府债券100万元，这些债券是中央银行用新发行的现钞买进的，这样，货币供给量便增加了100万元。

如果政府和个人将出卖政府债券得到的这100万元存入 A 银行，法定准备金率 $R=20\%$，则 A 银行必须把20万元作为准备金，可以放款80万元。而得到这80万元的贷款的企业或个人把它作为活期存款存入 B 银行，以便随时开支票动用。B 银行吸收80万元存款后，又留下20%作为准备金，可放款64万元。得到这64万元的企业或个人又把它存入 C 银行，C 银行又留下 $20\%\times64=12.8$ 万元作为准备金，放款51.2万元……这样，每一笔新存款创造出该存款的80%的新贷款，这笔新贷款又形成一笔同量的新存款，如此继续下去，可以得到所有银行的新存款总和为 500 万元。这就是说，整个银行系统创造了 5 倍于新增加的 100 万元的活期存款。如果以 ΔM 表示增加的存款总额，ΔD 表示最初增加的存款，R 表示法定存款准备金率，则：

$$\Delta M = \Delta D + \Delta D(1-R) + \Delta D(1-R)^2 + \cdots$$

$$= \Delta D \times \frac{1}{1-(1-R)} = \frac{\Delta D}{R}$$

整理得　　$\dfrac{\Delta M}{\Delta D} = \dfrac{1}{R} = K_D$ （11.5）

式（11.5）中，$\dfrac{\Delta M}{\Delta D}$ 表示存款扩大的倍数 K_D，则银行存款的扩大倍数 $K_D = 1/R$，我们把 K_D 称为存款乘数。可见，存款乘数从理论上讲等于法定存款准备金率的倒数。所以，中央银行可以通过法定准备金率的调整影响商业银行创造存款货币的能力，从而影响货币供给量。

4. 修正的存款乘数。上述存款乘数是假定法定准备金是原始存款的唯一漏出。实际上，可能的漏出远不止于此。

第一是超额准备。一般来讲，为了保险，商业银行不是把法定准备金以外的存款全部贷出，而往往保存一部分超额准备。这样，就单个银行来说，创造的存款货币就达不到最大限度。整个银行体系创造的存款货币也将小于 $1/R$。

第二是现金外流。并不是每个企业和个人接受贷款后都全部以活期存款的形式存入银行，他们往往提取一部分现金用于支出。不再存入银行，这也将影响到存款货币创造的倍数。

第三是转为定期存款。随着活期存款的不断增加，其中有一部分会逐步转为非个人的短期定期存款。但这种定期存款具有一定流动性，也需要保持少量准备金。

鉴于上述存款的漏出，存款乘数的公式必须修正。设 E 为超额准备所占活期存款的比例，C 为现金外流占活期存款的比例，这两项与法定准备金一样，都不会转为银行系统中的下一个银行的活期存款，不再参与银行存款的创造过程，因而可以与法定准备金率一样，作为货币乘数的分母。但短期定期存款仍在银行系统之内，仍需一定准备，为此，应将转为短期定期存款的比例 t 乘以其法定准备金率 R 再列入存款乘数的分母。所以，修正的存款乘数 K_D 为

$$K_D = \frac{1}{R+E+C+tR}$$

$$\Delta M = K_D \times \Delta D = \frac{1}{R+E+C+tR} \times \Delta D \quad (11.6)$$

5. 货币乘数。我们讨论存款乘数，主要是为了研究货币乘数。所谓货币乘数（Money Multiplier），指一定量的基础货币发挥作用的倍数，或者说是货币扩张或收缩的倍数。通常我们将银行法定存款准备金和公众持有的通货之和，叫做货币基础（Money Base）或基础货币（Base Money）。设 C 为公众持有的通货，A 为银行法定准备金，B 为基础货币，$B = A + C$。货币供给量 M_1 与基础货币 B 的比值叫做货币乘数（用 K_M 表示），则

$K_M = M_1/B$。在一般情况下，基础货币是相对稳定的。

从经济含义上说，基础货币 B 是货币供给 M_1 的基础，它通过银行存款准备金创造了货币，因此 M_1 总是 B 的某个倍数。美国定期公布 M_1 和 B，比较容易求得货币乘数 K_M。从长期情况来看，货币乘数 K_M 的值经常介于 2～3，小于存款乘数，也小于修正的存款乘数。

货币创造乘数同投资乘数一样，也可以从两方面起作用：使银行存款既可以多倍扩大，又能多倍收缩。因此，中央银行控制准备金或法定准备金率对货币供给会产生重大影响。

【知识链接】 **2019 年金融统计数据**

2020 年 1 月 16 日，人民银行举行 2019 年金融统计数据新闻发布会，人民银行办公厅主任兼新闻发言人周学东、货币政策司司长孙国峰、调查统计司司长兼新闻发言人阮健弘、金融市场司司长邹澜出席发布会，发布 2019 年金融统计数据。

社会融资规模的情况。总体看，社会融资规模适度增长。初步统计，截至 2019 年 12 月末，我国社会融资规模存量为 251.31 万亿元，同比增长 10.7%，增速比上年同期高 0.4 个百分点。2019 年社会融资规模增量累计为 25.58 万亿元，比上年多 3.08 万亿元。12 月当月，社会融资规模增量为 2.1 万亿元，比上年同期多 1719 亿元。

需要说明的是，为更全面地反映金融对实体经济的支持，2019 年 12 月起，人民银行进一步完善社会融资规模统计口径，将"国债"和"地方政府一般债券"纳入社会融资规模统计，与原有"地方政府专项债券"一并成为"政府债券"指标。

货币供应量的情况。12 月末，广义货币（M_2）余额为 198.65 万亿元，同比增长 8.7%，增速分别比上月末和上年同期高 0.5 个和 0.6 个百分点；狭义货币（M_1）余额为 57.6 万亿元，同比增长 4.4%，增速分别比上月末和上年同期高 0.9 个和 2.9 个百分点；流通中货币（M_0）余额为 7.72 万亿元，同比增长 5.4%。2019 年净投放现金 3981 亿元。

贷款的情况。12 月末，本外币贷款余额 158.6 万亿元，同比增长 11.9%。人民币贷款余额为 153.11 万亿元，同比增长 12.3%，增速分别比上月末和上年同期低 0.1 个和 1.2 个百分点。全年人民币贷款增加 16.81 万亿元，同比多 6439 亿元。外币贷款余额 7869 亿美元，同比下降 1%。全年外币贷款减少 79 亿美元，同比少减 352 亿美元。

存款的情况。12 月末，本外币存款余额为 198.16 万亿元，同比增长 8.6%。人民币存款余额 192.88 万亿元，同比增长 8.7%，增速分别比上月末和上年同期高 0.3 个和 0.5 个百分点。全年人民币存款增加 15.36 万亿元，同比多 1.96 万亿元。外币存款余额 7577 亿美元，同比增长 4.1%。全年外币存款增加 301 亿美元，同比多 935 亿美元。

银行间市场成交和利率的情况。2019 年，银行间人民币市场以拆借、现券和回购方式合计成交 1185.01 万亿元，日均成交 4.74 万亿元，日均成交比上年增长 17.9%。12 月同业拆借加权平均利率为 2.09%，分别比上月和上年同期低 0.2 个和 0.48 个百分点；质押式回购加权平均利率为 2.1%，分别比上月和上年同期低 0.19 个和 0.58 个百分点。

外汇储备和汇率的情况。12月末，国家外汇储备余额为3.11万亿美元。12月末，人民币汇率为1美元兑6.9762元人民币。

跨境人民币结算业务情况。2019年，以人民币进行结算的跨境货物贸易、服务贸易及其他经常项目、对外直接投资、外商直接投资分别发生4.25万亿元、1.79万亿元、0.76万亿元、2.02万亿元。

资料来源：2019年金融统计数据新闻发布会文字实录［EB/OL］.［2020-01-17］. http：//www. pbc. gov. cn/goutongjiaoliu/113456/113469/3961307/index. html.

三、均衡利息率的决定

前面我们曾提到，商业银行具有创造存款的能力，而中央银行由于能够操纵准备金和货币发行，成为实际上的货币最初供给者。因此，习惯上总把货币供给作为一个由中央银行决定的外生变量。货币需求是利率的减函数，利率越高，货币需求越小；反之，利率越低，货币需求越大。货币的需求和供给，决定了均衡的利率，如图11-3所示。

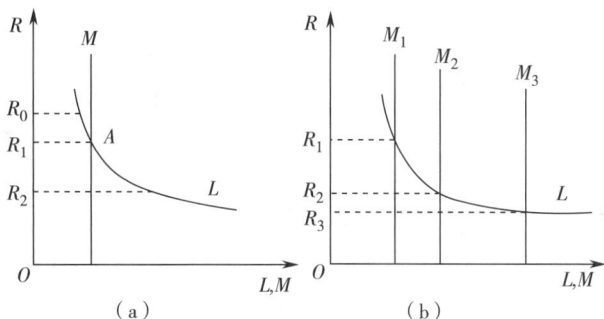

图11-3 利率的决定

在图11-3（a）中，纵轴表示利率R，横轴表示货币量M。L线表示货币需求曲线，它说明货币的需求量与利率呈反方向变化，因此是一条向右下方倾斜的曲线。垂直于横轴的M是货币的供给曲线，由中央银行决定，与利率无关，货币的供给曲线M和需求曲线L相交于A点，决定R_1为均衡利率，在这样的利率水平上，人们对货币的需求正好等于货币的供给。如果此时市场利率高于R_1，例如为R_0，就会出现货币供应过量的情况。反之，如果利率过低到R_2，又会出现货币的过量需求。

假设中央银行增加了货币供给，货币供给曲线由M_1移向M_2，结果均衡利率从R_1下降为R_2，如图11-3（b）所示，人们对货币需求增加到M_2，正好和货币供给相等。所以，在货币需求函数确定的情况下，市场均衡利率与中央银行的货币供给量呈反方向变化关系，由此，中央银行可以通过货币供给，来控制利率水平。

在图11-3（b）中，随着货币供给量增加，利率不断下降，当利率降至一个很低水平比如R_3时，货币的需求曲线几乎与横轴平行，进入"凯恩斯陷阱"区。这时货币当局无论怎样增大货币供给量，这些增加的货币量都会保存在公众手中，利率不会再下降。这一点很重要，它说明此时政府的货币政策不再起作用。

第四节　中央银行与货币政策

货币政策（Monetary Policy）是根据政府确定的目标，通过中央银行对货币供给管理来调节信贷和利息率，以影响宏观经济活动水平的经济政策。要了解货币政策的作用过程，首先要了解现代银行体系。

一、银行体系

现代银行体系主要由中央银行、商业银行和其他非银行金融机构组成。中央银行体系结构及其主要业务可以由图 11 -4 表示。

1. 商业银行及其职能。商业银行是银行体系的基本单位，是一种属于私人所有追求利润的金融机构。在西方国家里，商业银行体系主要有两种形式：一种由为数不多的几家大银行组成，但每一家大银行都有许多分行；另一种是由许多独立的银行组成，其中有的银行有数百个分行，有的银行只有一个办事处。英国的商业银行体系属于第一种形式，而美国商业银行体系则属于第二种形式。

商业银行执行下述职能：

（1）存款。这是商业银行吸收外来资金的负债业务，包括以下几种类别：①活期存款。这是商业银行存款的主要业务。②信用卡。③定期存款和储蓄存款。④可转让存款单。⑤回购协议。

中央银行

政府的银行　　银行的银行　　发行的银行

政府预算收支　非现金结算　存款准备金　再贴现　公开市场业务　信用限额规定　最后的贷款者　货币的发行　外汇黄金管理

商业银行和其他金融机构

存贷　　结算　　储蓄

政府　　企业　　家庭

图 11 -4　中央银行体系及其主要业务

（2）放款。这是商业银行运用资金提供短期信用以取得利润的资金业务，主要有以下几种形式：①票据贴现。②抵押放款。③通知放款。④证券投资。

（3）委托业务。这是商业银行接受客户的要求，办理各种委托事项以取得手续费的中介业务，主要有以下几种：①办理汇兑和承兑业务。②办理收款和付款业务。③代买代卖有价证券、贵金属等业务。④代管财产，如有价证券、贵金属等业务。

在西方国家里，商业银行不是唯一的金融机构。除了商业银行外，还有互助储蓄银行、储蓄信贷协会、货币市场互助基金、投资机构等。但是，商业银行是唯一接受活期存款和提供支票服务的机构，因而，也是唯一能够影响存款货币的机构。

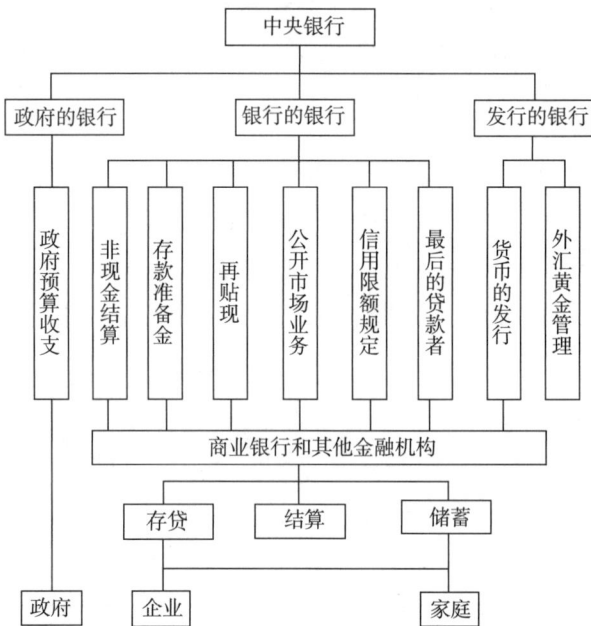

2. 中央银行及其职能。中央银行是由政府拥有的、用于控制管理银行体系的银行，这是一国最高的金融机构。如美国的联邦储备体系、英国的英格兰银行、日本的日本银行、我国的中国人民银行。

中央银行作为一个国家的中央金融机构，是一国发行的银行、银行的银行、政府的银行。作为一国货币发行的银行，控制着国家的货币供给；作为银行的银行，中央银行可通过自己的划拨清算系统为商业银行的存款户之间的支票结算进行清算。更主要的，中央银行通过规定各商业银行的法定准备金额度来管理银行体系。作为政府的银行，一方面代表国家制定并执行有关金融法规，代表国家监督管理和干预各项有关经济和金融活动，另一方面还为国家提供多种金融服务。

中央银行的具体职能有：①调节和控制商业银行。这是中央银行的最重要的职能，包括管理全国的货币制度、控制货币供应和信用状况、密切关注货币制度能否按经济目标运行。中央银行是国家的货币权力当局，是制定和执行货币政策的最高主管机构。②拥有货币发行权。中央银行是发行银行，通货的唯一的和最终的来源。现在纸币发行同黄金量无关，而是以国库券、公债等政府债券作为根据。③发行和买卖政府债券。中央银行是政府的银行（国家的银行），代理政府发行和买卖政府债券是其主要职能之一。中央银行为政府管账记账，政府收入存入中央银行；出现赤字，财政部向中央银行借款。政府是中央银行最重要的客户。④对商业银行存放款。中央银行是银行的银行，接受商业银行的存款，作为商业银行的储备金，向商业银行发放贷款，支持商业银行的业务活动。商业银行作为中央银行第二类最重要的客户，要听取中央银行关于金融问题和货币政策方面的意见。

3. 非银行类金融机构。在现代金融体系中，还有许多非银行类金融机构，如保险公司、信托投资公司、证券公司、期货公司、基金管理公司等。

【知识链接】　　　　　　中国的中央银行体系

1. 中国中央银行体系的沿革和建立。新中国成立很长一段时期内，我国基本上是一家银行，即中国人民银行。它既执行中央银行职能，掌握金融政策、发行货币、代理国库等，又办理一般银行的存款、贷款、汇兑等业务。随着经济体制的改革，我国银行开始了向中央银行体系的过渡。

（1）逐步分设专业银行，为中央银行体系的建立打下了基础。1978 年 2 月，党的十一届三中全会原则通过的《中共中央关于加快农业发展若干问题的决定（草案）》中规定恢复中国农业银行。1979 年 2 月，国务院批准人民银行《关于改革中国银行体制的请示报告》，确定扩大中国银行的权限，并从中国银行总管理处成为中国银行总行，同时成立国家外汇管理局总局。1982 年 8 月，国家外汇管理总局改为国家外汇管理局。1983 年，中国人民保险公司成为直属国务院的经济实体。1981 年 12 月，中国投资银行成立，它是国家指定向国外筹集资金，办理投资信贷的专业银行。1985 年 11 月，经国务院批准，建设银行的信贷计划纳入中国人民银行的信贷体系。

（2）分设中国工商银行，形成中央银行体系。在陆续分设专业银行的同时，中国人民银行仍然保持以前国家银行的特点，一方面执行中央银行的任务，另一方面又办理工商信贷和城镇储蓄业务。针对这种情况，国务院于1983年9月11日决定，由中国人民银行专门执行中央银行的职能，另设中国工商银行办理工商信贷和城镇储蓄业务。1984年，中国工商银行正式设立，标志着中国中央银行体系基本形成。

2. 第十届全国人民代表大会常务委员会第六次会议于2003年12月27日通过了修订后的《中国人民银行法》，在总则中规定了中国人民银行的地位、目标和职责。

第一条　为了确立中国人民银行的地位，明确其职责，保证国家货币政策的正确制定和执行，建立和完善中央银行宏观调控体系，维护金融稳定，制定本法。

第二条　中国人民银行是中华人民共和国的中央银行。

中国人民银行在国务院领导下，制定和执行货币政策，防范和化解金融风险，维护金融稳定。

第三条　货币政策目标是保持货币币值的稳定，并以此促进经济增长。

第四条　中国人民银行履行下列职责：

（一）发布与履行其职责有关的命令和规章；

（二）依法制定和执行货币政策；

（三）发行人民币，管理人民币流通；

（四）监督管理银行间同业拆借市场和银行间债券市场；

（五）实施外汇管理，监督管理银行间外汇市场；

（六）监督管理黄金市场；

（七）持有、管理、经营国家外汇储备、黄金储备；

（八）经理国库；

（九）维护支付、清算系统的正常运行；

（十）指导、部署金融业反洗钱工作，负责反洗钱的资金监测；

（十一）负责金融业的统计、调查、分析和预测；

（十二）作为国家的中央银行，从事有关的国际金融活动；

（十三）国务院规定的其他职责。

中国人民银行为执行货币政策，可以依照本法第四章的有关规定从事金融业务活动。

3. 中央银行的管理体制。1998年11月15日，党中央、国务院决定，对中国人民银行管理体制实行改革，撤销省级分行，跨省（自治区、直辖市）设置9家分行。其目的是，"使我国货币政策决策和实施进一步统一，从而进一步增加金融宏观调控的有效性。同时，有利于保证中央银行依法独立、公正地履行其金融监管职责，有利于在跨省范围内统一调度监管力量，有利于摆脱各方面的干预，严肃查处违规的金融机构和责任人，从而提高金融监管的效率。"

资料来源：易纲，张帆. 宏观经济学［M］. 北京：中国人民大学出版社，2008.

二、中央银行的货币政策

1. 货币政策及其作用机制。所谓货币政策（Monetary Policy）就是一国的货币当局（中央银行）有意识地行使它的权力，诱导货币供给的扩张或收缩，从而影响国民收入。

货币政策之所以能够调节经济，影响国民收入，作用机理在于投资作为总需求的重要组成部分，能够在很大程度上影响国民收入水平，而投资又主要取决于货币市场上由货币需求和货币供给共同决定的均衡利息率，因此，中央银行可以通过其政策工具来控制货币供给量，从而影响利息率、投资、总需求，最终引起国民收入的变化，这一过程如图 11-5 所示。

$$货币政策 \rightarrow 货币供给量 \rightarrow 均衡利息率 \rightarrow 投资 \rightarrow 总需求 \rightarrow 均衡国民收入$$

图 11-5　货币政策的作用机制

具体来讲，当总需求不足导致经济萧条时，中央银行实行扩张性货币政策，即通过其手中的货币政策工具来增加货币供给量，从而降低均衡利息率、刺激投资、增加总需求，进而增加均衡国民收入；当总需求过度膨胀而导致经济过度高涨时，中央银行通过其手中的货币政策工具来减少货币供给量，从而提高均衡利息率、抑制投资、抑制总需求，进而减少均衡国民收入。

从货币政策的作用机制及作用过程可以看出，货币政策对经济的调节政策存在时滞性。对于货币政策的效果在后面章节还要论述，这里我们重点考察货币政策工具。

2. 中央银行的货币政策工具。中央银行通常运用以下工具来变动货币供应量。

（1）公开市场业务（Open Market Operations）。公开市场业务又称公开市场活动，是指中央银行在金融市场上买进或卖出政府债券，以增加或减少银行准备金的一种政策手段。西方经济学认为这是中央银行稳定经济最重要、最灵活的政策手段。在经济萧条时期，中央银行买进政府债券，把货币投放市场。这样，一方面卖出债券的企业和家庭得到货币，把它存入商业银行，增加银行存款，通过货币创造乘数作用使存款货币成倍增加，引起利息率降低；另一方面，中央银行买进政府债券，还会导致债券价格提高，引起利息率下降。利息率下降会引起投资增加，从而又引起收入、价格和就业的上升。反之，在通货膨胀时期，采取相反操作会抑制与消除通货膨胀。

（2）再贴现率政策（Discount Rate Policy）。贴现是银行放贷的办法之一，一般是持有票据人把商业票据卖给银行，得到现金。现在通常把中央银行向商业银行贷款叫贴现，其贷款利率叫贴现率。商业银行经过贴现得到的票据，可向中央银行再贴现，这样中央银行就能够通过调整再贴现率来调节金融市场。这种措施又叫中央银行的利息率政策或贴现率政策或再贴现率政策。贴现值的计算是复利的逆运算，公式为

$$贴现值 = 到期票据值(未到期票据额折算值) \times \frac{1}{(1 + 贴现率)^n} \tag{11.7}$$

其中，n 表示时间或次数。

中央银行调整贴现率，也是"逆经济风向"行事。在经济衰退时，中央银行采用降

低贴现率措施，可促使商业银行向中央银行贴现，鼓励商业银行扩大贷款，刺激投资需求。反之，在通货膨胀时，中央银行要提高贴现率，限制或收缩给商业银行借款，使商业银行减少贷款，于是货币供给减少，利息率提高，抑制投资及总需求，消除通货膨胀。

（3）调整法定准备金率（Changing Reserve Rate）。中央银行有权决定和改变商业银行以及其他金融机构存于中央银行的法定准备金率。准备金率的高低对不同的银行类型、存款种类、存款期限和数量有差别，法定准备金率有最低限和最高限。调整法定准备金率是一种强有力的手段，不经常使用。

银行的货币创造同法定准备金率成反比。法定准备金率高，银行能够创造的货币少；法定准备金率低，银行能够创造的货币多。因此，调整法定准备金率会影响货币供给与利息率。

具体做法是：在经济衰退时期，降低法定准备金率，使银行可以创造更多的货币，增加货币供给量，降低利息率，刺激总需求的扩大。从而，收入、就业和价格都提高。在通货膨胀时期，提高法定准备金率，使银行减少可创造的货币，减少货币供给量，提高利息率，压缩总需求，使得收入、就业和价格都降低。

以上三项政策是央行货币政策的三大工具，可以单独运用，也可以配合使用。通常情况下，中央银行通过公开市场业务和再贴现率的相互配合来调节宏观经济活动水平。只有在特殊情况下，才使用准备金率政策。

【知识链接】

除了上述货币政策工具，中央银行还通过其他政策工具配合使用进行货币流动性管理。

（1）常备借贷便利。从国际经验看，中央银行通常综合运用常备借贷便利和公开市场操作两大类货币政策工具管理流动性。常备借贷便利的主要特点：一是由金融机构主动发起，金融机构可根据自身流动性需求申请常备借贷便利；二是常备借贷便利是中央银行与金融机构"一对一"交易，针对性强；三是常备借贷便利的交易对手覆盖面广，通常覆盖存款金融机构。

全球大多数中央银行具备借贷便利类的货币政策工具，但名称各异，如美联储的贴现窗口（Discount Window）、欧洲央行的边际贷款便利（Marginal Lending Facility）、英格兰银行的操作性常备便利（Operational Standing Facility）、日本银行的补充贷款便利（Complementary Lending Facility）、加拿大央行的常备流动性便利（Standing Liquidity Facility）、新加坡金管局的常备贷款便利（Standing Loan Facility），以及新兴市场经济体中俄罗斯央行的担保贷款（Secured Loans）、印度储备银行的边际常备便利（Marginal Standing Facility）、韩国央行的流动性调整贷款（Liquidity Adjustment Loans）、马来西亚央行的抵押贷款（Collateralized Lending）等。

借鉴国际经验，中国人民银行于2013年初创设了常备借贷便利（Standing Lending Facility，SLF）。常备借贷便利是中国人民银行正常的流动性供给渠道，主要功能是满足金融机构期限较长的大额流动性需求。对象主要为政策性银行和全国性商业银行。期限为1~3个月。利率水平根据货币政策调控、引导市场利率的需要等综合确定。常备借贷便利以抵押方式发放，合格抵押品包括高信用评级的债券类资产及优质信贷资产等。

（2）中期借贷便利。当前银行体系流动性管理不仅面临来自资本流动变化、财政支出变化及资本市场首次公开发行（IPO）等多方面的扰动，同时也承担着完善价格型调控框架、引导市场利率水平等多方面的任务。为保持银行体系流动性总体平稳适度，支持货币信贷合理增长，中央银行需要根据流动性需求的期限、主体和用途不断丰富和完善工具组合，以进一步提高调控的灵活性、针对性和有效性。2014年9月，中国人民银行创设了中期借贷便利（Medium-term Lending Facility，MLF）。中期借贷便利是中央银行提供中期基础货币的货币政策工具，对象为符合宏观审慎管理要求的商业银行、政策性银行，可通过招标方式开展。中期借贷便利采取质押方式发放，金融机构提供国债、央行票据、政策性金融债、高等级信用债等优质债券作为合格质押品。中期借贷便利利率发挥中期政策利率的作用，通过调节向金融机构中期融资的成本来对金融机构的资产负债表和市场预期产生影响，引导其向符合国家政策导向的实体经济部门提供低成本资金，促进降低社会融资成本。

（3）抵押补充贷款。为贯彻落实国务院第43次常务会议精神，支持国家开发银行加大对"棚户区改造"重点项目的信贷支持力度，2014年4月，中国人民银行创设抵押补充贷款（Pledged Supplemental Lending，PSL）为开发性金融支持棚户区改造提供长期稳定、成本适当的资金来源。抵押补充贷款的主要功能是支持国民经济重点领域、薄弱环节和社会事业发展而对金融机构提供的期限较长的大额融资。抵押补充贷款采取质押方式发放，合格抵押品包括高等级债券资产和优质信贷资产。

【知识链接】　　　　　　　　　国债简介

国债，又称国家公债，是国家以其信用为基础，按照债的一般原则，通过向社会筹集资金所形成的债权债务关系。国债是由国家发行的债券，是中央政府为筹集财政资金而发行的一种政府债券，是中央政府向投资者出具的、承诺在一定时期支付利息和到期偿还本金的债权债务凭证，由于国债的发行主体是国家，所以它具有最高的信用度，被公认为是最安全的投资工具。

我国的国债专指财政部代表中央政府发行的国家公债，由国家财政信誉作担保，信誉度非常高，历来有"金边债券"之称，稳健型投资者喜欢投资国债。其种类有凭证式国债、无记名（实物）国债、记账式国债三种。

凭证式国债，是指国家采取不印刷实物券，而用填制国库券收款凭证的方式发行的国债。它是以国债收款凭单的形式来作为债权证明，不可上市流通转让，从购买之日起计息。在持有期内，持券人如遇特殊情况需要提取现金，可以到购买网点提前兑取。提前兑取时，除偿还本金外，利息按实际持有天数及相应的利率档次计算。

无记名国债为实物国债，是一种票面上不记载债权人姓名或单位名称，以实物券面形式（券面上印有发行年度、券面金额等内容）记录债权而发行的国债，又称实物券，是我国发行历史最长的一种国债。

记账式国债又叫无纸化国债，准确定义是由财政部通过无纸化方式发行的、以电脑记账方式记录债权，并可以上市交易的债券。

【本章小结】

本章的基本内容是阐述凯恩斯主义的货币理论，货币理论也是凯恩斯国民收入决定理论中的重要组成部分。其基本思路是：货币供给和货币需求共同决定货币的利率，而利率影响着投资，投资又影响着国民收入的变化。货币的需求包括交易需求、预防需求和投机需求，货币的需求曲线是一条货币需求与利率呈反向变化关系的灵活偏好曲线。由此决定货币供给与利率成反向变化关系，利率又与投资呈反向变化关系，投资又作为注入因素与国民收入变化呈同向变化关系。因此，中央银行所调控的货币供给与国民收入变化呈同向变化关系。这种作用机制正是凯恩斯主义的"逆风行事"货币政策的基本依据。同时，凯恩斯主义的货币灵活偏好曲线也表明，在利息率低到一定程度时，货币供给的改变不再改变货币市场的利率，因而货币政策也随之失效。这也是凯恩斯偏爱财政政策的重要原因。

然而，凯恩斯主义的货币理论也受到了其他一些理论的挑战，在现实面前出现了一些困惑，这些困惑主要集中在以下两个方面：一方面是货币需求和收入之间的关系。凯恩斯主义的货币理论暗示，人们的收入越高，他们想持有的货币越多，于是货币需求量和人们收入水平之间存在一个简单的同向变化关系。但从实际来看，货币需求量的增加部分很重要的是用于人们进行金融资产交易方面，这些交易量的大小却和国民经济可能发生的变化相联系。当经济中存在更大的不确定性变化时，随着人们对未来情形持有的不同看法，以及每个人所处环境的迅速变化，更容易引起金融交易量的迅速变化，从而对货币需求产生更大的影响。另一方面是货币需求与利率之间的关系。凯恩斯主义的货币理论认为利率与货币需求之间存在反向关系。该理论的前提之一是活期存款无利息，人们持有货币的机会成本影响人们的货币需求。但当今现实社会中，活期存款已有利息，且持有货币的机会成本与持有政府债券的收益之间的差额已很小，因而，有关货币需求随利率变化的理论基础与现实产生了一定的差距。另外，凯恩斯主义的货币理论结论（即货币政策通过利率的变化起作用）也受到了质疑。大多数投资者关心的是实际利率，而中央银行控制的是名义利率，名义利率与实际利率的关系可能很弱。只有当名义利率的变化对通货膨胀预期不造成影响的时候，名义利率的变化才能直接转化为实际利率的变化，但这种情况不大可能发生。除此之外，在现实中也得不到实际利息率变化与投资之间的反方向变化关系，这就意味着在大多数时候利率不是货币政策发挥作用的唯一或主要机制。正是由于以上的原因，人们在社会实践中进一步深究和探讨货币在经济中的作用。同时，对凯恩斯货币理论的质疑也促进了其他经济学派的货币理论的产生和发展。

【复习思考题】

一、名词解释
货币　通货　活期存款　基础货币　法定准备金　货币乘数　存款乘数
凯恩斯陷阱

二、分析讨论题
1. 货币有哪些职能？
2. 人们为什么需要货币？
3. 商业银行如何创造活期存款？

三、计算题
假定法定准备金率是 0.12，没有超额准备，对现金的需求是 10000 亿美元，试求：（1）假定总准备金为 400 亿美元，货币供给是多少？（2）假定中央银行把准备金率提高到 0.2，货币供给为多少？与（1）相比货币供给变化多少？（3）中央银行买进 10 亿美元政府债券（存款准备金率是 0.12），货币供给变动如何？

【案例分析】

货币的需求动机

骆明和小欣是一对感情不错的情侣，今年同时从一所名牌大学毕业。骆明应聘到某国家机关工作，待遇很可观，每个月可以拿 10000 元左右工资，可惜遇到住房政策的改革，不能分到房子了，这是美中不足。而小欣应聘到一家国际贸易公司，做对外贸易工作，它的工资和奖金加在一起，每个月大概有 20000 元。看来这对情侣的前途一片光明。不过前几天，他们为了将来存钱的问题着实大吵了一架。

骆明认为现在他们刚刚大学毕业，虽然单位都不错，工资也不低，但将来用钱的地方还很多，所以要从毕业开始，除了留下平常必需的花费以及预防发生意外事件的钱外，剩下的钱要定期存入银行，不能动用，这样可以获得稳定的利息收入，又没有损失的风险。小欣可能是受外企工作环境的影响，她觉得上学苦了这么多年，一直过着很节俭的日子，现在终于自己挣钱了，考虑那么多将来干什么，更何况银行利率那么低。她说发下工资以后，先要买几件名贵服装，再美美地吃上几顿，然后她还想留下一部分钱用来炒股票，等着股市形势一好，立即进入。大学时看着别人炒股票她一直很羡慕，这次自己也要试试。但骆明却认为中国股市行情太不稳定，运行不规范，所以最好不进入股市，如果一定要做，那也只能投入很少的钱。

问题：（1）根据上面两个人的争论，说明有哪些货币需求动机。

（2）分析上述货币动机导致的货币需求的决定因素，并给出货币的总需求函数。

【拓展阅读】

人民银行副行长：
2020 年 2 月 3 日、
4 日累计投放基础
货币 1.7 万亿元

第十二章

国民收入决定理论：
扩展的凯恩斯模型

GUOMIN SHOURU JUEDING LILUN:
KUOZHAN DE KAIENSI MOXING

【教学目的和要求】

通过本章的学习，要求学生掌握 IS—LM 模型的含义、形成过程及变化，运用该模型解释宏观财政政策与货币政策的效果，分析财政政策的挤出效应。

在简单的凯恩斯国民收入决定模型中，只考察了产品市场的均衡问题，没有把产品市场的均衡和货币市场的均衡结合起来分析。英国经济学家希克斯（J. Hicks）和美国经济学家汉森（A. Hansen）对凯恩斯的收入决定理论进行了补充和修正，提出了著名的"汉森—希克斯模型"，也称为"IS—LM 模型"，对产品市场和货币市场的同时均衡问题作出了分析，揭示了财政政策及货币政策的有效性及宏观经济政策的协调。本章首先分别介绍 IS 曲线和 LM 曲线，IS—LM 模型及其政策意义，最后对这一模型进行简单评价。

第一节　产品市场的均衡：IS 曲线

一、产品市场的均衡

根据简单的国民收入决定模型，在两部门经济中，产品市场达到均衡的条件是总需求等于总供给，即投资等于储蓄。在简单的国民收入决定模型中，由于没有考虑货币利率因素，投资只是作为一个既定的由模型之外的力量所决定的外生变量参与总需求与国民收入的决定。现代货币理论表明投资是利息率的函数，它随着利息率的上升而减少。而储蓄是国民收入的函数，它随着国民收入的增加而增加。如果把产品市场需求与供给的关系用函数式表示出来，可得到下列三个方程式：

$$I = e - dR \tag{12.1}$$

$$S = -\alpha + (1 - \beta)Y \tag{12.2}$$

$$I = S \tag{12.3}$$

式（12.1）为投资函数，这里 e 和 d 为常数，e 表示利率 $R = 0$ 时也有的投资；d 表示利率上升时投资下降的程度，即投资的利率弹性。该式表明投资是利息率的递减函数，即投资随利息率的降低而增加。式（12.2）为储蓄函数，表示储蓄随国民收入的增加而增加。根据两部门经济产品市场的均衡条件，如式（12.3）所示，当总需求等于总供给时产品市场实现均衡。

将式（12.1）、式（12.2）、式（12.3）联立，可得

$$Y = \frac{\alpha + e - dR}{1 - \beta} \tag{12.4}$$

式（12.4）为产品市场供求均衡的方程式，它表示产品市场达到均衡时国民收入（Y）与利率（R）的各种数量组合，或者说收入与利息率之间必须维持式（12.4）的数量组合关系，才能使投资等于储蓄，从而使产品市场实现均衡。

二、IS 曲线

1. IS 曲线的含义及推导。IS 曲线表示国民收入与利率应该怎样配合，才能保证投资与储蓄始终相等，从而使产品市场实现均衡。如果以横轴表示国民收入，以纵轴表示利息率，IS 曲线将是向右下方倾斜的一条曲线，如图 12 - 1 所示。应该指出，IS 曲线的意义并不是表明国民收入与利息率存在着这样一种严格的函数关系，也不意味着国民收入是利息率变化的原因，或者利息率是国民收入变化的原因，它只表明当利息率与国民收入存在着这样一种数量组合关系时，投资与储蓄保持相等，产品市场能够实现均衡。

根据式（12.4），如果已知投资函数和储蓄函数，便可求出国民收入与利息率的各组均衡值，并且在坐标图上得到一条 IS 曲线。IS 曲线的形成，还可用图 12 - 2 来说明。

在图 12 - 2 中，图（a）是投资边际效率曲线；图（b）是 45°线，因为坐标系的横轴表示投资，纵轴表示储蓄，所以在 45°线上，投资和储蓄总是相等；图（c）是储蓄曲线；图（d）用于说明 IS 曲线是怎样形成的。图 12 - 2 中，

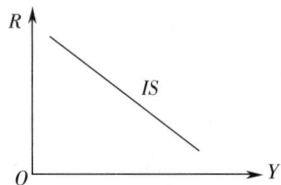

图 12 - 1　IS 曲线

图（a）和图（b）的横轴，图（b）和图（c）的纵轴，图（c）和图（d）的横轴，图（d）和图（a）的纵轴，都表示同样的变量，而且它们的单位都分别相同。

在图 12 - 2（a）中可以看到，投资和利率反方向变化，投资是利率的减函数，利率越高，投资越少；利率越低，投资越多。假定利息率为 R_1，按照投资边际效率曲线，相应的投资是 I_1。从 45°线可以看到，与投资相等的储蓄是 S_1。根据图 12 - 2（c）的储蓄曲线，使储蓄达到 S_1 的国民收入是 Y_1。这说明，在利息率为 R_1 时，保证储蓄等于投资的国民收入是 Y_1，因而，在图 12 - 2（d）中可以得到利息率和国民收入的对应点 A。

现在假定利息率发生了变化，从 R_1 下降到 R_2，投资将从 I_1 增加到 I_2。如果国民收入

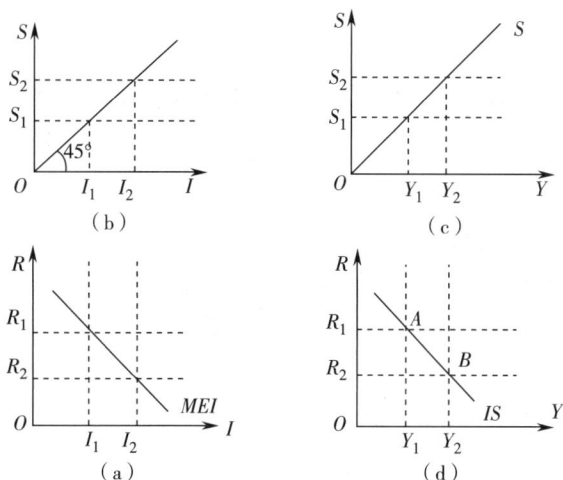

图 12 - 2　IS 曲线的形成

还保持在原来的水平 Y_1 上，投资大于储蓄，国民收入趋于增加。而随着国民收入的增加，储蓄也在增加，当国民收入从 Y_1 增加到 Y_2 时，储蓄从 S_1 增加到 S_2，与投资 I_2 相等，这时，国民收入不再发生变化，在 Y_2 上形成均衡。这样，在图 12 - 2（d）上又得到利息率和国民收入的另一个对应点 B。用同样的方法，可以得到利息率和国民收入一系列的对应点。把这些点连接起来，便得到 IS 曲线。显然，在 IS 曲线上任何一点利息率和国民收入的组合都能使投资等于储蓄。

　　IS 曲线表示的是使投资等于储蓄的收入和利率的各种组合，并不是说经济社会的每一时期的收入和利率的实际组合必定位于 IS 曲线之上，实际上可能存在产品市场的不平衡状况。例如图 12 - 3 中的 C 点就是一个非均衡点，这时产品市场处于非均衡状态。因为现在实际利率高于使产品市场实现均衡的利率，就会使实际的投资小于均衡状态下的投资，也就是小于均衡状态下的储蓄。因此，C 点是一个投资小于储蓄的非均衡点。D 点也是一个非均衡

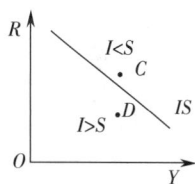

图 12 - 3　非均衡点

点，这时，实际利率低于均衡状态下的利率，使实际的投资大于均衡状态下的投资，也就是大于均衡状态下的储蓄。因此，D 点是一个投资大于储蓄的非均衡点。

　　一般地说，位于 IS 曲线右方的收入和利率的组合，都是投资小于储蓄的非均衡组合；位于 IS 曲线左方的收入和利率的组合，都是投资大于储蓄的非均衡组合；只有位于 IS 曲线上的收入和利率的组合，才是投资等于储蓄的均衡组合，如图 12 - 3 所示。

　　2. IS 曲线的斜率。IS 曲线斜率的大小反映了利率变动与国民收入变动之间的数量关系，即利率的一定变动会引起国民收入多大的反应。从图 12 - 2 可以看出 IS 曲线的斜率的大小，或者说倾斜程度，取决于投资曲线和储蓄曲线的斜率，这从 IS 曲线的代数表达式中也可以看出。

　　式（12.4）是两部门经济中 IS 曲线的代数表达式，此式可转化为

$$R = \frac{\alpha + e}{d} + \frac{1 - \beta}{d} \cdot Y \tag{12.5}$$

在式（12.5）中，Y 前面的系数 $\frac{1-\beta}{d}$ 就是 IS 曲线的斜率，显然，IS 曲线的斜率由 d 和 β 决定。d 是投资需求对利率变动的反应程度，即投资的利率弹性。d 值越大，表示投资对于利率变化越敏感，IS 曲线的斜率绝对值就越小，IS 曲线越平缓。这是因为，投资对利率较敏感时，利率的较小变动就会引起投资的较大的变化，进而引起收入的较大变化，反映在 IS 曲线上，就是利率较小变动要求有收入较大变动与之相配合，才能使产品市场均衡。反之，d 值越小，IS 曲线的斜率绝对值就越大，IS 曲线越陡峭。边际消费倾向 β 越大，IS 曲线的斜率绝对值会越小。这是因为，β 较大，意味着支出乘数较大，当利率变动引起投资变动时，收入会以较大幅度变动，因而 IS 曲线比较平缓，如图 12-2 所示。

上述关于 IS 曲线的推导及其斜率的分析，只是考虑两部门经济中产品市场的均衡情况。在三部门经济中，IS 曲线是根据产品市场的均衡条件 $I + G = S + T$ 推导出来的，IS 曲线的代数表达式为 $R = \frac{\alpha + e + G - \beta t}{d} + \frac{\beta(1-t)}{d} \cdot Y$，于是 IS 曲线的斜率就要相应地变为 $\frac{1 - \beta(1-t)}{d}$，在这种情况下，IS 曲线的斜率除了和 d 及 β 有关外，还和税率 t 的大小有关。当 d 和 β 一定时，税率 t 越小，IS 曲线越平缓；税率 t 越大，IS 曲线越陡峭。这是因为，在边际消费倾向一定时，税率越小，乘数会越大；税率越大，乘数会越小。但是，影响 IS 曲线斜率大小的，主要是投资对利率的敏感度，因为边际消费倾向一般比较稳定，税率也不会轻易变动。

3. IS 曲线的移动。从图 12-2 中可以看出，在两部门经济中，如果投资函数或储蓄函数变动，即投资曲线或储蓄曲线发生移动，都会引起 IS 曲线在坐标图中的位置移动。

先看投资函数的变动。如果由于某种原因（例如，出现了技术革新，或企业家对经济前景预期乐观等），在每一利率水平上投资需求都增加了，即投资曲线向右移动，IS 曲线也会向右移动。反之，若在每一利率水平上投资需求都减少了，即投资曲线向左移动，则 IS 曲线也会向左移动。

再看储蓄函数的变动。假若人们的储蓄意愿增强了，在每一收入水平上人们都增加了储蓄，储蓄曲线会向上移动，如果投资函数不变，IS 曲线就会向下移动。反之，若储蓄曲线向下移动，IS 曲线就会向上移动。

在三部门经济中，由于存在政府支出和政府税收，因而，投资、储蓄、政府购买、政府税收中任何一个变量的变动，都会引起 IS 曲线的移动。增加政府购买性支出，会使 IS 曲线向右移动；反之，减少政府支出，则会使 IS 曲线左移。政府税收增加，会使 IS 曲线向左移动；政府税收减少，则会使 IS 曲线右移。增加政府支出和减税，属于增加总需求的扩张性财政政策，而减少政府支出和增税，属于降低总需求的紧缩性财政政策。因此，政府实行扩张性财政政策，会使 IS 曲线向右移动，实行紧缩性财政政策，使 IS 曲线向左移动。IS 曲线的移动反映了宏观财政政策对经济的调节作用，体现了财政政策的有效性。

第二节　货币市场的均衡：LM 曲线

一、货币市场的均衡

在货币市场上，货币的供给量是由货币当局调控的，在短期内不会随着人们对货币需求的变动而变动。在货币供给量既定情况下，货币市场的均衡只能通过调节对货币的需求来实现。

现代货币原理表明，货币需求是收入与利息率的函数，如果把货币市场对货币的需求与供给关系用公式表示，可得到下面几个公式：

$$L = L_t + L_s = L(Y) + L(R) = KY - hR \tag{12.6}$$

$$m = \frac{M}{P} \tag{12.7}$$

$$m = L = L_t + L_s = KY - hR \tag{12.8}$$

式（12.6）是货币需求函数，表示人们对货币的需求由交易需求 L_t 和投机需求 L_s 构成，它们随收入与利率的变动而变动。式（12.7）是货币供给函数，m 代表实际货币供给量，M 代表名义货币供给量，P 为一般价格水平。在式（12.8）中，当货币市场实现均衡时，即货币需求等于货币供给，$L = m$。由式（12.8）可以得出：

$$R = \frac{K \cdot Y}{h} - \frac{m}{h} \tag{12.9}$$

式（12.9）表示货币市场实现均衡时的收入与利率的关系，或者说，收入与利息率之间必须维持式（12.9）的关系，才能使货币需求等于货币供给，从而使货币市场实现均衡。

二、LM 曲线

1. LM 曲线的含义及推导。与 IS 曲线相似，LM 曲线表示要使货币需求等于货币供给量，国民收入和利息率必须具备的数量组合的轨迹。或者说，它表示国民收入和利息率应该怎样配合，才能使货币市场实现均衡。如果以国民收入为横轴，以利息率为纵轴，LM 曲线是一条向右上方倾斜的曲线，如图 12-4 所示。同样应该注意，LM 曲线并不表示利息率与国民收入存在着严格的函数关系，也不意味着两者存在因果关系，它只表明，当利息率与国民收入存在这样一种数量关系时，货币需求量与货币供给量相等，货币市场能够实现均衡。

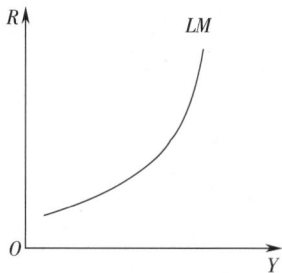

图 12-4　LM 曲线

式（12.9）实际上是 LM 曲线的代数表达式，根据该式，如果已知货币供给量和货币需求函数，便可求出能够使得货币需求等于货币供给的国民收入与利息率的各组数量组合，并在坐标图上得到一条 LM 曲线。LM 曲线的形成还可用图 12-5 来说明。

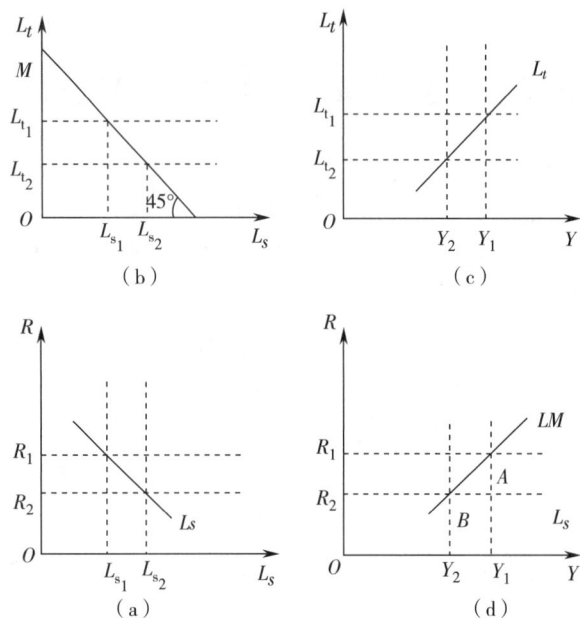

图 12 - 5　LM 曲线的形成

在图 12 - 5 中，图（a）表示投机需求 $L_s = L（R）$，投机需求与利息率按反方向变化，投机需求随利率的下降而增大。图（b）中的斜线是斜率为 45°的直线，它表示在货币供给量不变的条件下，要保持货币需求量与供给量相等，L_s 增加多少，L_t 就要减少多少，即 L_s 与 L_t 互为补数。图（c）表示交易需求 $L = L_t（Y）$，交易需求与国民收入按同方向变化。图（d）用于说明 LM 曲线是怎样形成的。在图 12 - 5 中，（a）与（b）的横轴，（b）与（c）的纵轴，（c）与（d）的横轴，（a）与（d）的纵轴分别表示同一个变量并使用同样的单位。现在从图（a）开始，假若利息率为 R_1，按照 L_s 曲线，相应的投机需求是 L_{s1}，从图（b）可以看到，当货币供给量为 OM 时，要使货币需求等于货币供给，交易需求必然等于 L_{t1}。根据图（c）L_t 曲线，当交易需求为 L_{t1} 时，国民收入水平为 Y_1。因此，当利息率为 R_1 时，使货币需求量与货币供给量相等的国民收入是 Y_1，利息率和国民收入的对应点是图（d）中的 A。

在货币供给量既定不变的条件下，假定利息率从 R_1 下降到 R_2，投机需求相应地从 L_{s1} 增加到 L_{s2}，交易需求必然从 L_{t1} 减少到 L_{t2}。要使交易需求减少到 L_{t2}，国民收入必须从 Y_1 下降到 Y_2。这样，在图（d）中又得到利息率和国民收入的对应点 B。用同样的方法还可以得到其他对应点。把这些点连接起来就可以得到 LM 曲线。显然，LM 曲线上的任何一点都表示能使货币需求等于货币供给的国民收入与利息率的数量组合。

LM 曲线上的任何一点都是使货币供求相等的利息率与收入的一种组合。但是，经济社会每一时刻的收入和利率的实际组合并不是一定位于 LM 曲线之上，而是可能存在货币市场的不均衡。图 12 - 6 中位于 LM 曲线右方的 D 点就是一个非均衡点，这时实际的利率低于均衡状态下的利率，使得实际的投机需求大于均衡状态下的投机需求，也就是大于均衡状态下的货币供给，因此，D 点是一个货币需求大于货币供给的非均衡点；相反，如果实际利率高于均衡状态下的利率，就会使实际的投机需求小于均衡状态下的投机需求，也就是小于均衡状态下的货币供给，如图 12 – 6 中的 C 点，就是一个货币需求小于货币供给的非均衡点。

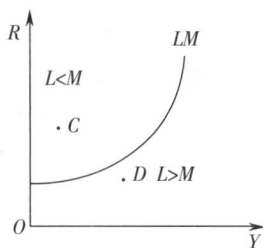

图 12 – 6　LM 曲线

一般地说，位于 LM 曲线右方的收入和利率的组合，都是货币需求大于货币供给的非均衡组合；位于 LM 曲线左方的收入和利率的组合，都是货币需求小于货币供给的非均衡组合；只有位于 LM 线上的收入和利率的组合，才是货币需求等于货币供给的均衡组合。

2. LM 曲线的斜率。LM 曲线斜率的大小反映了利率变动与国民收入变动之间的数量关系。从图 12 – 5 可以看出 LM 曲线的斜率取决于货币的投机需求曲线和交易需求曲线的斜率，也就是取决于式（12.9）中 h 与 k 之值。当 k 为定值时，h 越大，即货币需求对利率的敏感度越高，货币投机需求曲线越平缓，则 k/h 就越小，LM 曲线越平缓。当 h 为定值时，k 越大，即货币需求对收入变动的敏感度越高，货币交易需求曲线越陡峭，则 k/h 就越大，LM 曲线越陡峭。

LM 曲线总的来说是向右上方倾斜的，包括水平区域、倾斜区域、竖直区域三个部分。如图 12 – 7 所示，当利率降得很低时，货币的投机需求无限，货币投机需求的利率弹性无穷大，此时，LM 曲线呈水平状态。相反，如果利率上升到很高水平，货币的投机需求量将等于零，货币投机需求的利率弹性等于零，此时 LM 曲线呈竖直状态。LM 曲线呈水平状这个区域一般称为"凯恩斯区域"，LM 曲线呈竖直状态的区域则被称为"古典区域"，介于两者之间的是"中间区域"。LM 曲线的斜率在古典区域为无穷大，在凯恩斯区域为零，在中间区域则为正值。

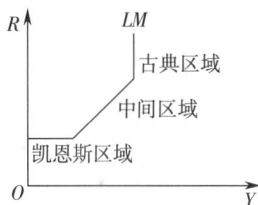

图 12 – 7　LM 曲线的三个区域

【知识链接】　　　　LM 曲线向右上方倾斜的假设条件

LM 曲线向右上方倾斜的假定条件是货币需求随利率上升而减少，随收入上升而增加。如果这些条件成立，则当货币供给既定时，若利率上升，货币投机需求量减少（即人们认为债券价格下降时，购买债券从投机角度看风险变小，因而愿买进债券而少持币），为保持货币市场上供求平衡，货币交易需求量必须相应增加，而货币交易需求又只有在收入增加时才会增加。于是，较高的利率必须和较高的收入相结合，才能使货币市场均衡。如果这些条件不成立，则 LM 曲线不可能向右上方倾斜。例如，古典学派认为，人们需要货币，只是为了交易，并不存在投机需求，即货币投机需求为零，在这种情况下，LM 曲线就是一条垂直线。反之，凯恩斯认为，当利率下降到足够低的水平时，人们的货币投机需求将是无限的（即认为这时债券价格太高，只会下降，不会再升，从而买债券风险加大，因而人们手头不管有多少货币，都再不愿去买债券），从而进入流动性陷阱，使 LM 曲线呈水平状。由于西方学者认为，人们对货币的投机需求一般既不可能是零，也不可能是无限大，是介于零和无限大之间，因此，LM 曲线一般是向右上方倾斜的。

3. LM 曲线的移动。通过前面的学习我们知道，货币投机需求、交易需求和货币供给量的变化，都会使 LM 曲线发生相应的变动。

第一，货币投机需求曲线移动，会使 LM 曲线发生反方向的移动，即如果投机需求曲线右移（投机需求增加），而其他情况不变，会使 LM 曲线左移，原因是同样利率水平上现在投机需求量增加了，交易需求量必减少，从而要求的国民收入水平下降。

第二，货币交易需求曲线移动，会使 LM 曲线发生同方向的移动，即如果交易需求曲线下移（交易需求减少），而其他情况不变，则会使 LM 曲线也下移。

第三，货币供给量变动将使 LM 曲线发生同方向变动，即货币供给量增加，LM 曲线右移；货币供给量减少，LM 曲线左移。

第三节　产品市场与货币市场的同时均衡：IS—LM 模型

一、产品市场与货币市场的同时均衡

产品市场均衡的条件是 $I = S$（投资等于储蓄），货币市场均衡的条件是 $L = m$（货币需求等于货币供给）。在前面的分析中已经明确，只有在 IS 曲线上的国民收入和利率的组合才能使投资等于储蓄，只有在 LM 曲线上的国民收入和利率的组合才能使货币需求等于货币供给。因此，产品市场与货币市场同时均衡的国民收入与利率组合应由 IS 曲线与 LM 曲线的交点确定，即

$$Y = \frac{\alpha + e - \mathrm{d}R}{1 - \beta} \tag{12.10}$$

$$Y = \frac{m}{K} + \frac{h}{K} \cdot R \tag{12.11}$$

均衡收入与均衡利息率被同时决定，如图 12 - 8 所示。

图 12 - 8 表明，当 IS 曲线和 LM 曲线相交于均衡点 E，这个交点决定了均衡收入和均衡利率组合 E（Y_0，R_0）。交点 E 即为产品市场和货币市场的均衡点，此时，产品的供给和需求以及货币的供给和需求全都相等。

从图 12 - 8 可以看到，IS 曲线和 LM 曲线把坐标平面分成了 4 个区域：Ⅰ、Ⅱ、Ⅲ、Ⅳ。从产品市场看，区域Ⅰ、Ⅱ位于 IS 曲线的右方，投资小

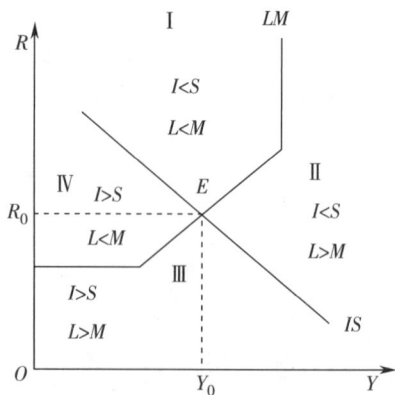

图 12 - 8　产品市场与
货币市场的同时均衡

于储蓄，这意味着消费支出加投资支出之和小于收入；Ⅲ、Ⅳ位于 IS 曲线的左方，投资大于储蓄，这意味着消费支出加投资支出之和大于收入。从货币市场看，区域Ⅱ、Ⅲ位于 LM 曲线的右方，货币需求大于货币供给；区域Ⅰ、Ⅳ位于 LM 曲线的左方，货币需求小于货币供给。

由于只有在 IS 曲线上的收入与利息率的组合才能使产品市场达到均衡，只有在 LM 曲线上的收入与利息率的组合才能使货币市场达到均衡，故只有既在 IS 曲线上又在 LM 曲线上的收入与利息率的组合，才能使产品市场和货币市场同时达到均衡。或者说，只有 IS 曲线与 LM 曲线的交点，才会产生均衡收入和均衡利息率。如收入和利息率的组合不在 IS 曲线与 LM 曲线的交点，则国民收入和利息率便没有处于均衡水平。然而，产品市场的不均衡会使收入发生变动：投资大于储蓄会导致收入上升；投资小于储蓄会导致收入下降。货币市场不均衡会导致

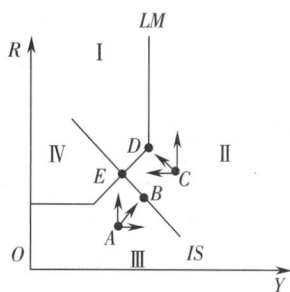

图 12 - 9　收入和利率由
不均衡到均衡

利率变动：货币需求大于货币供给会导致利率上升；货币需求小于货币供给会导致利率下降。由此，可以描绘出收入和利率由不均衡到均衡的调整过程，如图 12 - 9 所示。

在图 12 - 9 中，假定经济社会处于 A 点所表示的收入和利率组合的不均衡状态。这时产品市场上投资大于储蓄，存在超额产品需求；货币市场上货币需求大于货币供给，存在超额货币需求。投资大于储蓄的结果引起收入上升，收入从 A 点沿平行于横轴的箭头向右移动；货币需求大于货币供给的结果引起利率提高，利率从 A 点沿平行于纵轴的箭头向上移动。投资大于储蓄和货币需求大于货币供给的共同结果引起收入和利率的组合沿对角线的箭头向右上方移动到 B 点，B 点位于 IS 曲线上。这时。产品市场虽然达到均衡，但货币市场仍不均衡。在 B 点，货币需求大于货币供给，利率提高，收入和利率的组合又从 B 点沿着平行于纵轴的箭头向上移动到 C 点，再移动到 D 点。最后，收入和利率的组合移动到 E 点，即 IS 曲线和 LM 曲线的交点，表明 E 点对应的收入和利率的组合是产品市场和货币市场同时达到均衡的唯一组合。从 A 点到 E 点的过程，就是产品市场和货币市场从不均衡到均衡的调整过程。如果经济处于其他区域，根据上述方法，也可以说明，经济由不均衡最终实现一般均衡的过程。

【知识链接】　　　　　　　IS—LM 模型的缺陷

对 IS—LM 模型的批评意见主要集中在：

第一，IS 曲线是不同流量均衡的轨迹，它是一个时期概念；而 LM 曲线表示不同存量的均衡，它是一个时点概念。如果 IS 曲线与 LM 曲线相交，那就意味着在某个时期内，存量均衡始终存在。但是，如果存量均衡可以维持一个整个时期的话，不确定性似乎就不存在了，基于投机动机的流动偏好似乎就大大减弱了。在 IS—LM 模型中，人们已经看不出凯恩斯在《就业、利息和货币通论》中反复强调的"不确定性"。

第二，IS 曲线与 LM 曲线的移动是由名义冲击引起的还是由实际冲击引起的，在 IS—LM 模型中是含糊不清的。

第三，根据 IS—LM 模型得出的产品市场和货币市场的一般均衡是短期均衡，但是，这种均衡是完全信息条件下的均衡，还是不完全信息条件下的均衡，这一点并不清楚。

第四，这个模型强调总需求的决定因素分析，不重视供给和供给的微观基础分析。

第五，经济学家们争论的焦点问题的改变使得这个模型的重要性大大降低。大卫·罗默（David Romer）认为："凯恩斯主义者和货币主义者关于货币政策和财政政策相对有效性的争论在 20 世纪 60 年代和 70 年代是宏观经济学中的一个中心问题，但是现在这个问题在短期波动分析中只起很小的作用。"

第六，经济环境的变化凸显了这个模型的缺陷：这个模型的基本假定之一是中央银行的控制目标是货币供应量，但是，包括美联储在内的大多数国家的中央银行现在不怎么关注货币总量了。

资料来源：IS—LM 模型 [EB/OL]. https：//wiki. mbalib. com/wiki/IS – LM% E6% A8% A1% E5% 9E% 8B.

二、均衡的变动

IS 曲线和 LM 曲线的交点所确定的产品市场与货币市场同时获得均衡的国民收入和利率的组合不是固定不变的，将随产品市场和货币市场的变化而变化，即随着 IS 曲线和 LM 曲线的变化而变化。

1. IS 曲线的移动。投资的变动是影响两个市场中收入和利率的均衡组合变动的重要因素之一。投资增加，会使 IS 曲线向右移动；投资减少，会使 IS 曲线向左移动。在 LM 曲线不变的情况下，向右移动的 IS_1 曲线同 LM 曲线在较高的位置上相交，这个较高的均衡点 E_1 表示一个较高收入和较高利率的均衡组合；向左移动的 IS_2 曲线同 LM 曲线在较低的位置上相交，这个较低的均衡点 E_2 表示一个较低收入和较低利率的均衡组合，如图 12–10 所示。

在图 12–10 中，IS_0 与 LM 的交点 E_0 表示收入为 Y_0、利率为 R_0 的均衡组合。由于投资增加，IS_0 向右移动到 IS_1，IS_1 与 LM 的交点 E_1 表示收入为 Y_1、利率为 R_1 的均衡组合。在简单的凯恩斯模型中，由于乘数的作用，投资的增加会引起收入按某一倍数增加，即从 Y_0 增加到 Y_3。但是在 IS—LM 模型中，由于存在货币市场，乘数的作用受到限制，投资增加时，收入不是按某一倍数增加；而是按小于某一倍数的比例增加。这是因为，在货币供给不变的情况下，投资增加在引起收入增加的同时，又引起利率的提高，而利率的提高会阻碍投资的增加，因而会阻碍收入的增加。在这种场合，均衡国民收入只能由 Y_0 增加到 Y_1，图中 AB 即为财政政策的"挤出效应"。

相反，由于投资减少。IS_0 向左移动到 IS_2，IS_2 与

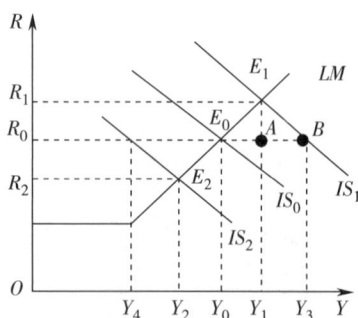

图 12–10　IS 曲线的移动

LM 的交点 E_2 表示收入为 Y_2、利率为 R_2 的均衡组合。在简单的凯恩斯模型中，由于乘数的作用，投资的减少会引起收入按某一倍数减少，即由 Y_0 减少到 Y_4。但在 IS—LM 模型中，乘数的作用因货币市场的存在而受到限制，投资减少时，收入不是按某一倍数而是按小于某一倍数减少，在这种场合，均衡国民收入只是由 Y_0 减少到 Y_2。

2. LM 曲线的移动。货币供给的变动也是影响两个市场中收入和利率的均衡组合变动的重要因素之一。货币供给增加，会使 LM 曲线向右移动，货币供给减少，会使 LM 曲线向左移动。在 IS 曲线不变的情况下，向右移动的 LM 曲线同 IS 曲线在较低的位置相交，这个较低的均衡点表示一个较高收入和较低利率的均衡组合；向左移动的 LM 曲线同 IS 曲线在较高的位置相交，这个较高的均衡点表示一个较低收入和较高利率的均衡组合，如图 12 – 11 所示。

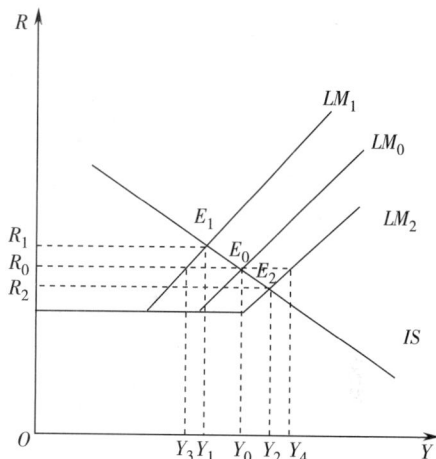

图 12 – 11　LM 曲线的移动

在图 12 – 11 中，LM_0 和 IS 的交点 E_0 表示收入为 Y_0、利率为 R_0 的均衡组合。由于货币供给的增加，LM_0 向右移动到 LM_2。LM_2 和 IS 的交点 E_2 表示收入为 Y_2、利率为 R_2 的均衡组合。货币供给的增加通过投资的增加引起收入的增加。在货币需求不变的情况下，货币供给的增加引起利率下降，利率下降引起投资增加，投资增加引起收入增加，收入增加引起交易需求增加。但是，货币供给的增加在引起收入和交易需求增加的同时又有限制收入和交易需求增加的因素。这是因为，货币供给的增加引起利率下降，利率下降引起投机需求增加，而在货币供给已定时，投机需求增加限制了交易需求的增加。这样，收入只能从 Y_0 增加到 Y_2，而不是 Y_4。

相反，由于货币供给的减少，LM_0 向左移动到 LM_1，LM_1 和 IS 的交点 E_1 表示收入为 Y_1、利率为 R_1 的均衡组合。货币供给的减少通过投资的减少引起收入的减少，但是，货币供给的减少在引起收入减少的同时，又有限制收入减少的因素。这是因为，货币供给的减少引起利率上升，利率上升引起投机需求减少，从而使收入只减少到 Y_1，而不是 Y_3。

【知识链接】　　**利用 IS—LM 曲线模型分析下述情况对总需求的影响**

（1）大量公司破产引起悲观情绪；（2）货币供给量增加；（3）与本国贸易关系密切的国家经济发生衰退。

解析：（1）大量公司破产引起人们悲观情绪会使得人们减少现期的投资和消费，从而 IS 曲线向左移动，总需求下降，收入和利率下降。（2）货币供给量增加会使得 LM 曲线向右移动，从而利率下降，投资增加，总需求增加。（3）与本国贸易关系密切的国家经济衰退会使本国出口减少，IS 曲线向左移动，总需求下降。

3. IS 曲线和 LM 曲线的同时移动。当 IS 曲线和 LM 曲线同时移动时，如果两条曲线同时向左或向右移动，则收入减少或增加，但利率变化不确定。图 12－12 表示的是 IS 曲线和 LM 曲线同时向右移动，收入增加，而利率不变的情况。

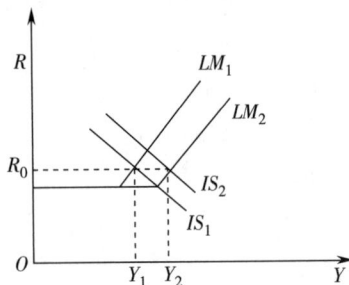

图 12－12　IS 曲线、LM 曲线同时向右移动

第四节　宏观经济政策的有效性及政策协调

虽然宏观财政政策和货币政策都能起到调控经济的效果，但从 IS—LM 模型可以看出，政策效果的大小却因 IS 曲线和 LM 曲线的斜率不同而大有差别。

一、财政政策的有效性

财政政策的有效性指政府收支变化使 IS 曲线移动对国民收入变动的影响。显然，这种影响的大小，随 IS 曲线和 LM 曲线的斜率不同而有所区别。

在 LM 曲线不变时，IS 曲线斜率的绝对值越大，即 IS 曲线越陡峭，则移动 IS 曲线时收入变化就越大，即财政政策效果越大。反之 IS 曲线越平坦，则 IS 曲线移动时收入变化就越小，即财政政策效果越小，如图 12－13 所示。

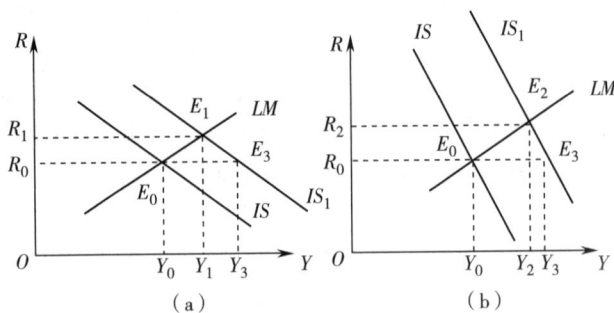

图 12－13　财政政策的有效性 1

图 12－13（a）和图 12－13（b）中，假定 LM 曲线即货币市场均衡情况完全相同，并且起初的均衡收入和均衡利率也完全相同。现假定政府实行一项扩张性财政政策（增加政府支出或减少税收），增加同样一笔支出，使 IS 曲线右移到 IS_1，右移的距离都是 E_0E_3。假若利率不上升，则两种情况下国民收入都会从 Y_0 增加到 Y_3，但是，在政府支出

增加使 IS 曲线右移而货币供给量不变（LM 未变）时，利率不可能不上升。利率的上升会抑制私人投资；这就是所谓的"挤出效应"。由于存在政府支出挤出私人投资的问题，因此，新的均衡点只能分别处于 E_1 和 E_2，收入分别也只能增加到 Y_1 和 Y_2。从图 12 – 13（a）和图 12 – 13（b）可见，Y_0Y_1（a）$< Y_0Y_2$（b），亦即图 12 – 13（a）表示的财政政策效果小于图 12 – 13（b）。原因在于图 12 – 13（a）中 IS 曲线比较平坦，而图（b）中 IS 曲线比较陡峭。而 IS 曲线斜率大小主要由投资的利率弹性所决定，IS 曲线越平坦，表示投资的利率弹性越大，即利率变动所引起的投资变动越大。若投资对利率变动的反应较敏感，一项扩张性财政政策使利率上升时，就会使私人投资下降很多，亦即挤出效应较大。因此，IS 曲线越平坦，实行扩张性财政政策被挤出的私人投资就越多，从而使国民收入增加得就越少，即政策效果越小。而 IS 曲线越陡，财政政策的挤出效应就越小，因而政策效果就越大。

在 IS 曲线不变时，财政政策效果又随 LM 曲线斜率不同而不同。LM 曲线斜率越大，即 LM 曲线越陡，则移动曲线时收入变动就越小，即财政政策效果就越小；反之，LM 曲线越平坦，则财政政策效果就越大，如图 12 – 14 所示。

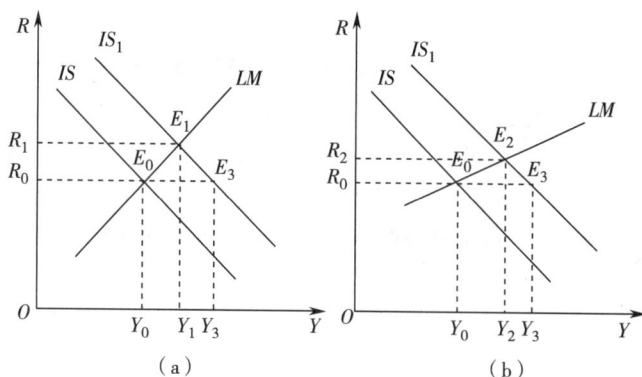

图 12 – 14　财政政策的有效性 2

在图 12 – 14 中，假定 IS 曲线斜率相同，最初的均衡收入和利率也都相同，但 LM 曲线的斜率不同，在这样的情况下，政府实行一项扩张性财政政策使 IS 曲线右移到 IS_1，右移的距离都是 E_0E_3，但由于"挤出效应"的不同，国民收入分别增加 Y_0Y_1 和 Y_0Y_2。显然，图 12 – 14（a）表示的政策效果小于图 12 – 14（b）。

二、货币政策的有效性

变动货币供给量的政策对总需求的影响从而对国民收入的影响，即货币政策的有效性，同样取决于 IS 曲线和 LM 曲线的斜率。

在 LM 曲线斜率不变时，IS 曲线越平坦，LM 曲线移动对国民收入变动的影响就越大；反之 IS 曲线越陡峭，LM 曲线移动对国民收入变动就越小，如图 12 – 15 所示。

图 12 – 15（a）和图 12 – 15（b）中，LM 曲线斜率相同，IS 曲线斜率不同，初始的均衡收入和利率相同。中央银行实行增加同样数量货币供给量的扩张性货币政策，LM 曲线右移相同距离 E_0E_3，从图中可见，IS 曲线较陡时，收入增加较少，IS 曲线较平缓

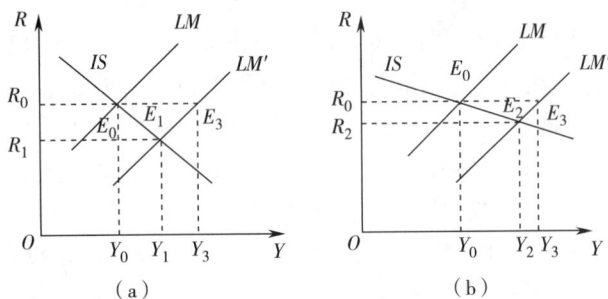

图 12－15　货币政策的有效性 1

时，收入增加较多。这是因为 IS 曲线较陡，投资的利率弹性较小，当 LM 曲线由于货币供给量增加而向右移动使利率下降时，投资不会增加很多，从而国民收入水平也不会有较大增加。反之，IS 曲线较平坦时，投资利率弹性较大，货币供给量增加使利率下降时，投资会增加很多，从而使国民收入水平有较大增加。

在 IS 曲线不变时，LM 曲线越平坦，货币供给量变动时，国民收入的变动就越小，即货币政策效果就越小，反之，LM 曲线越陡峭，货币政策效果就越大，如图 12－16 所示。

图 12－16（a）和 12－16（b）中，IS 曲线位置与斜率相同，初始的均衡收入和利率也相同。中央银行实行增加同样数量货币供给量的扩张性货币政策后，两图中 LM 曲线向右移动相同距离 E_0E_3。从图中可见，LM 曲线较平坦时，收入增加较少，LM 曲线较陡时，收入增加较多。这主要是因为，若 LM 曲线较陡峭，意味着货币需求的利率弹性较小，即货币供给量稍有增加就会使利率下降较多，因而投资和国民收入增加较多，即货币政策效果较强。

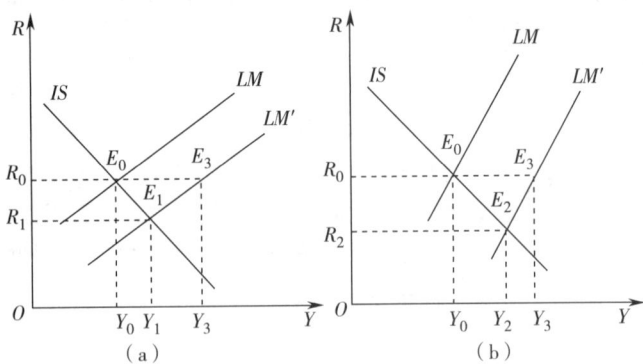

图 12－16　货币政策的有效性 2

总之，LM 曲线越平坦，IS 曲线越陡峭，财政政策效果越强，货币政策效果越弱，在极端情况下，如果 IS 曲线为垂直线而 LM 曲线为水平线，财政政策将十分有效，而货币政策将完全无效。IS 曲线越平坦，LM 曲线越陡峭，货币政策效果越强，财政政策效果越弱，在极端情况下，如果 IS 曲线为水平线而 LM 曲线为垂直线，货币政策将十分有效，而财政政策将完全无效。

【知识链接】 IS 曲线和 LM 曲线的斜率及其决定因素的意义

分析研究 IS 曲线和 LM 曲线的斜率及其决定因素，主要是为了分析有哪些因素会影响财政政策和货币政策效果。在分析财政政策效果时，例如分析一项增加政府支出的扩张性财政政策效果时，如果增加一笔政府支出会使利率上升很多（这在 LM 曲线比较陡峭时就会这样），或利率每上升一定幅度会使私人部门投资下降很多（这在 IS 曲线比较平坦时就会是这样），则政府支出 IS—LM 模型的"挤出效应"就大，从而扩张性财政政策效果较小，反之则相反。可见，通过分析 IS 曲线和 LM 曲线的斜率以及它们的决定因素就可以比较直观地了解财政政策效果的决定因素：使 IS 曲线斜率较小的因素（如投资对利率较敏感，边际消费倾向较大从而支出乘数较大，边际税率较小从而也使支出乘数较大），以及使 LM 曲线斜率较大的因素（如货币需求对利率较不敏感以及货币需求对收入较为敏感），都是使财政政策效果较小的因素。在分析货币政策效果时，例如分析一项增加货币供给的扩张性货币政策效果时，如果增加一笔货币供给会使利率下降很多（这在 LM 曲线陡峭时就会是这样），或利率上升一定幅度会使私人部门投资增加很多（这在 IS 曲线比较平坦时就会是这样），则货币政策效果就会很明显，反之则相反。可见，通过分析 IS 曲线和 LM 曲线的斜率以及它们的决定因素就可以比较直观地了解货币政策效果的决定因素：使 IS 曲线斜率较小的因素以及使 LM 曲线斜率较大的因素，都是使货币政策效果较大的因素。

三、宏观经济政策的协调

从 IS—LM 模型的分析中可以看出，一般来说，尽管宏观经济政策都可以起到调控经济的作用，但要使经济政策更好地达到预期的效果，最好还是把财政政策与货币政策配合起来协调使用。

财政政策与货币政策可以有多种配合形式，其政策效应，有的是事先可预计的，有的则必须根据财政政策和货币政策何者更强有力而定，因而是不确定的。一般来说，当经济严重萧条时，可以将扩张性财政政策与扩张性货币政策配合使用，从而更有力地刺激经济。因为扩张性财政政策使总需求增加，但也会提高利率水平，这时，采用扩张性货币政策就可以抑制利率的上升，以消除或减少扩张性财政政策的挤出效应，使总需求大幅度增加，从而迅速摆脱萧条。例如，20 世纪 60 年代初美国经济萧条，为克服衰退，美国政府一方面减税，同时采用"适应性的"货币政策，使产量增加时利率基本保持不变，政策效果相当显著。

当经济过度繁荣，通货膨胀严重时，也可以把紧缩性财政政策与紧缩性货币政策配合使用。因为，紧缩性财政政策尽管可以使总需求减少，但同时会使利率下降，而紧缩性货币政策又会使利率上升，从而不使利率的下降起到刺激总需求的作用。在 20 世纪 60 年代末 70 年代初，美国经济生活中通货膨胀率过高而失业率较低，为控制通货膨胀，美国政府实行了紧缩财政与紧缩货币相结合的政策。

经济萧条但又不太严重时，政府可以用扩张性财政政策刺激总需求，同时又用紧缩性货币政策控制通货膨胀。而当经济中出现通货膨胀但又不太严重时，可以用紧缩性财政政策压缩总需求，同时采用扩张性货币政策降低利率以免总需求过度紧缩而引起衰退。20 世纪 70 年代末 80 年代初，美国政府曾经采用紧缩性货币政策来控制较为严重的通货膨胀，同时又运用减税、投资补贴等扩张性财政政策来刺激总需求，以摆脱经济萧条。

最后需要注意的是，在考虑如何协调使用两种政策时，不仅要看当时的经济形势，还要考虑政治上的需要。因为不同的经济政策影响的是总需求中不同的部分，也就是影响不同的经济部门，从而影响不同的人，所以，政府在作出混合使用各种政策的选择时，必须考虑各行业、各阶层的人群的利益如何协调的问题。例如，同样是扩张性财政政策，如果增加政府军事购买则有利于军工部门，若减少个人所得税则有利于一般公众，若增加转移支付则有利于低收入阶层，而投资补贴则有利于资本家。因此，经济政策的选择涉及诸多复杂的社会政治问题。

【本章小结】

在现代西方经济学中，讨论产品市场和货币市场共同均衡的 IS—LM 模型，被称为扩展的凯恩斯模型。IS 曲线是表示能使储蓄等于投资的国民收入与利率的组合，其斜率主要取决于投资需求的利率弹性。投资增加和政府支出增加以及储蓄和税收的减少会导致 IS 曲线右移，反之，投资和政府支出的减少以及储蓄和税收的增加会导致 IS 曲线左移。LM 曲线是表示能够使货币需求等于货币供给的国民收入和利率的组合，其斜率决定于货币需求的利率弹性和收入弹性。货币供给量增加会导致 LM 曲线右移，货币供给量减少则导致 LM 曲线左移。产品市场与货币市场的同时均衡决定于 IS 曲线与 LM 曲线的交点，此时均衡收入与均衡利率被同时决定。IS—LM 分析也使得有关宏观财政与货币政策的讨论比使用简单的工具所可能进行的讨论更加丰富。宏观财政与货币政策的有效性取决于 IS 曲线和 LM 曲线的确切形状。因此，政府要使宏观经济政策发挥充分影响，需要灵活组合财政与货币政策。

【复习思考题】

一、名词解释
IS 曲线　LM 曲线　IS—LM 模型　挤出效应

二、分析讨论题
1. IS 曲线和 LM 曲线是怎样形成的？
2. 为什么产品市场与货币市场在 IS 曲线和 LM 曲线相交时同时均衡？
3. 根据 IS—LM 分析，政府支出和货币供给量的变动怎样对均衡利息率和国民收入产生影响？
4. 根据 IS—LM 分析，试说明宏观财政与货币政策的有效性。

三、计算题
1. 在一个只有居民和厂商的两部门经济中，消费 $C = 100 + 0.8Y$，投资 $I = 150 - 6R$，货币供给 $m = 150$，货币需求 $L = 0.2Y - 4R$（单位：亿美元）。（1）求 IS 曲线和 LM 曲线的代数表达式；（2）求产品市场与货币市场同时均衡时的利率和收入；（3）若上述情况变为三部门经济，其中税收 $T = 0.25Y$，政府支出 $G = 100$，货币需求为 $L = 0.20Y - 2R$，实际货币供给 $m = 150$，求 IS 曲线、LM 曲线及均衡利率和收入。

2. 假设一个经济体系的消费函数 $C = 500 + 0.5Y$，投资函数 $I = 1250 - 250R$，货币需求函数 $M_D/P = 1000 + 0.5Y - 250R$，价格水平 $P = 1$，货币供给 $M_S = 1250$，没有政府活动及进出口，试求均衡收入和利率（单位：亿美元）。

【案例分析】

从 1965 年初到 1966 年末，美国驻越南军队由不足 2.5 万人剧增到 35 万人以上，卷入越南战争的程度急剧加深。军队的增加使得军费开支扶摇直上，从 1965 年到 1966 年，美国政府支出增加了 550 亿美元。利用 IS—LM 模型进行预测，这将对产出和利率产生什么样的影响呢？如图 12-17 所示，政府支出增加使 IS 曲线由 IS_1 右移至 IS_2，而 LM 曲线不变。因为，以不变价格计算，货币供给量 M_1 几乎没有变动：1965 年为 5910 亿美元，1966 年为 5850 亿美元，这样，IS—LM 模型预测经济从点 E_1 移至 E_2，GDP 增加，利率上升。这也正是 1965 年至 1966 年的实际情况：GDP 从 24710 亿美元增至 26160 亿美元；增加了 1450 亿美元（是政府支出增加额 550 亿美元的数倍）。3 个月期国库券利率从 3.95% 升至 4.88%。

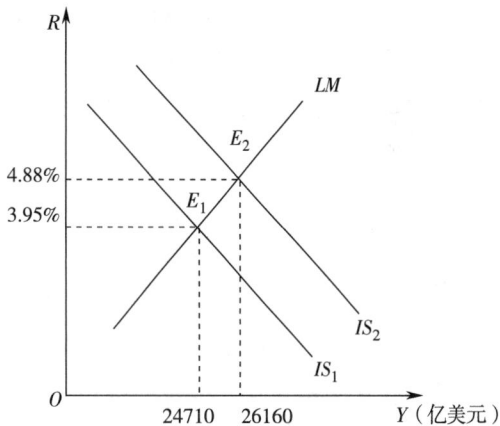

图 12-17 政府支出增加对产出和利率的影响

当时经济学家们都认为，应提高税收以避免经济过热，并使 IS 曲线重新向左移动以降低利率。但不幸的是，约翰逊总统认为，通过提高税收来支撑越来越不受人们欢迎的战争，在政治上是行不通的。因此，直到 1968 年仍未提高税收。而到那时，过热的经济已经造成了通货膨胀和前所未有的高利率。

资料来源：张建伟，王帅. 西方经济学 [M]. 北京：人民邮电出版社，2011.

问题：你认为要解决案例中所面临的经济过热问题，应该采取何种措施？

【拓展阅读】

认识 LPR

第十三章

总需求—总供给模型

ZONGXUQIU—ZONGGONGJI
MOXING

【教学目的和要求】

通过本章的学习，要求学生明确总需求—总供给模型的含义，理解总需求、总供给的推导过程，掌握总需求、总供给与一般价格水平的关系以及总需求、总供给的变动对均衡的影响。

在前面的宏观经济分析中，总是假定一般价格水平是固定不变的，把一般价格水平作为一个外生变量来对待。前几章考察了一般价格水平和利率不变时均衡国民收入的决定和一般价格水平不变、利率可以变动时，均衡国民收入和均衡利率的决定。此时，利率被视为内生变量。本章的总需求—总供给模型假定一般价格水平是可以变动的，把一般价格水平看做内生变量，来考察价格水平和均衡国民收入的决定，并以此为基础研究不同宏观经济政策和政策组合对均衡国民收入和均衡价格水平的影响。

第一节　总需求函数

一、总需求函数的含义

总需求（Aggregate Demand，AD）是经济社会对产品和劳务的需求总水平，由消费需求、投资需求、政府需求和国外需求构成。总需求函数（Aggregate Demand Function）是产品市场和货币市场同时达到均衡时的物价水平 P 与国民收入 Y 之间的依存关系。总需求函数可以表示为

$$Y = f(P) \tag{13.1}$$

在其他条件不变的情况下，当物价水平 P 提高时，均衡国民收入 Y 减少；当物价水平 P 下降时，均衡国民收入 Y 增加，二者的变动方向相反。

总需求曲线（Aggregate Demand Curve）是表明产品市场与货币市场同时达到均衡时总需求与价格水平之间关系的曲线。如图 13-1 所示，在横轴表示产出、纵轴表示价格水平的坐标图中，总需求曲线是一条向右下方倾斜的曲线。

显然，总需求函数与简单国民收入决定模型中的总支出函数是不同的。总支出是指消费支出、投资支出、政府支出和净出口的总和，它实际上也是对社会产品的总需求。但是，总支出函数是表示总支出量或总需求与国民收入的关系，总需求函数则表示总需求和价格水平的关系。

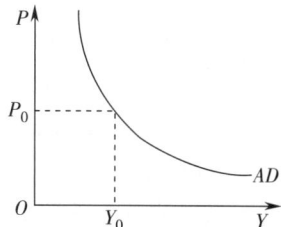

图 13-1　总需求曲线

【知识链接】

2008 年 11 月 5 日，国务院常务会议召开，确定了进一步扩大内需、促进经济增长的 10 项措施和 40000 亿元投资。这是在国际金融危机背景下，中国主动应对，多方筹资，重拳救市的重大方案之一。如此巨额的投资在未来两三年对经济的拉动作用将十分明显。以钢铁业为例，40000 亿元投资不仅有助于缓解市场恐慌情绪、提升行业信心，也直接增加了钢材的需求量，加大基础设施投资的举措更是扩展了市场对钢铁的需求空间。巨资将对钢铁业产生积极的连锁传导效应。例如高速公路网络建设将刺激汽车业需求，铁路建设将带动工程机械设备需求。据报道，2007 年我国粗钢产量约为 4.8 亿吨，相对应的固定资产投资为 140000 亿元。依此比例计算，40000 亿元投资至少可拉动 1 亿吨的钢材需求。

资料来源：刘华．经济学基础［M］．北京：冶金工业出版社，2007.

二、总需求曲线的导出

收入—支出分析图是我们用于导出总需求曲线以及理解它的形状的基本工具。图 13-2 说明了总需求曲线的形成过程。坐标图 13-2（a）是收入—支出分析图。图 13-2（b）的横轴表示产出 Y，纵轴表示一般价格水平 P，它用来表示从图（a）推导出来的总需求曲线。

在图 13-2 中，假定原来的价格水平为 P_0，在这一价格水平上，总支出线 AD_0 与 45°线相交于 E_0 点，决定了均衡产出为 Y_0，这意味着在价格水平 P_0 上，社会对商品的需求总量为 Y_0。现在假设价格由 P_0 下降到 P_1，由于价格水平的下降，总支出曲线上移至 AD_1 的位置，它与 45°线相交于 E_1 点，从而决定

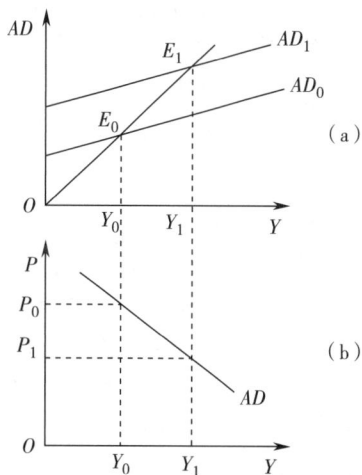

图 13-2　总需求曲线的形成

了新的均衡产出为 Y_1。这意味着在价格水平 P_1 上，社会对商品的需求总量为 Y_1。用同样方法，对一系列连续价格水平运用收入—支出分析图可以得到相应的产出，即得到价格水平与需求总量的其他对应点。把它们连接起来，便得到了（b）图中的总需求曲线 AD。

价格水平的下降为什么会引起总支出曲线上移从而引起社会商品需求总量的增加呢？这是因为，价格下降会引起消费函数、投资函数、净出口函数即总支出的各构成部分增加。决定个人消费支出的重要因素之一是实际财富。在收入的任一既定水平上，实际财富水平越高，消费水平也就越高。当价格下降时，人们所持有的货币的实际价值升高，人们会变得较为富有，这一增加了的财富将使人们增加消费，消费曲线上移，从而引起总支出曲线也同样上移。价格下降也可能通过利率的下降导致资本投资的增加，还可能使得出口增加，进口减少，从而净出口增加，总支出曲线上移。需要注意的是，价格水平下降虽然使总支出曲线上移，但仅仅是略微上移，因而，总需求曲线一般是相对无弹性的或者说是相当陡峭的。

总需求曲线也可以根据 IS—LM 模型图导出，图 13 – 3（a）是 IS—LM 模型图，图 13 – 3（b）的横轴表示产出 Y，纵轴表示价格水平 P，用于表示从图 13 – 3（a）推导出来的总需求曲线 AD。

在图 13 – 3（a）中，当价格水平为 P_1 时，LM 曲线为 LM_1，它与 IS 曲线的交点决定了均衡的国民收入为 Y_1，这意味着在价格水平为 P_1 时，社会对商品的需求总量为 Y_1。现在，假定价格水平从 P_1 上升到 P_2，在名义货币供给量不变的情况下，价格水平上升将使实际货币供给量减少，LM 曲线从 LM_1 向左移动到 LM_2，它与 IS 曲线的交点决定了均衡的国民收入为 Y_2，这意味着在价格水平 P_2 上，社会对商品的需求总量为 Y_2。用同样的方法，在图 13 – 3（b）中还可以得到

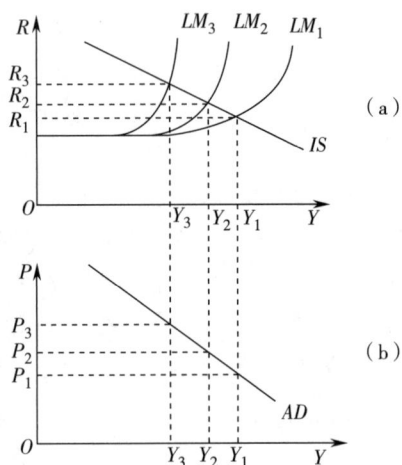

图 13 – 3　由 IS—LM 模型
推导总需求曲线

价格水平和需求总量的其他对应点，把它们连接起来，便得到了总需求曲线 AD。

三、总需求曲线的移动

根据总需求曲线的导出，我们可以发现，在给定的价格水平上，任何使得总支出曲线向上或向下移动的因素也将使得总需求曲线向上或向下移动，任何使 IS 曲线或 LM 曲线移动的因素也会改变总需求曲线的位置。我们知道，宏观财政政策的变动会改变 IS 曲线的位置，宏观货币政策的变化会改变 LM 曲线的位置。在这里我们主要说明宏观财政政策与货币政策如何决定总需求曲线的位置。

宏观财政政策并不直接影响货币市场的均衡，也就不影响 LM 曲线的位置。但财政政策影响产品市场的均衡，也就要影响 IS 曲线的位置。这样，宏观财政政策主要通过对 IS 曲线位置的影响而影响总需求曲线的位置。我们以扩张性财政政策为例，用图 13 – 4 来说明财政政策如何影响总需求曲线的位置。

在图 13 - 4（a）中，IS 曲线为 IS_0，IS_0 与 LM 曲线相交于 E_0 点，决定了利率为 R_0，国民收入为 Y_0，此时总需求曲线 AD_0 如图 13 - 4（b）所示。现在，假定政府的扩张性财政政策（增加支出或减少税收）使 IS 曲线向右上方移动到 IS_1，IS_1 与 LM 曲线相交于 E_1 点，从而决定了利率为 R_1，国民收入为 Y_1。这意味着，在 P_0 的价格水平下，由于政府的扩张性财政政策使社会对商品的需求总量从 Y_0 增加到 Y_1，即总需求曲线向右移动到 AD_1。同样，还可以说明，当政府采取紧缩性财政政策时，总需求曲线会向左下方移动。因此，当采取扩张性财政政策时，在每一价格水平上，总需求量都增加了；当采取紧缩性财政政策时，在每一价格水平上，总需求量都减少了。

宏观货币政策并不直接影响产品市场的均衡，从而也就不影响 IS 曲线的位置。但货币政策影响货币市场的均衡，从而也就要影响 LM 曲线的位置。这样，货币政策主要通过对 LM 曲线位置的影响而影响总需求曲线位置。下面，我们以扩张性货币政策为例，用图 13 - 5 来说明，货币政策如何影响总需求曲线的位置。

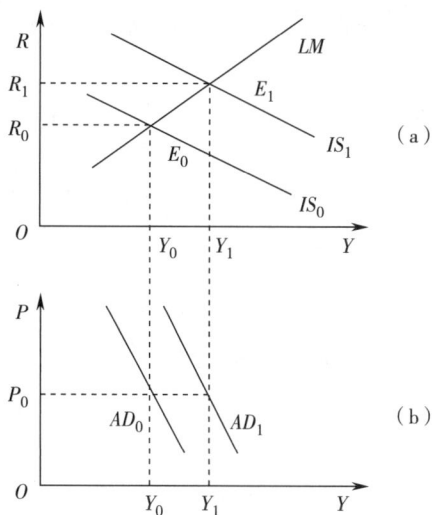

图 13 - 4 财政政策对总需求曲线的影响

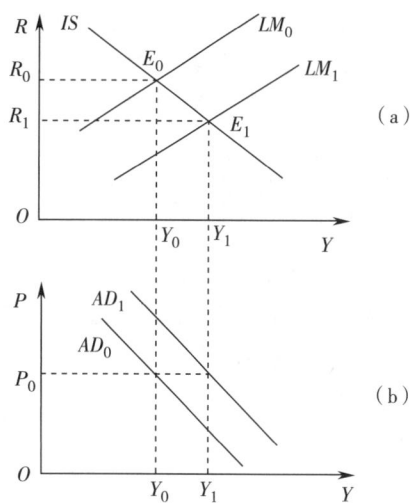

图 13 - 5 货币政策对总需求曲线的影响

在图 13 - 5（a）中，LM 曲线为 LM_0，LM_0 与 IS 曲线相交于 E_0 点，决定了利率和国民收入分别为 R_0 和 Y_0，此时总需求曲线 AD_0 如图 13 - 5（b）所示。现在，假定扩张性的货币政策使 LM 曲线向右下方移动到 LM_1，LM_1 与 IS 曲线相交于 E_1 点，决定了利率和国民收入分别为 R_1 和 Y_1。这意味着，在 P_0 的价格水平上，由于扩张性的货币政策，社会对商品的需求总量由 Y_0 增加到 Y_1，总需求曲线由 AD_0 右移至 AD_1。同样，也可以说明，紧缩性的货币政策将使总需求曲线向左下方移动。因此，当采取紧缩性货币政策时，在每一价格水平上，总需求都减少了；当采取扩张性货币政策时，在每一价格水平上，总需求都增加了。

第二节 总供给函数

一、总供给函数的含义

总供给（Aggregate Supply，AS）是经济社会的总产出水平，它描述了经济社会的

基本资源用于生产时可能有的产出水平。一般
而言，总供给主要是由生产性投入（最重要的
是劳动与资本）的数量和这些投入组合的效率
（社会的技术）决定的。总供给函数（Aggre-
gate Supply Function）表示总产量和一般价格
水平之间的关系，总供给函数的几何表示即为
总供给曲线。总供给曲线的典型形状如图 13 -
6 所示。在低产量水平处，总供给曲线相对平
坦（或富有弹性），而在高产量水平，它是相
对陡峭的（或无弹性）。理由如下：在低产量
水平处，比如在 A 点，经济中存在过剩的生产

图 13 - 6　总供给曲线

能力，工人与机器的利用率不足。因此，价格水平的略微上升，例如从 P_0 上升到 P_1，
将引起非常大的产量增加，即从 Y_0 到 Y_1。在很高的产量水平处，如在 C 点，机器与工
人都以接近于各自最大生产能力工作，很难再生产出更多的产品，多生产一单位产品
的边际成本可能非常之大，相应地，这就需要价格水平上升很大，比如从 P_2 到 P_3，
才能取得产量的少量增加，即从 Y_2 到 Y_3，在充分就业产量 Y_f 处，经济已经达到了其最
大生产能力，产出已难以进一步增加，要使产量水平超过 Y_f，需要更多的劳动力或更
多的资本设备。

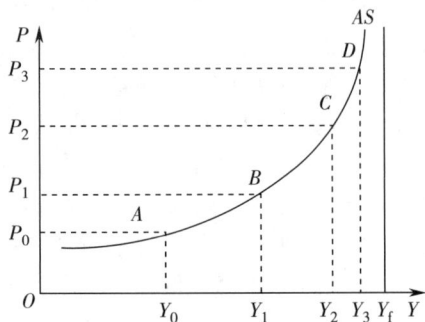

二、总供给曲线的导出

与相对复杂的总需求曲线的建立不同，总供给曲线的建立是微观经济学所作分析的
直接推广，市场供给图 13 - 7 中的曲线被解释为一个行业中所有单个厂商供给曲线的
总和。

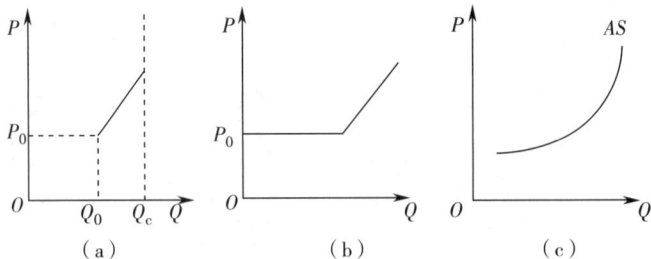

图 13 - 7　总供给曲线的导出

一个典型厂商的供给曲线包括两个部分：①如果价格太低，生产就不值得，退出该
行业更好。图 13 - 7（a）以 P_0 代表这一价格。②当价格超过 P_0 时，价格越高，厂商就
会生产得越多，直到达到某个生产能力水平（图中 Q_c）。不论价格是多少，厂商都不能
生产超过该生产能力水平的产量。既然大多数厂商都是按一个特定生产能力设计的，价
格 P_0 以上的厂商供给曲线是相对缺乏弹性的。市场供给曲线是通过将每一价格水平上每
个厂商愿意供给的数量加总形成的，如图 13 - 7（b）所示。如果所有厂商都具有相同的

供给曲线，那么市场供给曲线也将包括两部分：在 P_0 的水平部分和 P_0 以上的上升部分。在 P_0 处，产量的提高只能通过出现越来越多的厂商得到。经济社会的总供给曲线是通过将每一价格水平上所有不同行业产出加总形成的，如图 13-7（c）所示。由于现实中并非所有厂商都是同样的，亦即他们并不恰好在同一价格水平上退出生产，因此，总供给曲线的下端不是完全水平的，但是，与经济在满负荷状态运行时相比较，当经济在有大量超额生产能力状态运行时，价格的略微上升便可能带来产量的较大增加，因而，总供给曲线的形状也反映出市场供给曲线的形状：有超额生产能力时的平缓部分和接近全部生产能力时的垂直部分。

图 13-7（a）所示为一个典型厂商的供给曲线，P_0 为临界价格，低于此价格时，厂商将不生产，在该价格上，有一个最小规模 Q_0，厂商可在此规模上有效经营。在较高的价格上，产出增加值达到厂商的生产能力 Q_c，当产出接近 Q_c 时，厂商的供给曲线变得垂直。图 13-7（b）所示为市场供给曲线，通过将行业中所有厂商的供给曲线加总得到。在 P_0 处曲线是平缓的，通过增加经营厂商的数量来增加产出，当所有厂商都在经营中时，进一步的产出增加就要求价格的上升，价格越高，供给量越多，直到达到行业的生产能力。图 13-7（c）所示为经济社会的总供给曲线，其典型形状包括两部分：有超额生产能力的平缓部分和接近全部生产能力的垂直部分。

需要注意的是，上述分析中有两点简化：第一，上述总供给曲线是在假设工资以及未来价格工资预期固定的情况下得出的。在稍后，我们会看到长期供给曲线如何对未来价格和工资的预期进行调整。第二，总供给曲线的上述分析假设产品市场是完全竞争的，但是，不完全竞争条件下的总供给曲线也具有非常相似的形状。

三、总供给曲线的移动

总供给曲线的位置也是变动的，这种变动说明了在既定价格水平之下，总供给量的变动。其原因主要有：

1. 技术变动。引起总供给曲线移动的一个重要原因是技术的变化。如果任一给定投入组合能够生产的产出数量提高，总供给曲线将右移；反之，总供给曲线将左移。因为技术几乎总是改进的，所以技术变动的影响一般是使总供给曲线向右移动。但是，在研究经济的下降趋势时，经济学家们感兴趣的是总供给曲线向左的移动。

2. 生产要素价格的变化。厂商愿意生产的数量依赖于相对为生产必须支付的成本。因此，生产要素的价格下降将使总供给曲线右移，生产要素的价格上升将使总供给曲线左移。1973 年，世界石油价格戏剧性地上涨，实际涨幅达 45%；1979 年又再一次上涨51%；而在 1985 年，又以同样具有戏剧性的方式下跌。石油价格的每一次变化都引起了美国等发达国家总供给曲线的移动。

3. 承担风险意愿的变化。生产总是伴随着风险的，当经济进入衰退期时，风险增加，而厂商承担风险的意愿和能力却下降。因为经营者不清楚衰退将持续多久，也不知道经济的复苏是否能恢复对他们生产的特定产品的需求，如果衰退是未预期到的或者比预期中的要长，那么厂商将会有超额的存货。由于这些危险，经济的不确定性的上升会使厂商更加谨慎。谨慎经营的一种方式是削减产量和存货，亦即减少厂商在每一价格水平上愿意供给的数量，从而导致总供给曲线左移。这意味着，以总需求曲线的左移开始的经济下降趋势，可能导致总供给曲线的左移。如图 13 – 8 中，供给曲线 AS_1 向左移动到 AS_2。

此外，总供给曲线的移动还产生于自然的或人为的灾祸等原因。地震或战争期间的轰炸会极大地减少经济社会中资本的数量，结果导致任一数量的劳动能够生产的产出数量都减少，从而引起总供给曲线的左移。

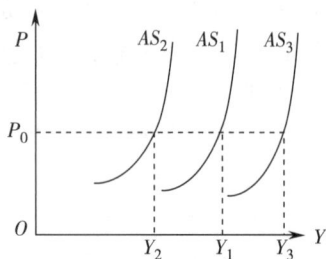

图 13 – 8　短期总供给曲线的移动

四、长期总供给曲线

向右上倾斜的短期总供给曲线是在当前工资及预期的工资和价格都固定的假设下得到的。如果个人和厂商预期到未来的工资和价格不同于当前的工资和价格，这种预期可能会影响在当前价格的任一给定水平上他们愿意供给的数量。如果工人们能正确预见将来的价格，那么工资将随价格变动而变动，例如，他们如果预期明年价格将上涨 10%，他们为明年的工资进行的讨价还价就会反映出这一点。我们把那条不仅考虑当前的工资随当前价格变动，而且也考虑到未来的工资和价格随当前价格变动的总供给曲线称为长期总供给曲线。

如果名义工资与价格前后相应地变动，那么厂商面对的实际工资将保持不变，如果其所卖产品的价格和生产成本一同上升，厂商就没有改变生产水平的动力，只有当价格比成本上升得快时，他们才会增加供给。因此，如果价格水平的每一变化都伴随工资水平一个恰好抵消的变化，那么在每一价格水平上的产出水平都将保持不变。因而，在考虑到工资和价格预期的新假设下，长期总供给曲线将是垂直的，如图 13 – 9 所示。

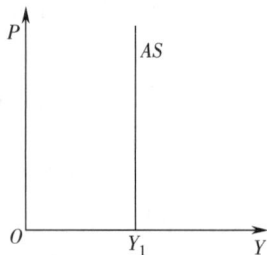

图 13 – 9　长期总供给曲线

【知识链接】　　　　20 世纪 90 年代美国经济的增长

——长期总供给曲线右移

20 世纪 90 年代是美国战后维持时间最长的持续经济增长。引起这种增长的根本原因是技术进步引起的长期总供给曲线向右移动，即美国经济潜力的提高。20 世纪 90 年代，由于技术进步，美国经济潜力提高，在这一过程中技术进步引起投资增加、消费增加。这个事例告诉我们，经济潜力提高，长期总供给曲线向右移动，可以实现更高水平的充分就业均衡而不引起通货膨胀。这说明从长期来看，提高经济潜力，使长期总供给曲线向右移动是至关重要的。

资料来源：张成武，俞颖灏. 西方经济学 [M]. 上海：上海财经大学出版社，2007.

第三节 国民收入和价格水平的均衡

前面我们分析了总需求曲线和总供给曲线。现在我们把总需求曲线与总供给曲线结合起来用总需求—总供给模型来说明均衡国民收入与价格水平的决定。

一、均衡的决定

在图 13 - 10 中，总需求曲线 AD 与总供给曲线 AS 相交于 E，这时就决定了均衡的国民收入水平为 Y_0，均衡的价格水平为 P_0。

从图 13 - 10 可知，总供求均衡点 E 决定均衡国民收入和均衡价格总水平，均衡点的位置又取决于 AD 线和 AS 线的位置，AD 线和 AS 线的任何移动都将导致均衡点的变动，而凡是价格总水平以外的其他因素所引起的总供求的变动都会引起 AD 线或 AS 线的移动，从而导致均衡国民收入的变动。

二、总需求变动对国民收入与价格水平的影响

在总需求—总供给模型中，假定总供给曲线 AS 不变，总需求变动对国民收入与价格水平的影响根据总供给曲线的不同情况而不同。

图 13 - 10 总需求与总供给的均衡

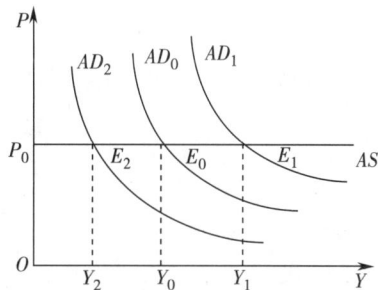

在总供给曲线平坦（有弹性）的部分，经济中存在过剩的生产能力，总需求的增加会使国民收入增加，而价格水平不变，总需求的减少会使国民收入减少，而价格水平也不变，即总需求的减少不会引起价格水平的变动，只会引起国民收入的同方向变动。可用图 13 - 11 来说明这种情况。

在图 13 - 11 中，AS 为总供给曲线。这时总供给曲线是一条与横轴平行的线，表明在价格水平不变的情况下总供给可以增加。AS 与 AD_0 相交于 E_0，决定了国民收入为 Y_0，价格水平为 P_0，总需求增加，总需求曲线由 AD_0 移动到 AD_1，这时 AD_1 与 AS 相交于 E_1，决定了国民收入为 Y_1，价格水平仍为 P_0，这就说明了总需求增加使国民收入由 Y_0 增加到 Y_1，而价格水平未变。相反，总需求减少，总需求曲线由 AD_0 移动

图 13 - 11 总需求的变动

到 AD_2，这时 AD_2 与 AS 相交于 E_2，决定了国民收入为 Y_2，价格水平仍为 P_0，这就表明了总需求减少使国民收入由 Y_0 减少到了 Y_2，而价格水平未变。

在总供给曲线向右上方倾斜时，总需求的增加会使国民收入增加，价格水平也上升；总需求的减少会使国民收入减少，价格水平也会下降，即总需求的变动会引起国民收入与价格水平的同方向变动。可用图 13 - 12 来说明这种情况。

在图 13 - 12 中，AS 为短期总供给曲线，AS 与 AD_0 相交于 E_0，决定了国民收入为

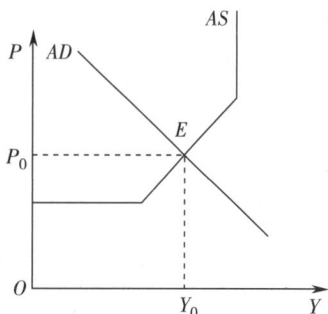

Y_0，价格水平为 P_0。总需求增加，总需求曲线由 AD_0 移动到 AD_1，这时 AD_1 与 AS 相交于 E_1，决定了国民收入为 Y_1，价格水平为 P_1，这就表明，总需求增加使国民收入由 Y_0 增加到 Y_1，使价格水平由 P_0 上升为 P_1。总需求减少，总需求曲线由 AD_0 移动到 AD_2，这时 AD_2 与 AS 相交 E_2，决定了国民收入为 Y_2，价格水平为 P_2，这就表明，总需求减少使国民收入由 Y_0 减少到 Y_2，使价格水平由 P_0 下降到 P_2。

在总供给曲线竖直区域时，由于资源已得到了充分的利用，所以总需求的增加只会使价格水平上升，而国民收入不会变动；同样，总需求的减少也只会使价格水平下降，而国民收入也不会变动，即总需求的变动会引起价格水平的同方向变动，而不会引起国民收入的变动。可用图 13-13 来说明这种情况。

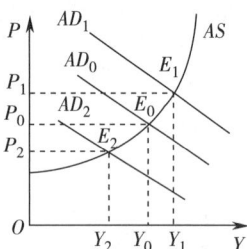

图 13-12　短期内总需求曲线的移动　　　图 13-13　长期内总需求曲线的移动

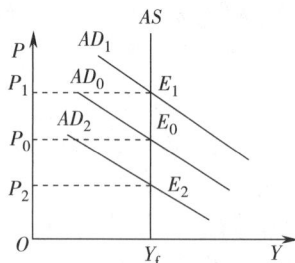

在图 13-13 中，AS 为长期总供给曲线，AS 与 AD_0 相交于 E_0，决定了充分就业的国民收入水平为 Y_f，价格水平为 P_0。总需求增加，总需求曲线由 AD_0 移动到 AD_1，这时 AD_1 与 AS 相交于 E_1，决定了充分就业的国民收入水平仍为 Y_f，价格水平为 P_1，这就表明，总需求增加使价格水平由 P_0 上升为 P_1，而国民收入仍为 Y_f。总需求减少，总需求曲线由 AD_0 移动到 AD_2，这时 AD_2 与 AS 相交于 E_2，决定了国民收入仍为 Y_f，价格水平为 P_2，这就表明，总需求减少使价格水平由 P_0 下降为 P_2，而国民收入仍为 Y_f。

【知识链接】　　人民币不贬值对宏观经济的影响及调节方法
——总需求曲线的移动

1997 年亚洲金融危机时，东南亚各国货币纷纷大幅度贬值，而中国坚持不贬值。当其他国家货币贬值（汇率下降）而一国不贬值时，就意味着该国货币相对于其他国家升值了（汇率上升）。中国和许多东南亚国家出口产品结构与出口对象相同。人民币相对升值，使国内价格未变的商品在国际市场上价格上升。这样中国的出口就减少了。出口是总需求的一部分，出口减少引起总需求的减少。这对中国的宏观经济状况有什么影响呢？我们可以运用总需求—总供给模型来分析这一问题。这个例子说明总需求变动对宏观经济的影响，从这里可以归纳出：总需求增加，均衡的国内生产总值增加，物价水平上升；总需求减少，均衡的国内生产总值减少，物价水平下降。当总需求减少引起均衡的国内生产总值减少（衰退）和物价水平下降（通货紧缩）时，只有增加总需求才能恢复充分就业均衡。

资料来源：张成武，俞颖灏. 西方经济学 [M]. 上海：上海财经大学出版社，2007.

三、总供给变动对国民收入与价格水平的影响

短期总供给是会变动的，这种变动同样会影响国民收入与价格水平。在总需求不变时，总供给的增加，即产量的增加会使国民收入增加，价格水平下降；而总供给的减少，即产量的减少会使国民收入减少，价格水平上升。可用图 13 - 14 来说明这种情况。

在图 13 - 14 中，AS_0 与 AD 相交于 E_0，决定了国民收入水平为 Y_0，价格水平为 P_0。当总供给增加时，供给曲线由 AS_0 移动到 AS_1，AS_1 与 AD 相交于 E_1，决定了国民收入为 Y_1，价格水平为 P_1，这表明由于总供给的增加，国民收入由 Y_0 增加到了 Y_1，而价格水平由 P_0 下降为 P_1。当总供给减少时，例如摧毁农作物的干旱，要求企业减少排污量的新环境保护法规，国际石油卡特尔组织通过限制产量提高油价等，这些状况的出现都可以称做不利的供给冲击，因为它直接抬高了企业的生产成本，总供给曲线会向左上方移动，在这种情形下，我们会发现产出量会由 Y_1 降低到 Y_2，同时价格水平会上升到 P_2，总供给曲线由 AS_0 移动到 AS_2，AS_2 与 AD 相交于 E_2，决定了国民收入为 Y_2，价格水平为 P_2，这表明由于总供给的减少，国民收入由 Y_0 减少到了 Y_2，而价格水平由 P_0 上升为 P_2。这种实际国民收入下降而价格水平上升的现象叫做"滞胀"。

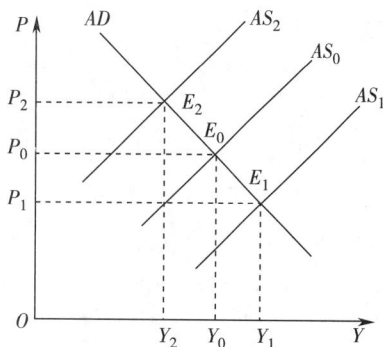

图 13 - 14　总供给的变动

【知识链接】　　　　冬奥会给我国经济带来什么？

1984 年，美国商界奇才尤伯罗斯创造性地将奥运和商业紧密结合起来，使当年的洛杉矶奥运会成为"第一次赚钱的奥运会"。打那以后，原本都是"赔本赚吆喝"的奥运会迸发出一种"镶金边儿的日子变成钱"的超能力。于是，"奥运经济"这个概念出现了。一份权威报告表明，1984 年洛杉矶奥运会为南加利福尼亚地区带来了 32.9 亿美元的收益；1992 年巴塞罗那奥运会给这个地区带来了 260.48 亿美元的经济效益；1996 年亚特兰大奥运会为佐治亚州带来了 51 亿美元的总效益；2000 年悉尼奥运会给澳大利亚和新南威尔士州带来了 63 亿美元的收益。那么，2022 年冬奥会又将给中国经济带来什么样的影响？

2015 年 7 月 31 日，国际奥委会第 128 次全会宣布北京成为 2022 年冬奥会举办城市。北京赛区将承办全部冰上项目，延庆举行高山滑雪、雪车、雪橇项目，张家口市崇礼县负责其余雪上项目。奥运会对经济社会发展的影响十分明显。此次冬奥会对北京及周边地区带来的影响可以从相关产业发展、国民生产总值、投资消费和就业几个方面来讨论。与冰雪运动相关的产业链可以从器材、场地、赛事、培训辐射到相关的上下游产业，如交通、通信、节能、地产等，发展空间巨大。根据北京申奥委的计划，中国将为 2022 年冬奥会总体投入 39 亿美元，所涉及的冰雪运动带动的其他关联产业收入将达到 3000 亿元人民币以上。对比 2008 年北京奥运会的规模，2008 年共有参赛国家及地区 204

个，参赛运动员 11438 人，设 302 项运动，包括运动员、教练员和官员在内共有 60000 多人参加；冬奥会现共有 120 项运动，上届索契冬奥会有 87 个代表团、2873 名运动员以及万余名记者参加。在 2005—2008 年的"奥运投入期"内，北京市地区生产总值的年均增长速度达到了 16.5%，尤其是 2007 年高达 21%。北京承办 2008 年奥运会投入了大约 2800 亿元人民币，若将此次承办 2022 年冬奥会的投入以 39 亿美元（约 240 亿元人民币）估算，冬奥会可以拉动举办地区的国民经济年增长约 1~2 个百分点，周边地区乃至全国经济增长每年可再提高 0.1~0.2 个百分点。

奥运会投资一般在举办奥运会的五年前启动，奥运会结束一年后基本停止；投资结束后，其产生的乘数效应仍将延续 5~6 年，投资机会将表现在基础建设、特许经营、奥运会概念股等方面。2022 年我国举办冬奥会编制的预算规模为 15.6 亿美元，非组委会预算场馆资本投资总额为 15.1 亿美元。在 15.1 亿美元的场馆投资中，65% 由社会投资，其中 3 个奥运村投资完全由企业承担。冬奥会还将带动体育产业、旅游、休闲娱乐等消费服务的开发。2008 年北京举办奥运会时，消费市场总需求超过了 15000 亿元，预计 2022 年冬奥会可以衍生出约 1300 亿元的消费需求。在就业方面，上届索契冬奥会便为举办城市创造了 56 万个就业机会，而据张家口申奥负责人张春生预计，申办冬奥会将会增加约 20 万个就业机会。

资料来源：户良斌，杨建全. 北京冬奥会对华北地区区域经济的影响与对策 [J]. 经济研究导刊，2017（27）.

总需求—总供给模型是分析宏观经济情况与政策的一种很有用的工具。

国民经济均衡可以分为以下三种情况：

（1）低水平的均衡。这种均衡状态表现为社会产出水平低、生产能力利用不足，失业人数众多，国民经济很不景气，这种不均衡状态为总需求不足所造成。

（2）高水平的均衡。高水平均衡状态表现为产出水平高、生产能力得到充分利用，失业问题基本解决，国民经济结构比较合理，呈现经济繁荣但不过度的局面。

（3）超能力的均衡。这种均衡状态仅仅表现为货币的均衡，实际上是货币供给过多，可供给物资太少，此时总需求与总供给的均衡是通过物价上涨来实现的，所以通货膨胀严重。

一国应当争取实现第二种均衡，尽量避免第一种和第三种均衡。因为第一种均衡是国民经济萎缩的均衡；第三种均衡是总供给小于总需求，国民经济过度膨胀的均衡。

【本章小结】

总需求是指整个经济社会在每一个价格水平下对产品和劳务的需求总量，它由消费需求、投资需求、政府支出和国外需求构成。总需求函数是产品市场和货币市场同时达到均衡时的物价水平 P 与国民收入 Y 之间的依存关系。描述这一函数的曲线称为总需求曲线，它是一条向右下方倾斜的曲线。扩张性的财政政策或货币政策会使总需求曲线向右移动，反之，则向左移动。

总供给是指经济社会在每一个价格水平上提供的商品和劳务的总量。总供给函数表示总产出量与一般价格水平之间的依存关系。描述这种关系的曲线称为总供给曲线。总供给曲线是根据生产函数和劳动力市场的均衡推导而得的。影响总供给的因素有就业量、技术进步、资本积累等。总供给曲线的斜率取决于劳动力市场对货币工资变动能作何反应的假定。当实际产出量不受价格影响时，总供给曲线是一条位于充分就业产出水平的垂直线。当名义工资具有向下的刚性时，总供给曲线是一条向右上方倾斜的曲线。

总需求与总供给均衡点决定均衡国民收入和均衡价格总水平，AD 线和 AS 线的任何移动都将导致均衡点的变动，从而导致均衡国民收入的变动。总供给不变，总需求变化时，在总供给曲线平坦的部分，国民收入与总需求同方向变化，价格水平不变；在总供给曲线竖直区域，总需求的变动会引起价格水平的同方向变动，而不会引起国民收入的变动；在总供给曲线向右上方倾斜部分，总需求的变动会引起国民收入与价格水平的同方向变动。在总需求不变时，总供给的增加及产量的增加会使国民收入增加，价格水平下降；而总供给的减少，即产量的减少会使国民收入减少，价格水平上升。

【复习思考题】

一、名词解释

总需求曲线　总供给曲线　需求约束均衡　供给约束均衡

二、分析讨论题

1. 收入—支出分析如何被用来导出总需求曲线？

2. 什么因素可以使总需求曲线移动？什么因素可以使总供给曲线移动？

3. 为什么总供给曲线在长期中可能是垂直的？

4. 在什么情况下，总需求曲线的移动对产出具有决定性影响？在什么情况下，总供给曲线的移动对产出具有决定性影响？

5. 试说明如何用总需求—总供给分析解释经济的"滞胀"状态。

三、计算题

1. 如果总供给曲线为 $Y_s = 500$，总需求曲线为 $Y_d = 600 - 50P$，试求：（1）供求均衡点；（2）总需求上升 10% 之后新的供求均衡点。

2. 假定某经济社会的总需求函数为 $P = 80 - 2y/3$；总供给函数为古典学派总供给曲线形式，即可表示为 $y = yf = 60$，试求：（1）经济均衡时的价格水平；（2）如果保持价格水平不变，而总需求函数变为 $P = 100 - 2y/3$，将会产生什么后果？

【案例分析】

20 世纪 90 年代日本经济的衰退

20 世纪 90 年代，日本经济在多年迅速增长和极度繁荣之后经历了长期衰退。由于日本经济的长期增长以及日本企业采用终身雇佣制度等因素，日本历史上的失业率是极低的，但这次衰退导致的失业率却从 1990 年的 2% 上升到 1998 年的 4%。在 1990 年以前的 20 年中，日本的工业生产翻了一番，但 1998 年和 1990 年 GDP 仍然一样，实际 GDP 停滞，有时甚至还下降。

在政府治理持续性经济衰退过程中，日本经济出现了典型的零利率、负通胀的经济局面。1995 年 9 月，为了促进经济复苏，日本中央银行采取了把贴现率降到 0.5% 的超低利率政策；1999 年 2 月，中央银行为进一步减轻企业利率负担和刺激国内消费，在维持贴现率不变的情况下，将短期利率由 0.25% 降到 0.15%；同年 3 月以后，日本央行大规模发行超出市场需求的货币，促使市场利率基本降到了"零"。同期，日本的消费物价指数自 1999 年第三季度开始低于上年同期水平，1999 年全年物价水平与上年持平，2000 年负增长 0.4%，2001 年负增长 0.9%。日本为摆脱经济衰退采取了不少政策措施，但收效甚微。

问题：

（1）解释一国的总需求主要由哪几部分构成？

（2）结合本案例说明影响总需求变动的因素主要有哪些？

【拓展阅读】

当前经济的主要矛盾：
总需求不足　总供给过剩

第十四章

失业与通货膨胀

SHIYE YU TONGHUO
PENGZHANG

【教学目的和要求】

通过本章的学习，使学生明确失业的含义、衡量与分类；理解充分就业的含义；了解失业的经济损失；明确通货膨胀的含义；熟悉通货膨胀的类别。重点掌握失业与通货膨胀的形成原因及其相互关系。

失业与通货膨胀是当今社会面临的两大难题，也是宏观经济学研究的主要问题。失业与通货膨胀理论实际上是西方学者对这两个问题提出的一系列观点和看法。这些理论基本上都是运用国民收入决定理论，分析失业与通货膨胀的原因及相互关系，并力图为政府经济政策的制定提供一定的理论基础。

第一节　失业理论

一、失业与充分就业的含义

（一）失业的定义及衡量

失业（Unemployment）这一概念是指有劳动能力并且想工作的人找不到工作的情况，即指劳动的完全闲置状态。在美国，失业者是指那些失去工作，而且属于以下三种情况之一者：第一，寻找工作达 4 周的人；第二，暂时被解雇正在等待恢复工作的人；第三，正等待在 4 周之内到新工作岗位报到的人。

最常用的失业状况衡量标准是失业率（Unemployment Rate），其计算公式为

$$失业率 = \frac{失业人数}{劳动力总人数} \times 100\% \qquad (14.1)$$

【知识链接】

　　各国估算失业率的方法也不相同。在美国是由劳工统计局采用抽样调查的方法，通过与55000户居民进行详谈而估计出失业数字，并在每个月的第一个星期五发表前一个月的失业率估计数字。

（二）失业的种类

一般来说，失业按其形成的原因大体可以分为以下几种类型：

1. 自愿失业（Voluntary Unemployment）。自愿失业是指劳动者不愿意接受现行货币工资和现行工作条件而引起的失业。

【知识链接】

　　在西方国家，造成自愿失业的原因有以下几种情况：①立法方面的原因；②社会风俗习惯；③工资福利方面进行的集体谈判不能达成协议；④工人的个性执拗；⑤为失业者支付的失业救济金过高，有的甚至比他们在职时获得的纳税后收入还要多，致使一些人宁愿失业，靠救济金生活；⑥人们过分挑选工作种类和工作条件；⑦准备升学以便将来得到更优越的工作；⑧贪图闲暇与安逸，等等。

　　我国的自愿失业现象：近几年在我国大中城市也出现了一些青年自愿失业者，表现在：有些行业和职业招工难，同时城镇每年有200多万青年失业。这部分青年失业，不能用劳动力供过于求、就业机会不足来解释，也不能用结构性失业来解释。这种现象是由于超前就业意识，使城市青年自愿失业。他们不惜延长失业持续时间，加大就业机会成本，在一般就业和理想就业之间进行苛刻选择。

　　资料来源：自愿失业．[EB/OL]. https：//wiki. mbalib. com/wiki/% E8% 87% AA% E6% 84% BF% E5% A4% B1% E4% B8% 9A．

2. 摩擦性失业（Frictional Unemployment）。摩擦性失业是指因劳动力市场运行机制不完善或因经济变动过程中工作转换而产生的失业。

自愿失业与摩擦性失业在任何时期都存在，并将随着经济结构变化而有增大的趋势，但西方经济学家认为，自愿失业与摩擦性失业的存在与充分就业不矛盾。

3. 季节性失业（Seasonal Unemployment）。季节性失业是指因某些行业的生产具有受季节变化影响的特点而引起的失业，比如农业工人在收获期充分就业，但一年中却有几个月无事可做。其他如建筑业、捕鱼业、农产品加工业等也都如此。季节性失业的存在与充分就业也不矛盾。

4. 周期性失业（Cyclical Unemployment）。周期性失业指经济周期中的衰退或萧条阶段因需求下降而造成的失业。在经济衰退时期，产品的生产和需求下降，因有效需求不足而使部分工人失业，这种失业是和经济的周期变化联系在一起的。它对各行业的影响是不同的。一般来说，需求的收入弹性越大的行业，周期性失业的影响越严重，即人们收入下降，产品需求大幅度下降的行业，周期性失业情况较严重。

5. 非自愿失业或需求不足型失业（Involuntary Unemployment）。非自愿失业的概念是凯恩斯提出来的，它是指劳动者愿意接受现行货币工资与现行的工作条件但仍然找不到工作。这主要是因为一个社会的有效需求太低，不能为每一个想工作的人提供就业机会，即想就业的人数超过了以现行工资率为基础的职位空缺，由此而产生的失业即为非自愿失业或需求不足型失业。它包括两种类型：一是经济循环型失业，即因为经济周期运行在衰退与萧条阶段因社会总需求不足而引起的失业；二是增长不足型失业，是指因为需求的增长速度慢于劳动的增长速度和劳动生产率的提高速度而产生的失业。

6. 技术性失业（Technical Unemployment）。技术性失业指由于技术进步，或采用了节约劳动的机器而引起的失业。这种失业是由于资本代替了劳动，从而造成工人失业。比如火车头改为电力机车后，原有的火车司机不再需要了，他们原有的劳动技艺要转移到其他行业是很困难的，因此造成失业。这种失业是为经济进步而必须付出的代价。

7. 结构性失业（Structual Unemployment）。结构性失业是指劳动者不适应经济的技术结构和经济结构的变化、产业兴衰转移而产生的失业，就是说在社会上有效需求并非不足，而是由于劳动者的工种、技术熟练程度不适对劳动者的需要以及某些地区限制等而造成的失业。

经济产业的每次变动都要求劳动力供应能迅速适应变动，但劳动力市场的结构特征却与社会对劳动力需求不吻合。结构性失业造成就业低下，就业低下是指大批熟练工人必须从事低于本身能力的工作。大批非熟练工人必须从事报酬低于贫困线的工作，大批受过教育的劳动者必须从事几乎无须受教育的工作。

（三）充分就业和自然失业率

充分就业本意是指所有的人力、物力、财力都已得到充分利用的一种经济状态。但西方经济学家特别强调人力资源的作用，他们认为任何经济活动都是人和其他各种生产要素相互结合，共同发生作用的结果，因此他们推论只要人有了工作，也就意味着其他各种生产要素得到了充分利用。从这个意义上说充分就业（Full Employment）是指想要工作的劳动者，都没有多大困难地找到按现行货币工资率付酬的工作的一种经济状况。西方经济学家认为，充分就业概念必须排除摩擦性失业、自愿失业和季节性失业。因为这些因素在某种程度上总是存在的。因此，充分就业并不是指百分之百的就业。在美国4%的失业率一般作为临时性失业的正常比率，也是对充分就业来说可以容忍的最高失业水平。

充分就业水平上的失业率，通常称为自然失业率（Natural Rate of Unemployment），这一概念最早是由货币主义的主要代表人物弗里德曼提出来的。他认为自然失业率是指在没有货币因素干扰的情况下，让劳工（劳动力）市场和商品市场的自发供求力量发挥作用时所应有的处于均衡状态的失业率。在弗里德曼看来只要对劳工市场的工作加以改进，比如使劳动力有较大的流动性，减少寻找工作的时间，提供职位空缺的信息，以及排除劳工和产品市场的垄断，那么一切有工作技能而且愿意工作的人，迟早都会得到就业机会，而一切缺乏就业技能而不被雇主所需要的人，不管生产量如何变动，他们也不会得到就业机会。由此可见，弗里德曼的"自然失业率"概念是指摩擦性失业和自愿失业。

二、失业理论

（一）传统经济学的失业理论

传统经济学认为，资本主义制度可以通过市场机制的自动调节解决各种矛盾，因此经济社会中不存在失业，充分就业是一个始终存在的倾向。

传统经济学认为，与充分就业有关的另一个问题是工资的决定。他们认为工资取决于两个原则，第一，工资等于劳动的边际产量；第二，单位时间工资的边际效用等于闲暇的边际效用。按照前者，工人劳动的边际产量是递减的，因此，随着就业人数的增加，工资减少而利润增加。这样企业家为了获得更多的利润而愿意增雇工人直至充分就业为止。按照后者，当劳动的供给增加从而工资下降，工资的边际效用小于闲暇的边际效用，劳动的供给与需求才达到均衡，因此工资的变动也必然使劳动的供求达到均衡，充分就业是一种始终存在的倾向。

【知识链接】 　　　　萨伊定律与传统经济学的失业理论

法国经济学家萨伊认为商品的买卖，实际上只是商品与商品的交换，货币只是在瞬间起到媒介作用。因此产品总是用产品来购买的，买者同时也就是卖者，买就是卖，卖就是买，买卖是完全统一的。商品的供给会为自己制造需求，社会上的总供给与总需求必然是相等的。这样，资本主义社会就不会出现生产过剩的经济危机，这就是著名的"萨伊定律"。萨伊定律是假定人们出售商品后，立即购买商品，如果人们出售商品后并不立即把全部收入消费掉，而是将其中的一部分储蓄起来。在这种情况下供给与需求的均衡可以通过利息率的调整来实现。他们认为储蓄代表货币资本的供给，投资代表对资本的需求，利息率的调节作用使储蓄全部转化为投资，所以储蓄永远等于投资。具体来说，当货币资本的供给（储蓄）大于对货币资本的需求（投资）时，利息率会下降；反之，当货币资本的供给小于对货币资本的需求时，利息率就会上升。利息率的这种自动调节作用最终使储蓄等于投资，从而失业不会发生。

自从英国 1825 年发生第一次经济危机之后，西方社会经常存在大量失业的现象，传统经济学又如何解释呢？庇古认为这些失业属于摩擦性失业和自愿失业的范畴，而不是真正的失业，只是生产过程中局部的、暂时的失调，而不是真正的对劳动力需求的不足，因而这些失业的存在并不能否认社会常态是充分就业。

（二）凯恩斯的失业理论

凯恩斯的失业理论称为有效需求不足失业论，它在现代西方经济学中占统治地位。凯恩斯经济学的基础是有效需求理论。他用有效需求不足理论来说明失业，并在此基础上提出解决失业问题的方法，以达到社会的充分就业。

所谓有效需求（Effective Demand），是指商品的总供给价格与总需求价格达到均衡状态时的总需求。总供给价格是指全体厂商雇用一定量工人进行生产时所要求得到的产品总量的最低限度卖价。总需求价格是全体厂商雇用一定量工人进行生产时预期社会对产品愿意支付的总价格。当总需求价格大于总供给价格时，厂商就会扩大生产，增雇工人；相反，当总需求价格小于总供给价格时，厂商就会缩减生产，解雇工人；只有在总需求价格等于总供给价格时，厂商才会既不扩大生产又不缩小生产，既不增雇工人又不解雇工人。这时总需求就是有效需求，它决定了就业工人的人数，即决定了整个社会的总就业量。

凯恩斯认为，有效需求是由消费需求与投资需求构成的。资本主义社会存在三大基本心理规律，即心理上的边际消费倾向、心理上的灵活偏好、心理上对资本未来收益之预期，导致经济存在消费需求不足和投资需求不足，从而形成失业。

既然有效需求不足是失业产生的根源，因此，凯恩斯认为，只要国家积极干预经济，设法刺激有效需求，就可能消除失业，实现充分就业。他提出的主要措施有：第一，刺激私人投资，为个人消费的扩大创造条件；第二，促进国家投资。主张国家调节利息率和实行"可控制的通货膨胀"，以刺激私人投资，增加流通中的货币量以促进生产的扩大和商品供给的增加，还强调扩大军事开支对增加国家投资、减少失业所起的积极作用。

（三）20 世纪 80 年代以后的失业理论

按照古典经济学的劳动供求理论，失业率的变化将对实际工资率产生影响。然而，从美国 20 世纪 80 年代以来的失业率与实际工资率的统计来看，失业率的波动较大，而实际工资率的变化较小。在劳动市场上，劳动供给曲线比较稳定，虽然劳动需求曲线发生了移动，但实际工资率并不发生相应的变化。

如图 14-1 所示，劳动需求曲线从 D_0 移动到 D_1，就业量从 L_1 下降到 L_0，工资率 W_0 却保持不变。就业量两者间差距 $L_1 - L_0$ 为失业，而且是非自愿失业。这一结论即使在劳动供给曲线或工资率略有变化情形下仍然成立。那么，为什么在劳动需求曲线发生移动的情况下，实际工资率并不随之降低？经济学者提出了各种理论加以解释，其中工资刚性理论和效率工资理论影响较大。

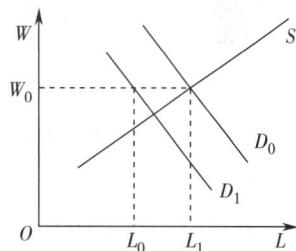

图 14-1 劳动的供求

1. 工资刚性理论（Wage Rigidity Theory）。工资刚性理论认为，工资率具有向下刚性或黏性的特征，失业率并不会随劳动需求的变动作出充分调整。对工资刚性存在的原因，有三种主要解释。

（1）劳动工资合同阻止了工资率降低。在一些行业中，由于工会的力量，往往可能签订较有利的工资合同。这些合同通常附加工资随生活费上涨而增加的条款，于是在经济衰退时期工资率并不随之削减。尽管宏观上看合同签订是彼此错开的，每个月都会有新的合同产生，但相对固定的合同期的确减缓了工资率调整的进程。虽然工会合同说法不能完全解释工资刚性，不过在一些行业中仍可看做是使工资率相对稳定的重要因素。

（2）隐含合同论（Implicit Contract）。这种理论认为，除正式合同外，雇主与雇员之间可能达成工资率相对固定，不随经济波动调整的默契。这种默契被称为隐含合同，有别于正式合同。据说，工人一般是回避风险的，愿意为一个可支付稳定工资的厂商工作。隐含合同意味着工资率将不随劳动市场供求波动而变化。在经济不景气时，厂商可能支付给工人高于市场一般水平的工资。作为回报，在经济高涨时，工人也只能留在该企业，接受低于其他厂商的工资率。

（3）"局内人—局外人"理论（Insider - outsider Theory）。所谓"局内人"是指那些在特定企业工作的人，而"局外人"是那些想到该企业工作的人。这种理论认为，每个企业都需要一支受过特殊培训的劳动力队伍，而对新雇员（局外人）的培训通常是由在职工人（局内人）来完成的。在职工人担心培训了新工人，他们与企业讨价还价时地位就降低了，因而并不愿意与企业持合作态度。另外，如果企业对新雇员实行低工资，经培训后的雇员就可能被出高工资的企业"挖走"。因此，企业只能通过向新老雇员支付相同的报酬来解决这一矛盾。由此，"局内人—局外人"理论就解释了为什么存在较高失业率情形下，仍然存在企业给新雇员支付较高工资的现象。

此外，政府普遍制定的最低工资法，也被认为是造成工资向下刚性的原因。

2. 效率工资理论（Efficiency Wage Theory）。效率工资理论认为，在一定限度内，企业通过支付给工人比劳动市场出清时更高的工资率，可以促使劳动生产率的提高，获得更多的利润。首先，较高的工资率可以保障劳动队伍的质量。在经济衰退时期，企业对劳动的需求降低，若削减工资水平，最有可能离去的往往是最好的雇员。较高的工资率是维持高质量劳动队伍稳定的重要条件。其次，工资率会影响劳动者的努力程度。雇主通常并不可能完全监督工人行为，工资就构成了工人偷懒被发现因而被解雇的机会成本。由于工资率越高，机会成本也越高。因此，较高的工资有利于减少偷懒的倾向。再次，工资影响劳动流动率。雇员离职的比率，称为劳动流动率（Labor Turnover Rate），降低工资率会使工人辞职的比率增加。特别是熟练工辞职率的上升。企业发现，尽管在经济衰退期削减工资会减少直接劳动成本，但这些节省并不足以抵消培训费用或雇用新熟练工成本的增加。

【知识链接】

企业间的效率工资可能是不一样的。一般来说，效率工资取决于两个因素：其他企业支付的工资与失业率水平。如果其他企业支付的工资较低，该企业也不需要支付过高的工资。因为对工人来说，被开除的成本增加了，这将使工人在不太高的工资下努力工作。同样，如果社会失业率增加，企业也不会以过高的工资诱使人们工作。换个角度说，效率工资理论表明，社会上没有哪个企业愿意率先降低工资，这样做只会降低士气，最好的雇员被其他企业吸引走。因此，社会工资的调整过程是缓慢的。

三、失业的影响

失业会给社会和个人都带来损失，这就是社会和个人为失业而付出的代价。

1. 对宏观经济的影响。美国经济学家奥肯（Arthur Okun）在 20 世纪 60 年代为美国总统经济顾问委员会工作期间提出了一条经验规律，用于说明失业率与实际国民收入增长率之间的关系。奥肯发现，随着经济从萧条中逐渐恢复，产出增加的比例大于就业增加的比例。这种失业与国民收入之间的关系，后来被称为"奥肯定律"（Okun's Law）。奥肯定律的含义是失业率与实际国民生产总值之间存在着一种高度负相关关系。其主要内容：失业率如果超过充分就业的界限（通常以 4% 的失业率为标准）时，失业率每降低 1%，实际国民生产总值则增加 3%。反之，失业率每增加 1%，实际国民生产总值则减少 3%。

【知识链接】

美国在 1930—1939 年的大萧条时期，平均失业率为 18.2%，GDP 损失为 24200 亿美元，占该时期 GDP 的 27.6%，在 1975—1985 年的石油危机和通货膨胀时期，平均失业率为 7.7%，GDP 损失为 14800 亿美元，占该时期 GDP 的 3.0%；在 1985—1999 年的新经济时期，平均失业率为 5.7%，GDP 损失为 2400 亿美元，占该时期 GDP 的 0.3%。高失业时期的经济损失是现代经济中有据可查的最大损失，它们比微观经济中由于垄断而引起的效率损失或关税配额所引起的效率损失都要大许多倍。

资料来源：李春虹，李国彬. 西方经济学［M］. 北京：冶金工业出版社，2010.

2. 对个人与家庭的影响。失业对个人及家庭来说，意味着收入减少，生活水平下降，甚至失去生活保障，同时加大了心理上的痛苦和精神上的压力。

【知识链接】

美国在 1990—1992 年的 3 年时间里，被裁减的工人达 125 万人，同时在这 3 年内有 31% 的人工资减少了 25% 或 25% 以上，32% 的人工资减少了 1%～25%。由于失业者失去了生活的经济保障，难以过上体面的生活，会受到社会的歧视，自尊心受挫，从而承受经济与心理的双重压力，并可能导致家庭分裂。

资料来源：李春虹，李国彬. 西方经济学［M］. 北京：冶金工业出版社，2010.

3. 对社会的影响。如果社会的失业率过高，则将提高犯罪率，加大社会的不稳定因素，严重时甚至威胁到一国政权的稳定。

第二节　通货膨胀

一、通货膨胀的含义及分类

（一）通货膨胀的含义及衡量

通货膨胀（Inflation）是指一国或地区在一定时期内物价水平普遍持续快速的上涨。

通货膨胀的程度一般用通货膨胀率来衡量。通货膨胀率（Inflation Rate），是指从一个时期到另一个时期物价水平变动的百分比，其计算公式为

$$通货膨胀率 = \frac{t\ 年的价格水平 - (t-1)\ 年的价格水平}{(t-1)\ 年的价格水平} \times 100\% \qquad (14.2)$$

式（14.2）中的物价水平指的是一般价格水平，常用商品价格指数来表示。价格指数是反映不同时期商品价格水平的变化方向、趋势和程度的经济指标。衡量通货膨胀率的价格指数一般有以下三种：

1. 消费价格指数（Consumer Price Index，CPI）。消费价格指数，又称生活费用指数，是指通过计算居民日常消费的生活用品和劳务的价格水平变动而得到的指数。其计算公式为

$$一定时期的消费价格指数 = \frac{本期的价格指数}{基期的价格指数} \times 100\% \qquad (14.3)$$

【知识链接】　　　　　我国的 CPI 的构成与计算方法

我国编制消费价格指数的商品和服务项目，主要根据全国城乡 12 万户居民家庭消费支出构成资料和相关的资料确定。目前共包括食品、烟酒及用品、衣着、家庭设备用品及服务、医疗保健及个人用品、交通和通信、娱乐教育文化用品及服务、居住八大类，263 个基本分类，约 700 个代表品种。国家统计局从成千上万种商品和服务项目中选出 263 种基本分类，各省市自行确定代表规格品（用于采价的商品），结合各种商品和服务项目价格变动对总指数的影响程度，根据一系列固定公式计算出最终的 CPI。对于与居民生活密切相关、价格变动比较频繁的商品，至少每五天调查一次价格，保证了 CPI 的及时性和准确性。随着人民生活水平的提高，我国居民消费结构也在不断变化。因此，我国的 CPI 权数每年都做一些小调整，每五年做一次大调整。

资料来源：国家统计局有关负责人就当前经济热点问题答记者问［EB/OL］．［2006 - 09 - 04］．http：//www. stats. gov. cn/2tjc/ztfx/fxbg/200609/t20060904 - 16073. html.

2. 生产者价格指数（Producer Price Index，PPI）。生产者价格指数，又称批发物价指数（Wholesale Price Index），指通过计算生产者在生产过程中所有阶段所获得的产品的价格水平变动而得的指数。它衡量的是生产或批发环节的价格水平。计算 PPI 的固定权数是每种商品的净销售额。由于这种指数涵盖得很详细，在商业领域广为使用。这一指数的优点是能较灵敏地反映厂商生产成本的变化状况，缺点是没有将各种劳务包括在内。

3. 国内生产总值物价折算指数（Gross Domestic Product Deflator）。国内生产总值物价折算指数，该指数是按现行价格计算的国内生产总值对按固定价格计算的国内生产总值的比率。GDP 物价折算指数的优点是其所包括的范围广，除消费品和劳务外，还包括资本品以及进出口商品等，因而它能较全面地反映一般物价水平的变动趋势。但编制 GDP 物价平减指数需要收集大量资料。

例如，某国 2020 年的 GDP 按当年的现行价格计算为 11300 亿元，而按 2006 年固定价格（基期价格）计算则为 6890 亿元，则 2020 年的 GDP 物价折算指数为 11300/6890 × 100% =164%。也就是说，2020 年与 2006 年相比，物价上涨了 64%。

（二）通货膨胀的分类

按照不同的划分标准，西方经济学家把通货膨胀划分为不同的类别：

1. 按物价上涨的速度和趋势划分。

（1）爬行通货膨胀。一般是物价上涨不超过 2% ~3%，同时不存在通货膨胀预期的状态。西方经济学认为爬行通货膨胀对经济发展和国民收入增加都有着积极的刺激作用，并且将它看做是实现充分就业的必要条件。

（2）温和通货膨胀。这是指一般价格水平的上涨幅度在 3% ~10%。目前许多国家都存在着这种温和型的通货膨胀，它是一个危险信号，如不高度重视就有可能加速。

（3）奔腾式或加速式通货膨胀。这是两位数的通货膨胀，即一般价格水平上涨幅度为 10% 以上、100% 以下。对于这种通货膨胀，政府必须采取强有力政策措施加以控制，以免对一国经济和人民生活造成不利影响。

（4）恶性通货膨胀。又称超级通货膨胀，是指一般物价的年上涨率为 100% 以上的通货膨胀，发生这种通货膨胀时，物价持续飞涨，货币体系崩溃，正常经济秩序遭到破坏，经济濒于瓦解。这种类型的通货膨胀通常很少发生。

2. 按通货膨胀形成的原因划分。

（1）需求拉上的通货膨胀。把通货膨胀看成由实际因素或货币因素造成的过度需求拉上的，这是需求拉上的通货膨胀。

（2）成本推进的通货膨胀。假如认为通货膨胀是由于特定集团，比如工会，行使其市场权力，而使工资率水平提高从而使总供给函数转移所引发的，这是成本推进的通货膨胀。

（3）结构性通货膨胀。如把通货膨胀的起因归于特定的经济制度、控制系统、信息系统和决策系统的结构因素或这些结构的变化，那么这属于结构性通货膨胀。

3. 按对价格影响的性质差别划分。

（1）平衡的通货膨胀。这是指各种商品（包括生产要素）的价格以相同比例上升。

（2）非平衡的通货膨胀。这是指各种商品和生产要素的价格上涨幅度不相同。

4. 按人们对通货膨胀的预期程度划分。

（1）可预期的通常膨胀。又称为惯性通货膨胀，它是指一国政府、厂商和居民可以在一定程度上预期未来某时期将要发生的通货膨胀。

（2）不可预期的通货膨胀。是指物价上涨的速度超出人们的预料，或人们对未来时期的物价变化趋势无法预测。这种类型的通货膨胀在短期内对就业与产量有扩张效应。

5. 按经济运行的市场化程度或通货膨胀的表现形式划分。

（1）公开性通货膨胀，又称开放性通货膨胀或物价性通货膨胀。它是指在市场机制充分运行条件下通货膨胀以物价上涨的形式公开表现出来。

（2）隐蔽性通货膨胀，又称抑制性通货膨胀或短缺性通货膨胀。这是指政府对价格进行某种形式的控制使得物价同市场供求脱离关系，过度需求不会引起物价水平的上涨或物价上涨有限而不足以反映过度需求的真实水平。在这种类型的通货膨胀中，通货膨胀不是以物价上涨，而是以商品短缺和供应紧张等形式表现出来。

6. 按与经济发展和经济增长的联系划分。

（1）恢复性通货膨胀。它是指在通货紧缩后经济萧条、物价过低的情况下，为了促进经济的恢复和发展，人为地增加货币供应量，使物价回升到正常水平所呈现的一种情况。

（2）适应性通货膨胀，又称过渡性通货膨胀，是指与经济增长几乎同步的通货膨胀。

（3）停滞膨胀，又称滞胀（Stagflation），是指在经济增长停滞甚至衰退的同时所发生的一般物价水平上涨的情况。

二、通货膨胀的成因

西方经济学家始终从需求与供给这两方面出发来看待通货膨胀和物价上涨的原因，因此在西方经济学中主要的通货膨胀理论分为两大派：需求论与供给论，即通常所说的"需求拉上论"和"成本推动论"。后来又出现了用需求与供给同时解释通货膨胀产生原因的混合通货膨胀理论，以及结构性通货膨胀理论。

（一）需求拉上型通货膨胀论

需求拉上型通货膨胀（Demand Pull Inflation）是指商品和劳务的总需求量超过商品和劳务的总供给量所造成的过剩需求拉动了物价的普遍上升。需求拉上型的通货膨胀是一种最常见的通货膨胀。这种通货膨胀是由于货币供应过度增加以致需求过剩而产生的，是"太多的货币追逐太少的货物"的结果。

需求拉上型的通货膨胀可用图 14－2 加以说明：

在图 14－2 中，横轴代表总产出或国民收入（Y），纵轴代表物价水平（P）。社会总供给曲线 AS 可按社会的就业状况而分成三个阶段：水平、向右上方倾斜和垂直。

1. 总供给曲线呈近似水平状态，总供给曲线的弹性极大。这是因为这时社会上存在着大量的闲置资源或失业，故总供给的增加能力很大。在此情况下，即使货币量增加使总需求提高，生产也可以扩大，因而物价不会上涨。如图 14－2 所示，如果货币供应量增加使总需求由 AD_0 增至 AD_1，国民收入由 Y_0 增至 Y_1，但价格水平并不上涨，仍为 P_0。

2. 总供给曲线向右上方倾斜，表示社会逐渐接近充分就业，这意味着社会上闲置的资源已很少，故总供给的增加能力也较小，此时为扩大产量而增加的需求会促使产量和生产要素资源价格的上涨。如图 14－2 所示，当总需求进一步增至

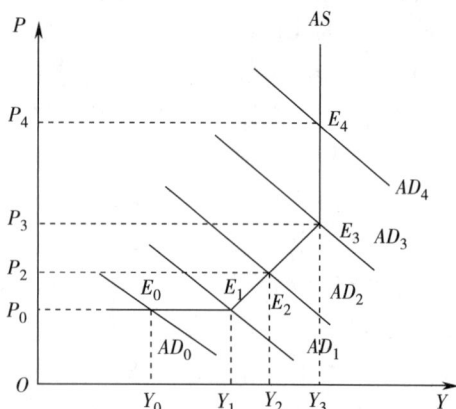

图 14－2　需求拉上型通货膨胀

AD_2、AD_3，国民收入相应增加至 Y_2 和 Y_3，而价格水平也相应提高至 P_2 和 P_3。此时国民收入虽也增加，但增加幅度减缓，同时物价开始较快上涨。这是因为，在经济扩张到一定阶段，有些资源和技术变得稀少的情况下，此时生产扩大会使工资和边际成本增加，物价水平将会上涨。但由于这时生产仍然有所扩大，致使物价上涨幅度将小于货币数量增加的幅度。这时货币量的增加，将部分引起生产和就业的增加和物价上涨，常被称为"半通货膨胀"。

3. 总供给曲线垂直，表示社会的生产资源已经达到充分就业的状态，即不存在任何闲置资源。如图 14 - 2 所示，Y_3 就是充分就业条件下的国民收入，这时的总供给曲线也就成为无弹性的曲线。在这种情况下，如果继续增加货币量使总需求增至 AD_4，导致价格水平上升至 P_4，而国民收入不再增加。当总需求从 AD_4 进一步提高时，只会导致物价的上涨，形成真正的通货膨胀。

【知识链接】 　　　　从一段相声看需求拉上型通货膨胀

　　著名相声演员姜昆表演过一个相声段子，其大意是说：有一天，老百姓突然听说商品要涨价，于是就有人囤积性采购，最离奇的一位街坊，竟然买了一大水桶酱油、一洗澡盆米醋、一抽屉味精和一屋子面粉。相声虽属虚构，但其中却暗含经济学原理。

　　如今人们预期会发生严重通货膨胀，为避免货币贬值，理性的应对措施就是实现购买很多商品，因为只要物品的存储成本低于未来物价上涨的幅度，实现囤积商品就能减少损失。当然预期是对未来的猜测，是有可能出错的，错误预期支配的行为，不仅不能减少损失，还有可能带来更大的损失。相声结尾，居委会大妈高喊一声："不涨价啦！"那位囤积很多商品的街坊后悔不已。这段相声暗含的道理是：如果我们每个人都像那个街坊那样笃信物价将要上升，就会从银行取钱到市场上抢购商品，使商品市场需求在极短时间内急剧上升，生产供给难以立刻对需求变动作出充分反应，这就会引发需求拉上型通货膨胀。这一现象的实质是：人们由于预期物价上涨而抢购，物价由于人们抢购行为而上涨，结果导致通货膨胀预期自我实现。

　　资料来源：刘华. 经济学基础 ［M］. 北京：冶金工业出版社，2006.

（二）成本推进型通货膨胀论

成本推进型通货膨胀（Cost - Push Inflation）是指在总需求不变的情况下，由于生产要素价格（包括工资、租金、利润以及利息）上涨，生产成本上升，从而导致物价总水平持续上涨的现象。它又可分为工资推进通货膨胀论和利润推进通货膨胀论。

1. 工资推进通货膨胀论。这一理论认为，物价上涨的原因在于工资率的提高超过了劳动生产率的增长。西方经济学家认为，在不完全竞争的劳动市场上，由于存在着力量强大的工会，工会可以通过各种形式提高劳动市场的工资水平，并使工资的增长率超过生产的增长率。由于工资提高，引起产品成本增加，物价上涨，如此循环往复就造成了工资—物价"螺旋"上升，引起成本推进通货膨胀。

2. 利润推进通货膨胀论。这一理论认为通货膨胀产生的原因在于不完全竞争。在不完全竞争市场上，垄断企业利用它能操纵市场价格的能力，通过削减产量从而导致价格的上涨而形成通货膨胀。

【知识链接】

部分经济学家认为，生产成本的提高主要是由于存在着强大的、对市场价格具有操纵力量的团体（如工会、垄断企业以及像石油输出国组织这样的国际卡特尔）。例如，当工会迫使厂商提高工资，并使工资的增长快于劳动生产率的增长时，生产成本就会提高，从而导致物价上涨，而物价上涨后，工会又会要求提高工资，对物价又产生压力（这称为工资推进型通货膨胀）。又如，当垄断企业凭借其垄断地位，通过提高价格来增加利润时也会导致物价的普遍上涨（这又称为利润推进型通货膨胀）。再如，当国际卡特尔（如石油输出国组织）提高其所控制的产品（如石油）价格时，也会导致国际卡特尔组织以外的国家的通货膨胀（这可称为进口成本推进型通货膨胀）。

在总需求曲线不变的情况下，包括工资推动通货膨胀和利润推动通货膨胀在内的成本推动通货膨胀，可以用图 14 – 3 来说明。

在图 14 – 3 中，总需求曲线 AD 是既定的，不发生变动，变动只出现在供给方面。当总供给曲线为 AS_1 时，和总需求曲线 AD 相交于均衡点 E_1，决定的总产量为 Y_1，价格水平为 P_1；当总供给曲线由于成本提高而移到 AS_2 时，与总需求曲线 AD 相交于均衡点 E_2，决定的总产量为 Y_2，价格水平为 P_2。这时，总产量比以前下降，而价格水平比以前上涨。当总供给曲线由于成本进一步提高而移动到 AS_3 时，总供给曲线和总需求曲线的交点 E_3 决定的总产量为 Y_3，价格水平为 P_3，这时的总产量进一步下降，而价格水平进一步上涨。

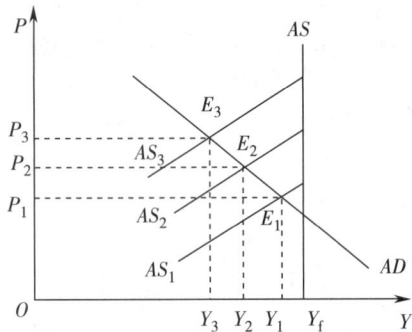

图 14 – 3　成本推进型通货膨胀

（三）供求混合推进型通货膨胀

西方经济学家认为，在现实的经济生活中，纯粹由需求拉上或成本推进所引起的通货膨胀是不常见的。长期以来，现实的通货膨胀，大都是由需求与供给这两方面因素共同起作用的结果，即所谓"拉中有推，推中有拉"。通货膨胀过程可能从一般的过度需求开始，过度需求引起物价上涨，从而促使工会要求提高工资率，这样成本推动力量就会发生作用，引起更大的通货膨胀。另外，通货膨胀也可以从成本推进开始，如在工会压力下提高工资或为了追逐利润而减少供给，但如果不存在需求和货币收入水平的增加，这种类型的通货膨胀将不会长久持续下去。因为在这种条件下，工资上升意味着产量减少和失业增加、终止成本推进的通货膨胀。因此，纯粹需求拉上的通货膨胀是不存在的，纯粹的成本推进也不可能产生持续的通货膨胀过程。在现实经济中大量存在的是需求与供给同时发生作用的混合型通货膨胀。

（四）结构性通货膨胀论

结构性通货膨胀（Structural Inflation）是指由于社会经济中各部门结构性因素变动导致各部门之间发展不平衡而引起的通货膨胀。具体地说这种类型的通货膨胀可以分为三种。

1. 需求转移型通货膨胀。在总需求不变的情况下，某个部门的一部分需求转移至其他部门，而劳动力及其他生产要素却不能及时转移，这时，需求增加了的部门的工资和产品价格上涨，而需求减少了的部门的产品价格却未必相应下降，结果导致物价总水平的上升。

2. 部门差异型通货膨胀。英国的萨尔沃教授用部门间的差异来解释结构性通货膨胀。一般来说，产业部门生产率的增长快于服务业部门，但两大部门的货币工资增长速度却相同，而且这种增长速度是由产业部门生产率的增长速度所决定的，结果，服务业部门货币工资的增长速度便超过其生产率的增长速度。这种部门间生产率增长速度的差异和货币工资的一致增长，就造成服务部门成本持续上升的压力，从而成为一般物价水平上涨的原因。

3. 输入型通货膨胀。所谓输入型通货膨胀，也称斯堪的纳维亚小国型通货膨胀。对于北欧一些开放经济的小国来说，经济结构可以分为开放部门（生产出口产品）和隐蔽部门（不生产出口产品）两大部分。因为在国际贸易中，小国一般是国际市场价格的接受者，世界通货膨胀会通过一系列机制传递到小国的开放经济部门，首先引起开放部门的物价上涨，然后又引起隐蔽部门的物价上涨，进而导致全面通货膨胀。

三、通货膨胀的经济效应

通货膨胀的经济效应表现在两个方面：收入再分配效应（Redistributive Effects of Inflation）和产出效应（Output Effects of Inflation）。

（一）通货膨胀的收入再分配效应

通货膨胀具有一种逆向的再分配效应：

1. 通货膨胀不利于靠固定的货币收入维持生活的人。因为对于固定收入阶层来说，他们的收入是固定的货币数额，当通货膨胀发生时，固定的货币收入会发生贬值，每一单位收入的购买力将随价格水平的上升而下降，如工薪阶层和领取救济金的人。相反，那些靠变动收入维持生活的人，则会从通货膨胀中受益。

2. 通货膨胀可以在债务人和债权人之间发生收入再分配的作用。一般地，通货膨胀靠牺牲债权人的利益而使债务人获利。因为通货膨胀发生后，债务人可以用已经贬值了的货币偿还其所欠债务的本金和利息，从而减轻了债务负担。

3. 通货膨胀对储蓄者不利。因为随着价格上涨，存款的购买力就会降低，那些口袋中有闲置货币和在银行有存款的人将发生很大的损失。同样，像保险金、养老金及其他固定价值的证券财产等，在通货膨胀中，其实际价值也会下降。

4. 在政府与公众之间，通货膨胀将有利于政府而不利于公众。首先，所得税是累进的，在通货膨胀期间，名义工资总会有所增加，达到纳税起征点的人增加了；同时，又有许多人进入了更高的纳税等级，公众纳税数额增加。这样就使得政府的税收增加，政府在这种通货膨胀中所得到的税收称为"通货膨胀税"。其次，现代经济中，政府都把发行公债作为筹集资金和调控经济的手段，从而使得在通货膨胀时政府作为债务人受益，居民作为债权人受损。

【知识链接】

假定你为购买一所房屋而借款 100000 美元，每年偿还的固定利率的抵押贷款额是 10000 美元。倘若大幅度的通货膨胀突然将所有的工资和收入都翻了一番，虽然你所偿还的贷款名义上还是每年 10000 美元，但是你的贷款的实际成本却只有原来的一半。你只需要付出过去一半的劳动来支付这 10000 美元。这种大幅度的通货膨胀使你的抵押贷款的实际价值减少一半，从而增加了你的财产。对债权人来讲，如果他们把持有的固定利率的抵押贷款或长期债券作为资产，那么他们的处境就会完全相反。价格的突然上涨会使他们变得比以前更穷一些，因为债务人还给他们的贷款的实际价值比他们原来借出去的小。

（二）通货膨胀的产出效应

通货膨胀的产出效应可能出现如下三种情况。

第一种情况：随着通货膨胀的发生，产出增加。当发生温和的需求拉动的通货膨胀时，总需求增加刺激经济复苏，产品价格的上涨速度一般总是快于名义工资的提高速度，因此，企业的利润就会增加。而这又会刺激企业扩大投资，从而增加产出。这种情况产生的前提条件是有一定的资源闲置。

第二种情况：成本推进型通货膨胀引致失业，即通货膨胀会使收入或产出减少。这种情况产生的前提条件是经济体系已经实现了充分就业，在这种情况下，如果发生因成本推动导致的通货膨胀，则原来总需求所能购买的实际产品的数量将会减少，也就是说，既定的总需求只能在市场上支持一个较小的实际产出。所以，实际产出会下降，失业会上升。

第三种情况：极度通货膨胀（Hyper－inflation）导致经济崩溃。为防止货币贬值，人们会在价格上升前将手中的货币花掉，从而产生过度消费，导致储蓄和投资减少，产出水平下降。此外，企业在通货膨胀率上升时会增加存货，以便以后高价出售以增加利润，从而使得市场可供销售的货物可能减少，物价将进一步上升。最后，当出现严重恶性通货膨胀时，由于人们对货币完全丧失信心，致使货币不再具有交换手段和贮藏手段的职能，市场经济机制也就无法再正常运行，从而大规模的经济混乱不可避免。

第三节　失业与通货膨胀的关系

凯恩斯主义的向上倾斜的总供给曲线的形态表明，在未达到充分就业，然而又接近充分就业时，存在一个"准通货膨胀"的区域，这时提高总需求水平，一方面会提高总产量和就业水平；另一方面也会使物价上升。然而，提高总需求水平究竟是对提高总产量和就业水平作用更大，还是对提高物价水平作用更大？物价水平上升与就业之间有无一种此消彼长的关系，这一部分理论，西方经济学是通过菲利普斯曲线来解释的。

菲利普斯曲线是一个十分重要的概念，它的发展大致经历了三个阶段。第一阶段是菲利普斯和加拿大经济学家利普西发现通货膨胀率和失业率之间存在一种稳定的负相关后，提出了该曲线的原始模型。第二阶段是货币主义者弗里德曼和费尔普斯根据自然失业率假说，提出了附加预期的菲利普斯曲线模型，解释短期菲利普斯曲线与长期菲利普斯曲线之间的根本区别。第三阶段主要是理性预期学派经济学家对菲利普斯曲线的否定，提出失业率和通货膨胀率之间不存在有规律的替代关系。

一、原始的菲利普斯曲线

（一）原始的菲利普斯曲线的含义

1958 年，当时在英国伦敦经济学院工作的新西兰经济学家菲利普斯（A. W. Phillips）通过整理英国 1861—1957 年的近一个世纪的统计资料，发现在货币工资增长率和失业率之间存在一种负相关的关系，这种关系用公式表示为

$$\Delta W_t = f(U_t) \tag{14.4}$$

式（14.4）中，ΔW_t 表示 t 时期的货币工资增长率，U_t 表示 t 时期的失业率。二者具有负相关的函数关系。

把这样一种关系用曲线的形式反映出来就是菲利普斯曲线（Phillips Curve）。如图 14－4 所示，横轴表示失业率，左面的纵轴表示通货膨胀率，右面的纵轴表示货币工资增长率，菲利普斯曲线自左上方向右下方倾斜，表明货币工资上涨率或通货膨胀率越低，失业率越高，反之则相反。

失业率之所以与货币工资上涨率呈负相关关系，加拿大经济学家利普西（Lipsey）从理论上解释为：在于货币工资上涨率是劳动市场超额需求程度的函数，而失业率是劳动市场超

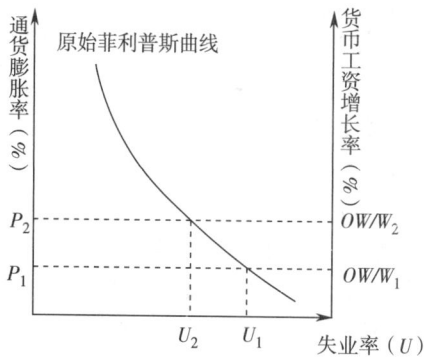

图 14－4　菲利普斯曲线

额需求的一个负指数，对劳动的需求越是超过供给，失业率越低，由于存在超额需求，雇主之间的竞争会驱使货币工资率上升。反之，失业率越高，劳动市场上越是供过于求，货币工资率上涨就越少。

菲利普斯曲线本来只描述失业率与货币工资上涨率之间的关系，但西方经济学家认为，工资是成本的主要构成部分，从而也是产品价格的主要构成部分。因此他们把菲利普斯曲线描述的那种关系延伸为失业率与通货膨胀率的替代关系：失业率高时，通货膨胀率就低；反之则相反。当然，通货膨胀率与货币工资上涨率并不是同一的，两者的差额为劳动生产率的增长率。

【知识链接】

菲利普斯所提出的这种关系尽管从经验统计中得到了证实，并受到重视，但却缺乏一种理论来解释这种关系。加拿大经济学家利普西在 1960 年发表的《1862—1957 年英国失业和货币工资变化率之间的关系：一种进一步分析》中提出了过度需求模型（Excess – demand Model），从单个劳动市场的供求关系中推导出菲利普斯曲线，给这一曲线以理论上的解释。这一模型的基本思想是：工资的增长可以用劳动市场上存在的过度需求来解释，而失业率则是衡量过度需求的一个指标。从而就把货币工资的变动率与失业率之间的变动联系起来。萨缪尔森和索洛在 1960 年发表的《达到并维持稳定的价格水平问题：反通货膨胀政策的分析》一文中对菲利普斯曲线作出了重要贡献。原来的菲利普斯曲线是表示失业率与货币工资率之间交替关系的。萨缪尔森和索洛的发展则用这条曲线来表示失业率与通货膨胀率之间的交替关系。

（二）菲利普斯曲线的作用

西方经济学家认为，当前各国经济发展面临的最主要的经济问题是失业与通货膨胀，这两个问题威胁着经济稳定甚至社会稳定。所以，各国经济政策的重点就放在如何对付这两个问题上。按照主流经济学家的观点，要彻底消除失业与通货膨胀是不可能的，关键在于把这两者控制在不妨碍社会稳定的范围内，也就是所谓的"社会可接受程度"之内。这个"社会可接受程度"又被称为"临界点"。它在不同国家或不同时期可以有不同的规定。只要失业率与通货膨胀率没有超过这个范围，政府就不必采取什么政策措施。超出这个范围，政府才应该进行干预，以便把它们控制在社会可接受的范畴内。在这个过程中，菲利普斯曲线被认为是一个非常有用的工具，它可以帮助人们确定宏观调节的方向和程度，如图 14 – 5 所示。在图 14 – 5 中，假设政府认为失业率或通货膨胀率超过 4% 社会就无法接受，那么 4% 的失业率或通货膨胀率就成为一定时期内社会可接受的最大极限，被称为"临界点"。如图 14 – 5 中有斜线的区域就是临界点以内的区域，如果社会的失业率或通货膨胀率处于这个区域内，则政府就不必采取干预措施。

图 14 – 5 中的 A 点，尽管这时失业率较低，但通货膨胀率超过了社会可接受的程度。那么政府就可以通过紧缩性的政策，以提高失业率为代价，降低通货膨胀率，从而使失业率与通货膨胀率保持在社会可接受的临界区域内。同样道理，在图中的 C 点，政府则应采取扩张性财政政策与货币政策，用较高的通货膨胀率来换取较低的失业率。这就是西方经济学中经常运用的"相机抉择"的宏观经济政策（本书在第十五章中详细论述）。

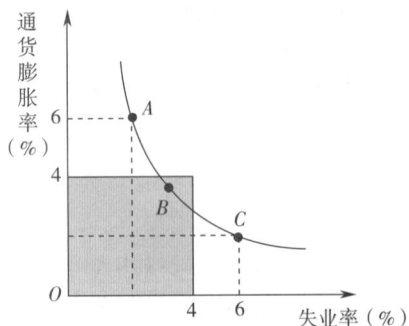

图 14 – 5　菲利普斯曲线

二、货币主义的菲利普斯曲线

（一）附加预期的菲利普斯曲线

货币主义者认为，20 世纪 70 年代以来，菲利普斯曲线所描述的失业与通货膨胀的交替关系发生了新的变化，即菲利普斯曲线向右上方移动了，这种情况被称为"菲利普斯曲线恶化"。这就是说，现在必须用更高的通货膨胀率才能使失业率维持在某一水平，或者说，必须用更高的失业率才能使通货膨胀率与失业率降到原先的"社会可接受程度"，即"临界点"之内。于是他们不得不提高"临界点"，以便在新的菲利普斯曲线下调节通货膨胀与失业的水平，如图 14 - 6 所示。

在图 14 - 6 中，原来的菲利普斯曲线 PC_1 通过社会可接受程度之安全范围，即位于图 14 - 6 中阴影部分为"临界点"以下的安全范围。但当菲利普斯曲线从 PC_1 移到 PC_2 以后，PC_2 这条菲利普斯曲线与上述临界点划出的区域已不能相交，这表明，现在无论怎样调控，都不能把失业率和通货膨胀率同时控制在 4% 之内。这条向右上方移动的菲利普斯曲线称为按预期扩大的菲利普斯曲线。此时无论政府采取什么样的政策措施，都不能将失业率与通

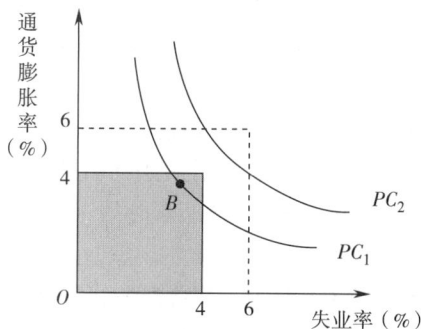

图 14 - 6　附加预期的菲利普斯曲线

货膨胀率下降到图中阴影部分所表示的安全范围。于是只得提高"临界点"。图 14 - 6 中的虚线框表示提高"临界点"以后的安全范围。

菲利普斯曲线向右上方移动的原因在于，原来的菲利普斯曲线 PC_1 反映的是通货膨胀预期为零时的失业率与通货膨胀率之间的此消彼长的关系。如果通货膨胀率连年上升，特别是政府利用菲利普斯曲线进行相机抉择，用高通货膨胀率换取低失业率的话，就会形成一种通货膨胀预期。如果通货膨胀已被预期到了，工人就会要求提高货币工资以避免生活水平受通货膨胀侵蚀。凯恩斯主义者认为，按预期扩大的菲利普斯曲线依然表现出失业和通货膨胀之间的交替关系，只不过现在的交替关系表现为用更高的通货膨胀率来换取一定失业率。

【知识链接】

从 20 世纪 60 年代后期开始，货币主义经济学家米尔顿·弗里德曼（Milton Friedman）和埃德蒙·费尔普斯（Edmunds Phelps）对菲利普斯曲线所表示的失业率与通货膨胀率之间的交替关系提出了疑问。这就是：第一，菲利普斯曲线是一条稳定的关系曲线吗？第二，在长期中失业与通货膨胀之间存在着菲利普斯曲线所表示的交替关系吗？他们批评菲利普斯曲线忽视了通货膨胀预期作用。这样，他们提出了附加预期的菲利普斯曲线，说明了短期菲利普斯曲线与长期菲利普斯曲线的不同。

（二）长期菲利普斯曲线

长期菲利普斯曲线表示在通货膨胀完全可以预期，失业率为自然失业率情况之下失业率与通货膨胀率的关系。弗里德曼认为菲利普斯曲线所描述的通货膨胀率与失业率之间的交替关系只是一种短期现象，长期中并不存在。长期内，菲利普斯曲线变为一条垂直线或正相关曲线。不论通货膨胀率上升多少都不能使失业率降下来。甚至失业率与通货膨胀率呈同方向变化。即通货膨胀率越高，失业率越高，如图 14-7 所示。

在图 14-7 中，U_1 为自然失业率，PC_1、PC_2、PC_3 为三条短期菲利普斯曲线，当自然失业率为一固定水平 U_1 时，长期菲利普斯曲线是一条经过 U_1 的垂直线。由于人为因素的干扰，使市场机制失灵，那么就会使自然失业率从 U_1 增长到 U_2、U_3 等。各条长短期菲利普斯曲线的交点连接起来，就形成了一条向右上方倾斜的、具有正斜率的长期菲利普斯曲线，它反映了政府调节措施失灵的"滞胀"现象。

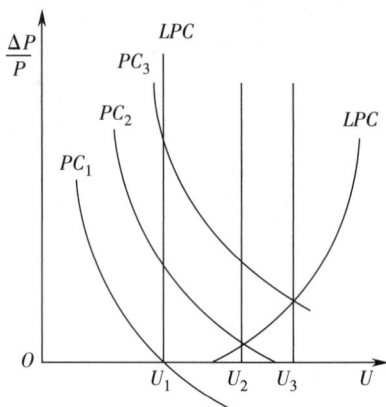

图 14-7　长期菲利普斯曲线

三、理性预期的菲利普斯曲线

理性预期学派认为自然失业率假设与适应性预期是不一致的。他们要把自然失业率的菲利普斯曲线和理性预期结合起来进行分析，他们认为，失业并不取决于通货膨胀而是取决于经济中的随机冲击，实际失业率围绕自然失业率的波动并不是由通货膨胀系统地引起的，而是由随机冲击所引起的。这样，失业与通货膨胀就不存在那种稳定的交替关系了。无论短期还是长期都是这样。因此，无论在短期或长期，政府都不可能利用通货膨胀率与预期通货膨胀率的差异来系统地影响失业率。如果货币供给增长率的变动是规则的，公众可以完全预期到，那么，货币供给的增加将提高通货膨胀预期，同时推移菲利普斯曲线使实际通货膨胀率上升而不会降低失业率。如果货币供给增长率的变动是不规则的，公众无法完全预期到，那么，这就属于影响失业率变动的随机冲击之一。但在这种情况下，并不是失业与通货膨胀有稳定的交替关系，而是随机冲击的作用，其他随机冲击也会发生类似的作用。即使在短期中，失业和通货膨胀也不存在稳定的交替关系，从而也就无法作为一种政策工具。

【本章小结】

失业是指有劳动能力并且想工作的人找不到工作的情况，即指劳动的完全闲置状态。失业的衡量一般是以失业率为主要指标来进行的。自然失业率是指在没有货币因素干扰的情况下，让劳工（劳动力）市场和商品市场的自发供求力量发挥作用时所应有的处于均衡状态的失业率。任何失业都是有代价的。

通货膨胀是指一国或地区在一定时期内物价水平普遍持续快速的上涨。通货膨胀的程度一般用通货膨胀率来衡量。通常测定通货膨胀率的物价指数有三种：（1）批发物价指数，一般用来衡量成本推动型通货膨胀。（2）消费物价指数，该指数反映一定阶层居民购买的商品劳务价格变动的相对数，可根据消费支出构成来确定其权数。（3）GDP 紧缩指数，即按现行价格计算的国民生产总值对按不变价格计算的国民生产总值的比率。

　　菲利普斯曲线是西方经济学家用来表示失业率和货币工资率之间替换关系的曲线。西方经济学家把物价上升同货币工资变动联系在一起，并用物价上涨率表示通货膨胀率；认为失业率与通货膨胀率之间是反方向变动的关系。要降低通货膨胀率，就会出现较高的失业率。反之，要减少失业率。就必须以高通货膨胀率为代价，但西方国家经济发展的现实已证明失业率与通货膨胀率之间并不存在交替关系，为此西方经济学者对菲利普斯曲线进行了修正。

【复习思考题】

一、名词解释

失业　自愿失业　摩擦性失业　非自愿失业　自然失业率　充分就业　有效需求
通货膨胀　资本边际效率递减规律　临界点　需求拉上型通货膨胀
成本推进型通货膨胀　结构性通货膨胀　菲利普斯曲线

二、分析讨论题

1. 西方学者认为造成通货膨胀的原因有哪些？通货膨胀对经济有哪些影响？如何有效地解决通货膨胀？

2. 失业有哪些类型？如何最大限度地降低失业？

3. 资本主义社会失业的根源是什么？

4. 比较传统经济学失业理论与现代经济学失业理论的区别。

5. 简述通货膨胀的类型。

6. 如何衡量通货膨胀？

7. 简述需求拉上型通货膨胀。

8. 简述成本推进型通货膨胀。

9. 菲利普斯曲线的恶化说明了什么？

三、计算题

1. 假设 2023 年的 GNP 价格指数为 100，2021 年的 GNP 价格指数为 300，则 2023 年的通货膨胀率是多少？

2. 假设 2020 年 12 月某国统计局宣布，在所有该国成年人中，就业人数为 1.15 亿人，失业者为 0.05 亿人，则该国的失业率是多少？

【案例分析】

美国经济转型造成大批失业

随着 20 世纪 80 年代重工业产业日渐凋零，美国经济转型，技术工人大批下岗，原来的重工业城市失业高企、一片萧条，形成所谓的"铁锈地带"。技术进步和全球化浪潮进一步重塑美国社会构成。机器应用和外包服务导致大批白领职员失业，只有难以被机器取代的高技术职业和低技术含量的工种有着旺盛的市场需求。在有 6.8 万人的马里兰州小镇弗德里克，这种变化尤为明显。镇上中等收入平均水平勉强高于全国水平，房屋所有率则略低于全国水平。镇上的就业人群既包括西装革履的律师，也有餐馆服务员。要在这里找一份中等收入的工作可不容易。原因在于，所谓"中等职业"对学历的要求远远高于从前。

弗德里克社区大学在读生凯莉·比利希迈耶说："要想找工作得有文凭。"她父亲连张高中文凭都没有，但能靠编写电脑程序和当保安谋生。而她和同龄人从入读大学选择专业开始就得深思熟虑，规划未来的职业安排。

资料来源：美国经济转型造成大批失业［EB/OL］.［2015 – 11 – 12］. http：//xmwb. xinmin. cn/html/2015 – 11/12/content＿33＿1. htm.

问题：如何看待这种失业现象？

【实训项目】

组织学生到近期召开的人才招聘会进行社会调查。了解一下近期企事业单位的用人需求及近期的热门岗位等信息，结合当地的就业信息讨论我国目前就业市场的现状。

【拓展阅读】

历史上的
恶性通货膨胀

第十五章

宏观经济政策

HONGGUAN JINGJI ZHENGCE

【教学目的和要求】

通过本章的学习使学生系统地掌握宏观经济政策的目标，掌握财政政策和货币政策的内容及工具，了解宏观经济政策理论的演变。

通过前述分析可见，如果让经济体系自行调节，仅靠市场机制发挥作用，均衡常被打破，宏观经济经常受到通货膨胀、失业、经济衰退的困扰，因此政府实行干预政策，对宏观经济进行必要的协调，是保证宏观经济健康运行的重要条件。凯恩斯主义论证的对宏观经济进行调节和干预的手段主要是财政政策与货币政策。本章将从宏观经济政策的目标出发，阐述财政政策和货币政策的内容，并对第二次世界大战后西方国家实行的宏观经济政策进行系统介绍。

第一节　宏观经济政策概述

经济政策是指国家为了一定的目标所制定的，对宏观经济起调控作用的经济手段和经济措施的总称。经济政策包括政策目标、政策措施和政策效应三个方面。

政策目标是指通过政策的实施所要达到的目的，它构成经济政策的核心内容，使政策具有明确的方向和指导作用。政策措施是政策的组织和操作方式等，经济政策的措施是经济杠杆和经济参数的选择和利用。政策效应是指政府实施的反应和结果。

一、**宏观经济政策目标**

1. 充分就业（Full Employment）。充分就业是宏观经济政策的第一目标。充分就业是指包含劳动在内的一切生产要素都以愿意接受的价格参与生产活动的状态。充分就业包含两种含义：一是指除了摩擦性失业和自愿失业之外，所有愿意接受各种现行工资的人都能找到工作的一种经济状态，即消除了非自愿失业就是充分就业。二是指包括劳动在内的各种生产要素，都按其愿意接受的价格，全部用于生产的一种经济状态，即所有资源都得到充分利用。失业意味着稀缺资源的浪费或闲置，从而使经济总产出下降，社会总福利受损。因此，失业的成本是巨大的，降低失业率，实现充分就业就常常成为西方宏观经济政策的首要目标。

2. 物价稳定（Price Stability）。物价稳定是指物价总水平的稳定。一般用价格指数来衡量一般价格水平的变化。价格稳定不是指每种商品价格的固定不变，也不是指价格总水平的固定不变，而是指价格指数的相对稳定。价格指数又分为消费物价指数（CPI）、批发物价指数（PPI）和国民生产总值折算指数（GNP Deflator）三种。物价稳定并不是通货膨胀率为零，因为这种通货膨胀率为零时要付出较高的失业代价，物价稳定是维持低而稳定的通货膨胀率，即通货膨胀率在 1%～3%，并在相当时期内能使通货膨胀率维持在大致相等的水平上。这种通货膨胀率能为社会所接受，对经济不会产生不利影响。一般而言，当经济中存在温和通货膨胀时，也就实现了物价稳定。

3. 经济增长（Economic Growth）。经济持续稳定增长是宏观经济政策的基本目标。经济增长是指一个国家在一定时期内创造的国内生产总值或人均收入量的增加。衡量经济增长的方法一般是计算实际国内生产总值的年均增长率。由于各国经济发展阶段以及资源和技术状况的差异，对发展速度的需求也不同。一般来说，经济处于低发展阶段的增长率较高，而处于较高发展阶段的增长率较低。

宏观经济政策目标就是使经济增长达到一个适度的增长率，这种增长率既能满足社会发展的需要，又是人口增长和技术进步所能达到的。要根据资源和技术进步来确定适度增长率，并考虑到环境保护和减少污染问题，即实现可持续增长。

4. 国际收支平衡（Balance of International Payments）。随着国家之间经济联系的广泛发展，一国国际收支平衡越来越成为一项具有重要意义的宏观经济调控目标。所谓国际收支平衡是指既无国际收支赤字又无国际收支盈余的状态。从长期看，无论是国际收支赤字还是盈余都对一国经济有不利影响，会限制和影响其他经济政策目标的实现。具体来说，长期的国际收支盈余是以减少国内消费与投资，从而不利于充分就业和经济增长为代价的；国际收支赤字要由外汇储备或借款来偿还，外汇储备与借款都是有限的，长期国际收支赤字会导致国内通货膨胀。在国际收支平衡中，贸易收支的平衡更为重要。

【知识链接】

宏观经济政策的四大目标相互之间既存在互补关系，也有交替关系。互补关系是指一个目标的实现对另一个的实现有促进作用。如为了实现充分就业水平，就要维护必要的经济增长。交替关系是指一个目标的实现对另一个有排斥作用。如物价稳定与充分就业之间就存在两难选择。例如，要保持充分就业，就必须加速经济增长，经济增长加速，便会导致物价上涨，要控制物价上涨，就要放慢经济增长，必然导致失业率上升。因此，充分就业、经济增长与物价稳定之间存在着矛盾。国际收支平衡与充分就业、物价稳定这些国内经济目标之间也存在着矛盾。因此，在制定经济政策时，必须对经济政策目标进行价值判断，权衡轻重缓急和利弊得失，确定目标的实现顺序和目标指数高低，同时使各个目标能有最佳的匹配组合，使所选择和确定的目标体系成为一个和谐的有机的整体。

资料来源：周军. 宏观经济学［M］. 武汉：武汉理工大学出版社，2005.

二、宏观经济政策的工具

宏观经济政策的工具是用来实现上述政策目标的手段和措施。常用的宏观经济政策工具包括需求管理、供给管理和国际经济政策等。

1. 需求管理（Requirement Management）。需求管理是指通过调节总需求来达到一定政策目标的政策工具。这是凯恩斯主义特别重视的政策工具。凯恩斯主义认为，由于在短期内生产技术条件、资本设备的质量与数量、劳动力的质量与数量都是不变的，因此，国家调节就是在总供给为既定的前提下来调节总需求，即进行需求管理。需求管理的目的是要通过对总需求的调节实现总需求与总供给的均衡，达到既无失业又无通货膨胀的目标。当总需求小于总供给时，会产生失业，此时应通过刺激总需求来消除失业；当总需求大于总供给时，过度需求会引发通货膨胀，此时应通过抑制总需求来消除通货膨胀。需求管理的内容包括财政政策和货币政策两个方面。

2. 供给管理（Supply Management）。供给管理是指通过对总供给的调节来达到一定的宏观经济目标的政策工具。20世纪70年代初期石油价格的大幅度上升和需求管理政策的运用使经济中通货膨胀严重。因为通过需求管理调节总需求，不仅会影响产量水平，而且会影响价格水平和工资水平。实施扩张性财政政策和货币政策，虽有助于失业问题的解决，但会引发成本推动型通货膨胀，即来自供给方面成本提高引发的通货膨胀。因此必须从供给方面进行管理。供给管理的内容包括收入政策、人力政策、指数化政策和经济增长政策等方面。

3. 国际经济政策（International Economic Policy）。国际经济政策是对国际经济关系的调节。现实中每一个国家的经济都是开放的，即一国经济不仅影响其他各国，而且要受其他各国的影响。开放经济中各国是通过物品、资本与劳动力的流动来相互影响的，因此，国际经济政策的内容也就包括这些方面的管理。这些政策主要包括对外贸易政策、汇率政策、对外投资政策以及国际经济关系的协调等。

第二节　财政政策

作为调节经济工具的财政政策，不同于一般意义上的财政政策。凯恩斯主义出现之前，财政政策的目的是为政府的各项开支筹集资金，以实现财政收支平衡，财政政策所影响的主要是收入分配，以及资源在私人部门和公共部门之间的配置。在凯恩斯主义出现之后，财政政策被作为需求管理的重要工具，是为了实现既定的政策目标。

一、财政政策的含义及其政策工具

财政政策（Fiscal Policy）是一国政府根据既定的经济目标通过调节财政收入和支出以影响宏观经济活动水平的经济政策。财政政策的一般定义是：为实现宏观经济政策目标而对政府支出、税收和借债水平所进行的选择，或对政府收入和支出水平所作的决策。从动态的角度看，可以说，财政政策就是为达到既定的宏观经济目标而制定的税收和政府开支的过程。

西方经济学家认为，运用财政政策调节总需求的原则是"逆经济风向行事"。即当社会总需求不足，失业持续增加时，应采取刺激总需求的扩张性财政政策，以消除失业和经济衰退；当社会总需求过度，出现持续通货膨胀时，应采取抑制总需求的紧缩性财政政策，以消除通货膨胀。一般来说，财政政策工具主要包括政府收入、政府支出等内容，主要通过变动税收、改变公债规模、变动政府购买支出和政府转移支付来调节总需求。

（一）政府收入

政府收入包括税收和公债两部分。

1. 税收。财政收入政策主要是税收政策（Tax Policy），即政府通过改变税率来调节税收水平，以影响和调节总需求。税收是政府财政收入的主要来源。税收可以根据不同的标准进行分类。根据征税对象，税收可分为财产税、所得税和货物税。财产税是对不动产、房地产（土地和土地上的建筑物）等所征收的税。所得税是指对个人和公司的收入征收的税，即可分为个人所得税和公司所得税。货物税是指对生产、流通和消费等各个环节的货物征税，如营业税、消费税。根据纳税的方式，税收可分为直接税和间接税。直接税是对财产和收入等直接征收的税，其税负通常是不能转嫁给别人的，它包括所得税、财产税和人头税等。间接税是指税负可以转嫁的税，如营业税、消费税和关税等，这些税种纳税人可以采取提高售价的形式把税负转嫁出去。根据收入中被扣除的比例，税收可以分为累退税、比例税和累进税三类。累退税是税率随着征收对象数量的增加而递减的税；比例税是税率不随征收对象数量的变动而变动的税，即按固定比例从收入中征税，多适用于流转税和财产税；累进税是税率随征收对象数量的增加而递增的税，如所得税。这三种税通过税率的高低及其变动来反映赋税负担轻重和税收总量的关系。因此税率的大小及其变动方向对经济活动如个人收入和消费会产生很大影响。

税收是财政政策的一个有力工具，在西方国家政府的财政收入中，所得税在税收中所占的比重最大，因此，改变税率主要是改变所得税税率。改变所得税税率的基本做法是：在经济萧条时期，有效需求不足，失业率上升，政府采取减税措施，降低所得税税率，给个人和企业多留一些可支配收入，以增加有效需求，消除衰退；在通货膨胀时期，社会总需求过度，价格水平持续上涨，政府采取增税措施，减少个人和企业的可支配收入，以抑制过度需求，消除通货膨胀。因此，减税是反衰退的重要措施，增税是反通货膨胀的重要措施。

【知识链接】　　　　　　　拉弗曲线

"拉弗曲线"理论是由"供给学派"代表人物、美国南加利福尼亚商学研究生院教授阿瑟·拉弗提出的。该理论之所以被称之为"供给学派"是因为它主张以大幅度减税来刺激供给从而刺激经济活动。"拉弗曲线"的基本含义是，税收并不是随着税率的增高在增高，当税率高过一定点后，税收的总额不仅不会增加，反而还会下降。因为决定税收的因素，不仅要看税率的高低，还要看课税的基础即经济主体收入的大小。过高的税率会削弱经济主体的经济活动积极性，因为税率过高企业只有微利甚至无利，企业便会心灰意冷，纷纷缩减生产，使企业收入降低，从而削减了课税的基础，使税源萎缩，最终导致税收总额的减少。当税收达到 100% 时，就会造成无人愿意投资和工作，政府税收也将降为零。

资料来源：尹伯成等. 西方经济学简明教程 [M]. 上海：上海人民出版社，2003.

2. 公债（Government Bond）。公债也是西方国家政府收入的来源之一。公债是政府对公众的债务，是政府运用信用形式筹集财政资金的特殊形式。当政府税收不足以弥补政府支出时，政府就会发行公债。公债可以分为中央政府债务（国债）和地方政府债务，政府借债一般有短期债、中期债和长期债三种形式。短期债一般通过出售国库券取得，期限一般为 3 个月、6 个月和 1 年三种，利息率较低，主要进入短期资金市场（货币市场）；中期债一般指 1 年以上 5 年以下的债券；5 年以上为长期债，长期债利息率因时间长风险大而利息率较高，是资本市场（长期资本市场）上最主要交易品种之一。

发行公债不仅是政府筹资的手段，同时也是政府干预和调控金融市场的一种手段。公债调节经济主要体现在下述三种效应上：第一是"挤出效应"，即由于公债的发行，使民间部门的投资或消费资金减少，从而对民间部门的投资或消费起调节作用。第二是"货币效应"，即公债发行引起货币供求变动。第三是"收入效应"，就是公债的发行可以使公债持有人在公债到期时，不仅收回本金而且得到利息。此外还产生收入转移的效应。

【知识链接】　　　　　　公债发行的国际警戒线

对于公债的发行规模到底应该有多大，国际上是有通行的衡量指标的。参考指标主要有三个，其一是当年公债发行额占 GDP（国民生产总值）的比重；其二是当年的发债余额占 GDP 的比重；其三是当年的公债发行额占当年财政支出的比重。第一指标主要反映当年国债发行量对经济的影响，一般认为其数值应小于 3%。第二指标也称为公债负债率，反映公债总规模对经济的影响，也反映国民经济对公债的负担能力及偿还能力。目前发达国家公债余额占 GDP 的比重在 10% ~ 48%。第三指标是国债发行额占当年财政支出的比重，主要反映当年财政支出对公债的依存程度，一般认为这一指标应在 20% 以内。

资料来源：韩秀云. 推开宏观之窗 [M]. 北京：经济日报出版社，2003.

（二）政府支出

财政支出政策是指政府通过改变和调整财政支出水平来影响总需求的政策措施。西方国家的财政支出主要包括政府购买和转移支付两大类。

1. 政府购买（Government Purchase）。政府购买是政府对商品和劳务的购买，如政府购买军需品、警察装备用品、机关办公用品及支付政府雇员的工资薪金等费用，它是政府为取得商品和劳务而作出的支付。政府购买是一种实质性支出，和私人支出相同，它可以使资源利用从私人部门转入公共部门，可以有力地干预经济活动。

通过改变政府购买水平实施财政政策的基本做法是：在经济萧条时期，由于总需求不足，导致失业率上升，此时财政政策的目标是反衰退，因此应提高政府购买水平，增加政府对商品和劳动的购买支出。如政府兴办大量的公共工程，修建铁路、公路、水利工程等，扩大社会总需求，消除经济衰退；当总需求过度，出现通货膨胀时，财政政策的主要目标是反通货膨胀，此时，政府应降低政府购买水平，减少对商品与劳务的购买以抑制社会总需求增长。

2. 政府转移支付（Government Transfer Payment）。政府转移支付包括社会保障和社会福利支出、政府对农业的补贴、失业补助和救济金以及公债利息等方面的支出。政府转移支付属于货币性支出，它只是通过政府将一部分人的收入转给另一部分人，即只是改变社会收入在社会成员间的再分配，它对经济生活的影响不如政府购买强烈。

政府通过改变转移支付可以调节经济，在经济衰退时期应增加政府转移支付水平以增加社会有效需求，在通货膨胀时期应减少政府转移支付以抑制过度需求。

【知识链接】　　　经济"新常态"下政府支出的变化

2008年美国次贷危机爆发后，中国迅速启动了积极的财政政策，推出高达4万亿元的经济刺激计划。从公布的情况来看，4万亿元财政支出的大部分资金流向了公路、铁路和机场建设。基础设施建设是一部推动中国经济高速增长的可靠"发动机"，但是，在年均20%左右的高增速下，其能否继续加速并保持增长令人怀疑，而这显然也无益于中国经济重新获得平衡。

2014年以后，中国官方已作出明确判断，中国经济进入了"新常态"，由高速增长转向中高速增长是经济"新常态"的首要特征，经济必须由要素驱动、投资驱动的粗放型增长转向由创新驱动的集约型增长。传统投资领域已经饱和，新兴投资至关重要，因此，除高铁、公共设施等投资托底外，投资的重点将集中在新技术研发、新兴产业、新兴业态等上。经济"新常态"下，政府支出将集中力量培育新的经济增长点，定向精准加大对环保、新兴业态等的投资，避免腐败、重复建设、能源浪费和环境污染等问题。

资料来源：杨洁，喻文丹. 经济学基础（第3版）[M]. 北京：人民邮电出版社，2019.

二、自动稳定器与相机抉择

（一）财政制度的"自动稳定器"

西方国家财政制度本身的某些特点，使它们自身具有某种自动调节经济、促进经济稳定的功能。也就是说，即使在政府支出和税率保持不变的时候，财政制度本身也会影响社会经济活动，因而被称之为"自动稳定器"（Automatic Stabilizer）或"内在稳定器"。它的功能主要是通过政府收入的自动变化、政府支出的自动变化和农产品价格维持政策来实现的。政府收入的自动变化主要是个人所得税和公司所得税的自动变化；政府支出的自动变化主要表现为政府失业救济金和各项政府福利支出的自动变化。

1. 个人所得税和公司所得税。个人所得税和公司所得税的征收都有一定的起征点和相应的税率。在经济萧条时期，由于经济衰退，失业人数增加，导致公司利润和个人收入减少，符合纳税规定的公司和个人减少了，政府税收会自动减少。而且在实行累进税的情况下，由于公司和个人收入自动进入了较低的纳税档次，政府税收下降的幅度将超过收入下降的幅度，因此政府税收的自动减少有助于维持总需求，抑制衰退进一步加剧。相反，在通货膨胀时期，经济高涨导致纳税的个人收入和公司收入增加，符合纳税条件的个人和公司增加了，政府的税收会自动增加。而且在实行累进税的情况下，由于个人收入和公司收入自动进入了较高的纳税档次，政府税收的增加幅度将快于收入增加的幅度，因此政府税收的自动增加将有助于抑制过度需求，降低通货膨胀，减轻经济波动。

2. 失业救济金和福利开支。失业救济金和政府各项福利开支都有一定的发放标准，发放的多少取决于失业人数的多少和他们收入水平的高低。在经济萧条时期，失业人数增加，个人收入减少，领取失业救济金和需要政府救济的人数增多，失业救济金和各项福利支出自动增加，这有助于抑制人们可支配收入的下降，进而抑制消费需求的下降，抑制经济衰退。相反，在经济扩张和通货膨胀时期，失业率下降，收入提高，政府支出的失业救济金和各项福利开支自动减少，这有利于抑制可支配收入和消费的增长，减轻通货膨胀。

3. 农产品价格维持政策。政府维持农产品价格的政策，实际上是保证农民的可支配收入不低于一定水平，因此也有减缓市场经济波动的稳定器作用。经济萧条时，国民收入下降，农产品价格下降，政府依照农产品价格维持制度，按支持价格收购农产品，可使农民收入和消费维持在一定水平上。经济繁荣时，国民收入上升、农产品价格上升，这时政府减少对农产品的收购并抛售农产品，限制农产品价格上升，也就抑制了农民收入的增长，从而减少总需求的增加量。

财政制度的"自动稳定器"被认为是抑制经济波动的第一道防线，对经济波动起到一定的减震作用，但不足以完全消除经济波动。因此，仍需要政府有意识地采用财政政策来调节经济。

（二）相机抉择的财政政策

相机抉择的财政政策（Discretionary Fiscal Policy）也称为斟酌使用的财政政策或权衡性财政政策，是指政府根据一定时期的经济社会状况，主动灵活选择不同类型的反经济周期的财政政策工具，干预经济运行行为，实现财政政策目标。在 20 世纪 30 年代的世界经济危机中，美国实施的罗斯福—霍普金斯计划（1929—1933 年）、日本实施的时局匡救政策（1932 年）等，都是相机抉择财政政策选择的范例。

相机抉择所依据的原则是"逆经济风向行事"。因此，经济萧条时，政府采取扩张性财政政策来刺激总需求；经济繁荣时，则采取紧缩性财政政策来减少总需求。在经济萧条时期，总需求小于总供给，经济中存在失业，政府采取扩张性财政政策，包括增加政府购买支出以刺激私人投资，增加政府转移支付以增加个人消费，这样就可以刺激总需求。减少个人所得税（主要是降低税率）使个人可支配收入增加，从而消费增加，减少公司所得税使公司收入增加，从而投资增加，这样也会刺激总需求。反之，在经济繁荣时期，政府采取紧缩性财政政策，包括减少政府购买支出和政府转移支付、增税等措施抑制总需求。

三、财政政策的运用

在运用财政政策对宏观经济进行管理时，政府应针对不同情况采取不同的政策措施。西方国家的财政政策，概括起来有以下三种措施的运用。

（一）赤字财政政策

1. 赤字财政及运用。当一国经济处于萧条时期时，社会总供给超过社会总需求，储蓄大于投资，一部分货币购买力溢出循环，使一部分产品卖不出去，价格下降，市场上资金短缺，利率上升。这时，政府就应主动采取增加财政支出、减少税收的政策，以增加有效需求。这种积极增加财政支出，使之超过财政收入的财政被称为赤字财政（Deficit Financing），也称扩张性财政。

赤字财政是凯恩斯学派的一个最主要的财政政策。在大危机之后是有效需求不足的萧条时期，一方面政府实行减税（包括免税、退税），居民户将留下较多的可支配收入，从而使消费增加。减税和居民增加消费的结果，使企业乐于增加投资，这样总需求水平就会上升，从而有助于克服萧条，使经济走出低谷。另一方面，政府扩大支出，包括增加公共工程开支、政府购买、政府转移支付等，以增加居民的消费和促使企业投资，提高总需求水平，同样用于克服萧条。

2. 财政赤字及弥补。强调财政政策要以充分就业为服务目标的职能财政思想，必然导致赤字财政政策。当出现财政赤字后，西方国家一般采用发行公债的手段来弥补赤字。并不是任何人购买公债都有助于"医治"萧条，必须区分以下几种不同的情况：

第一，政府发行公债，如果由企业和居民用手头的现金来购买，那就减少了企业和居民本来准备用来购买投资品与消费品的支出。政府靠出卖公债所得到的钱是用于政府支出的。因此，政府支出的增加与企业和居民支出的减少恰好抵消，结果并不能增加社会总需求，达不到"医治"萧条的目的。

第二，政府发行公债，如果由企业和居民用银行存款来购买，那就减少了企业和居民本来准备用来购买投资品与消费品的支出。政府靠出卖公债所得到的钱是用于政府支出的。因此，政府支出的增加与企业和居民支出的减少恰好抵消，总需求仍没有扩大，政府想"医治"萧条的目的也没有达到。

第三，政府发行公债，如果卖给商业银行，结果也不能扩大总需求。因为商业银行本身资金有限，它们买公债，就会减少或抽回对企业的放款，这样仍然减少了企业投资。

可见，在萧条时期，只有当商业银行的钱放不出去和居民与企业手头有闲置的资金而又不打算存入银行或购买商品时，商业银行、企业、居民购买政府发行的公债，才有助于扩大总需求。但如果政府把发行的公债向中央银行换取支票（或卖给中央银行），那就会引起另一种结果。在这种情况下，财政部把公债作为存款交给中央银行后，中央银行给财政部支票，财政部就可以把支票作为货币使用来扩大支出。这种方法被认为简便易行，既可以弥补财政赤字，又可以扩大政府支出，从而扩大总需求。

（二）紧缩财政政策

1. 紧缩财政政策及运用。当一国经济处于通货膨胀时期时，投资大于储蓄，需求虽旺盛，但产量已无法增加，总需求大于总供给，因此引起物价上涨。这时，政府应控制需求膨胀与稳定物价，使产量与收入保持在充分就业的水平上。这时，政府要用紧缩财政支出与增加税收的方法来抑制有效需求，使财政收支有盈余。这种紧缩财政支出，使之小于财政收入的财政政策被称为紧缩财政（Fiscal Austerity）。

在通货膨胀时期，一方面政府增加税收，使居民户的可支配收入减少，从而消费将减少。增加税收和居民户减少消费的结果，使企业减少投资，总需求水平下降，有助于消除通货膨胀。另一方面政府减少财政支出，包括减少公共工程开支、政府购买、政府转移支付等，来压缩居民户的消费和限制企业的投资，使得总需求水平下降，有助于消除通货膨胀。

2. 财政盈余及其处理。在通货膨胀时期，政府多收少支，出现财政盈余。政府不能在这时花掉财政盈余，否则会使通货膨胀更加严重。政府也不应当在这时用盈余来偿还政府的债务，否则居民手中就会增加一笔现金，又会增加消费和投资，达不到消除通货膨胀的目的。比较可行的方法是，在通胀时期应把财政盈余作为财政部的闲置资金冻结起来，待萧条时再使用。

（三）平衡性财政政策

平衡性财政政策（Balanced Fiscal Policy）是指政府通过财政分配活动对社会总需求的影响保持中性。财政的收支活动对社会总需求既不产生扩张性的后果，也不产生紧缩性的后果。在一般情况下，对财政收支保持平衡的政策就被称为平衡性财政政策。这种政策一般是通过严格规定财政收支的预算规模，并使之在数量上保持基本一致来实现的。只有在社会总供求矛盾不突出的条件下使用平衡政策，其效果才较为明显。如果财政收入总量与支出总量的平衡是建立在社会生产力严重闲置的基础上，平衡性财政政策所维持的总供求平衡就是一种低效率的平衡。其结果必然是生产的停滞和资源的浪费。一般来说，平衡性财政政策能否有效发挥作用的关键，是合理确定财政支出的总规模。

【知识链接】　　　2018 年"积极的财政政策加稳健的
货币政策"组合不变

2018 年，我国经济发展向好的基本面没有改变，但经济稳定运行仍面临着很多困难和挑战：国际环境复杂多变，不稳定的因素增多，国内经济结构性矛盾突出等。综合国内外形势，2018 年积极的财政政策取向不变，稳健的货币政策要保持中性。通过梳理可以发现，在宏观调控政策取向上我国已经连续八年采取"积极的财政政策加稳健的货币政策"这一组合。

2018 年需要保持一定力度的扩张性财政政策，以稳定经济增长。实施积极有效的财政政策，不仅要求在财政支出方面保持适度的增速，并优化支出结构，提高资金使用效率，更要以税制改革为重心，完善税收体系，减轻宏观税负，从而激发企业生产活力，增强居民购买力。同时，合理利用税收、社会保障、转移支付等手段，进一步增强当前财政再分配效应，协调货币政策和审慎监管政策，稳定流动性和风险预期，稳步推进创新驱动发展战略，继续加强供给侧结构性改革，从提升劳动力质量、优化投资结构以及增加研发强度、改革科研体制等方面，促进全要素生产率不断提升，从而促进新旧动能的转换，确保经济中长期稳定较快增长。

2018 年政府工作报告中，关于货币政策的表述为：稳健的货币政策保持中性，要松紧适度。管好货币供给总阀门，保持广义货币 M_2、信贷和社会融资规模合理增长，维护流动性合理稳定，提高直接融资特别是股权融资比重。疏通货币政策传导渠道，用好差别化准备金、差异化信贷等政策引导资金更多投向小微企业、"三农"和贫困地区，更好地服务实体经济。

资料来源：杨洁，喻文丹. 经济学基础（第 3 版）[M]. 北京：人民邮电出版社，2019.

第三节　货币政策

一、货币政策的内容

货币政策（Monetary Policy）是指中央银行为达到特定的宏观经济目标，所采取的金融方针和各种调节措施。也就是指国家通过中央银行调节货币供给量，从而影响利息率的变动来间接影响总需求以使经济达到稳定的政策。同财政政策一样，货币政策必须分担宏观经济调控所涉及的四个基本目标，但货币政策还有它的一些特殊目标，例如防止大规模的银行倒闭和金融恐慌，稳定利率以防止利率大幅度的波动等。

运用货币政策调节总需求，也和财政政策一样，坚持"逆经济风向行事"的基本原则。当经济衰退时，中央银行应采取措施增加货币供给，刺激总需求，以解决经济衰退和失业问题；相反，在通货膨胀时期，中央银行应采取措施减少货币供给，抑制总需求，以控制物价上涨和解决通货膨胀问题。也就是说，在经济衰退时期，中央银行应该实行扩张性货币政策；在通货膨胀时期，应该采取紧缩性货币政策。

1. 中央银行实行扩张性货币政策的基本程序和过程。中央银行采取措施增加商业银行的储备金；商业银行储备金增加后，通过存款创造乘数的作用，引起活期存款大幅度扩张，使货币供给增加；货币供给增加，导致银根松动，这不仅使人们易于获得贷款，而且引起利率下跌，这样便对投资产生刺激作用，引起投资需求增加，并通过投资乘数的作用，使国民收入和就业机会增加，消除经济衰退和失业。

2. 中央银行实行紧缩性货币政策的基本程序和过程。中央银行采取措施减少商业银行的储备金；商业银行的储备金减少后，将通过存款创造乘数的作用，引起活期存款的大幅度收缩；不仅使信贷难以得到，而且使利息率提高，对投资产生抑制作用，使投资需求减少，投资下降，并通过投资乘数的作用，使总需求大幅度收缩，从而消除通货膨胀。

二、货币政策工具

货币政策工具是中央银行为达到货币政策目标而采取的手段。根据《中国人民银行法》第三条规定，我国货币政策最终目标为保持货币币值的稳定，并以此促进经济的增长。

货币政策最终目标的实现有一个传导机制，并有一个时间过程，一般是：中央银行运用货币政策工具—操作目标—中介目标—最终目标，也就是中央银行通过货币政策工具的运用，影响商业银行等金融机构的活动，进而影响货币供应量，最终影响国民经济宏观经济指标。

根据货币政策工具的调节职能和效果来划分，货币政策工具可分为以下四类：一般性货币政策工具、选择性货币政策工具、补充性货币政策工具和新货币政策工具。

一般性货币政策工具多属于间接调控工具，选择性货币政策工具多属于直接调控工具。在过去较长时期内，中国货币政策以直接调控为主，即采用信贷规模、现金计划等工具。1998年以后，取消了贷款规模控制，主要采用间接货币政策工具调控货币供应总量。现阶段，中国的货币政策工具主要有公开市场操作、存款准备金率、再贷款与再贴现、常备借贷便利、利率政策、汇率政策、道义劝告和窗口指导等。

1. 一般性货币政策工具，或称常规性货币政策工具。一般性货币政策工具指中央银行所采用的、对整个金融系统的货币信用扩张与紧缩产生全面性或一般性影响的手段，是最主要的货币政策工具，包括以下几种。

（1）法定存款准备金率。

①含义：法定存款准备金率是指根据法律规定，商业银行等将其吸收的存款和发行的票据存放在中央银行的最低比率。通常以不兑现货币形式存放在中央银行。

②效用：体现在它对商业银行的信用扩张能力、对货币乘数的调节。中央银行采取紧缩政策、提高法定存款准备金率，货币乘数减小，限制了商业银行的信用扩张能力，最终起到收缩货币供应量和信贷量的效果。

③缺陷：一是中央银行调整法定存款准备金率时，商业银行可以变动其在中央银行的超额存款准备金，从反方向抵消法定存款准备金率政策的作用；二是对货币乘数的影响很大，作用力度很强，往往被当做是一剂"猛药"。三是成效较慢、时滞较长；法定存款准备金率政策往往是作为货币政策的一种自动稳定机制。

（2）再贴现政策。

①含义：再贴现政策是指商业银行持客户贴现的商业票据向中央银行请求贴现，以取得中央银行的信用支持。

②效用：再贴现政策的基本内容是中央银行根据政策需要调整再贴现率。

当中央银行提高再贴现率时，商业银行借入资金的成本上升，基础货币得到收缩。

③优缺点：与法定存款准备金政策比较，再贴现政策工具的弹性相对较大，作用力度相对要缓和一些；主动权在商业银行手中，所以中央银行的再贴现政策是否能够获得预期效果，还取决于商业银行是否采取主动配合态度。

（3）公开市场业务。公开市场业务主要是从总量上对货币供应时间和信贷规模进行调节。

①含义：中央银行在证券市场上公开买卖国债、发行票据的活动即为公开市场业务。中央银行在公开市场的证券交易活动对象主要是商业银行和其他金融机构。

②效用：公开市场业务目的在于调控基础货币，进而影响货币供应量和市场利率。

2. 选择性货币政策工具。选择性货币政策包括消费者信用控制、证券市场信用控制、不动产信用控制、优惠利率、预缴进口保证金。

（1）消费者信用控制。中央银行对不动产以外的各种耐用消费品的销售融资予以控制。在通货膨胀时期，能起到抑制消费需求和物价上涨的作用。

（2）证券市场信用控制。中央银行对有关证券交易的各种贷款进行限制，目的在于抑制过度投机。

（3）不动产信用控制。中央银行对金融机构在房地产方面放款的限制性措施，目的在于抑制房地产投机和泡沫。

（4）优惠利率。中央银行对国家重点发展的经济部门或产业，如出口行业、农业等所采取的鼓励性措施。

（5）预缴进口保证金。中央银行要求进口商预缴相当于进口商品总值一定比例的存款，以抑制进口过快增长的措施。预缴进口保证金多为国际收支经常项目出现逆差的国家所采用。

3. 补充性货币政策工具。

（1）直接信用控制。直接信用控制是指中央银行以行政命令或其他方式，从质和量两个方面，直接对金融机构尤其是商业银行的信用活动进行控制，其手段有：利率限额、采用信用配额、规定金融工具的流动性比率和直接干预等，其中规定存贷款最高利率限制是最常使用的直接信用管制工具。

（2）间接信用指导。间接信用指导即中央银行通过道义劝告、窗口指导等办法间接影响商业银行等金融机构行为的做法。其中，窗口指导是指中央银行根据产业行情、物价趋势和金融市场动向等经济运行中出现的新情况和新问题，对商业银行提出信贷增减建议。窗口指导没有法律约束力，但影响力往往较大。

4. 新货币政策工具。2013 年 11 月 6 日，我国央行网站新增"常备借贷便利（SLF）"栏目，标志着这一新的货币政策工具的正式使用。常备借贷便利（Standing Lending Facility，SLF）在各国名称各异，如美联储的贴现窗口（Discount Window）、欧洲央行的边际贷款便利（Marginal Lending Facility）、英格兰银行的操作性常备便利（Operational Standing Facility）、日本银行的补充贷款便利（Complementary Lending Facili-

ty）、加拿大央行的常备流动性便利（Standing Liquidity Facility）等。

所谓常备借贷便利就是商业银行或金融机构根据自身的流动性需求，通过资产抵押的方式向中央银行申请授信额度的一种更加直接的融资方式。由于常备借贷便利提供的是中央银行与商业银行"一对一"的模式，因此，这种货币操作方式更像是定制化融资和结构化融资。

常备借贷便利的主要特点有以下几点：一是由金融机构主动发起，金融机构可根据自身流动性需求申请常备借贷便利；二是常备借贷便利是中央银行与金融机构"一对一"交易，针对性强；三是常备借贷便利的交易对手覆盖面广，通常覆盖存款金融机构。

【知识链接】 　　　　中国人民银行的七项货币政策工具

目前，中国人民银行官网罗列货币政策工具有七项：

（1）公开市场业务（OMO）；（2）存款准备金率；（3）中央银行贷款（再贴现与再贷款）；（4）利率政策（存贷款基准利率）；（5）常备借贷便利（SLF）；（6）中期借贷便利（MLF）；（7）抵押补充贷款（PSL）。

从传统意义上来说，上述工具中公开市场业务（正逆回购）、存款准备金率、中央银行再贷款等属于数量型货币政策工具，存贷款基准利率调整属于价格型货币政策工具。近年来，人民银行又推出了一些新的公开市场操作工具以加速利率市场化进程：SLF、MLF、PSL这三种工具分别为不同的目标服务。其中，SLF引导短期基准利率的形成，MLF引导中期基准利率的形成，PSL倾向于政策性调节。在利率市场化程度较高的情况下，货币政策数量型工具和价格型工具的区分是相对的，两者实际上呈相互包含的关系。比如，在中央银行开展逆回购操作或者新型借贷便利工具时，不仅可以调整货币供应量，还可以影响利率水平，进而影响到短期融资和长期融资的数量结构关系。其中，存款准备金率、OMO/MLF/SLF和存贷款基准利率是我国目前主要的货币政策工具。

资料来源：任泽平，甘源．中国货币政策工具箱及操作空间［EB/OL］．［2018－12－05］．ht-tps://www.sohu.com/a/279648783_467568.

三、货币政策的时滞

货币政策实施以后并不是马上产生效果，而是有一个时间滞后的过程。如果从对经济形势的认识，到政策的制定，再到政策的实施，以及到发挥作用的全部时间全部考察进来，通常把货币的政策时滞分为以下三种：

1. 认识时滞。认识时滞指经济中已发生通货膨胀或萧条，需要采取政策措施到中央银行真正认识到这一点所需要的时间。这种时滞的长短与是否及时掌握经济信息和正确作出预测有关。

2. 决策时滞。决策时滞指从认识到需要采取货币政策到货币政策出台并付诸实施的时间滞差。

3. 奏效时滞。奏效时滞指采取货币政策措施到货币政策措施对经济活动产生直接的影响并取得效果的时间滞差。

西方经济学把前两种时滞称为内部时滞，后一种时滞称为外部时滞。内部时滞一般较短，也易于把握。但外部时滞要复杂得多，因为各经济部门对货币政策的反应不一，所受影响有很大差异。从西方国家的经验看，外部滞差一般在 4 ~ 20 个月之内，波动性较大。

第四节　供给管理政策

如前所述，供给管理是通过对总供给的调节来达到宏观经济目标，其中包括对劳动力、工资、价格、产量增长等的管理与调节，因此供给管理政策的主要内容包括收入政策、人力政策、指数化政策和经济增长政策等。

一、收入政策

收入政策（Income Policy）指通过限制工资收入增长率从而限制物价上涨率的政策，因此，也叫工资和物价管理政策。之所以对收入进行管理，是因为通货膨胀有时由成本（工资）推进所造成的，收入政策的目的就是制止通货膨胀。它有以下三种形式：

1. 工资—物价指导线。政府为了抑制通货膨胀，根据劳动生产率和其他因素的变动，规定工资和物价上涨的限度，其中主要是规定工资增长率。企业和工会都要根据这一指导线来确定工资增长率，企业也必须据此确定产品的价格变动幅度，如果违反，则以税收形式以示惩戒。

2. 工资—物价冻结，即政府采用法律和行政手段禁止在一定时期内提高工资与物价，这些措施一般是在特殊时期采用，在严重通货膨胀时也可以采用。例如，1971 年美国尼克松政府曾宣布工资与物价冻结 3 个月，就是为了抑制当时的通货膨胀。这种措施在短期内可以有效地控制通货膨胀，但它破坏了市场机制的正常作用。在长期中不仅不能制止通货膨胀，反而还会引起资源配置的失调，一般不宜采用这种措施。

3. 税收刺激政策，即以税收为手段来控制工资的增长。具体做法是，政府规定货币工资增长率，即工资指导线，以税收为手段来付诸实施。如果企业的工资增长率超过了这一指导线，就课以重税；反之，如果企业的工资增长率低于这一规定，就给予减税。但这种计划在实施中会遇到企业与工会的反对。

二、指数化政策

指数化政策（Index Policy）是指定期地根据通货膨胀率来调整各种收入的名义价值，以使其实际价值保持不变。指数化的范围很广，主要有以下几种：

1. 利率指数化。根据通货膨胀率来调整名义利率，以保持实际利率不变，即在债务契约中规定名义利率自动按通货膨胀率进行调整。这样，就可以使通货膨胀不会对正常的债务活动与住房投资这类长期投资产生不利的影响。此外，银行存款利率也要按通货膨胀率进行调整，以保护储户的利益，既便于银行吸引存款，也有利于提高储户进行储蓄的积极性。

利率作为资本的价格可以使资本这种资源得到最优配置，通货膨胀会使利率受到扭曲，从而会导致资源配置失误。对利率实行指数化则可以消除这种失误，因此，这种指数化政策得到了广泛采用。

2. 工资指数化。根据通货膨胀率来调整货币工资，把货币工资增长率与物价上涨率联系在一起，使它们同比例变动。这种做法一般称为"生活费用调整"。具体做法是在工资合同中增加"自动调整条款"，规定按通货膨胀率自动地调整货币工资标准。工资指数化的作用在于抵消通货膨胀对人们生活水平和实际收入的影响，使人们的生活水平不至于因通货膨胀而下降。同时，也可以减少人们对通货膨胀的恐惧心理，抵消通货膨胀预期对经济的不利作用。此外，还可以促进工资合同的长期化，有利于劳动关系的稳定。这些对经济和社会安定都有积极作用。

【知识链接】

工资指数化的作用是有限的，因为在许多情况下是用局部补偿的做法，使因通货膨胀带来的损失无法完全得到补偿。而且，货币工资的调整一般总落后于通货膨胀，再加上一些非工会会员的工人和中小企业的工人得不到保护，因此，并不是所有的工人都能享受工资指数化的好处。此外，工资指数化还有可能导致"工资—物价螺旋式上升"，从而加剧通货膨胀。当通货膨胀在较长时期内得不到治理，生产又不能迅速增长的情况下，根据通货膨胀率来调整工资就会加剧通货膨胀。这就说明了，对工资指数化要持谨慎的态度。

3. 税收指数化。税收指数化是指按通货膨胀率来调整纳税的起征点和税率等级。例如，假定原来起征点为500元，当通货膨胀率为10%时，就可以把起征点改为550元。税率等级也可以按通货膨胀率相应地进行调整。这样做的好处是制止政府放纵通货膨胀的行为，使政府采用积极的反通货膨胀政策。但这种措施的实施是相当困难的。不但税收指数化相当复杂，涉及税收制度等问题，而且要政府自己限制自己的行为也是不易的。

以上各种指数化做法虽然在一定程度上可以消除通货膨胀对经济的消极影响，有利于社会稳定，但由于实施起来较为困难，特别是存在可能加剧通货膨胀的危险，因此，如何根据不同情况来采用指数化政策仍然是值得研究的，也有一些经济学家对这种政策持否定意见。

三、人力政策

人力政策（Manpower Policy），又称就业政策或人力资源政策，是一种旨在改善劳动市场结构，以减少失业的政策。主要措施有：

1. 人力资本投资。由政府或有关机构向劳动者投资，以提高劳动者的文化技术水平与身体素质，适应劳动力市场的需要。从长期来看，人力资本投资的主要内容是增加教育投资，普及教育。从短期来看，是对工人进行在职培训，或者对由于技术不适应而失业的工人进行培训，增强他们的就业能力。

2. 完善劳动市场。政府应该不断完善和增加各类就业中介机构，为劳动的供求双方提供迅速、准确而完全的信息，使劳动者找到满意的工作，企业也能得到其所需的员工。

3. 协助工人进行流动。劳动者在地区、行业和部门之间的流动，有利于劳动的合理配置与劳动者人尽其才，也能减少由于劳动力的地区结构和劳动力的流动困难等原因而造成的失业。对工人流动的协助包括提供充分的信息、必要的物质帮助与鼓励。

四、经济增长政策

在长期中，影响总供给的还有经济潜力或生产能力的增长，也就是经济增长。因此，经济增长政策是供给管理的一个重要组成部分。具体措施包括：一是增加劳动力的数量和质量。增加劳动力数量的方法包括提高人口出生率、鼓励移民入境等；提高劳动力质量的方法有增加人力资本投资。二是资本积累。资本的积累主要来源于储蓄，可以通过减少税收、提高利率等途径来鼓励人们储蓄。三是技术进步。技术进步在现代经济增长中起着越来越重要的作用。因此，促进技术进步成为各国经济政策的重点。四是计划化和平衡增长。现代经济中各部门之间协调的增长是经济本身所要求的，国家的计划与协调要通过间接的方式来实现。

第五节　宏观经济政策及理论的演变

从 20 世纪 30 年代的凯恩斯革命开始，到现在博弈论在宏观经济政策中的运用，西方宏观经济政策和理论经历了一系列的演变和发展。

在 20 世纪 30 年代西方国家的大萧条时期，传统的经济学对此无能为力，不能作出理论的解释。在凯恩斯《就业、利息和货币通论》出版以前，美国的一些经济学家就已经主张运用财政手段来调节经济，而且这些建议已经被罗斯福政府所采纳，取得了一定的成效，但他们在经济理论体系上还没有得到论证，他们的学说仍属于传统西方经济学的范畴。为了拯救和改善资本主义，此时的经济计划者和政府需要从理论上为国家干预经济的政策提供依据。这就为凯恩斯需求管理思想登上历史舞台提供了一个良好的机遇。

与"新政"时期的美国经济思想不同，凯恩斯以传统的西方经济理论的批判者的面目出现。他从经济理论上建立了自己独立的体系，即以有效需求不足来说明资本主义在通常情况下所实现的是小于充分就业的均衡；用心理上的消费倾向、心理上的灵活偏好和心理上对资产未来收益之预期这三个基本心理因素的作用来解释有效需求不足的原因；然后以有效需求理论为依据，得出必须依靠政府来调节和干预经济，才能使总需求与总供给在充分就业水平达到均衡的论断。政府调节经济就是要维持经济的稳定，其政策手段就是通过运用财政政策与货币政策进行需求管理。在进行需求管理时，财政政策被认为是最有力、最直接的调节手段。

由于凯恩斯的经济学说迎合了当时西方国家干预经济的需要，所以凯恩斯的经济思想与政策主张在西方各国得到迅速传播。美国的凯恩斯主义者将凯恩斯的学说与传统的西方经济学结合形成"新古典综合派"，在第二次世界大战后的二十余年间在西方经济学界占据了主流和支配地位。该学派试图将传统的西方经济学与凯恩斯经济学综合在一起，尽管这种综合存在着不少裂缝，但在许多方面使凯恩斯经济学得到了补充和发展。其中主要有：希克斯、汉森提出的 IS—LM 模型；消费函数理论方面有杜森贝利的相对收入假说；弗里德曼的持久收入假说和莫迪利安尼的生命周期假说；投资理论方面有汉森与萨缪尔森的乘数—加速原理；货币需求理论方面有莫尔、托宾的货币交易需求的平方根法则、托宾的货币投机需求的资产组合理论；经济增长理论方面有哈罗德—多马模型、索洛的新古典增长模型；在失业与通货膨胀相互关系的理论方面有菲利普斯曲线；克莱茵等还把凯恩斯主义经济学数量化，形成一整套计量经济模型。所有这些理论的形成和发展，对西方国家第二次世界大战之后几十年的经济政策都有很大影响。

20 世纪 50 年代以后，新古典综合派的理论和政策主张日益受到西方政府重视，体现在该学派的一些经济学家成为政府制定经济政策的顾问和智囊。直到 20 世纪 60 年代上半期之前，以美国为首的西方国家实现了失业率和通货膨胀率比较低而经济较快增长的黄金发展时期，这也是新古典综合派占据主流地位的原因。但是，从 70 年代初开始，大多数西方国家出现的"滞胀"现象使新古典综合派在理论上无法解释，政策上也无能为力，这使得新古典综合派受到沉重打击，尤其是受到以弗里德曼为代表的货币主义者的猛烈攻击。货币主义者主要在两个方面与凯恩斯主义展开论战：一是关于财政政策和货币政策的效果。凯恩斯主义强调财政政策的作用，而货币主义者强调货币政策的作用。货币主义者通过对美国 1867—1960 年近一个世纪货币和产出的关系的历史考察，认为只有货币政策才对产出的波动起着最大的作用，甚至认为 20 世纪 30 年代的大萧条是实行错误的货币政策所造成的。与此同时，货币主义否定凯恩斯主义的"斟酌使用"或根据经济情况而进行调节的经济政策，认为凯恩斯主义为克服萧条而制定的扩张性财政政策不但无助于降低失业率，反而会引起通货膨胀，加剧经济波动，阻碍经济增长；认为资本市场并不是凯恩斯主义描写的那样不稳定；认为只要让经济自由，减少政府干预，就可以避免经济剧烈波动，政府在自由竞争社会中只要制定竞争规则，并给经济提供一个稳定的"单一规则"的货币政策和"自由汇率制度"就可使经济保持稳定增长。所谓"单一规则"的货币政策是指排除利息率、信贷流量、自由准备金等因素。仅以一定的货币存量作为控制经济的唯一因素的货币政策。按照这一规则，货币供应量每年应按固定的比例增加，比例的数值大致等于经济和人口的实际增长率之和。这样就可保证市场上商品和劳务产量的增减与货币供应量增减相适应，从而使物价稳定。实行自由汇率（浮动汇率）又可防止通货膨胀的国际传递，使经济稳定在自然失业率水平。货币主义在本质上属于经济自由主义的思潮，而且被称为新自由主义。

在 20 世纪 70 年代滞胀局面中兴盛起来的经济自由主义思潮使凯恩斯主义的主流地位受到挑战。除货币主义外，还有供给学派和理性预期学派，它们都属于经济自由主义思潮。如 80 年代初里根政府所信奉的"供给经济学"，又是另一股经济自由主义思潮。供给学派在反对凯恩斯主义的需求管理的理论和政策的同时，把经济分析的着眼点放在刺激生产，即供给方面，认为不是需求决定供给，而是供给创造需求，而刺激供给的主要手段是降低税率，因为累进税制的高税率政策严重挫伤企业主的经营积极性，使储蓄率和投资率下降，劳动者工作热情低落，并进而导致生产和就业停滞，出现"滞胀"。因此，供给学派主张大幅度减税以增加个人收入和企业利润。促进储蓄和投资，刺激劳动者工作和企业经营的积极性，这样就会使生产率提高，政府课税的基础扩大，税收总额增加，使财政赤字得到控制，通货膨胀也会因此而消失。但是这一减税方案被里根政府执行以后，美国的滞胀不但没有减轻，反而加重，因此，该方案在被短暂执行以后被很快放弃。随着政策的失败，供给学派的思想和影响也就烟消云散了。

除了货币主义与供给学派以外，还有一个在货币主义基础上发展起来而又比货币主义更具经济自由主义色彩的理性预期学派，以及由此发展而来的新古典宏观经济学，更加反对凯恩斯主义的需求管理政策。理性预期学派强调公众的理性预期对其经济行为与经济政策的影响与作用，认为人们会根据过去、现在和将来一切可能获得的信息作出预期，根据这种预期作出的经济决策使政府的一切宏观经济政策不会产生应有的效果，即出现"上有政策，下有对策"的现象。该学派在提出理性预期和坚信市场出清这两个前提条件下，最终得出政策无效性的结论。

随着理性预期学派的兴起，西方经济学家开始普遍重视预期在经济政策制定中的作用，并由此导致重视博弈理论在宏观经济政策上的运用。根据博弈论，政府在制定政策时必须考虑到私人部门的反应。私人部门会努力发现政策制定者的偏好，而政策制定者会想方设法欺骗私人部门，在这种情况下，政府最好是不要为追求自己认为的最优目标去不断地欺骗公众，而应当尽量减少对私人经济活动的干预，放弃短期的政策规则变动（相机决策的需求管理政策），实施长期不变的政策规则，创造一个让市场机制充分发挥其自发调节作用的稳定环境，真正取信于民，使公众解除心理戒备，使经济稳定发展。

然而，20世纪80年代前后，一个主张政府干预经济的新学派——新凯恩斯主义经济学派逐渐形成，它的出现使凯恩斯主义从困境中走了出来，并重新获得了生机。当然，新凯恩斯主义学派不是对原凯恩斯主义的简单承袭，而是在认真对待各学派对传统凯恩斯主义的批评与责难的同时，吸纳并融合各学派的精华和有用观点，特别是引进了原凯恩斯主义所忽视的厂商利润最大化和消费者效用最大化的假设，部分地吸纳了理性预期学派所强调的理性预期假设，使凯恩斯主义宏观经济学有了一个微观基础。

与此同时，新凯恩斯主义经济学仍然坚持原凯恩斯主义的非市场出清假设，即认为市场在出现需求冲击或供给冲击后，工资和价格不能迅速调整到使市场出清的状态。而认为缓慢的工资和价格调整使经济回到正常产量的状态需要一个很长的过程。在这一过程中，即使考虑理性预期的作用，国家干预经济的政策仍然会有积极作用，即强调国家干预经济的政策仍有存在的必要。从西方国家目前执行的政策来看，凯恩斯主义尽管曾一度衰落，但并没有完全为经济自由主义所取代。

总之，从西方宏观经济理论和政策的演变过程中可以看到，不同时期的经济理论和政策都是为了解决不同时期的经济问题而出现，而且其变化也总不外乎是国家干预和经济自由两大思潮的交替和反复。可以预料，随着时间的推移，西方国家还会出现各种不同的经济问题，从而宏观经济理论和政策还会不断改变自己的说法，适应解决不同问题的需要。

【本章小结】

宏观经济政策主要有四大目标：充分就业、经济增长、物价稳定和国际收支平衡。四大目标之间既有一些相互促进的关系，也有一些相互矛盾的关系。宏观经济政策的工具可以分为三类：需求管理、供给管理和国际经济政策。需求管理的原则是"逆经济风向行事"。需求管理的内容是财政政策与货币政策。财政政策包括财政收入政策与财政支出政策两方面。财政收入政策的主要手段是改变税率。财政支出政策的主要手段是改变政府购买水平和转移支付水平。西方财政制度本身具有"自动稳定器"的功能。西方财政经历了平衡预算和职能财政两个阶段。货币政策的主要内容是改变货币供给量和利息率，手段主要有公开市场业务、调整再贴现率和改变法定存款准备金率。供给管理政策是指对劳动力、工资、价格、产量等的管理与调节，主要包括收入政策、人力政策、指数化政策和经济增长政策。国际经济政策主要包括对外贸易政策、汇率政策、对外投资政策及国际经济关系协调等。

【复习思考题】

一、名词解释

充分就业　物价稳定　经济增长　自动稳定器　公开市场业务　收入政策
指数化政策　人力政策

二、分析讨论题

1. 宏观经济政策的目标一般包括哪几项主要内容？
2. 如何运用财政政策与货币政策进行需求管理？
3. 什么是自动稳定器？是否边际税率越高，税收作为自动稳定器的作用越大？
4. 货币政策的三大工具是什么？

【案例分析】

2014—2018 年我国政府经济工作的主要任务

2013 年，我国政府经济工作的主要任务：一是加强和改善宏观调控，促进经济持续健康发展；二是夯实农业基础，保障农产品供给；三是加快调整产业结构，提高产业整体素质；四是稳步推进城镇化，着力提高城镇化质量；五是加强民生保障，提高人民生活水平；六是全面深化经济体制改革，坚定不移地扩大开放。

2014 年，我国政府经济工作的主要任务：一是切实保障国家粮食安全；二是大力调整产业结构；三是着力提高防控债务风险；四是积极推进区域协调发展；五是着力做好保障和改善民生工作；六是不断提高对外开放水平。

2015 年，我国政府经济工作的主要任务：一是努力保持经济稳定增长；二是积极发现、培育新增长点；三是加快转变农业发展方式；四是积极促进区域协调发展；五是加强保障和改善民生工作。

2016 年，我国政府经济工作的主要任务：一是积极稳妥化解产能过剩；二是帮助企业降低成本；三是化解房地产库存；四是扩大有效供给；五是防范化解金融风险。

2017 年，我国政府经济工作的主要任务：继续积极吸引外资，进一步扩大开放，改善投资环境，要继续深入推进去产能、去库存、去杠杆、降成本、补短板这"三去一降一补"五大任务。

2018 年，我国政府经济工作的主要任务：深入推进供给侧结构性改革，加快建设创新型国家，深化基础性关键领域改革，坚决打好三大攻坚战，大力实施乡村振兴战略，扎实推进区域协调发展战略，积极扩大消费和促进有效投资，推动形成全面开放新格局，提高保障和改善民生水平。

经济政策问题在宏观经济学中占有十分重要的地位。正如美国著名经济学家、诺贝尔经济学奖获得者 J. 托宾所说："宏观经济学的重要任务之一就是如何运用中央政府的财政政策工具和货币工具来稳定经济。"

问题：

（1）政府为什么要参与宏观经济管理？

（2）政府的职能是什么？这些职能是如何体现的？

【拓展阅读】

以积极灵活宏观政策
保持中国经济平稳运行

参考文献

［1］亚当·斯密著，郭大力、王亚南译．国民财富的性质和原因的研究［M］．北京：商务印书馆，2009.

［2］凯恩斯．就业、利息和货币通论［M］．北京：商务印书馆，1988.

［3］曼昆著，梁小民译．经济学原理（第七版）［M］．北京：北京大学出版社，2015.

［4］萨缪尔森，诺德豪斯．经济学（第16版）［M］．纽约：麦格劳—希尔公司，1998.

［5］斯蒂格利茨．经济学（上下册）［M］．北京：中国人民大学出版社，1997.

［6］多恩布什、费希尔．宏观经济学（第7版）［M］．纽约：麦格劳—希尔公司，1998.

［7］平狄克，鲁宾费尔德著，王世磊等译．微观经济学（第6版）［M］．北京：中国人民大学出版社，2006.

［8］梁小民．西方经济学教程［M］．北京：中国统计出版社，1998.

［9］梁东黎．宏观经济学［M］．南京：南京大学出版社，1999.

［10］厉以宁．西方经济学［M］．北京：高等教育出版社，2000.

［11］高鸿业．西方经济学（第六版）［M］．北京：中国人民大学出版社，2014.

［12］宋承先．现代西方经济学［M］．上海：复旦大学出版社，1997.

［13］肖桂山．西方经济学［M］．大连：东北财经大学出版社，2000.

［14］许纯祯，吴宇辉，张东辉．西方经济学（第二版）［M］．北京：高等教育出版社，2007.

［15］尹伯成等．西方经济学简明教程［M］．上海：上海人民出版社，2003.

［16］刘辉煌．西方经济学［M］．北京：中国金融出版社，2004.

［17］吴义盛．宏观经济学［M］．北京：清华大学出版社，2009.

［18］张元鹏．微观经济学教程［M］．北京：中国发展出版社，2005.

［19］易纲，张帆．宏观经济学［M］．北京：中国人民大学出版社，2008.

［20］梁小民．微观经济学纵横谈［M］．北京：新知三联出版社，2006.

［21］梁小民．宏观经济学纵横谈［M］．北京：新知三联出版社，2006.

［22］梁小民．小民经济观察系列［M］．北京：北京大学出版社，2007.

［23］茅于轼．生活中的经济学［M］．广州：暨南大学出版社，2003.

［24］张成武，俞颖灏．西方经济学［M］．上海：上海财经大学出版社，2007.

［25］蒋自强，史晋川等．当代西方经济学流派（第二版）［M］．上海：复旦大学出版社，1996.

［26］支大林，于尚艳．西方经济学教程［M］．长春：吉林人民出版社，2004.

［27］刘力臻，高同彪．西方经济学［M］．长春：吉林人民出版社，2005.

［28］张淑兰．经济学——从理论到实践［M］．北京：化学工业出版社，2004.

［29］陈建萍．微观经济学——原理、案例与应用［M］．北京：中国人民大学出版社，2006.

［30］伊特韦尔．新帕尔格雷夫经济学大辞典［M］．北京：经济科学出版社，1996.

［31］王根良．西方经济学［M］．北京：科学出版社，2008.

［32］裴瑱．宏观经济学［M］．上海：立信会计出版社，2011.

［33］袁志刚．宏观经济学［M］．上海：上海人民出版社，2006.

［34］张建伟，王帅．西方经济学［M］．北京：人民邮电出版社，2011.

［35］李海东．经济学基础［M］．北京：机械工业出版社，2008.

［36］李春虹，李国彬．西方经济学［M］．北京：冶金工业出版社，2010.

［37］刘华．经济学基础［M］．北京：冶金工业出版社，2006.

［38］邓海潮．现代西方经济学教程［M］．西安：陕西师范大学出版社，1996.

［39］邹东涛．微观经济学［M］．西安：西北大学出版社，1992.

［40］王树林等．微观经济学［M］．北京：科学出版社，2004.

［41］黄亚钧．微观经济学［M］．北京：高等教育出版社，2000.

［42］周军等．宏观经济学［M］．武汉：武汉理工大学出版社，2005.

［43］郭万超，辛向阳．轻松学经济［M］．北京：对外经济贸易大学出版社，2005.

［44］黎诣远．西方经济学［M］．北京：高等教育出版社，1999.

［45］王秀云．西方经济学［M］．北京：北京工业大学出版社，2010.

［46］张维迎．经济学原理［M］．西安：西北大学出版社，2015.

［47］迈克尔·伍德福德著，刘凤良等译．利息与价格——货币政策理论基础［M］．北京：中国人民大学出版社，2013.

［48］李晓西．宏观经济学（中国版）［M］．北京：中国人民大学出版社，2011.

［49］张五常．经济解释［M］．北京：中信出版社，2015.

后　记

为了适应高职高专教育人才培养目标的要求，在多年教学实践的基础上，我们组织编写了这本《经济学基础》教材。本书突破以往经济类教材理论性极强的局限性，吸收当代经济发展的新知识，在系统、准确阐述西方经济学基本理论的基础上，强调知识的实用性、内容的简洁性和结构的严谨性，并借助案例分析、知识链接等内容突出时代性和趣味性特点。本书主要面向高职高专财经、管理类院校的学生，也可作为自学考试和从事经济管理工作人员的参考用书。

本书由长春金融高等专科学校高同彪博士担任主编，副主编由长春金融高等专科学校张辛雨老师、青海大学余敬德老师和辽宁金融职业学院朱钰老师担任。参编的有长春金融高等专科学校冯进昆老师和刘瑾老师。本书的写作大纲是由高同彪提出基本思路和框架，最后集体讨论确定而成。全书由高同彪统稿，各章的撰写分工如下：高同彪（第一章、第十章、第十二章），张辛雨（第三章、第四章、第十一章），余敬德（第七章、第八章、第十五章），朱钰（第十三章、第十四章），冯进昆（第二章、第六章），刘瑾（第五章、第九章）。

为适应现代职业教育教学改革，本次再版修订中，我们依托长春金融高等专科学校"经济学基础"省级精品在线课程资源，融合创新创业教育元素与课程思想政治元素，重新修订了教学案例，并以立体化的形式呈现了配套微课程视频，方便学生自主学习。"经济学基础"课程荣获省级精品在线开放课程、省级课程思政育人示范课程称号，依托该课程申报的教改项目"融合创新创业教育的混合式教学改革"荣获吉林省省级教学成果二等奖，学习资源有较强的借鉴意义。本次修订过程中，长春金融高等专科学校经济学教研室教师康翠玉博士、赵燕梅博士积极参与立体化图书的制作，在此表示感谢！

在本教材的编写过程中，我们参考、吸收和采用了许多国内外专家的著作和研究成果，具体书目列于本书的参考文献中，在此谨致谢意。本书能最终顺利出版，得到了中国金融出版社的大力支持和帮助，在此也表示深深的谢意。

由于编者水平有限，本书的缺点、疏漏和不当之处在所难免，恳请读者批评指正。